Norbert Brox · Der erste Petrusbrief

# EKK
Evangelisch-Katholischer Kommentar
zum Neuen Testament

Herausgegeben von
Josef Blank, Rudolf Schnackenburg,
Eduard Schweizer und Ulrich Wilckens

in Verbindung mit
Otto Böcher, François Bovon, Norbert Brox, Gerhard Dautzenberg,
Joachim Gnilka, Erich Gräßer, Ferdinand Hahn, Martin Hengel,
Paul Hoffmann, Traugott Holtz, Günter Klein, Gerhard Lohfink,
Ulrich Luck, Ulrich Luz, Rudolf Pesch, Wilhelm Pesch, Wolfgang Schrage,
Peter Stuhlmacher, Wolfgang Trilling und Anton Vögtle

Band XXI
Norbert Brox
Der erste Petrusbrief

Benziger Verlag
Neukirchener Verlag

Norbert Brox

Der erste Petrusbrief

Benziger Verlag
Neukirchener Verlag

© 1979
Benziger Verlag, Zürich, Einsiedeln, Köln und Neukirchener Verlag des Erziehungsvereins GmbH, Neukirchen-Vluyn
Alle Rechte, auch die des auszugsweisen Nachdrucks, der fotografischen und akustomechanischen Wiedergabe und der Übersetzung, vorbehalten
Umschlaggestaltung: Atelier Blumenstein + Plancherel, Zürich
Gesamtherstellung: Breklumer Druckerei Manfred Siegel
ISBN 3-545-23108-9 (Benziger Verlag)
ISBN 3-7887-0577-9 (Neukirchener Verlag)

CIP-Kurztitelaufnahme der Deutschen Bibliothek

**EKK:** evang.-kath. Kommentar zum Neuen Testament / hrsg. von Josef Blank . . . in Verbindung mit Otto Böcher . . . – Zürich, Einsiedeln, Köln: Benziger; Neukirchen-Vluyn: Neukirchener Verlag.
NE: Blank, Josef [Hrsg.]; Evangelisch-katholischer Kommentar zum Neuen Testament
Bd. XXI → Brox, Norbert: Der erste Petrusbrief

**Brox, Norbert:**
Der erste Petrusbrief / Norbert Brox. – Zürich, Einsiedeln, Köln: Benziger; Neukirchen-Vluyn: Neukirchener Verlag, 1979.
  (EKK; Bd. XXI)
  ISBN 3-545-23108-9 (Benziger)
  ISBN 3-7887-0577-9 (Neukirchener Verl.)

# Vorwort

Ein neuer Kommentar zum 1. Petrusbrief stellt in sich keine Rarität dar. Sein Reiz und Nutzen müssen sich erst bewähren. Es ist hier versucht, dem Brief auf größerer Distanz zu eingefahrenen Gleisen nahezukommen, und dies über den naheliegenden Weg, daß seine Sprache und Theologie auf dem Hintergrund der Kirchengeschichte des späten 1. Jahrhunderts erklärt werden. Die schwierigen historischen Bedingungen für das damalige Christentum, die den Verfasser des Briefes sehr direkt beschäftigen, sind anderweitig hinreichend gut bekannt. Aus ihnen erklärt sich das Vorhaben des Schreibers, mit ausgesuchten Mitteln einen ermutigenden Einfluß auf seine Adressaten in heikler Lage zu gewinnen.

Das Vorwort soll aber nicht dieses Buch besprechen, sondern aus guten Gründen diejenigen nennen, die an seiner Entstehung maßgeblich mitgearbeitet haben. Frau Monika Röttger hat zuverlässig für die jeweils rechtzeitige Beschaffung der Literatur gesorgt. Auf Herrn Karl Pichler gehen eine Reihe stilistischer und inhaltlicher Verdeutlichungen zurück, und Frau Olga Krieger hat die exzellente Druckvorlage geschrieben. Sie beide und Fräulein Monika Gödecke haben mit Ausdauer und Genauigkeit die Korrekturen mitausgeführt. Für alle Arbeiten sei hier nachhaltig gedankt. In den Dank schließe ich die Mitarbeiter der beiden Verlage für ihre hervorragende Arbeit ein.

Das Manuskript wurde im September 1977 abgeschlossen. Darum ist der Kommentar von Leonhard Goppelt (hrsg. von F. Hahn, KEK Bd. XII/1,$^8$ 1977), der im Dezember 1977 erschien, nicht mehr berücksichtigt, trotzdem aber seine Grundzüge, wie sie aus früheren Aufsätzen Goppelts bekannt waren. – Einige später erschienene Arbeiten konnten schon ausgewertet werden. So stellte Hans-Martin Schenke mir freundlicherweise schon im Oktober 1976 das Manuskript des Kapitels über den 1Petr von K.M. Fischer aus der inzwischen (Berlin 1977 und Gütersloh 1978) erschienenen Einleitung von H.-M. Schenke und K. M. Fischer zur Verfügung. Johannes B. Bauer überließ mir bereits im Sommer 1977 großzügig seine beiden Ende 1977 und im Sommer 1978 erschienenen Aufsätze. Die Studie von K. Berger über »Wissenssoziologie und Exegese des NT« war mir durch meine redaktionelle Tätigkeit an der Zeitschrift Kairos schon frühzeitig bekannt.

Aus technischen Gründen mußte die Einleitung zum Kommentar bedauerlicherweise um zwei Kapitel gekürzt werden. Es handelt sich um die im Jahrgang 20 (1978) des »Kairos« erschienenen Aufsätze über den pseudepigraphischen

Charakter des 1 Petr sowie über dessen Verhältnis zur übrigen urchristlichen Literatur. Diese beiden Titel aus dem Literaturverzeichnis gehören also enger zum Kommentar hinzu als andere angeführte Arbeiten.

Oktober 1978 Norbert Brox

# Inhalt

Abkürzungen und Literatur . . . . . . . . . . . . . . . . . . . . . . .  1

A Einleitung
  I Thematik und literarischer Charakter . . . . . . . . . . . . . . . 16
  II Die Adressaten und ihre Situation . . . . . . . . . . . . . . . . 24
  III Literarische Einheit und Disposition . . . . . . . . . . . . . . 35
  IV Bezeugung, Zeit und Ort des Briefes . . . . . . . . . . . . . . . 38
  V Die Echtheitsfrage . . . . . . . . . . . . . . . . . . . . . . . . 43
  VI Der Paulinismus des 1Petr . . . . . . . . . . . . . . . . . . . . 47

B Kommentar
  1. 1,1–2    Absender, Anschrift und Gruß . . . . . . . . . . . . . . 55
  2. 1,3–9    Dank für die Hoffnung . . . . . . . . . . . . . . . . . . 59
  3. 1,10–12  Die Einzigartigkeit von Heil, Gemeinde und Gegenwart    68
  4. 1,13–16  Die Forderung eines deutlich veränderten Lebens . . . . 72
  5. 1,17–21  Der Aufwand Gottes verpflichtet . . . . . . . . . . . . 78
  6. 1,22–25  Die Wahrheit und das neue Leben bewähren sich als
              Liebe . . . . . . . . . . . . . . . . . . . . . . . . . 85
  7. 2,1–3    Die Sorge um das neue Leben . . . . . . . . . . . . . . 89
  8. 2,4–10   Biblische und traditionelle Bilder für Gemeinde, Heil
              und Umkehr . . . . . . . . . . . . . . . . . . . . . . 94
  9. 2,11–12  Die Auffälligkeit des veränderten Lebensstils . . . . 111
  10. 2,13–17 Die Christen als loyale Bürger – Die Verbindlichkeit
              der christlichen Freiheit . . . . . . . . . . . . . . 115
  11. 2,18–3,7 Verhaltensanweisungen für verschiedene Gruppen . . . 125
   a) 2,18–25 Anweisungen für die Sklaven – die Logik der Gnade . . 127
   b) 3,1–7   Frauen und Männer in ihrer gegenseitigen Pflicht . . 140
  12. 3,8–12  Die Forderung des Unterscheidenden . . . . . . . . . 151
  13. 3,13–17 Leiden und Hoffnung . . . . . . . . . . . . . . . . . 155
  14. 3,18–22 Der Grund für die Hoffnung ist Christus . . . . . . . 163
  15. 4,1–6   Christi Leiden, Christenleiden und Bekehrung . . . . 189
  16. 4,7–11  Besinnung auf das Wesentliche . . . . . . . . . . . . 201
  17. 4,12–19 Leiden in Freude und Hoffnung . . . . . . . . . . . . 210
  18. 5,1–7   Christliches Zusammenleben . . . . . . . . . . . . . 225
  19. 5,8–11  Gefahr und Zuversicht . . . . . . . . . . . . . . . . 237

| 20. 5,12–14 | Zusammenfassung und Grüße | 240 |

C Ausblick
1. Zur Geschichte der Resonanz ............................. 251
2. Das Urchristentum im Spiegel des 1Petr .................. 253

Exkurse
Zur Nachgeschichte von 1Petr 2,5.9 (Das »allgemeine Priestertum«) .. 108
Zur Nachgeschichte von 1Petr 3,19f/4,6 (Der »Höllenabstieg« Christi) ............................................... 182

Sachregister ................................................ 259
Register der Querverweise auf Texte des 1. Petrusbriefes ............ 263

# Abkürzungen und Literatur

1. *Abkürzungen*

Die Abkürzungen folgen für die biblischen Bücher den Loccumer Richtlinien; Abkürzungen außerkanonischer und außerrabbinischer Schriften sowie rabbinisches Schrifttum sind nach ThWNT wiedergegeben; für Zeitschriften, Sammelwerke usw. gilt das Abkürzungsverzeichnis der TRE von S. Schwertner, Berlin 1976. Kommentare, die in folgendes Verzeichnis aufgenommen sind, werden nur mit Verfasser und Seitenzahl zitiert. Die übrige im folgenden Verzeichnis aufgeführte Literatur wird mit Verfassernamen, einem Stichwort des Titels und – wo bei Büchern oder längeren Abhandlungen erforderlich – mit Seitenzahl zitiert.

2. *Kommentare aus dem 20. Jahrhundert in Auswahl*

*Ambroggi, P. de*, Le Epistole Cattoliche di Giacomo, Pietro, Giovanni e Giuda, ²1949 [SB(T) 14,1]
*Bauer, J. B.*, Der erste Petrusbrief, 1971 (WB 14)
*Beare, F. W.*, The First Epistle of Peter. The Greek Text with Introduction and Notes, Oxford ³1970
*Bennetch, J. H.*, Exegetical Studies in 1 Peter: BS 99 (1942) 180–192. 344–353. 440–452; 100 (1943) 263–272. 397–406. 524–531; 101 (1944) 83–94. 193–198. 304–318. 446 (= Fortsetzung von E. F. Harrison)
*Best, E.*, I Peter, 1971 (NCeB)
*Bigg, C.*, The Epistles of St. Peter and St. Jude, ²1902 (repr. 1961) (ICC)
*Bolkestein, M. H.*, De brieven van Petrus en Judas, Nijkerk ²1972
*Brun, L.*, Forst Petersbrev tolket, Oslo 1949
*Cranfield, C. E. B.*, The First Epistle of Peter, London 1950
*Cranfield, C. E. B.*, I and II Peter and Jude, London 1960
*Eaton, P.*, The Catholic Epistles of SS Peter, James, Jude, John, London 1937
*Felten, J.*, Die zwei Briefe des hl. Petrus und der Judasbrief, Regensburg 1929
*Goppelt, L.*, Der Erste Petrusbrief, hrsg. F. Hahn, ⁸1977 (KEK 12/1)
*Gunkel, H.*, Der erste Brief des Petrus, ³1917 (SNT 3)
*Harrison, E. F.*, Exegetical Studies in 1 Peter: BS 97 (1940) 200–210. 325–334. 448–455; 98 (1941) 69–77. 183–193. 307–319. 459–468 (fortgesetzt von J. H. Bennetch)
*Hauck, F.*, Die Briefe des Jakobus, Petrus, Judas und Johannes, ⁸1957 (NTD 10)
*Holtzmann, O.*, Die Petrusbriefe, in: Das NT 2, Gießen 1926
*Holzmeister, U.*, Commentarius in Epistulas SS. Petri et Judae Apostolorum I: Epistula

prima S. Petri Apostoli, Paris 1937
*Hort, F. J. A.*, The First Epistle of St Peter, I.1–II.17, London 1898
*Kelly, J. N. D.*, A Commentary on the Epistles of Peter and of Jude, New York 1969
*Knopf, R.*, Die Briefe Petri und Judä, ⁷1912 (KEK 12)
*Kühl, E.*, Die Briefe Petri und Judae, Göttingen ⁶1897
*Leaney, A. R. C.*, The Letters of Peter and Jude, 1967 (CBC)
*Margot, J. C.*, Les Epîtres de Pierre. Commentaire, Genève 1960
*Michl, J.*, Die katholischen Briefe, ²1968 (RNT 8/2)
*Moffatt, J.*, The General Epistles. James, Peter and Judas, ⁸1963 (MNTC)
*Preisker, H.*, siehe: Windisch, H. – Preisker, H.
*Reicke, B.*, The Epistles of James, Peter, and Jude, 1964 (AncB 37)
*Reicke, B. – Gärtner, B.*, De Katolska breven, Stockholm 1970
*Reuss, J.*, Die Katholischen Briefe, Würzburg 1959
*Salguero, J.*, Epistolas Catolicas, Madrid 1965
*Schelkle, K. H.*, Die Petrusbriefe. Der Judasbrief, ³1970 (HThK XIII,2)
*Schneider, J.*, Die Briefe des Jakobus, Petrus, Judas und Johannes, ²1967 (NTD 10)
*Schrage, W.*, in: Balz, H. – Schrage, W., Die katholischen Briefe, 1973 (NTD 10)
*Schwank, B.*, Der erste Brief des Apostels Petrus, Düsseldorf 1963
*Schweizer, E.*, Der erste Petrusbrief, Zürich ³1972
*Selwyn, E. G.*, The First Epistle of St. Peter, London ²1947 (repr. 1974)
*Spicq, C.*, Les Épîtres de saint Pierre, 1966 (SBi)
*Stibbs, A. M. – Walls, A. F.*, The First Epistle General of Peter, 1959 (repr. 1973) (TNTC)
*Vaccari, A.*, Le Lettere Cattoliche, Rom 1958
*Walls, A. F.*, siehe: Stibbs, A. M. – Walls, A. F.
*Wand, J. W. C.*, The General Epistles of St. Peter and St. Jude, 1934 (Westminster Comm.)
*Windisch, H. – Preisker, H.*, Die katholischen Briefe, ³1951 (HNT 15)
*Wohlenberg, G.*, Der erste und zweite Petrusbrief und der Judasbrief, ³1923 (KNT 15)


3. *Übrige Literatur*

*Adam, A.*, Das Sintflutgebet in der Taufliturgie, WuD NS 3 (1952) 9–23
*Adinolfi, M.*, Temi dell'Esodo nella 1 Petr., in: San Pietro. Atti della XIX settimana biblica, Brescia 1967, 319–336
*Aleith, E.*, Paulusverständnis in der alten Kirche, Berlin 1937
*Allenbach, J. u.a.*, Biblia Patristica. Index des citations et allusions bibliques dans la littérature patristique. Des origines à Clément d'Alexandrie et Tertullien, T.I Paris 1975
*Ambroggi, P. de*, Il sacerdozio dei fedeli secondo la prima di Pietro, ScC 75 (1947) 52–57
*Andresen, C.*, Die Kirchen der alten Christenheit, 1971 (RM 29,1–2)
– Zum Formular frühchristlicher Gemeindebriefe, ZNW 56 (1965) 233–259
*Balch, D. L.*, »Let Wives be Submissive . . .« The Origin, Form and Apologetic Function of the Household Duty Code (Haustafel) in I Peter, Yale Univ.Diss. 1974
*Balocco, A. A.*, Avviando alla lettura di San Pietro, Rivista Lasalliana 33 (Torino 1966) 180–213
*Bammel, E.*, The Commands in I Pet II.17, NTS 11 (1964/65) 279–281

*Übrige Literatur*

*Barnard, L. W.*, The Testimonium Concerning the Stone in the NT and in the Epistle of Barnabas, in: StEv III, 1964, 306–313 (TU 88)

*Barnikol, E.*, Personen-Probleme der Apostelgeschichte: Johannes Markus, Silas und Titus, Kiel 1931

*Barr, A.*, Submission Ethic in the First Epistle of Peter, HartQ 20 (1961s) 27–33

*Barr, J.*, באר – ΜΟΛΙΣ: Prov. XI.31, I Pet. IV.18, JSSt 20 (1975) 149–164

*Barth, M.*, Die Taufe ein Sakrament? Ein exegetischer Beitrag zum kirchlichen Gespräch über die Taufe, Zollikon – Zürich 1951, 480–552

*Bauer, J. B.*, Könige und Priester, ein heiliges Volk (Ex 19,6), BZ NF 2 (1958) 283–286
- Der erste Petrusbrief und die Verfolgung unter Domitian, in: Die Kirche des Anfangs (FS H. Schürmann), hrsg. R. Schnackenburg, J. Ernst u. J. Wanke, Leipzig 1977, 513–527
- Aut maleficus aut alieni speculator (1 Petr 4,15), BZ NF 22 (1978) 109–115

*Bauer, W.*, Das Leben Jesu im Zeitalter der neutestamentlichen Apokryphen, 1909 (ND Darmstadt 1967)
- Die katholischen Briefe des Neuen Testaments, 1910, 22–38 (RV I,20)
- Die Apostolischen Väter II, Tübingen 1920
- (= Pr-Bauer) Griechisch-deutsches Wörterbuch zu den Schriften des NT und der übrigen urchristlichen Literatur, Berlin ⁵1971

*Baur, F. C.*, Der erste petrinische Brief, mit besonderer Beziehung auf das Werk: Der petrinische Lehrbegriff . . . von Bernh. Weiss, ThJb(T)15 (1856) 193–240

*Beare, F. W.*, The Teaching of First Peter, AThR 26 (1944–45) 284–296
- The Text of I Peter in Papyrus 72, JBL 80 (1961) 253–260
- Some Remarks on the Text of I Peter in the Bodmer Papyrus (P⁷²), in: StEv III 1964, 263–265 (TU 88)

*Berger, K.*, Die sog. »Sätze heiligen Rechts« im N.T. Ihre Funktion und ihr Sitz im Leben, ThZ 28 (1972) 305–330
- Apostelbrief und apostolische Rede. Zum Formular frühchristlicher Briefe, ZNW 65 (1974) 190–231
- Exegese des Neuen Testaments, 1977 (UTB 658)
- Wissenssoziologie und Exegese des NT, Kairos NF 19 (1977) 124–133

*Best, E.*, I Peter II 4–10 – A Reconsideration, NT 11 (1969) 270–293
- 1 Peter and the Gospel Tradition, NTS 16 (1969–1970) 95–113

*Bieder, W.*, Die Vorstellung von der Höllenfahrt Jesu Christi. Beitrag zur Entstehungsgeschichte der Vorstellung vom sog. Descensus ad inferos, 1949 (AThANT)
- Grund und Kraft der Mission nach dem 1. Petrusbrief, Zürich 1950

*Bischoff, A.*, Ἀλλοτρι(ο)επίσκοπος, ZNW 7 (1906) 271–274
- Exegetische Randbemerkungen 10, ZNW 9 (1908) 171

*Bishop, E. F. F.*, Oligoi in 1 Pet. 3:20, CBQ 13 (1951) 44–45
- The Word of a Living and Unchanging God. I Peter 1,23, MW 43 (1953) 15–17

*Blinzler, J.*, IEPATEYMA. Zur Exegese von 1Petr 2,5 u. 9, in: Episcopus (FS M. Faulhaber), Regensburg 1949, 49–65

*Boblitz, H.*, Die Allegorese der Arche Noahs in der frühen Bibelauslegung, FMSt 6 (1972) 159–170

*Boismard, M.-É.*, La typologie baptismale dans la Iʳᵉ épître de s. Pierre, VS 94 (1956) 339–352
- Une liturgie baptismale dans la Prima Petri, RB 63 (1956) 182–208; RB 64 (1957) 161–183

— Quatre hymnes baptismales dans la première épître de Pierre, 1961 (LeDiv 30)
— v. Pierre (Première épître de), in: DBS VII (1966) 1415–1455
*Boobyer, G. H.*, The Indebtedness of 2 Peter to 1 Peter, in: NT Essays (Studies in Memory of Th. W. Manson), hrsg. A. J. B. Higgins, Manchester 1959, 34–53
*Bornemann, W.*, Der erste Petrusbrief – eine Taufrede des Silvanus?, ZNW 19 (1919/20) 143–165
*Bousset, W.*, Kyrios Christos, Göttingen (1921) 1965
*Brandt, W.*, Wandel als Zeugnis nach dem I. Petrusbrief, in: Verbum Dei manet in aeternum (FS O. Schmitz), hrsg. W. Foerster, Witten 1953, 10–25
*Braumann, G.*, Zum traditionsgeschichtlichen Problem der Seligpreisungen Mt V 3–12, NT 4 (1960) 253–260
*Brooks, O. S.*, I Peter III:21 – The Clue to the Literary Structure of the Epistle, NT 16 (1974) 290–305
*Brown, J.*, Expository Discourses on 1 Petr, 3 Vol. Edinburgh 1848, Repr. 2 vol. Edinburgh 1975
*Brown, R. E., Donfried, K. P., Reumann, J.*, Peter in the New Testament. A Collaborative Assessment by Protestant and Roman Catholic Scholars, New York 1973; deutsche Übersetzung: Der Petrus der Bibel. Eine ökumenische Untersuchung, hrsg. v. Brown, R. E., Donfried, K. P., Reumann, J., eingeleitet von F. Hahn u. R. Schnackenburg, übersetzt von E. Füßl, Stuttgart 1976
*Brox, N.*, Zur pseudepigraphischen Rahmung des ersten Petrusbriefes, BZ NF 19 (1975) 78–96
— Situation und Sprache der Minderheit im ersten Petrusbrief, Kairos NF 19 (1977) 1–13
— Tendenz und Pseudepigraphie im ersten Petrusbrief, Kairos NF 20 (1978) 110–120
— Der erste Petrusbrief in der literarischen Tradition des Urchristentums, Kairos NF 20 (1978) 182–192
*Bultmann, R.*, Bekenntnis- und Liedfragmente im ersten Petrusbrief, CNT 11 (1947) 1–14 (= Exegetica, hrsg. E. Dinkler, Tübingen 1967, 285–297)
*Buse, S. I.*, in: Christian Baptism, ed. by A. Gilmore, London 1959, 171–182
*Campenhausen, H. von*, Kirchliches Amt und geistliche Vollmacht in den ersten drei Jahrhunderten, ²1963 (BHTh 14)
*Carrington, P.*, Saint Peter's Epistle, in: The Joy of Study (FS F. C. Grant), hrsg. S. E. Johnson, New York 1951, 57–63
*Cerfaux, L.*, Regale sacerdotium, in: Recueil L. Cerfaux T.II, Gembloux 1954, 283–315 (= RSPhTh 28, 1939, 5–39)
*Chevallier, M.-A.*, 1 Pierre 1/1 à 2/10: Structure littéraire et conséquences exégétiques, RHPhR 51 (1971) 129–142
— Condition et vocation des chrétiens en diaspora. Remarques exégétiques sur la 1$^{re}$ Épître de Pierre, RevSR 48 (1974) 387–398
*Cipriani, S.*, L'unitarietà del disegno della storia della salvezza nella I lettera di Pietro, RivBib 14 (1966) 385–406
*Clemen, C.*, Die Einheitlichkeit des 1. Petrusbriefes, ThStKr 78 (1905) 619–628
*Colson, J.*, Ministre de Jésus-Christ ou le sacerdoce de l'évangile. Etude sur la condition sacerdotale des ministres chrétiens dans l'église primitive, 1966 (ThH 4)
*Coomaraswamy, A. K.*, Eckstein, Spec. 14 (1939) 66–72
*Coppens, J.*, Le sacerdoce royal des fidèles: Un commentaire de I Petr., II, 4–10, in: Au service de la Parole de Dieu (Mélanges offerts à A.-M. Charue), Gembloux 1969,

61–75
Coutts, J., Ephesians I. 3–14 and I Peter I.3–12, NTS 3 (1956/57) 115–127
Cramer, J., Exegetica et Critica II. (Het glossematisch karakter van 1 Petr. 3:19–21 en 4:6), in: Nieuwe Bijdragen op het Gebied van Goodgeleerdheid en Wijsbegeerte VII, Utrecht 1891, 221–297
Cranfield, C. E. B., The Interpretation of I Peter III.19 and IV.6, ET 69 (1957–58) 369–372
Cross, F. L., I. Peter. A Paschal Liturgy, London 1954
Dabin, P., Le sacerdoce royal des fidèles dans les Livres Saints, Paris 1941
Dacquino, P., Il sacerdozio del nuovo popolo di Dio e la prima lettera di Pietro, in: San Pietro. Atti della XIX settimana biblica, Brescia 1967, 291–317
Dalmer, J., Zu 1. Petri 1,18.19, in: BFChTh 2 H.6 (1898), 1899, 75–87
Dalton, W. J., Proclamatio Christi spiritibus facta: inquisitio in textum ex Prima Epistola S. Petri 3,18–4,6, VD 42 (1964) 225–240
– Christ's Proclamation to the Spirits (I. Peter III,19), ACR 41 (1964) 322–327
– Christ's Proclamation to the Spirits. A Study of 1 Peter 3:18–4:6, 1965 (AnBib 23)
– Interpretation and Tradition: An Example from 1 Peter, Gr. 49 (1968) 11–37
Daniélou, J., Sacramentum futuri, 1950 (ETH)
Danker, F. W., I Peter 1,24–2,17 – A Consolatory Pericope, ZNW 58 (1967) 93–102
– Brief Study, CTM 38 (1967) 329–332
Daris, S., Un nuovo frammento della Prima Lettera di Pietro (1 Petr 2,20–3,12), Barcelona 1967
Daube, D., Participle and Imperative in I Peter, in: E. G. Selwyn, The First Epistle of St. Peter, New York ²1967 (1969) 467–488
Dautzenberg, G., Σωτηρία ψυχῶν (1 Petr 1,9), BZ NF 8 (1964) 262–276
Davies, P. E., Primitive Christology in 1 Peter, in: FS F. W. Gingrich, hrsg. E. H. Barth, Leiden 1972, 115–122
Déaut, R., Le, Le Targum de Gen. 22,8 et 1 Pt. 1,20, RSR 49 (1961) 103–106
Deichgräber, R., Gotteshymnus und Christushymnus in der frühen Christenheit. Untersuchungen zu Form, Sprache und Stil der frühchristlichen Hymnen, 1967 (StUNT 5)
Delling, G., Der Bezug der christlichen Existenz auf das Heilshandeln Gottes nach dem ersten Petrusbrief, in: Neues Testament und christliche Existenz (FS H. Braun), hrsg. Betz, H. D., und Schottroff, L., Tübingen 1973, 95–113
Dibelius, M., Zur Formgeschichte des Neuen Testaments (außerhalb der Evangelien), ThR NF 3 (1931) 207–242
– Geschichte der urchristlichen Literatur. Neudruck der Erstausgabe von 1926 unter Berücksichtigung der Änderungen der engl. Übers. von 1936, hrsg. F. Hahn, 1975 (TB 58)
Dodewaard, J. van, Die sprachliche Übereinstimmung zwischen Markus–Paulus und Markus–Petrus II. Markus–Petrus, Bib. 30 (1949) 218–238
Donfried, K. P., The Setting of Second Clement in Early Christianity, Leiden 1974
Elert, W., Die Religiosität des Petrus. Ein religionspsychologischer Versuch, Leipzig 1911
Elliott, J. H., The Elect and the Holy. An exegetical examination of 1 Peter 2:4–10 and the Phrase βασίλειον ἱεράτευμα, 1966 (NT.S 12)
– Ministry and Church Order in the NT: A Traditio–Historical Analysis (1 Pt 5,1–5 & plls.), CBQ 32 (1970) 367–391

- Peter in the NT: Old Theme, New Views. II: A Lutheran View, America 130 (1974) 54
- The Rehabilitation of an Exegetical Step-Child: 1 Peter in Recent Research, JBL 95 (1976) 243–254

Erbes, K., Was bedeutet ἀλλοτριοεπίσκοπος 1 Pt 4,15? ZNW 19 (1919–20) 39–44
- Noch etwas zum ἀλλοτριοεπίσκοπος 1 Petr 4,15, ZNW 20 (1921) 249

Fascher, E., in: Jülicher, A. – Fascher, E., Einleitung in das NT, Tübingen ⁷1931
- Art.: Petrusbriefe, in: RGG ³V, 1961, 257–260

Felten, J., Zur Predigt Jesu an »die Geister im Gefängnis«, 1 Petr. 3,19f. und 4,6, in: FS der Vereinigung katholischer Theologen »Aurelia«, Bonn 1926

Ferris, T. E. S., A Comparison of I. Peter & Hebrews, CQR 111 (1930) 123–127
- The Epistle of James in Relation to 1 Peter, CQR 128 (1939) 303–308

Feuillet, A., Les »sacrifices spirituels« du sacerdoce royal des baptisés (1 P 2,5) et leur préparation dans l'Ancien Testament, NRTh 106/96 (1974) 704–728

Filson, F. V., Partakers With Christ. Suffering in First Peter, Interp. 9 (1955) 400–412

Fink, P. R., The Use and Significance of en hōi in 1 Peter, Grace Journal 8 (1967) 33–39

Finkbiner, F. L., Church and State from Paul to I Peter, Diss. Southern California School of Theology, Claremont 1960

Fischer, J. A., Die Apostolischen Väter, Darmstadt ⁷1976

Fischer, K. M., Tendenz und Absicht des Epheserbriefes, Göttingen 1973
- Der erste Petrusbrief, in: Schenke, H.-M. und Fischer, K. M., Einleitung in die Schriften des NT I: Die Briefe des Paulus und Schriften des Paulinismus, Berlin 1977 (= Gütersloh 1978), 199–216

Foster, O. D., The Literary Relations of »The First Epistle of Peter« with Their Bearing on Date and Place of Authorship, in: Transactions of the Connecticut Academy of Arts and Sciences V.17, New Haven 1913, 363–538

Fransen, I., Une homélie chrétienne (La première épître de Pierre), BVC 31 (1960) 28–38

Frederick, St. C., The Theme of Obedience in the First Epistle of Peter, Duke Univ., Diss., 1975

Freudenberger, R., Das Verhalten der römischen Behörden gegen die Christen im 2. Jahrhundert, München ²1969

Fridrichsen, A., Till 1 Petr 3:7, SEÅ 12 (1947) 127–131

Frings, J., Zu 1 Petr 3,19 und 4,6, BZ 17 (1926) 75–88

Fritsch, C. T., TO ANTITYΠON, in: Studia Biblica et Semitica (FS T. C. Vriezen), Wageningen 1966, 100–107

Furnish, V. P., Elect Sojourners in Christ: An Approach to the Theology of I Peter, PSTJ 28 (1975) 1–11

Galbiati, E., L'escatologia delle lettere di S. Pietro, in: San Pietro. Atti della XIX settimana biblica, Brescia 1967, 413–423

Geyser, A. S., Die name van Petrus en I Petrus, HTS 15 (1959) 92–100 (afrikaans)

Goldstein, H., Das Gemeindeverständnis des Ersten Petrusbriefs, Diss. Münster 1973
- Die politischen Paränesen in 1 Petr 2 und Röm 13, BiLe 14 (1973) 88–104
- Paulinische Gemeinde im Ersten Petrusbrief, 1975 (SBS 80)

Goodspeed, E. J., Enoch in I Peter 3,19, JBL 73 (1954) 91–92

Goppelt, L., Die apostolische und nachapostolische Zeit, Göttingen ²1966 (KIG 1,A)
- Mission ou révolution? La responsabilité du chrétien dans la société d'après la Première Épître de Pierre, PosLuth 19 (1969) 202–216

*Übrige Literatur*

- Prinzipien neutestamentlicher Sozialethik nach dem 1. Petrusbrief, in: Neues Testament und Geschichte (FS O. Cullmann), hrsg. H. Baltensweiler u. B. Reicke, Zürich 1972, 285–296
- Prinzipien neutestamentlicher und systematischer Sozialethik heute, in: Die Verantwortung der Kirche in der Gesellschaft, hrsg. J. Baur, L. Goppelt, G. Kretschmar, Stuttgart 1973, 7–30
- Die Verantwortung der Christen in der Gesellschaft nach dem 1. Petrusbrief, in: Theologie des NT II, hrsg. J. Roloff, Göttingen 1976, 490–508.528

*Grant, R. M.*, Historical Introduction to the NT, New York 1963

*Grillmeier, A.*, Der Gottessohn im Totenreich, in: Mit ihm und in ihm. Christologische Forschungen und Perspektiven, Freiburg ²1978, 76–174

*Grosheide, F. W.*, 1 Petrus 1:1–12, GThT 60 (1960) 6–7

*Grundmann, W.*, Die ΝΗΠΙΟΙ in der urchristlichen Paränese, NTS 5 (1958/59) 188–205

*Gryglewicz, F.*, Eine ursprüngliche Taufliturgie als Quelle des 1. Briefes des Hl. Petrus, RBL 11 (1958) 206–210 (poln.)

*Gschwind, K.*, Die Niederfahrt Christi in die Unterwelt. Ein Beitrag zur Exegese des NT und zur Geschichte des Taufsymbols, 1911 (NTA 2,3–5)

*Gülzow, H.*, Christentum und Sklaverei in den ersten drei Jahrhunderten, Bonn 1969

*Gundry, R. H.*, ›Verba Christi‹ in I Peter: Their Implications Concerning the Authorship of I Peter and the Authenticity of the Gospel Tradition, NTS 13 (1966/1967) 336–350

- Further Verba on Verba Christi in First Peter, Bib. 55 (1974) 211–232

*Guthrie, D.*, NT Introduction, London ³1970

*Hahn, A., – Hahn, G. L.*, Bibliothek der Symbole und Glaubensregeln der Alten Kirche, Breslau ³1897 (ND Hildesheim 1962)

*Harnack, A.*, Geschichte der altchristlichen Litteratur bis Eusebius II: Die Chronologie I, Leipzig ²1897, 451–465

*Harris, J. R.*, A Further Note on the Use of Enoch in 1 Peter, Exp. ser. 6 vol. 4 (1901) 346–349

- On a Recent Emendation in the Text of St. Peter, Exp. ser. 6 vol. 5 (1902) 317–320
- The History of a Conjectural Emendation, Exp. ser. 6 vol. 6 (1902) 378–390
- An Emendation to 1 Peter I.13, ET 41 (1929–30) 43
- The Religious Meaning of 1 Peter V.5, Exp. ser. 8 vol. 18 (1919) 131–139

*Haslehurst, R. S. T.*, »Mark, My Son«, Theol. 13 (1926) 34–36

*Heikel, I. A.*, Konjekturen zu einigen Stellen des neutestamentlichen Textes, ThStKr 106 (1935) 314–317

*Hill, D.*, On Suffering and Baptism in I Peter, NT 18 (1976) 181–189

*Hillyer, N.*, »Spiritual Milk ... Spiritual House«, TynB 20 (1969) 126

- First Peter and the Feast of Tabernacles, TynB 21 (1970) 39–70
- ›Rock-Stone‹ Imagery in I Peter, TynB 22 (1971) 58–81

*Holtzmann, H. J.*, Kritik der Epheser- und Kolosserbriefe, Leipzig 1872, 259–266

*Holzmeister, U.*, Exordium prioris epistulae S. Petri (1 Petr. 1,1.2), VD 2 (1922) 209–212

- »Dei ... Spiritus super vos requiescit« (1 Petr. 4,14), VD 9 (1929) 129–131

*Hunzinger, C.-H.*, Babylon als Deckname für Rom und die Datierung des 1. Petrusbriefes, in: Gottes Wort und Gottes Land (FS H.-W. Hertzberg), hrsg. H. Reventlow, Göttingen 1965, 67–77

- Zur Struktur der Christus-Hymnen in Phil 2 und 1. Petr 3, in: Der Ruf Jesu und die Antwort der Gemeinde (FS J. Jeremias), hrsg. E. Lohse u. a., Göttingen 1970, 142–156

*Hutting, J. A.,* A Ruling From »First Peter«, Exp. ser. 8 vol. 23 (1922) 420–427

*Jeremias, J.,* Zwischen Karfreitag und Ostern. Descensus und Ascensus in der Karfreitagstheologie des Neuen Testamentes, ZNW 42 (1949) 194–201

*Johnson, S. E.,* The Preaching to the Dead (1 Pet 3,18–22), JBL 79 (1960) 48–51

*Jonge, M. de,* Vreemdelingen en bijwoners. Enige opmerkingen naar aanleding van 1 Pe 2,11 en verwante teksten, NedThT 11 (1956/57) 18–36

*Jonsen, A. R.,* The Moral Teaching of the First Epistle of St. Peter, ScEc 16 (1964) 93–105

*Kamlah, E.,* Die Form der katalogischen Paränese im NT, 1964 (WUNT 7)

- ΥΠΟΤΑΣΣΕΣΘΑΙ in den neutestamentlichen »Haustafeln«, in: Verborum Veritas (FS G. Stählin), hrsg. O. Böcher und K. Haacker, Wuppertal 1970, 237–243

*Kelly, J. N. D.,* Altchristliche Glaubensbekenntnisse, Göttingen 1972

*Ketter, P.,* Das allgemeine Priestertum der Gläubigen nach dem ersten Petrusbrief, TThZ 56 (1947) 43–51

*King, M. A.,* Notes on the Bodmer Manuscript, BS 121 (1964) 54–57

*Kline, L.,* Ethics for the End Time: an Exegesis of I Peter 4:7–11, RestQ 7 (1963) 113–123

*Knox, J.,* Pliny and I Peter: A Note on I Pet 4,14–16 and 3,15, JBL 72 (1953) 187–189

*Kögel, J.,* Die Gedankeneinheit des Ersten Briefes Petri. Ein Beitrag zur neutestamentlichen Theologie, Gütersloh 1902

*Kosmala, H.,* Hebräer–Essener–Christen. Studien zur Vorgeschichte der frühchristlichen Verkündigung, 1959 (StPB 1)

*Kowalski, S.,* Zstąpienie do piekiet Chrystuza Pana wedle nauki św. Piotra Apostola (Razbiór krytyczny Dz. II, 27,31 i 1 Piotr. III, 19,20; IV, 6), Poznań 1938

- De descensu Christi ad inferos in prima S. Petri epistola: CoTh 21 (1949) 42–76 (vgl. VD 27, 1949, 176f)

*Krafft, E.,* Christologie und Anthropologie im 1. Petrusbrief, EvTh 10 (1950/51) 120–26

*Kroll, J.,* Gott und Hölle. Der Mythos vom Descensuskampfe, Leipzig 1932. Neudruck Darmstadt 1963

*Kümmel, W. G.,* Einleitung in das NT, Heidelberg [17]1973

*Langgärtner, G.,* Der Descensus ad inferos in den Osterfestbriefen des Cyrill von Alexandrien, in: Wegzeichen (FS H. M. Biedermann), hrsg. E. Ch Suttner und C. Patock, Würzburg 1971, 95–100

*Leaney, A. R. C.,* I Peter and the Passover: An Interpretation, NTS 10 (1963/64) 238–251

*Lewis, F. W.,* Note on the Date of the First Epistle of Peter, Exp. ser. 5 vol. 10 (1899) 319f

*Lohse, E.,* Paränese und Kerygma im 1. Petrusbrief, ZNW 45 (1954) 68–89 (= Die Einheit des NT, Göttingen 1973, 307–328)

*Longenecker, R. N.,* The Rejected Stone – Copestone, in: The Christology of Early Jewish Christianity, 1970, 50–53 (SBT 2.Ser. 17)

*Love, J. P.,* The First Epistle of Peter, Interp. 8 (1954) 63–87

*Lundberg, P.,* La typologie baptismale dans l'ancienne Église, 1942, 98–116 (ASNU 10)

*Malinine, M. – Puech, H.-Ch. – Quispel, G.,* Evangelium Veritatis, Zürich 1956

*Manke, H.*, Leiden und Herrlichkeit. Eine Studie zur Christologie des 1. Petrusbriefs, Diss. Theol. Münster 1975
*Manley, G. T.*, Babylon on the Nile, EvQ 16 (1944) 138–146
*Marshall, J. S.*, »A Spiritual House an Holy Priesthood« (I Petr II,5), AThR 28 (1946) 227f
*Martin, R. P.*, The Composition of I Peter in Recent Study, VoxEv 1 (1962) 29–42
*Marxsen, W.*, Einleitung in das Neue Testament, Gütersloh ²1964
*Massaux, E.*, Le texte de la Iª Petri du Papyrus Bodmer VIII (P⁷²), EThL 39 (1963) 616–671
*Mayerhoff, E. T.*, Historisch-critische Einleitung in die petrinischen Schriften. Nebst einer Abhandlung über den Verfasser der Apostelgeschichte, Hamburg 1835
*McCaughey, J. D.*, Three ›Persecution Documents‹ of the NT, ABR 17 (1969) 27–40
*McNabb, V.*, Date and Influence of the First Epistle of St. Peter, IER 45 (1935) 596–613
*Meecham, H. G.*, The First Epistle of St. Peter, ET 48 (1936–7) 22–24
- The Use of the Participle for the Imperative in the NT, ET 58 (1947) 207f
- A Note on 1 Peter II.12, ET 65 (1953) 93
*Ménard, J. E.*, L'évangile de vérité. Retroversion grecque et commentaire, Paris 1962
*Meyer, A.*, Das Rätsel des Jakobusbriefes, 1930 (BZNW 10)
*Michaelis, W.*, Einleitung in das Neue Testament, Bern ³1961
*Michaels, J. R.*, Eschatology in I Peter III.17, NTS 13 (1966/67) 394–401
*Michl, J.*, Die Presbyter des ersten Petrusbriefes, in: Ortskirche – Weltkirche (FS J. Döpfner), hrsg. H. Fleckenstein u. a., Würzburg 1973, 48–62
*Millauer, H.*, Leiden als Gnade. Eine traditionsgeschichtliche Untersuchung zur Leidenstheologie des ersten Petrusbriefes, 1976 (EHS.T 56)
*Miller, D. G.*, Deliverance and Destiny. Salvation in First Peter, Interp. 9 (1955) 413–425
*Mitton, C. L.*, The Relationship between 1 Peter and Ephesians, JTS 1 (1950) 67–73
- The Epistle to the Ephesians. Its authorship, origin and purpose, Oxford 1951, 176–197. 279–315
*Morris, W. D.*, 1 Peter III.19, ET 38 (1926–27) 470
*Moule, C. F. D.*, The Nature and Purpose of 1 Peter, NTS 3 (1956/57) 1–11
*Mußner, F.*, Petrus und Paulus – Pole der Einheit, 1976 (QD 76)
*Nauck, W.*, Freude im Leiden. Zum Problem einer urchristlichen Verfolgungstradition, ZNW 46 (1955) 68–80
- Probleme des frühchristlichen Amtsverständnisses (1 Ptr 5,2f.), ZNW 48 (1957) 200–220
*Nixon, R. E.*, The Meaning of ›Baptism‹ in 1 Peter 3,21, in: StEv IV, 1968, 437–441 (TU 102)
*Penna, A.*, Il »Senatoconsulto« del 35 d.C. e la prima lettera di S. Pietro, in: Atti della XIX settimana biblica, Brescia 1967, 337–366
*Percy, E.*, Die Probleme der Kolosser- und Epheserbriefe, 1946 (Acta Reg. Societatis Humaniorum Litterarum Lundensis 39)
*Perdelwitz, R.*, Die Mysterienreligion und das Problem des I. Petrusbriefes. Ein literarischer und religionsgeschichtlicher Versuch, 1911 (RVV 11,3)
*Philipps, K.*, Kirche in der Gesellschaft nach dem 1. Petrusbrief, Gütersloh 1971
*Pines, S.*, From Darkness into Great Light, Immanuel. A Bulletin of Religious Thought and Research in Israel No. 4 (1974) 47–51
*Plumpe, J. C.*, Vivum saxum, vivi lapides. The Concept of »Living Stone« in Classical

and Christian Antiquity, Tr. 1 (1943) 1–14

*Poelman, R.*, Saint Pierre et la tradition, LV.F 20 (1965) 632–648 = Saint Peter and Tradition, LV.F 21 (1966) 50–65

*Quacquarelli, A.*, Similitudini, sentenze e proverbi in S. Pietro, in: Atti della XIX settimana biblica, Brescia 1967, 425–442; = ders., Saggi Patristici (Retorica ed esegesi biblica), Bari 1971, 307–325

*Quinn, J. D.*, Notes on the Text of the P$^{72}$ 1 Pt 2,3; 5,14; and 5,9, CBQ 27 (1965) 241–249

*Radermacher, L.*, Der erste Petrusbrief und Silvanus, ZNW 25 (1926) 287–299

*Ramos, F. F.*, El sacerdocio de los creyentes (1 Pet 2,4–20), in: Teología del Sacerdocio, Burgos 1970, 11–47

*Ramsay, W. M.*, The Church in the Roman Empire before A. D. 170, London 1893, 279–295

– The Church and the Empire in the First Century, III. The First Epistle attributed to St. Peter, Exp. ser. 4 vol. 8 (1893) 282–296

*Reicke, B.*, The Disobedient Spirits and Christian Baptism. A Study of 1 Pet. III. 19 and its Context, 1946 (ASNU 13)

– Die Gnosis der Männer nach I. Ptr 3,7, in: Neutestamentl. Studien f. R. Bultmann, Berlin 1954, 296–304

*Rengstorf, K. H.*, Die neutestamentlichen Mahnungen an die Frau, sich dem Manne unterzuordnen, in: Verbum Dei manet in aeternum (FS O. Schmitz), Witten 1953, 131–145

*Renner, F.*, Einheit und Struktur des ersten Petrusbriefes, in: »An die Hebräer« – ein pseudepigraphischer Brief, 1970, 156–160 (MüSt 14)

*Resch, A.*, Agrapha, Leipzig ²1906 (ND Darmstadt 1967)

*Richards, G. C.*, 1 Pet. III 21, JTS 32 (1931) 77

*Richards, W. L.*, Textual Criticism on the Greek Text of the Catholic Epistles: A Bibliography, AUSS 12 (1974) 103–111

*Riessler, P.*, Altjüdisches Schrifttum außerhalb der Bibel, Darmstadt ²1966

*Riggenbach, B.*, Die Poimenik des Apostels Petrus (I Petri 5,1–5) nach ihrer geschichtlichen und praktischen Bedeutung, SThZ 7 (1889) 185–195

*Rödding, G.*, Descendit ad inferna, in: Kerygma und Melos (FS Ch. Mahrenholz), hrsg. W. Blankenburg u. a., Kassel 1970, 94–102

*Ruppert, L.*, Der leidende Gerechte. Eine motivgeschichtliche Untersuchung zum AT und zwischentestamentlichen Judentum, 1972, 176–179 (FzB 5)

*Russell, R.*, Eschatology and Ethics in 1 Peter, EvQ 47 (1975) 78–84

*Ryan, T. J.*, The Word of God in First Peter. A critical study of 1 Peter 2:1–3, Diss. Washington 1973

*Sander, E. T.*, ΠΥΡΩΣΙΣ and the First Epistle of Peter 4:12, HThR 60 (1967) 501

*Sanders, J. A.*, Suffering as Divine Discipline in the OT and Post-Biblical Judaism, 1955 (CRDSB 28)

*Scharfe, E.*, Die schriftstellerische Originalität des 1. Petrusbriefes, ThStKr 62 (1889) 633–670

– Die petrinische Strömung der neutestamentlichen Literatur. Untersuchungen über die schriftstellerische Eigentümlichkeit des ersten Petrusbriefes, des Marcusevangeliums und der petrinischen Reden der Apostelgeschichte, Berlin 1893

*Scharlemann, M. H.*, »He Descended into Hell«. An Interpretation of 1 Peter 3:18–20, CTM 27 (1956) 81–94

- Why the *Kuriou* in 1 Petr 1:25?, CTM 30 (1959) 352–356
Schattenmann, J., The Little Apocalypse of the Synoptics and the First Epistle of Peter, ThTo 11 (1954/55) 193–198
Schelkle, K. H., Spätapostolische Briefe als frühkatholisches Zeugnis, in: Neutestamentliche Aufsätze (FS J. Schmid), hrsg. Blinzler, J. u. a., Regensburg 1963, 225–232
- Das Neue Testament, Kevelaer ³1966
- Petrus in den Briefen des NT, BiKi 23 (1968) 46–50
Schenke, H.-M., Die Herkunft des sogenannten Evangelium Veritatis, Göttingen 1959
Schierse, F. J., Ein Hirtenbrief und viele Bücher. Neue Literatur zum Ersten Petrusbrief, BiKi 31 (1976) 86 –88
Schille, G., Frühchristliche Hymnen, Berlin 1965
Schlatter, A., Petrus und Paulus nach dem ersten Petrusbrief, Stuttgart 1937
Schlier, H., Religionsgeschichtliche Untersuchungen zu den Ignatiusbriefen, 1929 (BZNW 8)
- Eine adhortatio aus Rom. Die Botschaft des ersten Petrusbriefes, in: Strukturen christlicher Existenz (FS F. Wulf), hrsg. H. Schlier u. a., Würzburg 1968, 59–80. 369–371 = Das Ende der Zeit, Exegetische Aufsätze und Vorträge III, Freiburg 1971, 271–296 (ohne Anmerkungen)
- Die Kirche nach dem 1. Petrusbrief, in: MySal IV/1, Einsiedeln 1972, 195–200
Schmidt, C., Der Descensus ad inferos in der alten Kirche, in: Gespräche Jesu mit seinen Jüngern nach der Auferstehung, 1919 (ND Hildesheim 1967) 453–576 (TU 43)
Schmidt, D. H., The Peter Writings: Their Redactors and Their Relationships, Evanston, Ill. 1972
Schmidt, P., Zwei Fragen zum ersten Petrusbrief, ZWTh 51 (1908) 24–52
Schrage, W., Zur Ethik der neutestamentlichen Haustafeln, NTS 21 (1974/75) 1–22
Schröger, F., Die Verfassung der Gemeinde des ersten Petrusbriefes, in: Kirche im Werden, hrsg. J. Hainz, München 1976, 239–252
Schulz, A., Nachfolgen und Nachahmen, 1962 (StANT 6)
Schwank, B., Wie Freie – aber als Sklaven Gottes (1 Petr 2,16). Das Verhältnis des Christen zur Staatsmacht nach dem Ersten Petrusbrief, EuA 36 (1960) 5–12
Schweizer, E., 1. Petrus 4,6, ThZ 8 (1952) 152–154
Selwyn, E. G., Unsolved NT Problems. The Problem of the Authorship of I Peter, ET 59 (1948) 256–259
- The Persecutions in I Peter, in: BSNTS 1950, Oxford 1950, 39–50
- Eschatology in I Peter, in: The Background of the NT and its Eschatology (FS C. D. Doold), hrsg. W. D. Davies and D. Daube, Cambridge 1956, 394–401
Semmelink, J. H., Theologisch-exegetische opmerkingen: NedThT 1 (1946–47) 340–346
Seufert, W., Das Abhängigkeitsverhältnis des I. Petrusbriefs vom Römerbrief, ZWTh 17 (1874) 360–388
- Das Verwandtschaftsverhältnis des ersten Petrusbriefs und Epheserbriefs, ZWTh 24 (1881) 178–197. 332–380
- Der Abfassungsort des ersten Petrusbriefes, ZWTh 28 (1885) 146–156
- Titus Silvanus (ΣΙΛΑΣ) und der Verfasser des ersten Petrusbriefes, ZWTh 28 (1885) 350–371
Seyler, G., Ueber die Gedankenordnung in den Reden und Briefen des Apostels Petrus, ThStKr 5 (1832) 44–70

*Shimada, K.*, The Formulary Material in First Peter: A Study according to the method of Traditionsgeschichte, New York 1966 (= Diss. Union Theol. Sem. of New York)
*Sisti, A.*, La vita cristiana nell'attesa della parusia (1 Piet. 4,7–11), BeO 7 (1965) 123–128
– Testimonianza di virtù cristiane (1 Piet. 3,8–15), BeO 8 (1966) 117–126
*Sleeper, C. F.*, »Political Responsibility According to I Peter«, NT 10 (1968) 270–286
*Smothers, E. R.*, A Letter from Babylon, CJ 22 (1926/27) 202–209. 418–426
*Soltau, W.*, Die Einheitlichkeit des I. Petrusbriefes, ThStKr 78 (1905) 302–315
– Nochmals die Einheitlichkeit des I. Petrusbriefes, ThStKr 79 (1906) 456–460
*Spicq, C.*, La I[a] Petri et le témoignage évangélique de saint Pierre, StTh 20 (1966) 37–61
– La place ou le rôle des jeunes dans certaines communautés néotestamentaires, RB 76 (1969) 508–527
*Spitta, F.*, Christi Predigt an die Geister, Göttingen 1890
*Spörri, T.*, Der Gemeindegedanke im ersten Petrusbrief, Gütersloh 1925
*Stanford, W. B.*, St. Peter's Silence on the Petrine Claims, Theol. 48 (1945) 15
*Stegmann, A.*, Silvanus als Missionar und »Hagiograph«, Rottenburg 1917
*Stelzenberger, J.*, Syneidesis im NT, 1961 (AMT 1)
*Strathmann, H.*, Die Stellung des Petrus in der Urkirche, ZSTh 20 (1943) 223–282
*Streeter, B. H.*, The Primitive Church, London 1929, 115–136
*Strobel, A.*, Macht Leiden von Sünde frei? Zur Problematik von 1. Petr. 4,1f., ThZ 19 (1963) 412–425
*Synge, F. C.*, 1 Peter 3:18–21, ET 82 (1970–71) 311
*Tachau, P.*, »Einst« und »Jetzt« im NT, 1972 (FRLANT 105)
*Teichert, H.*, 1. Petr 2,13 – eine crux interpretum? ThLZ 74 (1949) 303f
*Thomas, J.*, Anfechtung und Vorfreude. Ein biblisches Thema nach Jakobus 1,2–18, im Zusammenhang mit Psalm 126, Röm. 5,3–5 und 1. Petr. 1,5–7, formkritisch untersucht und parakletisch ausgelegt, KuD 14 (1968) 183–206
*Thompson, J. W.*, »Be Submissive to Your Masters«: A Study of I Peter 2:18–25, RestQ 9 (1966) 66–78
*Thornton, T. C. G.*, I Peter, A Paschal Liturgy? JTS NS 12 (1961) 14–26
*Thurston, R. W.*, Interpreting First Peter, JETS 17 (1974) 171–182
*Trilling, W.*, Zum Petrusamt im NT. Traditionsgeschichtliche Überlegungen anhand von Matthäus, 1 Petrus und Johannes, ThQ 151 (1971) 110–133 (= Theologische Versuche IV, Berlin 1972, 27–46)
*Unnik, W. C., van*, De verlossing 1 Petrus 1:18–19 en het probleem van den eersten Petrusbrief, in: Mededeelingen der Nederlandsche Akademie van Wetenschappen, Nieuwe Reeks, Deel 5, Afdeeling Letterkunde, No. 1, Amsterdam 1942, 1–106
– The Teaching of Good Works in 1 Peter, NTS 1 (1954–55) 92–110
– The ›Gospel of Truth‹ and the NT, in: F. L. Cross (ed.), The Jung Codex, London 1955, 115–124
– A Classical Parallel to I Peter II. 14 and 20, NTS 2 (1955–56) 198–202
– Christianity According to I Peter, ET 68 (1956/57) 79–83
– Die Rücksicht auf die Reaktion der Nicht-Christen als Motiv in der altchristlichen Paränese, in: Judentum, Urchristentum, Kirche (FS J. Jeremias), hrsg. W. Eltester, ²1964, 221–234 (BZNW 26)
– The Critique of Paganism in 1 Peter 1:18, in: Neotestamentica et Semitica (FS M. Black), hrsg. E. E. Ellis u. M. Wilcox, Edinburgh 1969, 129–142
*Verdiere, E. A. La*, Covenant Theology in 1 Peter 1:1–2:10, BiTod 42 (1969)

*Übrige Literatur*

2909–2916
- A Grammatical Ambiguity in 1 Pet 1:23, CBQ 36 (1974) 89–94

*Vielhauer, P.*, Oikodome. Das Bild vom Bau in der christlichen Literatur vom Neuen Testament bis Clemens Alexandrinus, Karlsruhe-Durlach 1940
- Geschichte der urchristlichen Literatur, 1975 (de Gruyter Lehrbuch)

*Vitti, A.*, Descensus Christi ad inferos ex 1 Petri 3, 19–20; 4,6, VD 7 (1927) 111–118
- Eschatologia in Petri epistola prima, VD 11 (1931) 298–306

*Völter, D.*, Der erste Petrusbrief. Seine Entstehung und Stellung in der Geschichte des Urchristentums, Straßburg 1906
- Bemerkungen zu I Pt 3 u. 4, ZNW 9 (1908) 74–77

*Vogels, H.-J.*, Christi Abstieg ins Totenreich und das Läuterungsgericht an den Toten. Eine bibeltheologisch-dogmatische Untersuchung zum Glaubensartikel »descendit ad inferos«, 1976 (FThSt 102)

*Vowinckel, E.*, Die Grundgedanken des Jakobusbriefes verglichen mit den ersten Briefen des Petrus und Johannes, in: BFChTh 2 H.6 (1898), 1899, 1–74

*Wand, J. W. C.*, The Lessons of First Peter. A Survey of Recent Interpretation, Interp. 9 (1955) 387–399

*Weiß, B.*, Der Petrinische Lehrbegriff. Beiträge zur biblischen Theologie sowie zur Kritik und Exegese des ersten Briefes Petri und der petrinischen Reden, Berlin 1855
- Der erste Petrusbrief und die neuere Kritik, Gr.-Lichterfelde-Berlin 1906

*Wendland, P.*, Die urchristlichen Literaturformen, Tübingen 1912

*Wengst, K.*, Christologische Formeln und Lieder des Urchristentums, 1972 (StNT 7)

*Wibbing, S.*, Die Tugend- und Lasterkataloge im NT, Berlin 1959

*Wifstrand, A.*, Stylistic Problems in the Epistles of James and Peter, StTh 1 (1948) 170–182

*Wikenhauser, A. – Schmid, J.*, Einleitung in das NT, Freiburg ⁶1973

*Wilson, J. P.*, In the Text of I Peter II.17 is πάντας τιμήσατε a Primitive Error for πάντα ποιήσατε?, ET 54 (1942–43) 193f

*Wolff, H. W.*, Jesaja 53 im Urchristentum, Berlin ³1952

*Wrede, W.*, Miscellen 3. Bemerkungen zu Harnacks Hypothese über die Adresse des I. Petrusbriefes, ZNW 1 (1900) 75–85

*Zahn, Th.*, Einleitung in das NT II, Leipzig ³1907, 1–43

*Zeller, E.*, Über eine Berührung des jüngeren Cynismus mit dem Christentum, in: SPAW 1893/1, 129–132

*Zerwick, M.*, Biblical Greek, Rom 1963

# A  Einleitung

Wenn man den ersten Petrusbrief (1Petr) ohne Unterbrechung liest (wie er gelesen werden will), hinterläßt er einen recht vagen Eindruck, was seine Form und auch seinen Inhalt betrifft. Er liest sich am Anfang und am Schluß wie ein aktueller Brief mit exakten Absender-, Adressaten- und Situationsangaben, die zu einem stilistisch einwandfreien Briefformular zusammengestellt sind. Zwischendrin, in seinen eigentlichen inhaltlichen Passagen, läßt er dagegen die konkrete Briefsituation praktisch vergessen, weil er Aussagen allgemeinster Art aneinanderfügt, die so wenig auf eine singuläre Situation bezogen sind, daß man ihnen wirklichen Korrespondenzcharakter kaum noch zusprechen kann und sie auch ohne den brieflichen Rahmen, ohne eine singuläre Situation und ohne bestimmten Verfasser und bestimmte Adressaten ohne weiteres verstehbar sind. Zwar ergänzen sich etliche Einzelheiten wie die namentlichen Verfasser-, Adressaten-, Orts- und Grußangaben, weiter die Hinweise auf die schwierige Situation der angeschriebenen Christengemeinden und vielleicht auch die differenzierten Ermahnungen deutlich zum Bild einer brieflichen Mitteilung; aber wirklich konkret, faßlich und beschreibbar, wie man es von einem Brief erwarten möchte, wird die Situation bei näherem Zusehen nicht. Diese Eigentümlichkeit muß im folgenden noch genauer beschrieben werden. Sie läßt sich vorläufig vielleicht am besten daran illustrieren, daß der 1Petr in seinem Hauptteil, also abgesehen vom Briefrahmen und dessen Namenangaben, als nicht nur an eine einzige (wenn auch große) Gebietskirche einer bestimmten Zeit, sondern eher an alle möglichen Kirchen in allen möglichen Epochen gerichtet gedacht werden kann. Auch das ist noch genauer nachzuweisen. Jedenfalls kann dieser Hinweis es vorläufig verständlich machen, daß vor der Einzelauslegung des 1Petr etliche Fragen gestellt werden müssen, die sich nicht oder nicht so für jeden anderen neutestamentlichen Brief stellen.
Es handelt sich generell um die Bestimmung des literarischen Charakters des 1Petr, seiner theologischen Besonderheit, seiner historischen Bedingungen (auch seiner Echtheit). Dabei lassen sich diese Fragen zum Teil nicht vereinzelt lösen, sondern nur gebündelt, weil die Entscheidung im einen Fall diejenige im anderen oft genug präjudiziert und etliche eng miteinander verschränkte Probleme gelöst werden müssen. Der Übersicht halber werden sie hier nacheinander behandelt, wobei etliche Querverweise den Zusammenhang der Teilprobleme aufrechterhalten. Und weil die Antworten immer aufgrund des Textes gefunden werden müssen, findet sich für vieles die Begründung in der Auslegung der entsprechenden Briefstellen.

## I. Thematik und literarischer Charakter

Wir sehen zunächst von den direkten Angaben ab, die der Brief über sich selbst, nämlich über seine Herkunft, Zeit, Adresse usw. macht, um vorerst zu registrieren, was sich aus dem besonderen formalen und inhaltlichen Charakter für sein Verständnis ergibt. Es fällt auf, daß der 1Petr die stilistischen Erfordernisse des Briefformulars seiner Zeit formal und inhaltlich vollständig und exakt erfüllt (1,1f; 5,12–14), daß er aber im Hauptteil, für den es keine fixierten Usancen formaler Art gab, überhaupt keine umfassende Disposition und nicht einmal eine streng kontinuierliche Gedankenführung aufgebracht hat[1]. Das darf man typisch nennen, weil es deutlich nicht nur dem assoziativen Denkstil des Verfassers (s. u.) entspricht, sondern obendrein auch zu dem letztlich situationsunabhängigen Schreiben insofern paßt, als etliches in ihm recht unbestimmt bleibt. Zwar kann man sehr genau angeben, was die Leser des Briefes durch seine Lektüre lernen sollen, denn in 5,12b hat der Verfasser das abschließend ausdrücklich formuliert: „Ich habe euch geschrieben, um zu mahnen und zu bezeugen, daß das die wahre Gnade Gottes ist." Aber selbst diese Angabe hat er so wenig exakt logisch zu den entsprechenden Briefpassagen in Beziehung gebracht, daß sie in der Auslegung selten wirklich zureichend verstanden wird. Ohne daß dieser zentrale Topos der Theologie des 1Petr hier vorweg hinreichend verständlich gemacht werden kann, ist schon zu sagen, daß es in 5,12b nicht um die im Brief zwar emphatisch besprochene Taufgnade an sich geht, wie zumeist erklärt wird; sondern der Brief will aktueller zeigen, wie diese Gnade bzw. die Gestalt des Christseins gerade unter den erschwerenden Bedingungen von Diskriminierung und Verfolgung wegen des Glaubens konkret möglich ist und daß die von den Christen jetzt erlebten Schwierigkeiten der Verfolgung das Erwartbare, »Regelmäßige«, Bezeichnende, durchaus nicht Irritierende und Anstößige sind. Diese Klärungen zusammen wollen aber – und das ist das Hauptthema – zur Hoffnung auf das Heil als die sichere Zukunft motivieren.

Die Thematik ist also sehr genau umgrenzt und im Grunde einfach: Die in Jesu Christi Auferstehung geschenkte Hoffnung auf sicheres Heil bei Gott (1,3–12) hat Konsequenzen für das menschliche Leben, indem es die Verhaltensweisen sehr unverhofft verändert (1,13–3,12); und vor allem (denn darin ist offenbar Höhepunkt und Pointe des Briefes zu sehen) ist die Hoffnung – unter Hinweis auf den leidenden und auferstandenen Christus – gerade unter dem Druck von Übergriffen einer aggressiven ungläubigen Umwelt erfahrbar (3,13–5,11). In der Situation von Konflikt und Leiden wird nach 1Petr die Gnade als Heilsgewißheit nicht widerlegt, sondern in bezeichnender Weise konkret, wenn und weil die Verfolgtensituation nämlich die Folge des unterscheidenden Lebens aufgrund der Bekehrung ist. Unter den gegebenen Bedingungen einer eben

---

[1] Wenn *Bornemann*, Petrusbrief 146–153, in der Themenfolge des 1Petr die inhaltliche Struktur des Ps 34 und auch die des frühkirchlichen Taufunterrichts sich spiegeln sieht, dann ist damit das Defizit an Disposition illustriert.

nicht vom Glauben veränderten Umwelt ist der Glaube schwierig, so daß Freude und Gewißheit abhanden kommen und neue, tröstende Instruktionen notwendig werden. Der Verfasser beschreibt dabei die Form des Christseins mit Vorliebe als frommes Sich-Fügen in die Verhältnisse (vgl. 2,18–20; 3,1–6) und, noch gesteigert, als Zustimmung zu einem Leben unter direkter Ungerechtigkeit und Verfolgung (1,6; 3,13–5,11). Darin liegt die Originalität des 1Petr, wie er nämlich den Glauben vom Heil in Jesus Christus des Näheren in ein christliches Leben übersetzt. Seine eigentlichen, ausgiebigen Belehrungen handeln nicht von Christologie, Soteriologie usw., sondern von deren konkreter Gestalt als Hoffnung der Glaubenden unter an sich entmutigenden Verhältnissen. Die kirchliche Rede vom Heil in Christus gibt dafür den tradierten Fundus ab, dessen Besitz auf seiten der Adressaten vorausgesetzt ist. Der Brief spielt darauf eher nur erinnernd an und bietet mit dem fast aphoristischen Stil seiner Rückgriffe auf überliefertes Bekenntnis und überkommene Theologie der Auslegung viele Schwierigkeiten. Als aktuelle und »neue« Belehrung gibt er aber seine Anweisungen für ein Leben aus der Hoffnung unter verschlimmerten Bedingungen[2].

Dazu werden Situationen angesprochen, die dieses Thema prekär und die Hoffnung schwierig machten: Loyalitätspflicht gegenüber den politischen Instanzen (2,13–17); das Elend des Sklavendaseins (2,18–25); die Konfliktsituationen von Mischehen zwischen Christen und Heiden (3,1–6); die konventionelle Privilegierung des Mannes gegenüber der Frau (3,1–7) und schließlich auch die Gefahren für das Kirchenamt von seiten seiner Träger (5,2–7). Hier also werden die Anweisungen konkret – in einer nicht erschöpfenden, aber sicher typischen Reihe von »Anwendungen« der prinzipiell gemeinten Erklärung, daß der Glaube bzw. die Hoffnung da verwirklicht werden, wo trotz der (als unvermeidlich vorausgesetzten) Leiden und Schwierigkeiten »das Gute getan« wird (2,15.20; 3,6.17; 4,19). Das »Prinzip« bewährt sich in den geläufigen Situationen und macht sie bestehbar, während sie sonst in große Not führen.

Man kann übrigens die Relation nicht kurzerhand umdrehen und als Thema des Briefes die »Frage nach der Verantwortung der Christen in der Gesellschaft« bezeichnen[3]. Das ist eine anachronistische Suggestion, die den Fluchtpunkt der diversen Briefaussagen ungenau und fremdorientiert bestimmt. Das Thema ist die Hoffnung (3,15), aus welcher die Adressaten die Fähigkeit gewinnen sollen, in den »kurzen Leiden«, die vor dem Gewinn der »ewigen Herrlichkeit« nicht zu umgehen sind, die Festigung und Stärkung durch den »Gott aller Gnade« im Vollzug eines christlich rechtschaffenen Lebens zu erfahren (5,10). Freilich wird an etlichen Fällen gesellschaftlicher Konflikte demonstriert, wie gerade das realisierbar ist. Aber der 1Petr, der deutlich die interne Sprache einer soziokulturell völlig unbedeutenden Minderheit spricht[4], über-

---

[2] W. Bauer, Briefe 30f, verteilt Tradition und Originalität des 1Petr ebenfalls in dieser Weise.

[3] Goppelt, Verantwortung 493.

[4] Brox, Situation.

steigt nicht in der Weise die Situation und Möglichkeit der urchristlichen Szene, daß er »die Gesellschaft« als Feld christlicher Verantwortung entdeckte; er läßt sich ganz schlicht auf einige vorgegebene soziale Konfliktbereiche ein, in denen er die jeweilige Bewährungsmöglichkeit der Christen im individuell-existentiellen Sinn aufzeigt, ohne aber an die gesellschaftlichen Bedingungen als solche – etwa in ihrer Veränderungsbedürftigkeit – zu denken, die er eher als gleichbleibend voraussetzt[5]. Die Auslegung des 1Petr und die notwendige Aktualisierung seiner Rede von der Hoffnung, die sich unter den konkreten Lebensbedingungen bewährt, sind mit Rücksicht auf die historische Differenz und gerade um der Erkennbarkeit der politischen Bedeutung willen, die in dieser Rede tatsächlich steckt, sorgfältig auseinanderzuhalten.

Die Aussage von 5,12b in ihrer Interpretation durch den ganzen Brief ist also der leitende Gedanke, wie die Auslegung zeigen wird. Sie ist nun zwar der rote Faden von 1,3 bis 5,11, aber doch nicht in progressiver, begrifflicher und konsequenter Argumentation aufgebaut, sondern affirmativ, erbaulich[6], bildreich und in verschiedenartigen Erklärungszusammenhängen den Lesern nahegebracht. Eine Gliederung, ein durchdachtes formales Konzept läßt sich im Brief nicht nachweisen. Das ist bei der späteren Beurteilung seiner literarischen Einheitlichkeit zu bedenken.

Für die Gesamtbeurteilung des Briefes ist der traditionelle Charakter der in ihm weiterlebenden Theologie sehr aufschlußreich. Er wird vor allem darin bemerkbar, daß man fortgesetzt auf den Gebrauch von formuliertem Überlieferungsgut trifft und auch eine Reihe von Berührungen mit älteren Schriften des NT nachweisen kann (zu letzterem Brox, Tradition). Was nun die überlieferte Vorgabe betrifft, auf die der Verfasser zurückgriff, gibt es darüber bislang keine übereinstimmende Ansicht. Manche Ausleger sehen sich in der Lage, in der Hauptmasse des Briefes ein einheitliches liturgisches oder homiletisches Formular wiederzuerkennen, das der Verfasser unter mehr oder weniger starken Veränderungen eingesetzt hat. Demnach ist nicht bloß wiederholt traditionelles Formelgut im 1Petr verwendet, sondern der Hauptteil des Schreibens als solcher ein überkommener Text aus einem Guß. Es gibt aber Gründe, solche Vermutungen nicht nur für überflüssig, sondern auch für methodisch bedenklich zu halten. Weil die Forschungsgeschichte zum 1Petr stark von dieser Debatte um den besonderen Charakter der rezipierten Überlieferungen geprägt ist, müssen wir in gebotener Kürze darauf eingehen. Nun sind die Hypothesen dazu aber zugleich mit verschiedenen Ansichten über die literarische Einheit und Entstehungsgeschichte des 1Petr verzahnt, worüber unter A.III das Nötige zu sagen ist. An dieser Stelle müssen sie also als Beiträge zur Bestimmung des

---

[5] *Goppelt*, Verantwortung, verläßt tatsächlich den Horizont des 1Petr: Die Christen sollen »durch ihr Verhalten in Politik, Wirtschaft und Ehe bekunden, daß Gott jetzt alle in ein heiles Menschsein führen will« (496); noch dazu müssen sie sich nach 1Petr »verantwortlich und kritisch ... verhalten« (500), wovon nun so wirklich nicht die Rede ist.
[6] Oft betont, z. B. von *Perdelwitz*, Mysterienreligion 17: »überall ist es der Ton der praktischen Erbauung«.

literarischen Genus von 1Petr erwähnt werden, können aber im Hinblick auf ihre Implikationen bezüglich der literarischen Einheit noch nicht definitiv bewertet werden.

Weil der 1Petr, vom Rahmen (1,1f; 5,12–14) abgesehen, tatsächlich nicht unbedingt den unmittelbaren Charakter eines aktuellen Briefes mit entsprechenden Situationsbezügen und einmaligen, individuellen Details trägt und nach etlichen Auslegern in 1,3–5,11 sogar überhaupt keinerlei briefliche Merkmale an sich hat, kam in der Forschung die Vermutung auf, daß dieses Schreiben ursprünglich gar nicht als Brief entstanden ist, sondern daß der Hauptteil 1,3–5,11 durch Hinzufügung des Rahmens erst zu einem Brief gemacht worden ist (danach stellt also der 1Petr keine ursprüngliche Einheit dar). A. Harnack hatte bereits von einem »homiletischen Aufsatz« 1,3–5,11 gesprochen, der, wohl im späten 1. Jh. entstanden, erst im 2. Jh. als Brief und petrinisch gerahmt worden sei[7]. Eine »erbauliche Homilie«, die zum Petrusbrief überarbeitet wurde, fand auch W. Soltau, und er identifizierte die Zusätze[8]. R. Perdelwitz unterschied dann zwischen zwei völlig selbständigen Schriften 1,3–4,11 und 4,12–5,11, aus denen der Brief komponiert worden sei, nannte den ersten Passus eine Taufrede, den zweiten (zusammen mit 1,1f) eine Trostrede im Leid[9]. Danach ist also 1Petr im hauptsächlichen Bestand kein Brief, sondern schriftlich fixierte Rede anläßlich einer Tauffeier. B. H. Streeter hielt allerdings nur 1,3–4,11 für eine Rede, 4,12–5,11 dagegen für einen späteren Brief desselben Autors[10]. Die Verbindung mit der Taufe, die aufgrund von Aussagen wie 1,3.23; 2,2.10.25; 3,21, welche an Neugetaufte gesprochen zu sein scheinen, zustandekam, hat andere fasziniert und wurde in neuen Vermutungen variiert. W. Bornemann z. B. ließ wie Harnack die Taufansprache erst mit 5,11 enden, und zwar wurde sie »im Anschluß an Psalm 34 um das Jahr 90 von Silvanus in einer Stadt Kleinasiens gehalten«[11]. J. Daniélou glaubte, sie im Umfang 1,13–2,10 in die Osterwoche datieren zu können, und zeigte eine Abhängigkeit von der Exodustradition[12]; F. A. Strobel bezeichnet 1Petr als einen

---

[7] *Harnack*, Chronologie I, 451–465; er hatte in TU 2,2, 1886, 106–109, eine literar-historische Selbstverständlichkeit solcher Retuschen an überlieferten Schriftstücken zu zeigen versucht; Kritik durch *Wrede*, Bemerkungen 75–85 (»recht subjektive Erwägungen«); *Knopf* 19f.
[8] *Soltau*, Einheitlichkeit 304–313; gegen seine »Methode« *Clemen*, Einheitlichkeit; und wieder *Soltau*, Nochmals die Einheitlichkeit.
[9] *Perdelwitz*, Mysterienreligion 5–28; vgl. *Buse*, Baptism; *Meyer*, Rätsel 75, und noch *Martin*, Composition 35f. und *Vielhauer*, Geschichte 584f., schließen sich an. – *Perdelwitz*' These von der durchgängigen Prägung des 1Petr durch Vorstellungen und Begriffe der Mysterienreligionen (spez. Kybele-Kult) hat bei weitem nicht so beeindruckt und wird so gut wie nicht mehr diskutiert: erledigend *F. J.*

*Dölger*, ThRv 15 (1916) 387–393; vgl. *O. Stählin*, Die altchristliche griechische Literatur, München 1924, 1153 Anm. 3; *Selwyn* 305–311; *Walls* 37–39. In diesem einen Punkt ist *Carrington*, S. Peter's Epistle 60, recht zu geben: Zur Erklärung des Idioms von 1Petr muß religionsgeschichtlich nicht über das hellenistische Judentum hinausgefragt werden.
[10] *Streeter*, Primitive Church 123f.128; ähnlich *Windisch-Preisker* 82, dem *Adam*, Sintflutgebet 20, sich namentlich anschließt.
[11] *Bornemann*, Petrusbrief 143–165, teils im Stil eines Romans. Die Nähe von 1Petr zu Ps 34 bringt Aufschlüsse lediglich inhaltlicher, nicht literarischer Art. Wichtig der Hinweis bei *Moule*, Nature 5, auf das Fehlen eines Bezugs des Ps 34 zum jüdischen Passafest.
[12] *Daniélou*, Sacramentum futuri 141.

»Passafest-Rundbrief«, der »in das Zentrum der quartadecimanischen Kirche (cp. 1,1f)« adressiert ist, bzw. als »Passa- und Taufritual«[13]. H. Preisker weiß es noch genauer und findet im Text 1,3–5,11, der eine Einheit darstellt, den Gottesdienstverlauf einer Tauffeier der römischen Kirche festgehalten (die Rubriken allerdings fehlen), wobei er die einzelnen Teile dieses Textes verschiedenen Rollenträgern zuweisen kann, und man erkennt demnach noch die eigentliche Tauffeier mit ihren Teilen (1,3–4,11), den Augenblick der Taufe (zwischen 1,21 und 1,22) und den nachfolgenden Gemeindegottesdienst (4,12–5,11)[14]; als Forcierung solcher Thesen hat schließlich F. L. Cross die Ansicht entwickelt, daß es sich bei diesem von Rom nach Kleinasien geschickten Liturgieformular 1,3–4,11 um den Part des Zelebranten in der Taufeucharistie der Ostervigil handelt und daß ferner die wiederholte Rede von πάθος und πάσχειν (Leid, leiden) nicht auf Verfolgungen zu beziehen sei, sondern nach dem etymologisch irrigen Wortspiel, das seit dem späteren 2. Jahrhundert belegt ist (Meliton von Sardes)[15], eine Beziehung auf das Pascha darstellt (liturgische Eingliederung des Glaubenden in Christus als Mitleiden), so daß die Signatur der Taufansprache am Osterfest noch plastischer hervortritt als durch die immer schon registrierten Hinweise auf Taufe und Ostern[16]. A. R. C. Leaney will beim Versuch, die von Cross hergestellten Beziehungen des 1Petr zum Passa zu verdeutlichen, als Grundlage des Schreibens Elemente der Haggada erkennen, deren älteste Teile er in neutestamentliche Zeit datiert[17].

Man kann also von einer rapiden Eskalation sprechen, was die Zuversicht in die Möglichkeit einer literarischen Bestimmung von 1Petr über den Weg einer Rekonstruktion seiner Herkunft und Entstehung betrifft. Erwartungsgemäß hat hier die Kritik eingesetzt. Es ist in keiner Hinsicht zwingend, bei einem paränetisch orientierten Text mit dem mehrfachen Wechsel der literarischen Form

---

[13] *F. A. Strobel*, Zum Verständnis von Mt XXV 1–13, NT 2 (1958) 210 Anm. 1; 221 Anm. 1; ders., Passa-Symbolik und Passa-Wunder in Act. XII, 3ff, NTS 4 (1957/58) 211 Anm. 2 ohne Nachweis.
[14] (*Windisch-*)*Preisker* 156–162. *Reicke* 74 verteilt 1,1–4,6 und 4,7–5,14 auf die Adressaten ein und derselben Taufrede in Briefform: zuerst an Neugetaufte, dann an die gesamte Gemeinde gerichtet. Vgl. den polnischen Beitrag von *Gryglewicz*, Taufliturgie.
[15] Nicht ganz korrekt ist der seither öfter aufgegriffene Hinweis von *Cross* in diesem Zusammenhang auf *Philo*, Rer Div Her 192 (vgl. Spec Leg II 145.147), den er (samt falscher Stellenangabe) übernommen hat von *J. Daniélou*, RSR 33 (1946) 404f. Die Allegorie πάσχα – πάσχειν bezieht sich dort nicht auf ein Leiden, sondern auf die Leidenschaften der stoischen Affekte-Lehre (dafür weitere Belege und der philonische Systemzusammenhang bei *J.*

*Hochstaffl*, Negative Theologie, München 1976, 33f).
[16] *Cross*, I.Peter, speziell 35–41. Seine Belehrungen aus der patristischen Literatur, bes. aus Hippolyts Traditio Apostolica, halte ich wegen der unbekümmerten diachronen Rückschlußmethode (trotz 40f) historisch und literarisch für weithin wertlos. Und kurios bleibt, daß von den 15 Belegen des also österlich zu verstehenden πάσχειν/πάθημα 6 Beispiele im Passus 4,12–5,11 und damit außerhalb der vermeintlichen Paschahomilie stehen. Andere Kritik bei *Walls* 61f.
[17] *Leaney*, I Peter and the Passover; die These von *Brooks*, Clue, wonach man die literarische Struktur des 1Petr über die Taufaussage 3,21 entdeckt, steht unter dem Eindruck all der genannten Arbeiten, ohne sich eigenständig ausweisen zu können (1Petr ist »a baptismal instructional sermon«: 305).

*Thematik*

und der Einzelthematik wie im 1Petr auf eine bestimmte Entstehungssituation, hier die kultische Rede, zu befinden. M. Dibelius hat die These von der Taufrede als einen literarhistorisch unhaltbaren Schluß kritisiert[18]. Andere haben die Einwände, speziell hinsichtlich der Annahme von Tauf- und Osterliturgie als Entstehungsort des Textes, überzeugend vermehrt[19].

Eine in etwa neue Nuance brachte M. E. Boismard mit seiner Ansicht, der 1Petr sei unter Rückgriff auf eine verbreitet gebräuchliche Taufliturgie mit gleichbleibendem Schema geschrieben und darum von Elementen primär taufliturgischer, aber auch paränetischer Qualität durchsetzt, wobei der Brief ein einheitliches Schreiben bleibt[20]. Danach ist also nicht eine Rede nachträglich zum Brief stilisiert, wie letztlich auch von C. Andresen angenommen wird[21], sondern ein Brief mit vorformuliertem Traditionsgut ausgeführt worden. Boismard signalisiert damit eine zurückhaltendere Beurteilung, ist aber seinerseits noch nicht eigentlich repräsentativ für die inzwischen eingetretene Forschungssituation, in der man die Traditionselemente im Brief eher noch weniger an bestimmten Situationen (Taufliturgie) festmachen will[22]. Wenn z. B. von der Taufe im 1Petr mehrfach und unter Verwendung z. B. der Motive der Sintflut, des Exodus oder der Wiedergeburt die Rede ist (besonders 1,3–2,10; 3,21), dann können solche Worte ja nicht allein und nur in der Taufliturgie formuliert worden sein. Wenn auf das »Jetzt« oder die Neuheit der Bekehrung Wert gelegt wird (1,12; 2,10.25; 3,21 u. a.), so ist diese Aussage auch lange nach der Taufe noch möglich; gegen neugetaufte Adressaten spricht direkt die exzellente Kenntnis des AT, die vorausgesetzt wird. Und schließlich ist die Existenz einer verbreitet identischen und überhaupt einer schon rituell stabilen Taufliturgie für das 1. Jahrhundert eine bloße Vermutung; bekannt ist über dergleichen nichts.

Kurzum, man ist inzwischen wesentlich zurückhaltender in der Identifizierung oder Rekonstruktion ganzer Vorlagen des Briefes und ihnen zugeordneter Situationen, einerseits aus den genannten methodischen und historischen Bedenken, andererseits aus der Einsicht, daß einfachere, einleuchtendere Erklärungen völlig ausreichen, den literarischen Charakter von 1Petr zu erläutern.

---

[18] *Dibelius*, Zur Formgeschichte des NT 232: »Allein was zunächst wie ein stilkritisches Urteil aussieht, muß gerade mit stilkritischen Gründen angefochten werden. Im Mittelpunkt der angeblichen Taufrede steht nämlich eine Haustafel ... Wir haben hier ein typisches Beispiel ausgeführter Paränese vor uns; die Erkenntnis dieser Typik verbietet es aber, die besonderen Eigentümlichkeiten des Textes aus besonderen einmaligen Verhältnissen heraus zu verstehen etc.« Tatsächlich entstehen die Thesen (eklatant z. B. bei *Preisker*) nicht aus Gattungsbestimmungen und traditionsgeschichtlichen Analysen am Text, sondern aus einem Erraten von Situationen, aus denen Texte und Textfolgen entstanden sein sollen.

[19] Gegenüber *Preisker* und *Cross* besonders *Moule*, Nature 4–7; *Thornton*, I Peter 14–25; *Guthrie*, Introduction 797–799; bes. *Kelly* 15–20; *Martin*, Composition 36–40; weniger imponiert *Wand*, Lessons 387–389.

[20] *Boismard* in seinen verschiedenen Beiträgen.

[21] *C. Andresen*, Formular 243; ders., Kirchen 58f: 1Petr verwertet »in seinem Grundstock ... homiletische Stoffe«, gibt »ihnen aber den literarischen Rahmen eines diasporalen Sendschreibens«.

[22] *Boismard* dagegen zuletzt DBS VII,1445: Die vom Verfasser verwendeten Stoffe sind direkt mit dem Taufritus verknüpft.

Die Taufe ist nicht das beherrschende Thema des Briefes und kann folglich kaum der Herkunftsort für die Hauptmasse des Textes sein. Oder auch anders herum: Die Taufthematik, das Exodus-Motiv, das Interpretament Wiedergeburt usw. kommen auch anderwärts in der urchristlichen Literatur besonders häufig vor, und es läßt sich wirklich nicht nachweisen, im 1Petr sei das alles derart gestaltet und auch in solcher profilierten Dichte ausgeführt, daß es vertretbar (oder sogar zwingend) wäre, darin eine Rede exklusiv anläßlich einer Tauffeier oder sogar ein liturgisches Formular zu sehen. Es handelt sich um zweifellos nachdrückliche Rekurse auf das Taufgeschehen als die immer aktuell bleibende Initiation ins Christentum, auf welche (wie bei Paulus) die Ethik bezogen werden soll. Aber die Beobachtung, daß die Probleme christlicher Existenz im 1Petr aus der Tauf- und Ostertheologie heraus beantwortet werden[23], ist zu »selbstverständlich«, als daß man die Herkunft dieser Schrift aus bestimmten kultischen Zusammenhängen damit aufspüren könnte. Die Forschung ist bzw. war hier auf einer methodisch wenig empfehlenswerten Fährte, wie an ihren Einzelschritten (und auch den Inkonsequenzen) deutlich wird, in denen man die einschlägigen Thesen erreichte.

Der Text sperrt sich auch vielfach gegen diese »einbahnige« Herkunftsbestimmung. Gewichtiger als das Thema Taufe ist, auf den ganzen Brief gesehen, das Problem des Verständnisses und der Bewältigung der Leidenssituation sowie auch das Stichwort Hoffnung[24]. Die Rede von der Taufe ist nicht als solche das Thema, sondern bildet das Fundament für die Aussage, daß Leiden plausibel und daß Hoffnung möglich ist. Es läßt sich ganz sicher nicht alles im Brief unter das Hauptthema Taufe subsumieren. Haustafelartige Paränese (2,18–3,7) und Mahnworte generell (z. B. zur politischen Ethik: 2,13–17), ebenso die Rede von der Bekehrung können zwar in engen, aber nie in exklusiven Zusammenhang mit der Taufe gebracht werden, und die mehrfache Anrede wie an Neugetaufte (wie 2,1f) sagt innerhalb der frühchristlichen Predigt bei dieser unpräzisen Angabe nichts über den tatsächlichen zeitlichen Abstand zur Taufe der Betroffenen. Einzeltexte wie 3,8–4,11 zeigen, daß nicht eine besondere Gruppe (Neugetaufte), sondern die Gesamtgemeinde angesprochen wird.

Die Gesamtheit solcher Beobachtungen am Text ist vergleichsweise mit Sicherheit am besten erklärt, wenn man davon ausgeht, daß das Schreiben als ganzes (vgl. A.III) und in seinen Teilen von vornherein als eines und dann als Brief konzipiert worden ist[25]. Dafür spricht rein formal nicht nur der Rahmen (1,1f; 5,12–14), sondern besonders auch die Eulogie (1,3–9, zumal im Vergleich mit 2Kor 1,3; Eph 1,3)[26]. Es kommen die Argumente hinzu, die für die literarische Einheit und den fiktiven Charakter des Briefes als solche sprechen (s. u.). Der 1Petr stellt keine literarisch-künstliche »Zweckentfremdung« von

---

[23] Die Referenzen stark betont z. B. bei Cross, I. Peter 23–35.
[24] Zutreffend über die Relation der Themen Taufe und Leiden im 1Petr Hill, Suffering. Vgl. auch Manke, Leiden 9–11, sowie unten die Analyse von 3,18–22.
[25] Schon Wrede, Bemerkungen 83; Stibbs 63. Vgl. Wendland, Literaturformen 368; J. B. Bauer 11f.
[26] Weitere Indizien bei Kelly 2f.20.

ursprünglich anders als brieflich verwendeten großen und kleinen Texteinheiten dar, sondern verwendet für seine in einem Brief sehr angebrachten Themen umfangreiches Überlieferungsgut paränetischer, wahrscheinlich auch homologischer und liturgischer Art[27]. Die immer hypothetische Bestimmung von dessen Herkunft bringt für das Verständnis des 1Petr in literarischer Hinsicht nichts wirklich Folgenreiches ein. Viel aufschlußreicher ist es, den generellen, d. h. situativ wenig konkreten Charakter aller Aussagen des Briefes zu beachten, auf den schon vorläufig hingewiesen wurde und in der Auslegung immer wieder aufmerksam zu machen ist. Er löst eine ganze Reihe auch der literarischen Fragen an das Schreiben. Auffälligerweise geht 1Petr z. B. überhaupt nicht auf konkrete, individuelle Verhältnisse einer Gemeinde oder aller Adressatengemeinden ein; eine besondere Situation ist nicht reflektiert[28]. Die Paränese ist »im Kern passend für alle Zeiten«[29], und mit den Situationsanspielungen (s. u. A. II) ist es nicht anders. Auch diese Anspielungen gehören zu den paränetischen und homiletischen Gemeinplätzen und spiegeln – pointiert gesagt – nicht eine bestimmte und besondere, sondern »die« zeitlose kirchengeschichtliche Situation.

Man kann darum darüber streiten, ob 1Petr als wirklicher Brief anzusehen ist[30] oder als eine Predigt (Homilie) in Briefform, die nie als aktueller Brief versandt wurde. Hier fällt die Entscheidung schwer und hängt mit der Beurteilung der Verfasser- und Adressatenangabe und der besonderen Form von Pseudepigraphie im 1Petr zusammen, aber in erster Linie mit der Einschätzung des gesamten literarischen Charakters; und dieser Charakter läßt sich zwar in einem wirklichen Brief an einen »unabsehbaren« Leserkreis mehrerer Provinzen hinreichend erklären, besser aber vielleicht doch noch in einem nur fiktiv brieflich gefaßten »Rundschreiben«[31]. Was und wie hier formuliert ist, läßt doch eher darauf schließen, daß man es mit einem »Rundschreiben« in dem Sinn zu tun hat, daß der 1Petr von vornherein seinen Zweck besser in zahlreichen Kopien als nur in Gestalt des einen Originals erfüllt hat. Das gilt sogar auch in dem Fall, daß es sich um einen echten Brief in konkreter Situation handelt[32]. Die Verhältnisse der Kirche, in die hinein hier Ermahnung, Belehrung und Trost

---

[27] So z. B. *Wikenhauser-Schmid*, Einleitung 595–598; *Kümmel*, Einleitung 369–371; *Schelkle* 4f; *Guthrie*, Introduction 800; *D. H. Schmidt*, The Peter Writings 20–25; *Fransen*, Homélie 29–31. Arbeiten wie die von *Hillyer*, Feast of Tabernacles, können nicht mehr als den biblisch-jüdischen Ursprung eines guten Teils dieser Überlieferungen illustrieren.

[28] Vgl. *Schelkle* 3; ders., Das NT 215. Merkwürdigerweise anders *Marxsen*, Einleitung 202: »Das Schreiben macht durchweg nicht den Eindruck, daß es an eine Vielzahl von Gemeinden gerichtet ist, sondern eher nur an eine.«

[29] *Michl* 103.

[30] So *Best* 13, der das Fehlen alles Individuellen und Besonderen mit der Größe des Adressatenkreises erklärt. *Moule*, Nature 7.10, stellt die Vermutung zur Diskussion, daß 1Petr aus zwei wirklichen Briefen desselben Verfassers zusammengesetzt wurde: der eine (1,1–4,11; 5,12–14) war an Christen vor einer möglichen, der andere (4,12–5,11) an solche in einer tatsächlichen Verfolgung geschrieben (parallel zu den verschiedenen Situationen der Gemeinden der Briefe in Offb 2,10.13 und 3,10).

[31] *Streeter*, Primitive Church 129: Der 1Petr liest sich nicht wie ein Brief, sondern wie eine Rede.

[32] So bei *Beare* 42, der als Vorlage dafür eine Taufpredigt annimmt (25–28), die er (78f) gliedert und charakterisiert.

geschickt werden, sind aber so vage und »allgemeingültig« konturiert, daß man trotz aller brieflichen Daten der Meinung sein kann, der 1Petr sei für alle Christen seiner Reichweite und sogar darüber hinaus geschrieben. Diese Frage ist im Zusammenhang der genaueren Analyse der Briefsituation noch speziell zu behandeln (s. A. II). Ein solches »Rundschreiben« bleibt ein Schreiben, also ein Brief. Aber der literarischen Form nach bleibt der Übergang zur Rede fließend. Darum ist es ein äußerst unsicheres Unternehmen, im 1Petr aufgrund von Beobachtungen an der Form eine ursprüngliche Homilie oder Rede bzw. Teile einer solchen identifizieren zu wollen. Die »Entdeckung«, daß die Hauptmasse des 1Petr als Einheit oder in größeren zusammenhängenden Teilen in der (Tauf-)Liturgie ihre Form erhielt, ist unbegründbar und wird sich kaum dauerhaft durchsetzen. Man muß sich wundern, daß sie jemals so großen Eindruck machen konnte, denn sie verlangt doch beträchtliches Vertrauen in Unbewiesenes.

## II. Die Adressaten und ihre Situation

Es geht hier primär um die genaue Bestimmung der konkreten kirchenhistorischen Bedingungen, auf die sich 1Petr bezieht. Die Klärung dieses strittigen Punktes muß unter den Vorfragen relativ früh vorgenommen werden, weil sie Konsequenzen mit sich bringt für die Datierung des 1Petr (damit indirekt auch für die Verfasserschaftsfrage), außerdem nach Lage der Dinge auch für die Entscheidung über die literarische Einheitlichkeit des 1Petr, ferner natürlich für das Verständnis des Briefinhalts, insofern er Antwort auf diese Bedingungen sein will, und endlich auch wieder für die Erkenntnis des besonderen Stils der brieflichen Redeweise und der Theologie im 1Petr.
Der Brief ist mit dem Thema »Leiden« (πάσχειν) befaßt, um den Adressaten darin theologische (genauer: christologische) Orientierung und damit die Bewältigungsmöglichkeit zu zeigen. »Leiden« ist dabei jedenfalls der Begriff für negative Erfahrungen von Mißtrauen, Verdächtigung, Haß, Feindseligkeit, Aggression, die die Christen sich darum, weil sie Christen sind, von nichtchristlichen Zeitgenossen zuziehen. Die in der Exegese strittige Frage dazu ist nun einerseits, ob 1Petr mit dem »Leiden« auf eine historisch identifizierbare bestimmte Verfolgungsmaßnahme der staatlichen Behörde anspielt, die uns auch anderweitig bekannt ist (nämlich unter Nero 54–68, Domitian 81–96 oder Trajan 98–117), und andererseits, ob der Brief über seine volle Länge dieselbe Situation anspricht oder nicht deutlich zuerst nur Leidensgefahr oder -möglichkeit (nämlich 1,3–4,11 mit besonders 1,6; 2,20; 3,14.17) und erst dann tatsächliches, plötzlich hereingebrochenes schweres Leiden erkennen läßt (nämlich 4,12–5,11 mit besonders 4,12.14.19; 5,6.8). Die erste Frage betrifft also gleichzeitig die Entstehungszeit und je nachdem die Verfasserschaft, die zweite die Einheit des Briefes: Ist die Situation im ersten Briefteil tatsächlich sehr anders (hypothetisches Leiden) als im zweiten (gegenwärtige Verfolgung), dann

bricht der 1Petr zwischen 4,11 und 12, wo ohnehin offenbar eine Nahtstelle vorliegt (vgl. »Amen« in 4,11), auseinander und stellt also eine Komposition aus getrennt entstandenen, inhaltlich nicht zusammenpassenden Teilen dar, wobei diese Teile literarisch demselben oder auch verschiedenem Genus (Rede, Brief, liturgisches Formular) angehören und vom selben bzw. auch nicht vom selben Verfasser stammen können.

Für die erste Frage spielt die Identität der Adressaten eine gewisse Rolle. Als erledigt darf die von griechischen Kirchenvätern, in der Neuzeit (z. B. Erasmus, Calvin)[33] und auch von älteren Arbeiten unserer Epoche[34] vertretene Ansicht gelten, es handle sich um Judenchristen; sie wurde ausgelöst durch die im 1Petr bezeugte, aus jüdischer Überlieferung stammende Erfahrung der Diaspora-Existenz (1,1; 2,11), ist aber angesichts solcher Stellen wie 1,14.18; 2,10.20; 3,6; 4,3f über die heillose Vergangenheit der Adressaten und über ihre jetzt erfolgte Bekehrung ganz unhaltbar. Hier zeichnet sich exakt das Bild von zumindest dominierend, nicht unbedingt ausschließlich heidenchristlichen Gemeinden ab[35].

Wichtiger ist aber die geographische Bestimmung der Adressaten-Gemeinden. Der Brief richtet sich an die Christen des in 1,1 durch fünf Namen umschriebenen großen Gebietes »Pontus, Galatien, Kappadokien, Asien, Bithynien«[36]. Wie erklärt sich diese Gebietsangabe, und ergibt sich aus ihr etwas für die Erkennbarkeit der Entstehungssituation des 1Petr? Die Bedeutung dieser Namen (Landschaft oder Provinz?), ihre Auswahl und Reihenfolge geben Rätsel auf, die bislang nicht gelöst sind[37]. Folgende Annahmen dürften aber zulässig sein: Es ist davon auszugehen, daß der Verfasser die aktuellen politischen Bezeichnungen statt der eher antiquierten landschaftlichen oder nationalen wählte, so daß also die entsprechenden römischen Provinzen gemeint sind[38]. Damit (und wohl auch im anderen Fall) ist praktisch die gesamte Fläche Kleinasiens außer Kilikien, Lykien und Pamphylien[39], letztlich also »ganz Kleinasien« gemeint[40]

---

[33] Darüber Kelly 4. Augustin dagegen schon: Heidenchristen; ebenso Luther und J. J. Wettstein (Knopf 3).

[34] Weiß, Petrusbrief 17–30; ders., Lehrbegriff 99–116; Kühl; vgl. McNabb, Date 598; auch noch Balocco, Avviando 199; dagegen umfassend Knopf 2–6. Überraschend vermutet wegen der petrinischen Verfasserangabe v. Campenhausen, Amt 81 Anm. 2, eine »Durchdringung Kleinasiens mit palästinensischen Christen, die gegen Ende des ersten Jahrhunderts erfolgt sein muß«, so daß man »petrinische« (sc. judenchristliche) statt paulinische Adressaten hatte.

[35] Best 19f; Kelly 4. Unnik, Verlossing 90–98, hält die Adressaten für sog. »Gottesfürchtige«, beachtet dabei aber stärker terminologische Einzelheiten als die Grundthematik des Briefes.

[36] Dazu Hort 157–184.

[37] Auch nicht durch den saloppen Hinweis von Knox, Theol. 49 (1946) 343, wonach es in der Namenliste lediglich um einen guten rhythmischen Effekt geht.

[38] So z. B. Knopf, Schelkle, Kelly, Best. Die Frage bleibt offen bei Kümmel, Einleitung 368; Wikenhauser-Schmid, Einleitung 593; Goppelt, Verantwortung 491. Guthrie, Introduction 812, will sie in einer metaphorischen Deutung der »Beisassen in der Fremde« überflüssig machen.

[39] Für diese Gegenden zeigt Beare 38 eine geographisch bedingte Orientierung nach Syrien und Zypern, so daß die Angaben in 1,1 das gesamte Gebiet nördlich des Taurus umgreifen, das von den Griechen als geographische Einheit angesehen und benannt wurde. Vgl. schon Ramsay, Church in the Roman Empire

und somit nicht nur, aber auch (und primär?) das paulinische Missionsgebiet Kleinasiens[41].

Für die Reihenfolge in der Aufzählung der fünf Gebiete ist keine einleuchtende Erklärung gefunden worden. Sie aus der Reiseroute des Überbringers abzuleiten, der von Rom her im Schiff ankommend gedacht wird, ist willkürlich (was den Beginn von dessen Rundreise betrifft) und überdies unsicher: Was hat die Reihenfolge in der Adresse mit der Empfangssituation zu tun? Daß die in christlicher Zeit längst zu einer einzigen Provinz zusammengefaßten Bithynien und Pontus im 1Petr ausgerechnet am weitesten auseinandergestellt sind, ist vielleicht ganz simpel auf unzureichende geographische Kenntnisse des Verfassers zurückzuführen[42]. Jedenfalls scheint das gesamte Rätsel nicht über die Dechiffrierung einer besonderen Absicht des Verfassers lösbar[43].

Die Frage ist, ob für den 1Petr überhaupt eine konkrete Empfangssituation und auf sie bezogene Absichten angenommen werden können. Nachdem der Brief insgesamt den Eindruck einer »an einen unbestimmten weiten Leserkreis gerichteten Epistel«[44] macht, muß ernsthaft damit gerechnet werden, daß die Unschärfen und unerklärlichen Details in der Adressatenangabe ihren Grund in der globalen und generellen Tendenz des ganzen Briefes haben. Sie erklären sich am besten, wenn man in ihnen nicht unbedingt exakte historische Konstellationen erwartet, sondern mit nicht sehr sorgfältig ausgearbeiteten Elementen einer fingierten Briefsituation rechnet. Selbstredend wird man aber die geographischen Angaben nicht völlig von der tatsächlichen Situation des 1Petr trennen. Sie geben mit Sicherheit Auskunft über die Kirchenregion, mit der der Brief zu tun hat, obwohl Einzelheiten unklar bleiben[45]: Wurde 1Petr in Kleinasien (oder jedenfalls im Orient) geschrieben oder ist er anderswo geschrieben und will tatsächlich gerade in Kleinasien gelesen werden? Das letztere würde bedeuten, daß man für Kleinasien die konkrete Situation zu postulieren hat, die (wenn solches der Fall ist) im 1Petr ihr Echo findet[46]. Aber gerade das wieder steht in diesem Kapitel noch zur Debatte: Wie spezifisch und konkret ist die Situation der Leser des 1Petr? Zuvor muß noch darauf aufmerk-

---

110.187. W. *Bauer*, Rechtgläubigkeit und Ketzerei im ältesten Christentum, Tübingen ²1964, 85f, reklamiert auf der Basis von Vermutungen diesen »weißen Fleck auf der kleinasiatischen Landkarte des 1. Petrusbriefes« für »ketzerisches«, von Rom aus nicht ansprechbares Christentum.

[40] Vgl. *Zahn*, Einleitung II, 1.

[41] Dazu *Windisch* 51; *Zahn*, Einleitung II, 2. Umgekehrt (reichlich konstruiert) *Walls* 63f: gerade derjenige Teil Kleinasiens, der nicht von Paulus missioniert wurde.

[42] Vgl. *Schrage* 62; Kritik durch *Vielhauer*, Geschichte 581.

[43] Ein solcher Versuch z. B. bei *Bigg* 69f.74f: Pontus wurde zuerst genannt, weil von dort eine neue Mission gestartet und Petrus deshalb angegangen worden war.

[44] *Schelkle* 3. *Strathmann*, Stellung 272, ist der Meinung, »daß das Schreiben ebensogut eine ökumenische Adresse haben könnte wie eine kleinasiatische«.

[45] Zu sagen, daß die genannten kleinasiatischen Gebiete im Fall der Unechtheit von 1Petr »vielleicht nichts mehr über die Heimat der als Leser gedachten Christen aussagen« (*Michl* 100), geht wahrscheinlich zu weit.

[46] *Wrede*, Bemerkungen 80: »Die Nennung bestimmter Provinzen wird wirklich verständlich nur dann, wenn diese Provinzen damals eine Verfolgungszeit erlebten und irgendwie besonders im Gesichtskreis des Verfassers lagen.«

sam gemacht werden, daß die weitgehende Deckung der Adressatenangabe mit paulinischen Missionsgebieten sehr gut zum paulinischen Charakter des Briefes selbst (s. u.) paßt.

Für die zum Verständnis des Briefes sehr ausschlaggebende Frage nach der angesprochenen Situation ergibt sich aus der Adressatenangabe, daß die Bedingungen und Verhältnisse, die man aus dem 1Petr abliest, zu der Zeit, in die man den 1Petr datiert, für praktisch ganz Kleinasien geltend gewesen sein müssen. Dieser Umstand spielt im folgenden bei der Bestimmung eben dieser Situation eine Rolle, und zwar im Zusammenhang auch mit der Datierungsfrage. Die im 1Petr bezeugte beträchtliche Ausbreitung des Christentums in Kleinasien ist nicht in jedem beliebig frühen Jahrzehnt des 1. Jahrhunderts schon denkbar, und für die historische Phase, in der man sie ansetzen darf (nämlich nach der Mission des Paulus, also etwa ab dem 6. Jahrzehnt)[47], müßte nach verbreiteter Einschätzung des 1Petr eine staatlich verordnete, weltweite Verfolgung der Christen nachgewiesen werden. Wir haben aber erst zu fragen, was der Brief an tatsächlichen Situationsanspielungen enthält und wie seine Diktion im einzelnen zu verstehen ist.

Unmittelbare Anspielungen auf Verfolgungsmaßnahmen werden hauptsächlich in 4,12–16 gesehen: Eine »Feuersbrunst« ist über die Gemeinden hereingebrochen; sie sind Angriffen ausgesetzt »im Namen Christi«; sie leiden »als Christen« (vgl. dazu 2,12.15; 3,14–16), müssen sich nach 3,15 (vor Gericht?) verantworten wegen ihrer christlichen Hoffnung. In der Forschung wird dieser gesamte Aussagenkomplex fast regelmäßig auf laufende Verfolgungsmaßnahmen von offiziellem Charakter und (wegen 5,9) weltweiter Ausdehnung bezogen. Bleibt zu fragen, ab wann eine derartige Situation denkbar ist und wann erste Christenverfolgungen seitens des römischen Staates nachgewiesen werden können. Als sicher muß gelten, daß die Zeit und Maßnahme Neros nicht in Frage kommt, weil seine »Bestrafung« der Christen wegen des Brandes Roms auf keinen Fall bis Kleinasien ausgeweitet wurde[48]. Alle diesbezüglichen Versuche, die Tatsache globaler staatlicher Verfolgungen in die neronische Ära und damit in die Lebzeit des Petrus zu datieren, um die Echtheit des 1Petr als möglich zu erweisen, können quellenmäßig nur phantastisch genannt werden[49].

Als zweiten brutalen Christenverfolger nach Nero kennt die christliche Überlieferung ab dem späten 2. Jahrhundert Domitian (Meliton v. Sardes bei Eus Hist Eccl IV 26,9; unter Vorbehalt Hegesipp ebd. III 20,1–5; ferner Cassius Dio 67,14); aber als zeitgenössische Quellen kommen allenfalls der 1Cl (1,1; 7,1)

---

[47] Knopf 6; Ramsay, Church in the Roman Empire 284. Goppelt, Verantwortung 491: »das ist frühestens 20 Jahre nach Beginn der paulinischen Mission, also von 65 an, denkbar«.

[48] Trotzdem datieren den Brief unter Nero z. B. Bigg; Selwyn; Stibbs; Reicke 71; Guthrie, Introduction 795f.

[49] So soll es einen Senatsbeschluß schon aus dem Jahr 35 n.Chr. gegeben haben, der bereits vor und unter Nero das Christsein als solches für unerlaubt erklärte (M. Sordi, Il Cristianesimo e Roma, Bologna 1965, 85–87; dagegen ausführlich Penna, »Senatoconsulto«; J. B. Bauer, Verfolgung).

und die Offb mit ihren Zeugnissen für Übergriffe gegen die Christen in Frage. Von ihren Auskünften kann jedoch nicht verläßlich auf programmatische Verfolgungsmaßnahmen Domitians geschlossen werden[50], aber immerhin ist es bei der bekannten Brutalität dieses Kaisers gut denkbar, daß seine stark gesteigerten und religiös abgeleiteten absolutistischen Ambitionen mit der Selbstbezeichnung als »Herr und Gott« (*dominus et deus noster*: Sueton, Domitian 13) nicht nur eine gelegentliche Provokation für die Christen waren, sondern daß sogar verbreitet die Zustimmung gegenüber diesem Anspruch als Kriterium staatsbürgerlicher Loyalität eingefordert wurde und die Reaktionen der Christen nicht nur vereinzelt zu »Verfolgungen« führten. Das bedeutet: Wenn der 1Petr auf dem Hintergrund einer Verfolgung seitens des römischen Staates zu lesen ist, kann dies historisch zur Zeit Domitians passen. Unter Voraussetzung der Unechtheit des 1Petr ist das die oft vertretene Datierung des Briefes[51].

Aus Kleinasien selbst, nämlich aus Bithynien, das zur Adresse des 1Petr gehört, sind verfolgerische Maßnahmen der Behörden gegen die Christen exakt bezeugt durch den berühmten Schriftwechsel zwischen Plinius, dem Statthalter von Bithynien-Pontus, und Kaiser Trajan, also aus der Zeit um 112 n.Chr. Man erfährt in diesen Dokumenten[52] detailliert von Vorwürfen, Verfahrensweisen und Strafen. Auf den ersten Blick scheint manches aus 1Petr genau mit der dort beschriebenen Situation zusammenzufallen: 3,15 als Anspielung auf die Verhöre, wie Plinius sie durchführte; 4,15 als Indiz für Schandtaten (*flagitia*), nach denen dort geforscht wurde; und vor allem in überraschender Deutlichkeit 4,14–16 die Unterscheidung zwischen dem Leiden als Übeltäter und dem Leiden »als Christ« bzw. »im Namen Christi« als Reflex der bei Plinius/Trajan historisch erstmals belegten Überlegung samt dem juristischen Definitionsversuch, ob Christsein als solches und an sich (*nomen ipsum*) strafbar sei oder allein die (angeblich) mit dem Christsein verbundenen kriminellen Handlungen (*flagitia cohaerentia nomini*). Diese auf den ersten Blick verblüffenden Berührungen verführten zur Datierung des 1Petr in diese Zeit des frühen 2. Jahrhunderts[53], und die im Brief erkennbaren historischen Bedingungen scheinen von dieser Ansicht aus durch Plinius und genau in Kleinasien nachgewiesen zu sein. – Die verschiedenen Datierungen von Nero bis Trajan (und gelegentlich sogar Hadrian 117–138) verbinden sich jeweils mit der Beurteilung weiterer Probleme des 1Petr (z. B. Echtheit, Einheit, Theologie). Sie interessieren hier aber ausschließlich hinsichtlich der Zuordnung von Text und

---

[50] Die Skepsis von *R. L. P. Milburn*, The Persecution of Domitian, CQR 139 (1945) 154–164, ist voll berechtigt; ähnlich *Goppelt*, Zeit 74f.

[51] Z. B. *Harnack*, Chronologie I, 454; *Fascher*, Einleitung 196; *Soltau*, Einheitlichkeit 315; *Knopf* 24; *Meyer*, Rätsel 73; *Preisker* 162; *Kümmel*, Einleitung 374f; *Best* 44.63f; *J. B. Bauer*, 10.82f; historisch sorgfältige Begründung durch *J. B. Bauer*, Verfolgung. *Ramsay*, Church in the Roman Empire 279–290, datiert den Brief allerdings (als echt) unter Vespasian kurz vor 80 (Kritik bei *Beare* 31).

[52] Abgedruckt z. B. bei *Freudenberger*, Verhalten 41–44.201 (mit Übersetzung).

[53] *Knox*, Pliny 187–189; *Beare* 32–34; ders., Teaching 284f; *McCaughey*, Three ›Persecution-Documents‹, und Frühere. Dagegen *Elliott*, Rehabilitation 251f.

historischer Situation. Und diesbezüglich – das ist nun das hier vertretene Urteil über derartige Datierungen – sind alle präzisen zeitlichen Ansetzungen bei der notwendigen Rücksicht auf die genaue Diktion des Briefes ungewiß und letztlich überflüssig.

Denn obwohl das immer wieder anders dargestellt wird, ist der 1Petr in denjenigen seiner Redewendungen, in denen er von den besonderen Bedingungen spricht, unter denen der christliche Glaube gelebt werden muß, ganz auffällig allgemein. Was die angeschriebenen Gemeinden zu ertragen haben, wird »trauern« (λυπεῖσθαι: 1,6; 2,19) genannt, »Versuchung« (πειρασμός: 1,6; 4,12), »leiden« (πάσχειν: 2,19.20; 3,14.17; 4,1.19; 5,10), »Leiden« (παθήματα: 5,9), »geschmäht werden« (ὀνειδίζεσθαι: 4,14) u. ä. Gezieltere Termini wie »Verfolgung« (διωγμός, διώκειν) oder Hinweise auf global verordnete gerichtliche und exekutive Maßnahmen fehlen. Die Metapher »Feuersbrunst« (4,12) kann dafür nicht genannt werden, auch die dramatische Rede vom Teufel (5,8f) nicht; die Rechenschaftsablegung aus 3,15 (ἀπολογία – λόγον αἰτεῖν) ist nicht nur aus der Situation offizieller Verhöre verständlich zu machen (s. z. St.), und außerdem wäre durch das Vorkommen von Verhören noch keine staatlich verordnete Verfolgung, sondern u. U. bloß regionales oder lokales Vorgehen belegt; die Alternative, wegen irgend welcher Straftaten oder aber »als Christen« »leiden« zu müssen (4,14–16), hat nichts Besonderes aus der trajanischen Zeit an sich. Die Annahme einer großen Verfolgung[54] kann nicht zwingend am Text des 1Petr abgesichert werden und ist nicht einmal wahrscheinlich.

Denn nur in einem Punkt wird der Brief in seinen Angaben genauer und läßt darin gleichzeitig die Szenerie einer blutigen Verfolgung eben nicht aufkommen. Die Situation, an die der Verfasser mit Sicherheit denkt, ist die bis zur Feindschaft gesteigerte Entfremdung zwischen Nichtchristen und Christen aufgrund der verschiedenen Verhaltensweisen bzw. des neuen Lebensstils der Christen. Hier handelt es sich nicht um Vermutung oder Hypothese, sondern das steht klar da: In Texten wie 2,1.11f.23; 3,1–4.14–17; 4,1–4.14–16 ist die Neu- und Andersartigkeit christlichen Lebens in dessen Kontrast zum Überkommenen bis zur Entfremdung, Abgrenzung und Anfeindung hin gezeichnet.

Das also gibt der 1Petr mit Sicherheit und ausdrücklich zu erkennen, daß die Christen seiner Zeit in ihrer Besonderheit »als Christen« (4,16) und wegen ihrer Weigerung, weiterhin die »Mitläufer« ihrer Zeitgenossen in deren Verhaltensweisen zu sein (4,4), in andauernde und ernsthafte Gefahr kamen. Und zwar sind es eindeutig nicht die Behörden, nicht der Staat, die da »schmähen« und verleumden und »leiden« lassen, sondern es sind die Mitmenschen der je-

---

[54] In verschiedener Form z. B. bei *Ramsay*, Church in the Roman Empire 280f; ders., First Epistle 285f; *W. Bauer*, Briefe 23f; *Fascher*, Einleitung 196f; *Marxsen*, Einleitung 200; *Kümmel*, Einleitung 369. Anders ausdrücklich *Zahn*, Einleitung II, 32–36.40; *Dibelius*, Literatur 122; *Unnik*, Christianity 80; *Felten* 22f.

weiligen Umgebung[55]. Sie sind »verwundert« bzw. verärgert über die Aufkündigung des gemeinsamen Lebensstils durch die Christen (4,4). Das ist nun ein Phänomen, das uns aus der Frühgeschichte des Christentums gut bekannt ist. Infolge ihrer kultischen, kulturellen, sozialen und moralischen Separation gerieten die Christen in eine Isolation (vgl. 4,2–4), die leicht und oft zu Diskriminierung und zu den pogromartigen Übergriffen führte, welche man von den Verfolgungsmaßnahmen des Staates dann zu unterscheiden hat. Schon die älteste christliche Urkunde berichtet vom »Leiden unter den eigenen Landsleuten« (1Thess 2,14), und diese Erfahrung läßt sich während der ganzen Verfolgungszeit der ersten drei Jahrhunderte belegen. Genauso durchgängig ist der Katalog von vulgären Vorwürfen (Mord, Diebstahl, Verbrechen, Unruhestiftung: 4,15) gegen die kleine »atheistische« Gruppe mit dem neuen, minderwertigen Glauben.

In dieser Atmosphäre stehen die frühesten Reaktionen auf das Christentum in heidnischen Quellen. Tacitus und Sueton für das 1. Jh., Plinius anfangs des 2. Jh.s geben übereinstimmend als Grund für die allgemeine Aversion und Beschwerdeführung gegen die Christen die (regelmäßig unterstellte) Verbindung des neuen Glaubens mit Verbrechen und Unmoral an[56]. Diese Anstöße am Christentum bekamen quantitativ und qualitativ erst allmählich die Dimensionen von Staatsinteresse bzw. Staatsgefährdung (sc. in Form von Ruhe- und Ordnungsstörung). Für die Erklärung von Daten, Sprache und Reaktion im 1Petr ist nach der extremen Situation einer großräumig angelegten Verfolgung gar nicht zu suchen. Der Brief erklärt sich hinreichend aus dieser »Alltagssituation« der frühen Kirche. Nichts im Brief weist über sie hinaus, denn das Verhaßtsein, die Verleumdung und die Zufügung von »Leiden« konnte allerdings den Charakter einer »Feuersbrunst« annehmen (4,12), nämlich zur »Hölle« werden. Allerdings meint dieser Term »Feuersbrunst« kaum etwas anderes als »Versuchung«, so daß kein Grund besteht, aus ihm eine andere »Probe« herauszulesen als die von 1,6f. Und solche Verfolgungen werden nicht erst im 1Petr aufgrund etwa einer bestimmten staatlichen »Rechtsprechung« in trajanischer Zeit[57] als Leiden »im Namen Christi« benannt, sondern der Sache nach ist das die Formel auch Mt 5,11; Mk 13,13[58]; Apg 5,41; 9,16 und stellt sich als Formel nahezu selbstverständlich für jede Art von Verfolgung ein, die von Christen als Glaubensverfolgung gewertet wurde.

---

[55] Übereinstimmend *Goppelt*, Verantwortung 491; ders., Zeit 75; *Harrison*, BS 97, 204.

[56] *Sueton*, Nero 16,3: *Christiani genus hominum superstitionis novae et maleficae*; *Tacitus*, Ann. XV 44,2.4: *per flagitia invisos . . . Christianos*; Vorwurf des *odium humani generis*; *Plinius*, ep. X 96,2: *flagitia cohaerentia nomini*.

[57] Beim Briefwechsel Plinius-Trajan handelt es sich bekanntlich nicht um Rechtsprechung, von der der christliche Sprachgebrauch hätte beeinflußt werden können, sondern ausdrücklich um eine Regelung *ad hoc* (im Reskript Trajans: *neque enim in universum aliquid . . . constitui potest*), die zwar auf eine schon eingespielte Praxis zurückzugreifen scheint und gerade durch Trajan eine ungewollte generelle Geltung erfuhr.

[58] *Nauck*, Freude 70 Anm. 12, stellt Traditionszusammenhang fest zwischen Mt 5,11 / Lk 6,22 und 1Petr 4,14 auch in diesem Punkt.

*Adressaten*

Es läßt sich also mit den besseren Gründen behaupten, daß derartige Bedingungen einer familiären, nachbarschaftlichen, kommunalen Aggression gegen die Minderheit der »Diaspora«-Christen (1,1) den Brief erklären, seine Tendenz und Diktion hinreichend motivieren und andererseits eben als einziges im Brief direkt beim Namen genannt sind. Überdies sind sie mehr oder weniger akut die regelmäßigen Lebensbedingungen der frühchristlichen Gemeinden gewesen, wie zuerst aus den Verfolgungstraditionen der übrigen neutestamentlichen Literatur (z. B. Mt 5,10–12.44; Lk 21,12; Joh 16,2; Apg pass.) und dann aus Märtyrerakten, apologetischen und polemischen Quellen des 2. und 3. Jh.s deutlich wird[59]. Zu diesen Bedingungen, die mit Sicherheit verbreitet und »global« waren, paßt es weit besser als zu allen für die Frühzeit denkbaren staatlichen Verfolgungsmaßnahmen, wenn beschwichtigt wird: »Dieselben Leiden werden von den Brüdern auf der ganzen Welt ertragen« (1Petr 5,9); es ist für den 1Petr die Bedingung des Christseins schlechthin. Darum ist am ehesten doch anzunehmen, daß dieses Schreiben in seiner allgemein gehaltenen Instruktion und mit dem »Rundbrief«-Charakter gerade dazu stilisiert wurde, diese generellen Bedingungen auf eine immer zutreffende, verwendbare Art anzusprechen und daß mit ihm also »ein allgemeiner christlicher Zustand getroffen werden soll und nicht die besondere Lage bestimmter Gemeinden«[60].

Diese Beschreibung seiner Situation und Absicht wird bestätigt durch die dramatischen oder besser: dramatisierenden Varianten der Sprechweise des Briefes, die mit ihrer Steigerung gegen Schluß[61] in der Forschung sehr nachhaltig den Eindruck erzeugt haben, ab 4,12 sei von einer verschärften, qualitativ verschlimmerten Situation die Rede (s. u.), während sie aber offensichtlich darauf aus sind, die Möglichkeiten der Mahn- und Trostrede durch steigernden Wechsel der Emphase auszuschöpfen. Zwar konnten die Verdächtigungen, Beschuldigungen, Gewaltanwendungen, die der Brief deutlich dokumentiert, auch zu lokalem Einschreiten der Behörden führen, wie man aus 4,14–19 entnehmen muß oder kann[62]. Die Konflikte wurden durch Anklagen öffentlich und verlangten administrative Reaktionen. Aber solche Vorgänge bleiben im Rahmen der beschriebenen Situation allgemeiner Diskriminierung und Aggression[63]. Beachtenswert ist, daß vom »Leiden« und nie vom gewaltsamen Tod die Rede ist und weiter (was nie beachtet wird), daß in 2,18–3,7 auch die bedrückenden Schicksale ganzer Gruppen von Christen (Sklaven, Frauen) unter das »Leiden« subsumiert werden; schon von daher hat es keinen Sinn, für den 1Petr zwischen leidensfreien und leiderfüllten Phasen zu unterscheiden.

---

59 Vgl. auch *Brox*, Situation 6f.11f.
60 *Dibelius*, Literatur 122f.
61 Auch *Lohse*, Paränese 81 Anm. 68: »Es liegt in dem Thema des Briefes begründet, daß das Gewicht der Ausführungen sich zum Ende des Briefes hin steigert.« Ähnlich *Schrage* 61: »zum Schluß eine Steigerung«. *Walls* 58 u. ö. spricht unzureichend nur von Wiederholung und Betonung der gleichen Themen und charakterisiert die »Feuersbrunst« von 4,12 fälschlich bloß als »bevorstehend (imminent)« (49–51) statt als eingetroffen.
62 *Knopf* 22.
63 Auch *Selwyn*, Problem 258; *Dibelius*, Literatur 44; bes. *Kelly* 6–11.141; *Walls* 50–54.

Die Situation des 1Petr ist keine besondere, sondern besteht in den »Leiden«, die »alle Brüder auf der Welt ertragen« müssen (5,9). Sie ist also hinreichend beschrieben als Syndrom aus Isolation, Diskriminierung, Entfremdung, Mißtrauen, Unterstellung, Verleumdung, Haß und Feindseligkeit bis hin zur öffentlichen Kriminalisierung seitens der nichtchristlichen Verwandten oder Mitbürger[64]. Das bedeutet, daß der Brief unter diesem Aspekt weder innerhalb des 1. Jh.s noch am Anfang des 2. Jh.s in ein bestimmtes Jahrzehnt datiert werden kann: Die Verhältnisse, die er bespricht, sind innerhalb der frühen Epoche »zeitlose« Realität oder Möglichkeit[65].

Die Einzelauslegung wird zeigen, wie stark die Theologie des 1Petr durch diese Situation geprägt, d. h. das besondere Bild vom Christsein durch die Verfolgtenmentalität gefärbt ist. Der Brief spricht ausnahmslos von Bedingungen, die dem Glauben nicht entgegenkommen, sondern ihn schwierig machen. Die Christen sind hier nicht etwa augenblicklich und vorübergehend, sondern für den Verfasser erwartungsgemäß und nahezu folgerichtig (also »immer«) diejenigen, die verleumdet werden, nicht gut gelitten sind, negativ auffallen durch ihre Andersartigkeit, mit der sie gegen die Konvention allen Verhaltens verstoßen (4,4 u. a.). In diesem Bereich der »kleinen« Anstöße und Konflikte scheint sich die Glaubensschwierigkeit der Kirche des 1Petr generell zu bewegen. Bei Gelegenheit konnte daraus Gefährliches entstehen, nämlich öffentliche Diffamierung oder Anklage mit Prozeß und einschlägigen Folgen.

Der Versuch einer Identifizierung historisch singulärer Bedingungen, die im 1Petr gemeint seien, ist bei der beschriebenen Intention und Eigenart des Briefes also aussichtslos; der Brief meint nichts Konkret-Einmaliges[66]. Dazu stimmt, daß etliches andere genauso vage oder wenig konkret bleibt: Der Verfasser kennt seine Adressaten nicht; er spricht ihre Lage nur in generellen Andeutungen und nicht in besonderen Details an, und zwar bezüglich des »Leidens«, aber auch in Fragen ihrer Kirchenverfassung oder ihrer Gefährdungen; die Missionare der Adressatenregionen kennt er nicht (1,12). Der Brief »paßt« darum »immer«[67], sogar in wesentlich harmloseren Phasen von Kirchengeschichte als der hier beschriebenen. Wenn aber diese generelle Rede von den schwierigen Bedingungen des Christseins innerhalb des Briefes so verschiedene bildliche oder begriffliche Einkleidungen gebraucht, wie es der Fall ist, und wenn sie von sehr verschieden großer Bedrohlichkeit und Realität von Verfolgung zu handeln scheint, dann ist dazu zu bedenken, daß der Verfasser sich rhetorisch bzw. stilistisch sehr geschickt zeigt. Die konkreten wie die konditionalen Angaben über die gefährlichen Erfahrungen des Glaubens haben *die*

---

[64] Ähnlich *Fascher*, RGG ³V, 257. Vgl. *Elliott*, Rehabilitation 252f; *Strathmann*, Stellung 271f.
[65] *Michl* 95: »Was der Verfasser schreibt, hat Wert für die ganze Christenheit.«
[66] So außer den Genannten auch *Kögel*, Gedankeneinheit 190–193; *Felten* 22f; *Reicke* 71f; *Kelly* 10f.29; *Selwyn*, Problem 257; ders., Persecutions 39–50; *Dibelius*, Literatur 122f; *Cross*, I. Peter 42; *Filson*, Partakers 401–405. *Schelkle* 7–10; mit im übrigen sehr divergierenden Urteilen über den Brief.
[67] Vgl. *Schelkle*, Das NT 213.

eine Situation vor Augen, und die Steigerung oder Dramatisierung am Schluß meint nichts anderes, dient aber durch die darin aufgerissenen großen Perspektiven auf ihre Weise sehr wirksam dem Ziel, Trost und Hoffnung und konkrete Zuversicht zu ermöglichen: Die deprimierenden, aufreibenden Demütigungen als tägliche Erfahrung dieser Christen werden ganz groß dimensioniert: als Angriff des großen Widersachers selbst (5,8f), als globales Geschehen (5,9b), als Ereignis des die Geschichte abschließenden Gerichtes Gottes (4,17). Den Adressaten wird dramatisch und damit eindringlich erklärt, in welchen Zusammenhängen ihre Erfahrungen stehen und wo für sie der Weg da hinausführt.

Damit ist auch die letzte Frage im Zusammenhang der Briefsituation geklärt: Der 1Petr spricht nicht von zwei qualitativ verschiedenen historischen Szenen, nämlich der möglicherweise bevorstehenden und dann der eingetroffenen Verfolgung, wobei der Einschnitt zwischen 4,11 und 12 läge (s. o.) und der Brief nicht mehr aus einem Guß sein könnte und nicht mehr als Einheit zu verstehen wäre[68]. Tatsächlich ist die Unterscheidung zwischen hypothetischem und realem Leiden weder zwingend noch hilfreich für das Gesamtverständnis[69]. Die Optative in 3,14.17, aus denen eine nur konditionale Rede vom Leiden im ersten Briefteil entnommen wird, erklären sich wahrscheinlich aus der stilistischen Versiertheit des Verfassers[70]. Und als Beispiel dafür, daß ein Konditionalsatz u. U. von einer permanent vorhandenen Realität redet, kann Ign R 3,3 genannt werden: »Etwas Großes ist das Christentum, wenn (sooft, sobald) es von der Welt gehaßt wird.«[71] Das ist die genaue Parallele.

Wenn man die konditionalen Wendungen und die Aussagen über das gewonnene Heil vor 4,11 mit den Indikativen der Verfolgungslage ab 4,12 kontrastiert, um eine (noch) unbehelligte, strahlende Situation mit dem katastrophalen Einbruch der »Feuersbrunst« (4,12) zu vergleichen[72], dann werden andererseits die indikativischen Aussagen im angeblich leidensfreien Textteil bzw. Zeitraum (wie 1,6: λυπηθέντες; 3,16; 4,4) unterschlagen, und andererseits wird sehr irreführend das Spektrum an motivierenden Nuancen und Pointen,

---

[68] Dieser Ansicht sind z. B. *Fascher*, Einleitung 198; *Perdelwitz*, Mysterienreligion 18f; *Moule*, Nature 1–11; *Beare* 26f.218; *Preisker* 156; E. *Käsemann*, VF 1949/50, 191f; auch *Schröger*, Verfassung 240 m. Anm. 3, der 1,1–4,11 und 4,12–5,11 für verschiedene Gemeindebriefe aus u. U. verschiedener Hand hält, und für diese Meinung fälschlich die Einleitungen von Kümmel und Wikenhauser-Schmid, sowie »fast alle Kommentatoren und Monographien jüngeren Datums« reklamiert.

[69] *Nauck*, Freude 79f, zeigt unter Hinweis auf die in der Leidensthematik des 1Petr »angewandte Tradition«: »Die Kategorien des ›Konkreten‹ bzw. des ›Hypothetischen‹ müssen versagen.« Die Suche nach dem datierbaren singulären Hintergrund führt in diesem Fall zu nichts. Und *Millauer*, Leiden 58–60, macht klar, wie durch Beachtung traditionsgeschichtlicher Zusammenhänge die Leidensaussagen des 1Petr sich doch sehr verändert ausnehmen, was einen konkreten Situationsbezug betrifft.

[70] *Knopf* 16: »Anlehnung an die Buchsprache der Literatur«; vgl. *Danker*, Pericope 100 Anm. 38.

[71] ὅταν μισῆται ὑπὸ κόσμου. W. *Bauer*, Die Apostolischen Väter II, Tübingen 1920, 247: »Ign. ist natürlich der Meinung, daß das Christentum stets von dem Haß der Welt verfolgt sein wird.«

[72] *Perdelwitz*, Mysterienreligion 18f, und viele andere.

das in einer allgemeinen paränetischen Redeweise aufgeboten wird, als eine Reihe von deskriptiven Anspielungen auf konkrete historische Konstellationen mißverstanden. Mit einer literarischen bzw. rhetorischen Dramatisierung der Situation muß in einem Schreiben vom Genre des 1Petr geradezu gerechnet werden. Wenn man – und hier muß vorgegriffen werden – die sehr exakte Verfasserangabe (1,1) nicht historisch zu nehmen hat, dann besteht die gleiche Möglichkeit für die einzelnen Situationsangaben. Der genaue Name Petrus meint etwas Generelles (Autorität, Apostolizität o. ä.); die »genaue« Metapher von der hereingebrochenen Feuersbrunst meint etwas Generelles, nämlich die permanent aktuelle und akute Kondition des Christseins, unter der der 1Petr den Glauben als Hoffnung auslegt. Wenn es richtig ist, daß das Pseudonym »ein Element dramatischer Schöpfung einführt« und vom Schreiber »eine Anstrengung der kreativen Imagination verlangt«[73], dann werden die Spuren solcher Kreativität auch in den übrigen Details der brieflichen Konstruktion zu finden sein. Und außergewöhnlich ist es nicht, was dem Verfasser des 1Petr an Kreativität abverlangt wurde, um die faktische Situation seiner Adressaten in den diversen Anspielungen seines Briefes zu benennen, zu dramatisieren und zu deuten.

Die etwaigen Differenzen in der Rede vom Leiden, ohnehin also nicht gravierend, erklären sich sehr leicht literarisch. Und vom Duktus des Briefes her ist völlig zu Recht oft genug darauf hingewiesen worden, daß 1Petr in allen seinen Teilen auf dem Hintergrund von Leidenserfahrung geschrieben sein und reale (nicht hypothetische) Schwierigkeiten bestehen helfen will[74]. Weiter kann auf terminologische Verklammerungen zwischen den beiden »Teilen« vor und ab 4,12 verwiesen werden[75], so daß sie schwer zu trennen sind. Und schließlich rechtfertigt die Doxologie von 4,11 eine Teilung des Schreibens an dieser Stelle durchaus nicht so leichthin, wie das üblicherweise behauptet wird. Die Doxologie ist nicht per se ein Textschluß (siehe die Analyse zu 4,7–11).

Zur Situation des Briefes (bzw. seiner erhofften Leser) kann abschließend als doch bemerkenswert noch notiert werden, daß von keiner Häresie, von keiner Gegnerschaft oder Konfrontation innerhalb der Gemeinden die Rede ist. Daraus kann nicht auf sicheres Fehlen einschlägiger Konflikte dieser Kirche geschlossen werden, aber das Schreiben befaßt sich allein mit der Front, die – offenbar unvermeidlich – gegenüber den »Heiden« besteht. Und hier wieder ist auffällig, daß nirgends der Eindruck wirklicher Glaubensgefährdung einzelner oder vieler Christen durch die prekäre Situation aufkommt[76]. Das Thema ist Hoffnung.

---

[73] *Beare* 49.
[74] Aus den genannten oder ähnlichen Gründen kommen zum gleichen Schluß z. B. *Kümmel*, Einleitung 371; *Best* 36–39; *Unnik*, Christianity 80f; *Schrage* 61f; *Lohse*, Paränese 81 Anm. 68; *Best* 39; *D. H. Schmidt*, The Peter Writings 22f.

[75] πειρασμός 1,6 und 4,12; der Makarismus 3,14 und 4,14; die Nennung des Willens Gottes beim Leiden: 3,17 und 4,19. Vgl. *Walls* 50f.
[76] Auch *Zahn*, Einleitung II, 8.

## III. Literarische Einheit und Disposition

In den beiden vorigen Kapiteln sind bereits wichtige Fragen zur Beurteilung der Einheit des 1Petr mit entschieden worden. Es gibt keinen überzeugenden Nachweis dafür, daß der Grundtext des Briefes ohne den dann ablösbaren (weil sekundären) Rahmen oder daß wesentliche Teile des Haupttextes vor und unabhängig von der »Form 1Petr« bestanden haben und zum »Brief« 1Petr erst gemacht oder verwendet wurden, nachdem sie zunächst aus einem anderen »Sitz im Leben« als der Briefschreibung entstanden waren oder als zwei ursprünglich unabhängige Schreiben in sehr verschiedenen Situationen verfaßt wurden. Von derartigen Thesen kann tatsächlich nichts mehr erwartet werden. Auch die älteren Interpolationshypothesen[77] können nicht erfolgreich reanimiert werden. Tatsache ist zwar, daß der 1Petr mit seinem besonderen formalen Charakter für Teilungsideen sehr versucherisch bleibt bzw. ihnen gegenüber recht »wehrlos« ist. Durch seinen argumentativ wenig folgerichtig und anders als logisch-begrifflich erstellten Sinnzusammenhang präsentiert der Brief sich als Aufbau aus diversen Themen, Bildern, Assoziationen und Topoi, mit mehreren Neuansätzen und Nahtstellen[78], in von einander abgesetzten Blöcken und Teilen[79] von je wechselndem Tonfall, Stil und Thema. Aber diesen Eigentümlichkeiten wird man nicht mit Teilungsvorschlägen gerecht.

Wie wenig alle derartigen »Entdeckungen« in der Lage sind, eine entscheidend bessere inhaltliche und formale Ordnung des Schreibens freizulegen, zeigt ihre Anwendung aufs Detail, bei der qualitativ dasselbe Defizit an Ordnung bleibt: Wenn große Teile wie 1,3–5,11 oder 1,3–4,11 und 4,12–5,11 isoliert worden sind, hat man es innerhalb ihrer noch einmal mit demselben Befund von »Uneinheitlichkeit« zu tun (z. B. innerhalb der vermeintlichen Taufrede der Appell an die Loyalität gegen den Staat 2,13–17 und die Haustafel 2,18–3,7). Die Teile als einheitliche Formulare einer Rede, Homilie oder Liturgie zu erklären, ist nicht plausibler, als das ganze Schreiben als einen einheitlichen »Brief« zu nehmen. Geht die Teilung aber zu noch kleineren Einheiten über, dann wird zwangsläufig ohne Erfolg, Sinn und nennenswerten Konsens gestritten. Vorliegende Versuche zeigen die Willkür, indem sie damit beginnen, dem Verfasser des 1Petr anzuraten, in welcher Reihenfolge und mit welchen Pointen er seine (jetzt »zufällig« gereihten) Themen hätte ordnen müssen, um den modernen Kritiker vom Vorliegen eines einheitlichen Schreibens zu überzeugen[80], was eher komisch wirkt. Wenn man das Fehlen einer wirklichen Disposition konstatiert, die lockere Reihung von Gedanken, die unbekümmerten Wiederholungen, den diskursiven Charakter der Themenfolge, den Verzicht

---

[77] *Cramer*, Exegetica; *Soltau*, Einheitlichkeit; *Völter*, Petrusbrief; ders., Bemerkungen.
[78] Nicht nur 4,11/12, sondern z. B. auch 1,12/13; 2,10/11.
[79] Etwa 2,11–3,12; 3,13–4,6; 4,7–11.
[80] Z. B. *Perdelwitz*, Mysterienreligion 15;

*Völter*, Bemerkungen, macht dem angenommenen Interpolator seine Vorschläge, wie er seine Eingriffe in den Brief hätte besser machen können, um die logische Gedanken-Sequenz zu erreichen, die Völter verlangen zu dürfen meint.

auf strenge Reflexion, den Mangel an Übergängen und Verbindungen (z. B. von 4,6 nach 4,7), die »Verzettelung von Zusammengehörigem«[81] (z. B. 2,18–3,7 und dann wieder 5,1–5), dann liegt die Lösung der Interpretationsaufgabe nicht in der Beanstandung, daß der Verfasser an bestimmten Stellen etwas nicht gesagt hat bzw. hätte sagen müssen (z. B. in 5,1, daß Petrus Apostel ist) oder daß er also »besser« hätte ordnen sollen. Die Thematik des 1Petr ist hinreichend einheitlich in ihrem Skopos von Leiden und Hoffnung. Allerdings ist es die besondere Art des Verfassers, für die Zwecke seines Rundschreibens ein Arsenal von paränetischen, theologischen, vielleicht auch liturgischen Überlieferungen zu öffnen und aus dem vollen zu schöpfen, ohne viel zu ordnen.

»Echter kritischer Sinn ist ein grundsätzlicher Zauderer im Erkennen auf Interpolation.«[82] Es spricht im Brief auch etliches deutlich gegen die Kompositions- bzw. Teilungsthesen. So lassen sich z. B. keine Stilunterschiede zwischen einzelnen Briefteilen markieren. Außerdem ist der Briefrahmen, der in der Regel als sehr leicht ablösbar behandelt wird, immerhin mit den angeblich unbrieflichen Texten terminologisch-thematisch verzahnt[83]: Der erste Rahmenteil ist in 1,1 mit 1,17 und 2,11 durch das Thema »Fremdheit in der Welt«, in 1,2 mit 1,14.22 durch den Terminus »Gehorsam«, in 1,1 mit 1,15; 2,4.6.9.21; 3,9; 5,10 im Erwählungsgedanken verwandt, und der zweite Rahmenteil in 5,12 mit 2,19.20 durch das Wort und Thema »Gnade«[84] sowie in 5,13 mit den zu 1,1 genannten Stellen, die den Erwählungsbegriff nennen, so daß in der »Erwählung« beide Rahmenteile und beide Haupt-»Teile« des Briefes (1,3–4,11; 4,12–5,11) übereinkommen.

Die Differenz zwischen dem paulinischen Charakter des Haupttextes und der petrinischen Verfasserangabe im Rahmen (1,1; 5,12; s. u.) ist ebenfalls kein literar-kritisches Argument gegen die ursprüngliche Zusammengehörigkeit von Rahmen und Hauptteil des 1Petr, weil die Verfahrensweisen der pseudepigraphischen Schriftstellerei der Zeit an anderen Gesichtspunkten orientiert waren als an historisch-kritischer Rekonstruktion von Traditionsverhältnissen[85].

Alle Briefabschnitte sind denselben Grundthemen zugeordnet[86], die Situation der Adressaten ist immer dieselbe. Man müßte also eine allmähliche, »stückweise« Entstehung des 1Petr aus ein und derselben Hand annehmen, was nicht leichtfällt. Weil die entdeckte Uneinheitlichkeit rein formal-logisch, nicht stilistisch oder inhaltlich besteht, hat nach etlichen Thesen der Autor selbst aus eigenen Stücken oder aus gegebenem Anlaß in zeitlichem Nacheinander den

---

[81] *W. Bauer*, Briefe 22.
[82] *P. Schmidt*, Zwei Fragen 47, der aber dann doch 3,19–21 und 4,6 für Interpolationen (von verschiedener Hand) halten zu müssen meint.
[83] Darum ist es eine schlechte Empfehlung, den Hauptteil des Briefes als tradierte Predigt unabhängig von der Situation des 1Petr zu interpretieren (so *Beare*, Teaching 287).

[84] So auch *Wrede*, Bemerkungen 81f.
[85] Gegen *Harnack*, Chronologie I, 456f (vgl. 464f). Darüber genauer *Brox*, Rahmung 94.
[86] Einzelheiten bei *Kelly* 20; *Schrage* 61. *Frederick*, Obedience III, ist der Meinung, daß die Einheit sich auch vom Thema »Gehorsam« her beweisen läßt.

1Petr (nicht besonders geschickt) komponiert[87]. Solche Hypothesen sind bei der Kontrolle am Text einfach nicht zwingend und bleiben immer gegen neue Annahmen austauschbar. Die Annahme der Einheit des Schreibens hat die besseren Gründe für sich und kann die Merkmale, die zu Teilungshypothesen führten, auch ohne dieses Risiko, nämlich mit der denkerischen und schriftstellerischen Eigenart des Verfassers erklären[88]. Eine behutsame Analyse der Sequenz der einzelnen Passagen und ihrer Themen sowie der formalen Übergänge und Brüche, wie W. J. Dalton sie durchgeführt hat[89], zeigt ganz klar die größere Wahrscheinlichkeit der Einheit des Briefes. Dalton demonstriert eine ganze Anzahl von terminologischen und thematischen Kontinuierlichkeiten zwischen kleinen und größeren Sektionen des Schreibens. Man muß nicht eine naht- und bruchlose Folgerichtigkeit der Gedankenführung nachgewiesen haben, um die literarische Einheit eines Dokuments wie des 1Petr annehmen zu können. Wenn ein Text diese Art von stilistischer und thematischer Konsistenz aufweist, wie sie im 1Petr vorliegt, und solange die Anlässe zur Teilung nicht zwingender als in diesem Fall sind, ist an der Einheitlichkeit festzuhalten.

Von diesen Beobachtungen aus ergibt sich die Art und Weise, in der man für den 1Petr von dessen Disposition sprechen kann. Ein ausgesprochener Plan mit exakter Durchführung seiner Thematik liegt also gewiß nicht vor[90]. »Disponiert« ist der 1Petr allein von seiner pastoralen Absicht her, in bestimmter schwieriger Situation die Form christlicher Existenz theologisch zu begründen und paränetisch einzuüben. Und von da aus konvergiert das Schreiben von seinen diversen Argumenten, die sich teils aus einer traditionellen Geläufigkeit, teils wohl auch aus bestimmter Vorliebe des Verfassers einstellen und öfter vom Thema wegzuführen scheinen, immer wieder und gegen Briefschluß mit größerer Deutlichkeit auf sein im Grund einziges Thema[91].

Man kann sich daraufhin begnügen und lediglich von den hauptsächlichen Gegenständen und Themen des 1Petr sprechen[92]. Oder man paraphrasiert – unter Hinweis auf Wiederkehr und Dominanz bestimmter Themen – den Brief in der Folge seiner Aussagen und notiert dabei inhaltlich sich unterscheidende Teile[93]. Es läßt sich aber bei entsprechender Aufmerksamkeit mit etlichem Erfolg

---

[87] Z. B. *Moule*, Nature; *Renner*, Einheit 156–160.
[88] Die Einheit des 1Petr wird vertreten z. B. von *Kümmel*, Einleitung 369–371; *Wikenhauser-Schmid*, Einleitung 595–598; *Guthrie*, Introduction 800; *Grant*, Introduction 224; *Nauck*, Freude 79f; *Best* 20f.27f; *Schelkle* 5; *Kelly* 2f.20f.
[89] *Dalton*, Proclamation 76–83, dessen Verfahren und Bewertung man aufs ganze gesehen zustimmen muß. Ergebnismäßig spricht er vom »organischen Denken des Briefes«, von »einer gewissen Ordnung und Harmonie in der Komposition, die nicht mit Zufall erklärt werden kann«.

[90] Auch *Brooks*, Clue, hat ihn nicht nachweisen können. Es gibt keinen Grund, 3,21 als »climax« des 1Petr zu bewerten (vgl. auch die Analyse zu 3,18–22). Der Brief hat im übrigen überhaupt nicht einen einsamen Höhepunkt, auf den zu und von dem her er sich literarisch profilierte.
[91] Vgl. auch unten die Analysen zu 3,13–17; 4,7–11; 4,12–19 und außerdem die treffliche Charakteristik durch *Schlier*, Adhortatio 59.
[92] So *Thurston*, Interpreting 172f.
[93] So *Kelly* 21–25; *Michl* 94 u. a.; *Selwyn* 4–6 erkennt als Disposition einen ständigen Wechsel zwischen lehrhaften und paränetischen Passagen.

innerhalb des Themenkatalogs des 1Petr auch stärker ein »Plan« in dem Sinn
aufzeigen, daß nach Ordnungs- und Strukturelementen des Denkens gesucht
wird, die sich nicht als Muster der klassischen Logik oder Rhetorik niederschlagen und doch nicht einfach bar jeder Logik und einheitlichen Gedankenführung
sind[94]. Diese Art von Zusammenhang oder Folgerichtigkeit zwischen den
Briefteilen kann in einem Aufriß der Themenfolge nicht wirklich sichtbar gemacht werden, sondern nur jeweils als Ergebnis der Auslegung der einzelnen
Passagen. Er läßt sich auch nicht durch eine Gliederung des Briefes in Haupt-
und Unterkapitel spiegeln[95], wie in der Auslegung gewöhnlich verfahren wird.
Auf solche Art von Gliederung ist in der vorliegenden Auslegung deshalb verzichtet. Das Inhaltsverzeichnis zum Kommentar-Teil[96] weist eine einfache
Reihe von »Überschriften« auf, die in der m. E. einzig angemessenen Form
über den Inhalt und die Themenfolge des Schreibens doch vorläufig informieren kann. Die sachliche Disposition der Thematik läßt sie allerdings nur bedingt erkennen, weil sie primär das Defizit an formaler Disposition deutlich
macht. Die gegebene Folge der Einzelteile des 1Petr könnte ohne Verlust für
Inhalt, Verständlichkeit und Aussagekraft des Briefes nahezu beliebig anders
ausgefallen sein (sofern die Briefform intakt bleibt). Freilich kann man, anders
als in der in diesem Kommentar praktizierten Weise, größere Textfolgen thematisch zusammenfassen[97]. Eine andere, »bessere« Disposition wird damit
aber nicht entdeckt. Denn die größeren Textteile entpuppen sich dabei nachträglich durch die doch wieder notwendigen Unterteilungen ungewollt als inhaltlich eben nicht sehr konsistent[98]. Man wird m. E. mit der Benennung einer
Reihe von in sich selbständigen und verständlichen und in keiner zwingenden
Folge aufgereihten Kleintexte, die in dieser Folge den Großtext 1,3–5,11 bilden, dem 1Petr vollauf gerecht.

## IV. Bezeugung, Zeit und Ort des Briefes

Die nähere zeitliche Bestimmung des 1Petr kam oben schon einschlußweise in
die Diskussion, als nämlich nach der konkreten Situation zu fragen war, auf die
der Verfasser sich bezieht. Es zeigte sich, daß weder die Notwendigkeit besteht
noch eine Möglichkeit gegeben ist, den Brief eindeutig in eine der bekannten
frühen Christenverfolgungen zu datieren. Er ist weder typisch für die neroni-

---

[94] Dazu die methodologischen Bemerkungen bei *Dalton*, Proclamation 74–76. Im Grunde zutreffend auch schon *Seyler*, Gedankenordnung 52f.67f.
[95] Vgl. auch die Analyse zu 1,13–16.
[96] Siehe S. VIIf.
[97] *Dalton*, Proclamation 72–83, teilt drei große Passagen ab: 1,3–2,10; 2,11–3,12; 3,13–5,11.
[98] So bei *Dalton* und z. B. auch *Manke*, Leiden 12–16. *Chevallier*, Structure 129–137. 140–142, erreicht mit seinen pedantischen formalen Analysen m. E. ebenfalls nicht mehr; sie wirken, gemessen am Stil des Ps-Petrus, reichlich künstlich und ziehen auch (trotz der Bemerkungen 138) die Tatsache der Rezeption geformter Sprache bei ihrer Identifizierung von Wortentsprechungen und -verklammerungen u. ä. nicht wirklich ins Kalkül.

sche Ära noch besteht zwingender Anlaß, ihn unter Trajan, also ins zweite Jahrzehnt des 2. Jh.s heraufzurücken. Von der Situationsbestimmung her ließen sich keine exakten Auskünfte für die Datierung gewinnen. Darum ist nach anderen Anhaltspunkten zu fragen, wobei hier vorweggenommen werden muß, daß das Ergebnis einer Untersuchung der Verfasserschaftsfrage (s. u.) nicht dazu nötigt, den Brief zu Lebzeiten des Petrus zu datieren. Man ist auf Indizien im Brief selbst angewiesen.

Die literarische *Bezeugung* des 1Petr setzt im frühen 2. Jh. ein, und zwar in 2Petr 3,1 und im Philipperbrief des Polykarp (1,3; 2,1f; 5,3; 7,2; 8,1f; 10,2)[99]. Die relative Chronologie dieser beiden Schriften[100] braucht hier nicht diskutiert zu werden, weil 1Petr so in jedem Fall im zweiten oder dritten Jahrzehnt des 2. Jh.s bezeugt ist. Wenn 2Petr 3,1 sich auf den 1Petr bezieht, woran kaum zu zweifeln ist, dann ist damit gleichzeitig dessen petrinische Verfasserschaftsangabe bezeugt. (»Das ist nun schon der zweite Brief, den ich euch schreibe.«) Weil Polykarp im Unterschied dazu den 1Petr nur zitiert, nicht aber ausdrücklich nennt, wollte Harnack daraus ableiten, daß das Schreiben noch nicht petrinisch firmiert war, doch ohne Erfolg[101]. Während über die Bezeugung durch 2Petr und Polykarp Konsens besteht[102], ist die Rolle des exakt datierbaren ersten Klemensbriefes (96–98 n.Chr.) umstritten. Neben der Ansicht, daß dieser Brief die ersten Rückgriffe auf den 1Petr zeigt[103], steht deren Bestreitung[104]. Es scheint sich zwischen beiden tatsächlich lediglich um traditionsgeschichtlich bedingte Ähnlichkeiten zu handeln (auch in 1Cl 49,5 mit 1Petr 4,8)[105]. Wir kommen also hinter den 2Petr bzw. Polykarp zeitlich nicht zurück. Aus der weiteren Bezeugung ist noch interessant, daß erst Irenäus von Lyon (um 180 n.Chr.) explizit den Apostel Petrus als Verfasser dieser Schrift nennt (adv.haer. IV 9,2; 16,5; V 7,2).

[99] *Knopf* 11.
[100] Priorität des 2Petr setzen in diesem Zusammenhang voraus *Felten* 25; *Wikenhauser-Schmid,* Einleitung 592; *Harnack,* Chronologie I, 463; Priorität des Polykarp *Knopf* 11; *Best* 44; *D. H. Schmidt,* The Peter Writings 162–167.
[101] Die Argumente dagegen bei *Wrede,* Bemerkungen 79; *P. Schmidt,* Zwei Fragen 25 Anm. 1: Polykarp verfährt genauso mit Zitaten aus Paulus, Apg (dem AT?) und 1Cl.
[102] So *Fascher,* Einleitung 196; *Grant,* Introduction 224; *Th. Schäfer,* Grundriß der Einleitung in das NT, Bonn ²1952, 169; *Wikenhauser-Schmid,* Einleitung 592; *Schelkle* 15f; *H. v. Campenhausen,* Die Entstehung der christlichen Bibel, Tübingen 1968, 227 Anm. 232; *Beare* 29; *Best* 43–45; *Moule,* Nature 1; *Lohse,* Paränese 83.
[103] *Harnack,* Chronologie I, 454 (»wahrscheinlich«); *B. Mariani,* Introductio in libros sacros Novi Testamenti, Romae 1962, 476;
*Bigg* 8; *Michaelis,* Einleitung 286; *Wand* 9; *Felten* 25; *Guthrie,* Introduction 771; *M. Meinertz,* Einleitung in das NT, Paderborn ⁵1950, 268; *Foster,* Relations 398–411. Man vergleiche die zahlreichen Referenzen unter der deutschen Übersetzung in der Edition von *Fischer,* Die Apostolischen Väter, 25–107.
[104] *Knopf* 10f; *Lohse,* Paränese 83–85; *E. J. Goodspeed,* A History of Early Christian Literature, Chicago 1942, 14; *Love,* The First Epistle 65.
[105] *Donfried,* Second Clement 91f, glaubt, daß 2Cl 16,4 mit demselben Diktum vom Zugedecktwerden der Sündenmenge durch die Liebe (nicht von Spr 10,12; 1Cl 49,5 oder Jak 5,20, sondern) von 1Petr 4,8 abhängt (s. u. zu 1Petr 4,8). Nachdem er 2Cl extrem früh datiert (nämlich 98–100 n.Chr.; auch *Michl* 101), wäre dies die erste Bezeugung von 1Petr, doch ist weder diese Frühdatierung von 2Cl wahrscheinlich noch dessen Abhängigkeit vom 1Petr gewiß.

Erwähnenswert ist, daß außer den bislang notorischen Zeugen des 2. Jh.s (2Petr, Polykarp, Papias, Theophilos, vielleicht Pastor Hermae und Justin, jedenfalls Irenäus)[106] neuerdings auch das sog. »Evangelium Veritatis« als dann relativ früher Zeuge genannt wird. W. van Unnik[107] entdeckt Spuren (traces) des 1Petr in dieser gnostischen Homilie aus der Zeit ca. 140–150 n.Chr., und zwar in EvVer 30,29 mit 1Petr 2,3 (»wenn ihr geschmeckt habt, daß der Herr gut ist« = Ps 34/33,9). Der koptische Text bietet zwar auch das Verb »schmecken«, aber die nötige Objektergänzung dazu ist ungewiß[108] und erreicht in keinem Fall die Form eines Zitats von 1Petr 2,3. An einer zweiten Stelle wird auf Berührung mit 1Petr 1,3 (»nach seinem reichen Erbarmen«) hingewiesen[109]; EvVer 18,14 liest: »durch die Barmherzigkeit des Vaters«[110]. Aber derartige Ähnlichkeiten können m. E. nicht ernstlich als Indiz dafür gewertet werden, daß der Verfasser des EvVer den 1Petr kannte, weil das Wort »schmecken« oft genug als Metapher im Zusammenhang von Wahrheit und Weisheit verwendet wurde[111] und man – wenn es hier überhaupt aus einem biblischen Text stammt – auch an andere Herkunftstellen denken kann[112], vor allem nämlich an den Ps 34,9, aus dem auch 1Petr 2,3 es entnimmt. Auffällig ist schließlich, daß die älteste bekannte Liste von kanonischen christlichen Schriften, nämlich der (wahrscheinlich aus Rom stammende) Kanon Muratori, am Ende des 2. Jh.s den 1Petr nicht nennt, obwohl der Brief um diese Zeit mit Sicherheit relativ verbreitet ist[113]. Die Forschung hat keine sichere Erklärung dafür. Man hat ein Versehen vermutet[114], rechnet aber meistens mit Textverderbnis[115].

Ein *Terminus post quem* würde sich gewinnen lassen, wenn die immer wieder für sicher gehaltene literarische Abhängigkeit des 1Petr von anderen neutestamentlichen Briefen entsprechend ausgewertet werden könnte. In erster Linie kommen dafür der Röm und der Eph in Frage, mit denen der 1Petr frappierende Berührungen zeigt (s. Brox, Tradition). Er müßte also später als diese

---

[106] Vgl. z. B. *Felten* 25f, der auch die Gnostiker Basilides und Theodotos nennt. Eine große Zeugenliste jetzt in: *J. Allenbach u. a.*, Biblia Patristica 526–530.
[107] *Unnik*, Gospel 115–124; aufgegriffen von *Best* 45; *Kelly* 2; *Walls* 16.
[108] *Unnik*, Gospel 120, ergänzt aus dem folgenden Text: »to taste . . . Him, the Beloved Son« (ihn zu schmecken, den geliebten Sohn); dagegen versteht *Schenke*, Herkunft 46: »daß sie von ihr (der Erkenntnis) kosteten« (und verweist auf Hebr 6,4f und 1Petr 2,3); noch anders *Malinine u. a.*, Evangelium Veritatis 76: ». . . gab er (sc. der Geist) ihnen, von sich zu schmecken«, und *Ménard*, L'évangile 58, ahmt das koptische Original nach (ohne Objektangabe): ἐποίησε γεύεσθαι.
[109] *Unnik*, Gospel 116.
[110] Übers. v. *Schenke*, Herkunft 34; *Unnik*, Gospel 116: »through the mercy of the Father«; *Malinine u. a.*, Evangelium Veritatis 64: »durch die Erbarmungen des Vaters«; *Ménard*, L'évangile 34: διὰ σπλάγχνα ἐλέους.
[111] Vgl. *J. Behm*, ThWNT I, 674f; *Ménard*, L'évangile 153 mit Belegen aus *Philo Alex*.
[112] *Malinine u. a.*, Evangelium Veritatis 57, nennt unter dem Hinweis »cf., peut-être« (!) vor 1Petr 2,3 auch Joh 6,52–58, ebenso *Ménard*, L'évangile 153, und *J. Allenbach u. a.*, Biblia Patristica 394.527. – Zu EvVer 18,14 erfolgt in allen drei genannten Publikationen kein Hinweis auf 1Petr.
[113] *Kelly* 2 verweist auf das Fehlen einer sicheren Bezeugung im Westen vor Tertullian (nach *Beare* 50 vor Cyprian, dagegen *Best* 65), aber Irenäus schreibt immerhin in Gallien.
[114] *Knopf* 12.
[115] Z. B. *Grant*, Introduction 224; *Walls* 17.

abgefaßt sein, da er sie ausgeschrieben haben soll[116]. Weil aber das angenommene Abhängigkeitsverhältnis nicht nur umstritten, sondern inzwischen sehr unwahrscheinlich gemacht worden ist (ebd.), fällt auch diese Möglichkeit aus. Von der Bezeugung her läßt sich lediglich in etwa ein *Terminus ante quem* erschließen, insofern nämlich der 2Petr und Pol es nicht plausibel erscheinen lassen, den 1Petr später als im ausgehenden 1. Jh. zu datieren[117]. Zum frühest möglichen Zeitpunkt gibt es schließlich noch ein relativ sicheres Indiz: Die Ortsangabe »Babylon« als Bezeichnung für Rom (5,13; s. u.) ist (sc. in der Literatur der jüdischen Apokalyptik) nicht vor dem Jahr 70 n.Chr. nachgewiesen[118] und wegen ihres politischen Hintergrundes nicht ohne weiteres für frühere Jahrzehnte gleichermaßen denkbar. Der Brief ist nach den möglichen Auskünften also in der Zeit zwischen 70 und 100 n.Chr. anzusetzen, ohne innerhalb dieser Jahrzehnte exakter datierbar zu sein[119]. Der Stand der Entwicklung kirchlicher Verfassung (5,1) oder der nachpaulinischen Theologie sind kein Grund, den 1Petr möglichst an die Jahrhundertwende heranzurücken[120], während man dies schon eher von der in der Adresse (1,1) erkennbaren Ausbreitung des Christentums in Kleinasien sagen kann. Zu genauen Daten kommt man nicht[121].

Auch die *Ortsangabe* ist für den 1Petr nicht ohne Schwierigkeiten. Der Brief macht über seinen Herkunftsort nämlich keine direkte, sondern allenfalls eine chiffrierte Aussage: Die »miterwählte (Gemeinde) in Babylon« grüßt am Schluß (5,13), und nach zeitgenössischer Ausdrucksweise jüdischer Apokalyptik kann darin (wie Offb 14,8 u. ö.) ein Kryptogramm (neben anderen) für das gottfeindliche Rom gesehen werden[122]. Aber der Dissens beginnt bereits an diesem Punkt. Vereinzelt wird die Meinung vertreten, daß es sich durchaus nicht um einen Decknamen handelt. Und im Fall direkter Ortsnennung gibt es dann theoretisch die Wahl zwischen zwei Ortschaften dieses Namens Babylon:

---

[116] *Knopf* 10 z. B. datiert den 1Petr deshalb zwischen Röm und Pol, d. h. für ihn zwischen ca. 60 und ca. 117 n.Chr.
[117] So auch *Kelly* 28.
[118] *Hunzinger*, Babylon 71.77. Das erklärt sich daraus, »daß die Bezeichnung Roms als Babylon unter dem Eindruck der erneuten Zerstörung des Jerusalemer Tempels zustande gekommen ist« (76).
[119] Das Argument von *Unnik*, Verlossing 89f, wegen 1,18f (s. z. St.) müsse der Brief vor d.J. 70 geschrieben sein, weil die von ihm angenommene Anspielung auf das »Proselytenopfer« nur bei noch intaktem Jerusalemer Tempel sinnvoll gewesen sei (dasselbe Postulat bei *Hillyer*, Feast of Tabernacles 70, wegen angenommener aktueller Kenntnis des Laubhüttenfestritus durch 1Petr), würde (abgesehen von anderen Ungewißheiten) nur dann stechen, wenn Einarbeitung älterer Tradition ausgeschlossen wäre. – *Geyser*, Name, hält Frühdatierung wegen der Namensform Petros (statt Kephas), die für Kleinasien als bekannt hier vorausgesetzt ist, für unmöglich.
[120] *Meyer*, Rätsel 72, ohne Angabe von Gründen; anders, aber nicht zwingend *Goppelt*, Verantwortung 492f, aufgrund der Situationsangaben: früh im Zeitraum zwischen 64 und 90 n.Chr. *Vielhauer*, Geschichte 588, allein aufgrund der Bezeugung: zwischen 96 (Domitian) und 135 (Polykarpbrief) bzw. »Wende vom 1./2. Jh.«. *Millauer*, Leiden 195: »zwischen 75 und 80 in Rom«; *Strathmann*, Stellung 275: »Anfang der achtziger Jahre«.
[121] Was *Kelly* 30 an Gründen für ein Datum vor dem Jahr 64 zusammenträgt, ist unhaltbar.
[122] *Hunzinger*, Babylon 68–71; *Smothers*, Babylon.

Entweder ist eine Stadt im Nildelta beim heutigen Kairo gemeint[123] oder eben das bekannte Babylon am Euphrat[124]. Für diese Orte als Herkunft des 1Petr wird im Zeichen der Echtheitsthese plädiert. D. h., es verbindet sich damit die historische Annahme, daß Petrus in der jeweiligen Gegend missionarisch tätig war. Abgesehen davon, daß das ägyptische Babylon ein offenbar nicht gerade weltbekannter Flecken war, existieren keine einschlägigen frühen Überlieferungen über Petrus als Missionar im mesopotamischen Orient oder in Ägypten, wohl aber solche über einen historischen Kontakt des Petrus mit Rom. Solche Tradition darf für das späte 1. Jh. als sicher angenommen werden (vgl. 1Cl 5,4; Ign R 4,3)[125]. Und so spricht jedenfalls mehr dafür, daß unter Babylon Rom zu verstehen ist.

Aber die Rätsel hören damit nicht auf. Vorsichtig kann man dann nur sagen, daß der 1Petr in Rom geschrieben sein will[126], nicht schon, daß er tatsächlich dort abgefaßt wurde. Denn da es sich um ein Pseudepigraphon handelt (s. Brox, Tendenz), muß auch für die Situationsangaben mit Fiktion gerechnet werden. Der Name Petrus und die Ortsangabe Rom fallen sicher nicht von ungefähr zusammen, und die letztere kann freilich auch zutreffend sein[127]. Für die Abfassung in Rom sprechen vielleicht die Option für den Namen bzw. die Autorität Petrus, die Ähnlichkeiten mit dem 1Cl (die eine gemeinsame lokale Tradition signalisieren mögen) und die Nähe zum Römerbrief des Paulus. Die Alternative zu Rom ist aber nicht allein ein Babylon. Ob »Babylon« Rom meint oder nicht, die Entstehung des 1Petr ist an mehreren Orten im Osten denkbar. Es gibt generell Gründe, den Brief im Westen (Rom) schwer erklärbar zu finden. An erster Stelle machen die Adressaten-Gebiete Schwierigkeiten, die mit Petrus und Rom schwer zu kombinieren sind. Ein Brief an die Kirchen dieser Landstriche (s. A. II) ist eher im kleinasiatischen Raum[128] oder in dessen Nähe

---

[123] Bezeugt durch *Strabon*, Geogr. XVII 30; *Josephus*, Ant. II 15,1; *Diodoros v. Sizilien*, Bibl. I 56,3. Um dieses Babylon handelt es sich in 1Petr 5,13 nach *J. de Zwaan*, Inleiding tot het NT, Haarlem ²1948; *A. F. J. Klijn*, Inleiding tot het NT, Utrecht ²1963; *Manley*, Babylon, der (142) eine Reihe von Vorgängern nennt. Günstig für diese Lokalisierung ist nach *Harrison*, BS 97, 202, die Erwähnung des in alter Tradition mit Alexandrien in Ägypten verbundenen Markus im selben Vers. *Seufert*, Abfassungsort 151, ironisch dazu: »Dieses windstille Plätzchen werden darum die Verteidiger der Echtheit unseres Briefes für dessen Abfassung zu reservieren sich gezwungen sehen, wofern sie den Petrus nicht zum Bischof von Rom machen wollen.«

[124] So *Weiß*, Petrusbrief 45; *Kühl*; *E. T. Merill*, Essays in Early Christan History, London 1924, 280; *Schlatter*, Petrus und Paulus 176–179 (»Babylon war der übliche Name für die Heimat der östlich vom Euphrat seßhaften Judenschaft«); *R. Heard*, An Introduction to the NT, 1950; *J. Munck*, Paulus und die Heilsgeschichte, 1954, 270. *Seufert*, Abfassungsort 148, nennt noch »Neu-Babylon oder Seleucia am Tigris«; dort die ältere Diskussion.

[125] Dazu *O. Cullmann*, ThWNT VI,112; *H. Conzelmann*, Geschichte des Urchristentums, Göttingen ²1971, 134; *Hunzinger*, Babylon 67; *Kümmel*, Einleitung 373, unter Berufung auf die Berichte von *E. Dinkler*, ThR NF 25 (1959) 189–230.289–335; 27 (1961) 33–64.

[126] Z. B. *Hunzinger*, Babylon 77; *Schelkle*, Das NT 214; *Beare* 50.226; *R. E. Brown u. a.*, Petrus 231 Anm. 319; *Trilling*, Petrusamt 123; *Brox*, Rahmung 95.

[127] Damit rechnen *Kümmel*, Einleitung 374; *Schelkle* 11; *Beare* 225–227; *Best* 64f; *Kelly* 33; *Hort* 167f; *Lohse*, Paränese 83–85.

[128] *Knopf* 25; vgl. *Beare* 50; ders., Teaching 284.296 (Widerspruch bei *Elliott*, Rehabilitation 251).

zu erwarten, z. B. in Antiochien[129] oder Smyrna[130]. Auch der Deckname Babylon paßt »viel eher in den östlichen Raum«[131]. Die Entscheidung kann sich nur an Anhaltspunkten im Brief selbst orientieren; die historische Bezeugung ist hier nicht unbedingt bezeichnend[132].

Was die Ortsangabe »Babylon« betrifft, kann schließlich nicht ausgeschlossen werden, daß sie, statt einen Ort zu bezeichnen, Metapher für die Existenz der Glaubenden ist: Metapher nämlich für die Deutung des Lebens als Exil[133]. Das würde nicht schlecht zum Brief passen: Wie die Adressaten »Fremdlinge« in der Welt sind (1,1; 2,11), so lebt die mitgrüßende Gemeinde des Absenders im »Exil«, denn alle Glaubenden in der ganzen Welt leben unter denselben prekären Bedingungen (vgl. 5,9). Aber wegen des keinesfalls zufällig oder beliebig gewählten Verfassernamens Petrus, der sich bereits mit Rom verband, dürfte der Name Babylon ebenfalls eher als konkrete Ortsangabe eingesetzt sein, die dem Brief seinen situativen Rahmen verleiht. Ich vermute, daß wirklich Rom gemeint ist, also ein Kryptogramm (Deckname) vorliegt. Dieses ist dann allerdings wegen der Loyalitäts-Demonstration in 2,13–17 und wegen des nicht offiziellen staatlichen Charakters der Verfolgungen wahrscheinlich wenig dramatisch zu deuten, also nicht in eine apokalyptische Szenerie einzuzeichnen[134], sondern als ein unter Christen (wie Juden) zwar nicht unbedingt generell geläufiger, aber auch nicht unbekannter (und nicht freundlicher) Name für Rom zu verstehen. Dabei mag dieses Verständnis mit dem metaphorischen sogar verbunden werden müssen: Rom ist durch die Bezeichnung »Babylon« als der Ort der extremen Glaubenssituation kenntlich gemacht[135].

## V. Die Echtheitsfrage

Von ihr wurde in den vorstehenden Kapiteln schon vorausgesetzt, daß sie negativ zu beantworten ist. Das bleibt hier zu zeigen. Über die Echtheitsfrage als solche hinaus ist dann nach dem besonderen Charakter und der konkreten Ver-

---

[129] *Boismard*, Liturgie 181 Anm. 2, allerdings mit dem schwachen Argument, daß in Antiochien der Christenname (1Petr 4,16) aufgekommen war (Apg 11,26; 26,28). Vgl. *Berger*, Exegese 229 (Autorität des Petrus weist auf Antiochien).
[130] *Streeter*, Primitive Church 115–117. 125–133, wegen Polykarps Zitation und in Verbindung mit der These vom Verfasser Aristion von Smyrna (s. u.).
[131] *Hunzinger*, Babylon 77.
[132] *Beare* 50; *Streeter*, Primitive Church 126f; *Michl* 101 verweisen auf die kleinasiatische Frühbezeugung. *Vielhauer*, Geschichte 588, behauptet generell, daß »pseudonyme Schriften des NT meist dort entstanden sind,

wo sie zuerst auftauchen, bzw. bei Briefen: wohin sie adressiert sind« (ebenso 237). *Best* 65 erinnert umgekehrt daran, daß eben die Adresse kleinasiatisch war und den Brief jedenfalls dort bekanntmachen mußte.
[133] *Boismard*, Liturgie 181 Anm. 2; 183 Anm. 2; *Meecham*, Epistle 23 Anm. 2; *Andresen*, Formular 243; vgl. *Selwyn* 303–305; *Scharlemann*, Why the Kuriou 354.
[134] So rät auch *Andresen*, Formular 243, den Decknamen »nicht aus der apokalyptischen Vorstellungswelt abzuleiten, sondern ihm das Selbstverständnis der spätjüdischen Diaspora unterzulegen (sic), die immer und überall ›in Babylon‹ d. h. ›in der Welt‹ ist«.
[135] *Moule*, Nature 8f: »Rome is called Baby-

sion von pseudepigraphischer Briefschreibung im 1Petr zu fragen, weil die literarische Fiktion damals viele Mittel und Formen kannte und darum nicht nur die Feststellung der Unechtheit, sondern ebenso auch die Analyse der bestimmten literarischen Durchführung von Verfasserschaftsfiktion Aufschlüsse über Inhalt und Absicht des 1Petr liefern kann (dazu Brox, Tendenz).
Die Echtheit des Briefes wird nach wie vor von vielen Auslegern für sicher gehalten[136]. Aber die inzwischen zusammengetragenen genauen Beobachtungen am 1Petr machen die Annahme der Abfassung des Briefes durch Petrus doch derartig schwierig, daß man nicht wirklich vor eine Wahl mit Ermessensspielraum gestellt ist, sondern aus historischen Gründen auf Unechtheit erkennen muß. Seit dem frühen 19. Jh. wird – zunächst vereinzelt – die Echtheit des Briefes gegen alle frühere Tradition bestritten[137], und diese Ansicht hat sich mit dem Fortgang der Forschungsgeschichte zunehmend durchgesetzt. Die folgenden Tatbestände werden dazu gewöhnlich aufgezählt und sind in ihrer Gesamtheit tatsächlich zwingend:

a)  Man darf zwar bei einem palästinensischen Juden des 1. Jh.s eine gewisse Beherrschung der griechischen Sprache ohne weiteres voraussetzen. Infolge der Expansion des Hellenismus der Epoche war Zweisprachigkeit nicht die Ausnahme. Es gab auch eine starke Minderheit von Griechisch als Muttersprache sprechenden Jerusalemern. Sie rekrutierte sich aber aus »Rückwanderern aus der Diaspora« und aus »Kreisen der einheimischen Aristokratie«[138], so daß folglich Petrus, der diesen beiden Gruppen nicht angehörte, zu ihr allerdings nicht gezählt haben kann. Abgesehen von der geographischen und sozialen Herkunft des Petrus, des »unstudierten und ungebildeten« Mannes aus Apg 4,13, bleibt jedenfalls ein qualitativer Unterschied zwischen umgangssprachlichen Fähigkeiten und dem literarischen Sprachvermögen gehobener Literatur. Aus genau diesem Grund kann man einem Petrus, bei dem man also

lon as the place of exile.« O. *Cullmann*, Petrus. Jünger-Apostel-Märtyrer, Zürich ²1960, 93f: »Babylon« (= Rom) als Inbegriff für »Exil« und zugleich (nach alter prophetischer Tradition) »für die mit der Macht verbundene Verdorbenheit der Weltstadt«. Grotesk *Thurston*, Interpreting 174–176: 1Petr ist an Flüchtlingsgruppen aus einer Massenflucht aus Rom unter Nero (Hinweis auf 2Tim 4,10!) nach Kleinasien geschrieben, wo sie als »Fremdlinge der Zerstreuung« leben, »zerstreut« eben aus Babylon = Rom. – Zur weiteren Geschichte der Gleichung Rom = Babylon und der Allegorie Babylon: H. *Fuchs*, Der geistige Widerstand gegen Rom, Berlin ²1964, 74f; B. *Altaner*, Babylon: RAC I (1950) 1131–1133 (zu 1Petr 5,13: »ohne Polemik zur Ortsbestimmung gebraucht«).
[136] Eine kleine Auswahl von Echtheitsvertretern: Hort; *Zahn*, Einleitung II,1–43; Bigg; Selwyn; *Guthrie*, Introduction 773–790; Spicq; *Michaelis*, Einleitung 285f; mit Vorsicht *Grant*, Introduction 226; *Love*, The First Epistle 65f.
[137] *Mayerhoff*, Petrinische Schriften 139, Felten 30 u. *Kümmel*, Einleitung 374, nennen als ersten Vertreter der Unechtheit den Hildesheimer Pfarrer und Stadtsuperintendenten H. H. *Cludius*, Uransichten des Christentums, Altona 1808 (vgl. W. G. *Kümmel*, Das NT. Geschichte der Erforschung seiner Probleme, Freiburg ²1970, 102.577); *Walls* 18 stellt einige Jahre vor ihn noch J. S. Semler (ohne bibliographische Angabe).
[138] M. *Hengel*, Judentum und Hellenismus, Tübingen ²1973, 193f, der Johannes Markus (5,13) und Silvanus-Silas (5,12) dazu zählt, nicht aber Petrus. Aber möglicherweise ist Petrus einer der »griechisch-aramäischen Bilinguen«, der »jüdischen ›Graecopalästiner‹« (193) gewesen.

*Echtheitsfrage*

mit Griechischkenntnissen (und auch mit deren Verbesserung auf seinen Reisen bis Rom) wird rechnen dürfen, doch ein literarisches Dokument von der sprachlichen Qualität des 1Petr nicht zutrauen[139]. Denn Sprache und Stil des 1Petr sind anerkanntermaßen überdurchschnittlich, was Gewandtheit, Stilgefühl, Wortstellung, rhetorische Kunstfertigkeit, Klangwirkung, Rhythmik und dergleichen betrifft[140]. Der Brief spricht die Sprache eines Gebildeten[141], dem die »Koine«, d. h. die damals international gesprochene griechische Umgangs- und Literatursprache, als Erst- und Muttersprache vertraut war. Daß Petrus sich in dieser Weise in die Fremdsprache eingelebt hätte, ist ausgeschlossen, auch wenn sich zeigen läßt, daß der 1Petr aus der erbaulichen Sprache der hellenistischen Synagoge lebt[142], also eine vermittelte Sprache spricht.

b) Auch daß der Brief keinerlei persönliche Eigenart des Verfassers zu erkennen gibt, ist zuungunsten der Verfasserschaft des Apostels Petrus gewertet worden[143]. Tatsache bleibt außerdem, daß die Rückgriffe auf Jesuslogien offenkundig durch Überlieferung und nicht durch biographische Reminiszenzen ermöglicht sind (s. Brox, Tradition) und auch sonst keine Züge persönlicher Erinnerung an Jesus nachgewiesen werden können. Zwar kann nicht verlangt und vorausgesetzt werden, daß jeder eventuell erhaltene echte Petrusbrief eine dezidierte Abstützung der Autorität des Petrus durch den Hinweis auf seine persönliche Beziehung zu Jesus und Verweise auf das Vorbild Jesu enthalten müsse[144]; aber der 1Petr ist dermaßen bar aller diesbezüglichen Originalität, daß dies ins Gewicht fällt. Der Brief demonstriert statt irgendwelcher Primärkenntnisse des Verfassers aus historischer Zeugenschaft dessen Abhängigkeit von verschiedenartigen kirchlichen Traditionen (s. Brox, Tradition). Darum (und auch weil die Existenz dieser ausgebildeten Traditionen doch für sich bereits einen vorgerückten Zeitpunkt der Entstehung anzunehmen zwingt) kann der Autor nicht ein Mann der ersten Stunde sein.

c) Der 1Petr zeigt eine exzellente Versiertheit seines Verfassers in Sprache und Theologie des AT ausschließlich in dessen griechischer Version der LXX, wie sie für einen ausgesprochenen Palästina-Juden aramäischer Sprache, der Petrus war, kaum in Frage kommt.

d) Von der Theologie des 1Petr ist zu sagen, daß sie den Erwartungen, die man von unserer Kenntnis der Position des Petrus innerhalb der Geschichte des Urchristentums her berechtigterweise an eine Petrusschrift heranträgt, nicht entspricht. Sie ist nämlich in vielem so deutlich paulinisch, daß man, wie oft gesagt worden ist, ohne die Namensangabe in 1,1 unbedingt einen Paulusschü-

---

[139] *Knopf* 16f; *Kelly* 31; *J. B. Bauer* 8; *Chevallier*, Structure 138 (unter Hinweis auf die Kompositionstechnik).
[140] Beispiele bei *Wendland*, Literaturformen 368 Anm. 2; *Radermacher*, Petrusbrief 288–292, mit deutlichen Einschränkungen; *Schelkle* 13.
[141] Siehe *Meecham*, Epistle 22.
[142] Dieser Meinung ist *Wifstrand*, Stylistic Problems. Er nennt als typische Kennzeichen den Reichtum an Metaphern, die Häufigkeit paränetischer Imperative, die Vorliebe für abstrakte Substantive, was alles semitisch bedingt sei. Was sich an Stilmitteln der griechischen Kunstprosa findet, sei ebenfalls durch die hellenistische Synagoge vermittelt.
[143] *Dibelius*, Literatur 123.
[144] So fast *Kümmel*, Einleitung 374.

ler, aber nicht den Apostel Petrus als Verfasser vermuten würde. Zwar kennen wir, wenn der 1Petr nicht von Petrus stammt, keine originalen Äußerungen des Petrus und haben folglich nichts in Händen, woraus unmittelbar zu erfahren wäre, was original petrinisch gedacht und gesprochen ist. Diese Schwierigkeit macht sich die Echtheitsverteidigung oft (unsachgemäß) zunutze: Ihr »steht . . . kein authentisches Material im Wege«[145]. Aber nach den Informationen, die aus Gal 2 und Apg zu gewinnen sind, kann nicht angenommen werden, daß Petrus so paulinisch wie der 1Petr gedacht und gesprochen hat. Um dies behaupten zu können, muß man nicht zuvor einen tiefen Graben zwischen Petrus und Paulus auswerfen. Und man sollte anläßlich des Paulinismus im 1Petr auch nicht mit der Polarisation zwischen Judaismus und Gesetzesfreiheit argumentieren, die eine derartige Annäherung des Petrus an paulinische Gedanken unmöglich gemacht hätte; denn der 1Petr enthält die paulinischen Theologumena dieser Konfrontation gerade nicht und spiegelt also eine paulinische Tradition ohne diesen Konflikt. Aber er spiegelt eben – unpolemisch – trotzdem paulinische Tradition. – Das Problem des Verhältnisses des 1Petr einerseits zu Petrus und andererseits zu Paulus wird im übrigen später noch aufgegriffen (A. VI; vgl. Brox, Tendenz). An dieser Stelle ist der Umstand wichtig, daß der Kontakt des Verfassers mit einer profiliert paulinisch geprägten Überlieferung nicht für Petrus spricht.

e) Die erkennbare Situation des Verfassers und der Adressaten spricht ebenfalls gegen die Echtheit, allerdings m. E. nicht in der üblicherweise behaupteten Form, daß sie eine staatlich in Szene gesetzte »weltweite« Christenverfolgung bezeuge und folglich eine Datierung längst nach dem Tod des Petrus erfordere; sondern gerade die Undatierbarkeit dieser Situation, d. h. das Fehlen singulärer Konturen, das oben nachgewiesen wurde (A.II), ist in einem echten Petrusbrief schwer denkbar. Denn es ist deutlich das Bild von der »Dauer-Situation« des Christentums, wie der Verfasser es sieht und hier literarisch-künstlich rekonstruiert, um Orientierung zu geben. Darin sind Bedürfnisse angesprochen und ist eine pastorale Routine dokumentiert, die eine Sache der zweiten oder dritten Generation sind. Man muß das im Zusammenhang des Gesamtcharakters des Briefes sehen, der in der Tat ein »katholisches«, d. h. ein allgemeingültiges Schreiben ist, das von vielen, von »allen« als gerade sie betreffend soll gelesen werden können (s. o.). Daß aber Petrus als Mann der ersten Generation und in der Situation erster kirchlicher Erfahrungen bereits ein Rundschreiben dieser formalen und inhaltlichen Art, in der »die« Situation des Christseins als solche besprochen wird (nicht die augenblickliche Lage einer konkreten Kirche wie in den Paulinen), abgefaßt haben soll, ist zumindest äußerst unwahrscheinlich.

f) Die Schwierigkeiten der Briefadresse (s. o. A. II) sind Schwierigkeiten auch für die Annahme der Echtheit. Eine historische Beziehung des Petrus zu

---

[145] Von *Hunzinger*, Babylon 76f, richtig analysiert; vgl. *Kelly* 32.

Paulinismus

den entsprechenden großen Gebieten Kleinasiens (1,1) ist nicht bekannt und könnte nur unter der schwierigen Annahme rekonstruiert werden, daß Petrus, der dann im 1Petr bezeugen würde, nicht selbst das Evangelium dorthin gebracht zu haben (1,12), später als Paulus und andere auch noch in Kleinasien missioniert hat[146]. Seine Zuständigkeit für diese Gemeinden von Rom aus etwa kirchenrechtlich zu erklären wäre ein Anachronismus[147].

g) Weiter ist zu bedenken, daß die Indizien für die Datierung des Briefes, die bei zweifelhafter Verfasserschaft ja unabhängig von deren Entscheid zu bewerten waren (s. o. A. IV), in eine Zeit weisen, die jedenfalls nach dem Tod des Petrus liegt.

h) Verschiedentlich ist auch der Name Petrus in 1,1 als Indiz der Unechtheit benannt worden: Es ist nicht damit zu rechnen, daß Simon/Symeon sich mit dem Ehrennamen »Fels« (»Petrus« ist die Übersetzung des aramäischen »Kepha« ins Griechische), der ihm erst beigelegt wurde, auch selbst bezeichnete[148].

## VI. Der Paulinismus des 1Petr

Unter mehreren Aspekten hat sich bis hierher wiederholt die Bedeutung des paulinischen Charakters des 1Petr für seine rechte Beurteilung erkennen lassen. Umfang und Art des Paulinismus sind darum nach Möglichkeit näher zu bestimmen. Hier herrscht in der Forschung erheblicher Dissens und auch Konfusion. Wie paulinisch ist der 1Petr wirklich? Was kann mit Fug und Recht im einzelnen als Paulinismen des Briefes registriert werden? Und wie ist der paulinische Charakter in sich wieder zutreffend beschrieben?

Zu dieser letzten Frage wurde schon bemerkt, daß es ein in keiner Hinsicht tendenziöser, kein kämpferischer Paulinismus ist, der hier begegnet. Er hat nichts von Programmcharakter an sich, hegt keine parteilichen Absichten, ist »vom Getöse des antijudaistischen Kampfes nicht mehr bewegt«[149], will nicht eine bestimmte Theologie (als paulinische Theologie) durchsetzen, verteidigen oder aktualisieren; weder sucht noch überbrückt noch spiegelt er einen Konflikt zwischen »Schulen« oder Richtungen. An dieser Beobachtung, daß der Paulinismus des 1Petr völlig unprätentiös ist, scheitern eine ganze Reihe von Beurteilungen und theologiegeschichtlichen Einordnungen des Briefes, weil sie ihm dramatische Tendenzen unterstellen, die er nicht erkennen läßt (s. Brox, Ten-

---

[146] *Brown* u. a., Petrus 132, meinen, daß im 1Cl aus etwa der Zeit des 1Petr eine Parallele vorliege: ein Schreiben aus Rom an die paulinische Gründung Korinth. Aber ein wirklicher Brief einer Gemeinde an eine einzelne andere Gemeinde aus aktuellem Anlaß ist diesbezüglich doch von anderem dokumentarischen Wert als die Adressierung eines generellen Schreibens unter dem Namen eines Apostels an eine riesige Gebietskirche, deren Affinität zu diesem Apostelnamen nicht bezeugt und eher unwahrscheinlich ist.
[147] In die Nähe einer solchen Erklärung gerät z. B. *Schelkle*, Petrus 49.
[148] Z. B. *Schrage* 62f; *Michl* 98f; *Schelkle* 12.
[149] *Strathmann*, Stellung 274.

denz). Dagegen ist es richtig, daß der Verfasser in einer teils paulinisch eingefärbten Theologie ganz einfach lebt und spricht und zum guten Teil in deren Diktion oder »Systematik« sein Thema (Leiden – Hoffnung – Herrlichkeit) durchführt, wobei dieses Thema für sich noch einmal ein typisch paulinisches ist. Insofern sollte man nicht einmal sagen, daß hier paulinische Tradition situationsbezogen aktualisiert worden sei, weil das nach einem bewußt paulinisch orientierten Unternehmen klingt, für das es keine Anzeichen gibt; hier ist auch nichts wegen der besonderen kirchengeschichtlichen Zeitumstände ad hoc umgeschrieben worden, sondern die an Paulus erinnernden Theologumena »passen«, wie sie überliefert sind, in die Situation.

Die Durchgängigkeit der Nähe des Briefes zu Paulus wird oft übertrieben: »Alles in dem Brief weist auf Paulus als den fiktiven Absender, außer dem ersten Wort.«[150] Dieser Satz ist so falsch wie alle Behauptungen, die in seine Nähe kommen. Der 1Petr kommt nicht allein aus paulinischer Überlieferung, sondern verrät anerkanntermaßen Kontakte zu etlichen verschiedenen anderen Traditionen homiletischer und auch liturgischer Art, so daß man (vgl. Brox, Tradition) Abhängigkeiten von der Evangelienüberlieferung, vom Jakobusbrief u. a. konstatieren wollte. Nicht alles ist paulinische Theologie im 1Petr, und umgekehrt enthält der Brief nicht »die ganze« und »genaue« paulinische Theologie. Verschiedentlich ist aufgelistet worden, was an zentral paulinischen Begriffen oder Theologumena »fehlt«: Man sucht vergebens z. B. nur eine Spur für die bei Paulus wichtige Gesetzesproblematik[151]. Nun kann gesagt werden, Situation und Adressaten hätten keinen Anlaß zu dieser Thematik gegeben. Dann aber darf nicht andererseits der 1Petr in irgendeiner Form als Indiz für eine paulinisch-»petrinische« Polarisation oder Versöhnung oder für eine Vereinigung der paulinischen Missionskirche mit der »petrinischen« Jerusalemer Kirche reklamiert werden, weil der Brief sich in diesem Fall zwangsläufig mit den kontroversen Themen befaßt hätte, zu denen sein Thema »Leiden und Hoffnung« jedenfalls nicht gehörte. Er müßte dann entsprechend paulinisch (und andererseits »petrinisch«) profiliert worden sein, was nicht der Fall ist. Hätten die entsprechenden Thesen zum 1Petr recht, müßte der Verfasser sich in einer unglaublichen Weise und auf Kosten der verfolgten Tendenz Zurückhaltung auferlegt haben.

Weiter vermißt man aber innerhalb der tatsächlichen Thematik des Briefes bestimmte paulinische Elemente, die zu ihr »passen« würden. Es ist z. B. nicht unbillig, bei der Leidens- und Verfolgungsthematik das Fehlen der Begrifflich-

---

[150] So *Fischer*, Tendenz 15 Anm. 3, um seine These von der »kleinen Korruptel in der Mater der Textüberlieferung« zu sichern, wonach aus einem ursprünglichen Ps-Paulus der Ps-Petrus wurde (s. Brox, Tendenz), wohl weil ein so paulinischer Brief unter dem Namen Petrus abgefaßt nicht denkbar sei. – Zum anderen Extrem vereinfacht *Walls* 41: »We have not the slightest reason to believe that Peter's theological convictions differed from Paul's: and in the circumstances to find some of Paul's modes of expression, expecially in addressing a Gentile community, is hardly surprising.«

[151] Detaillierter *Aleith*, Paulusverständnis 12f.

keit vom Kreuz und Gekreuzigtwerden und zusammen damit des paulinischen σύν [mit (Christus) – leiden; mit (ihm) – gekreuzigt werden und sterben] zu registrieren (trotz der Aussagen in 4,13; 5,1 begegnet das σύν nicht)[152]. Paulus nennt die Notsituation, welcher der ganze Brief gilt, mit Vorliebe θλῖψις (Drangsal); das Wort kommt im 1Petr nicht vor. Zwar trifft man im Zusammenhang der Deutung des Christenleidens auf paulinische Termini, aber entgegen ersten Eindrücken zeigt die Inhalts- und Formanalyse, daß die paulinische Theologie traditionsgeschichtlich nicht zum Quellgebiet der Leidenstheologie des 1Petr gehört[153]. Der bei Paulus sehr häufige und christologisch wie soteriologisch unentbehrliche Kyrios-Titel für Christus begegnet ebenfalls nicht (nur 1,3 in übernommener Formel sowie 2,3 im adaptierten Bibelzitat); dasselbe gilt etwa für ἐκκλησία (Kirche)[154], σάρξ (Fleisch), »neuer Adam« u. a., die man in einem Text wie 1Petr 1,3–25 bei einem profilierten Paulinisten mit gewisser Berechtigung erwarten dürfte; zwar könnte auch in einem unbedingt und rein paulinischen 1Petr nicht mit jedem paulinischen Zentralbegriff gerechnet werden, aber daß solche Begriffe in so großer Zahl völlig fehlen, dafür aber viele Gedanken nichtpaulinischer Herkunft vorkommen, beeinträchtigt die Prägnanz des Paulinismus des Briefes.

Es läßt sich auch behaupten, daß der Verfasser mit seiner Pneumatologie und Charismenlehre nicht unbedingt ein Paulusschüler ist[155]. Dasselbe kann vom Begriff der geistlichen Vollmacht oder Autorität gesagt werden[156]. Der Begriff vom Glauben (πίστις) ist nirgends spezifisch paulinisch gefaßt (vgl. z. B. die Diktion vom »Heil der Seelen« als »Ziel des Glaubens«: 1,9). Dasselbe gilt von den Zusammenhängen bzw. Interpretationen von Tod Christi, Hoffnung und Auferstehung[157], von der Relation zwischen kerygmatischem Indikativ und paränetischem Imperativ[158] und von der Auffassung der Ur- bzw. Vorbildhaftigkeit des »leidenden« Christus[159]. Gravierend ist auch eine Differenz zu Paulus in der Bewertung Israels: Nach 1Petr 2,4–10 ist Israel abgelöst; es fällt kein Wort über eine bleibende positive Bedeutung, über eine theologisch begründete Beziehung zur Kirche, die als nur heidenchristliche Kirche dargestellt wird. Paulus hätte sich eine »Erledigung« Israels in dieser Form nicht gestattet[160]. Auch das Thema Christ und Staat (1Petr 2,13f; Röm 13,1–7) ist gravierend unterschiedlich behandelt (s. z. St.) Man sollte den 1Petr also nicht als dezidiert und rundum paulinisches Schreiben ausgeben, das er nicht ist. Eine

---

152 Zu diesem Zusammenhang die Beobachtung von *Goppelt*, Theologie des NT II, 432: »Nicht bei Paulus, sondern im 1. Petrusbrief wird das Leiden der Christen zugleich als Teilhaben am Leiden Christi (4,13) und als Töten des Fleisches (4,1.6) gedeutet.«
153 Ich finde die Untersuchung von *Millauer*, Leiden, in diesem Urteil überzeugend.
154 Vgl. *Fascher*, RGG ³V, 258; *Wand* 17ff.
155 *Beare* 54; mit Einschränkung gegenteilig *Goldstein*, Paulinische Gemeinde 14–17.
156 *v. Campenhausen*, Amt 80f.
157 Vgl. *Meecham*, Epistle 22f; anders *Fascher*, Einleitung 194.
158 *Lohse*, Paränese 86.
159 *Schulz*, Nachfolgen 289 u. a.
160 *Fischer*, Petrusbrief 213: »1Petr hat an diesem Punkt das paulinische Erbe nicht bewahrt, sondern Paulus einseitig ausgelegt.« Vgl. *Goldstein*, Paulinische Gemeinde 55f.

gewisse Zurückhaltung ist sachgemäßer[161], weil er zentrale paulinische Theologumena nicht enthält, weil das Paulinische so lupenrein paulinisch zum großen Teil gar nicht ist, und vor allem, weil nicht alles im Brief aus paulinischer Überlieferung abgeleitet werden kann. Öfter ist nicht schlecht gesagt worden, daß die Sprache des Briefes paulinischer ist als sein Inhalt[162].

Aber natürlich muß andererseits die Nähe zu den Paulinen ungekürzt zur Kenntnis genommen werden. Die engen textlichen Berührungen mit dem Röm und Eph sind unübersehbar (Brox, Tradition). Namentlich die Leidensparänesen enthalten eine Menge Details paulinischer Sprache. Wichtig ist die dreimalige Formel ἐν Χριστῷ (3,16; 5,10.14), eine typisch paulinische Abbreviatur für soteriologische und paränetische Zusammenhänge. Die Loyalitätserklärung gegenüber dem Staat (2,13f) erinnert (trotz der Differenz) an Röm 13,1–7. »Gnade« (1,2.10.13; 2,19f u. a.), »Freiheit« (2,16), »rufen« (1,15; 2,9.21; 3,9; 5,10) und »Erwählung« (1,1; 2,9) sind paulinische Termini; die Zulassung der Heiden zum Heil (2,5–10) ist die Basis paulinischer Missionspredigt. Die Ekklesiologie ist in ihren Grundaussagen und der hauptsächlichen Ausfaltung paulinisch, aber in Einzelheiten zugleich doch schon beträchtlich auch von Paulus entfernt[163].

Etliches weitere ließe sich nennen[164], doch wird bei solchen Aufzählungen die Grenze zwischen paulinischem und gemeinurchristlichem Denken bald fließend. Es läßt sich z. B. manches als Erweiterung, anderes als Abwandlung der paulinischen Theologie begreifen; aber auch von der Ablösung paulinischer Elemente durch nichtpaulinische kann man reden[165]. Unbestreitbar ist dagegen die formale Nähe des 1Petr zu den Paulinen: Exakter als etliche Deuteropaulinen und die anderen »katholischen« Briefe ahmt der 1Petr den Briefanfang und -schluß (1,1f; 5,12–14) im paulinischen Stil nach. Das zweiteilige Präskript ist wie bei Paulus durchgeformt[166].

Man muß zweifellos von einer beachtlichen Reminiszenz, kann aber nicht von Dominanz und Ausschließlichkeit des Paulinismus im 1Petr sprechen. Die forcierten Thesen, die mit dem paulinisch schreibenden Ps-Petrus ein Stück Urchristentumsgeschichte als Konflikt- oder Versöhnungsgeschichte rekonstruieren wollen, ignorieren außer dem selbstverständlichen und untendenziösen Charakter dieses Paulinismus auch die Tatsache, daß diese Paulinismus-Rezeption eine partielle geblieben ist. Der Brief tradiert nicht den »ganzen« Paulus

---

[161] Z. B. *Kelly* 11.14f; *Grant*, Introduction 225, sogar (und ich meine: mit Recht): »as a whole I Peter does not share doctrines, which can be regarded as specifically Pauline«.
[162] Z. B. *Meecham*, Epistle 24.
[163] *Goldstein*, Paulinische Gemeinde 34–63. 104f, methodisch zwar unbefriedigend. Siehe auch zu 4,10f; 5,1–5.
[164] Siehe *Michl* 95f; *Mußner*, Petrus und Paulus 49f (vgl. 52), zählt auf: 1,3.19–21a; 2,21–24; 3,18.21f; 4,1 und weitere Stellen und Themen als »weithin bestes paulinisches Erbe, wenn auch ohne den polemischen Kontext der Paulusbriefe . . . Hier denkt und schreibt jemand entschieden paulinisch, wenn auch auf seine Weise« (50).
[165] *Aleith*, Paulusverständnis 11–13.
[166] *Renner*, Einheit, glaubt auch den Übergang vom »Kontextschluß« 4,11 zur »Erweiterung« 4,12ff vom Formular des Röm her als paulinisch bezeichnen zu können.

und tradiert nicht nur Paulinisches. Sein historisches Verhältnis zu Paulus ist allgemein sicherlich zutreffend als überlieferungsmäßige Abhängigkeit durch Vermittlung kirchlicher »Schul«- und Überlieferungs-Kontinuitäten beschrieben. »1Pt setzt die paulinische Theologie voraus.«[167] Von seinem Verhältnis zum literarischen Paulus ist zu sagen (Brox, Tradition), daß der 1Petr trotz frappierender Berührungen weder von echten Paulinen noch von Deuteropaulinen literarisch abhängig gedacht werden kann oder gar muß. Die Überlieferungsverhältnisse christlicher Predigt und Theologie liegen komplexer, weil sie sich bei weitem überwiegend auf dem Feld mündlicher Tradition und Kommunikation bildeten.

Ein anderes Problem ist aber das der sachlich-inhaltlichen Relation des 1Petr zu Paulus. Hier sind verschiedene Versionen denkbar. Das Fehlen der kontrovers-polemischen und zugleich theologisch so entscheidenden Kategorien von Gesetz, Glaube und Gerechtigkeit kann, wie es üblich ist, als Kennzeichen nachpaulinischer Situation begriffen werden, in der die Auseinandersetzung mit judenchristlichen oder judaistischen Positionen längst mit dem Erfolg des Paulinismus abgeschlossen ist und als solche (jedenfalls im 1Petr) schon vergessen scheint[168]. Dieses Fehlen kann aber ganz anders auch als Indiz dafür genommen werden, daß man hier in einem chronologisch nachpaulinischen Schreiben auf traditionsgeschichtlich vorpaulinische Theologie stößt[169], die vom Streit um das Gesetz (noch?) nicht tangiert war, bei Paulus erst in ihn hineingeriet und um die entsprechenden Begriffe bereichert bzw. um die einschlägigen Argumente erweitert wurde. Der Eindruck eines hohen Alters der Theologie des 1Petr ist wiederholt geäußert worden[170] und würde für diese Ansicht sprechen. Aufgrund der vorliegenden form- und traditionsgeschichtlichen Analysen zum 1Petr (z. B. Selwyn, Lohse, Nauck, Shimada, Millauer)[171] läßt sich die Sache noch nicht abschließend entscheiden. In beiden Fällen hat aber der 1Petr mit diesem Impetus der paulinischen Theologie, der mit der Gesetzesfrage gegeben war, nichts zu tun. Im Hinblick auf seine tatsächliche Thematik um das Überleben der Gemeinden in Bedrängnis und Verfolgung, die man in ihrer aktuellen Wichtigkeit als Lebensproblem des frühen Christentums nicht geringer ansetzen kann als die Gesetzesfrage, wäre es jedenfalls doch interessant und aufschlußreich (wenn auch nicht primär entscheidend), die Herkunft der Theologie des 1Petr in ihrer Relation zu Paulus klären zu können. Aber natürlich bleibt das eine Frage der Beobachtung an den betreffenden Texten.

---

167 *Kümmel*, Einleitung 373.
168 Z. B. *Vielhauer*, Geschichte 584: »Traditionsgeschichtlich handelt es sich hier um einen späten Paulinismus.«
169 Nach *Berger*, Wissenssoziologie 132, weisen die gemeinsamen Traditionen im 1Petr und bei Paulus »auf gemeinsame Traditionsgrundlage zwischen Paulus und dem Bereich,

in dem Petrus als Autorität galt«. Vgl. ders., Exegese 229.
170 Z. B. *Cross*, I.Peter 43.
171 *Goldstein*, Paulinische Gemeinde, läßt sich in dieser Reihe nicht nennen, weil er trotz seiner Thematik keinen Schritt in Richtung traditionsgeschichtlicher Analyse tut.

# B Kommentar

## 1. 1,1–2 Absender, Anschrift und Gruß

**1 Petrus, Apostel Jesu Christi, an die Erwählten, die in der Fremde der Zerstreuung in Pontus, Galatien, Kappadokien, Asia und Bithynien leben, 2 nach dem Vorherwissen Gottes des Vaters, in der Heiligung durch den Geist, zum Gehorsam und zur Besprengung mit dem Blut Jesu Christi. Gnade euch und Friede in Fülle!**

Der Brief beginnt im konventionell korrekten Stil damaliger Briefschreibung mit der Angabe von Absender und Adressat und mit der Begrüßung der Adressaten in Form eines allgemeinen Wunsches für sie. Dabei wird die Möglichkeit einer unabhängigen, hier der christlichen Ausfüllung und Erweiterung des Formulars genutzt: Die Diktion aller drei Teile (Absender, Adressat, Gruß) und ihrer Zusätze stammt aus der besonderen Sprache unter Christen und signalisiert bereits etliche leitende Gedanken des Briefes. In genau derselben Weise hat Paulus das briefliche Eröffnungsformular gehandhabt, so daß gleich diese ersten Zeilen des 1Petr, wie später auch eine ganze Reihe seiner inhaltlichen Aussagen, an die Paulusbriefe erinnern[172]. Die Einleitung ist also exakt die eines aktuellen Briefes, und sie läßt formal noch nicht erkennen, daß sie hier nicht, wie im Fall der Paulinen, einen tatsächlichen Brief in singulärer Situation eröffnet, sondern ein Rundschreiben, das bereits nach der Absicht seines Verfassers eine unbestimmt große Reichweite hat und von genereller Bedeutung ist. Inhaltlich allerdings zeichnet sich dies in der Adressatenangabe doch schon ab. Und indem die Stilisierung des Briefeingangs also den literarischen Ansprüchen genügt, macht sie das Schreiben geeignet, vorgelesen, vervielfältigt und verbreitet zu werden.

Analyse

Die Absenderangabe ist unzweideutig, aber fiktiv: Der Brief will vom Petrus des Zwölferkreises geschrieben sein, der aus historischen Gründen nicht als sein Verfasser in Frage kommt[173]. Der petrinische Anspruch wird nirgends im Brief in dieser Deutlichkeit wiederholt, mag aber verschlüsselt auch in der Ortsangabe »Babylon« = Rom (5,13) stecken, während die Selbstaussagen des Verfassers in 5,1 in nichts speziell petrinisch sind. Jedenfalls reklamiert das Schreiben apostolische Herkunft und Autorität für sich. Wieso dazu vom Verfasser der Apostel Petrus gewählt wurde (und nicht ein anderer Apostel), läßt sich am 1Petr also nicht mehr erkennen. Der hier verwendete Name »Petros« ist die griechische Übersetzung des aramäischen Beinamens Kepha, der ihm nach der Evangelienüberlieferung (Mk 3,16 parr; Joh 1,42) von Jesus beigelegt wurde und den ursprünglichen Namen Simon verdrängt hat, um selbst aus einem zunächst metaphorischen Beinamen (»Fels«) zum Eigennamen dieses

Erklärung 1

---

[172] Abweichungen von der paulinischen Version machen die Annahme einer unmittelbaren Beeinflussung des 1Petr durch Paulusbriefe an dieser Stelle schwierig: *Kelly* 21.39; vgl. *Beare* 73.

[173] S. *Brox*, Tendenz; vgl. ders., Rahmung.

Mannes zu werden[174]. Auf diesem Hintergrund ist er als Selbstbezeichnung des historischen Petrus nicht wahrscheinlich. Die griechische Form ist als Eigenname vorher unbekannt. – Die Qualifizierung des Verfassers als Apostel ist in diesem Dokument der 2. oder 3. Christengeneration u. U. wichtiger zu nehmen als der Apostelname Petrus: In dem Stil, in dem Paulus sich einführte und seinen Briefen das ihnen zukommende Gewicht apostolischer Authentizität mit auf den Weg gab (bes. Gal, Röm), wird hier das nachapostolische Schreiben mit literarischen Mitteln in den Rang von Dokumenten aus der Ursprungszeit gerückt, um ihm seine Beachtung zu sichern. Tatsächlich speist der Verfasser es auch aus »apostolischen« Quellen (vgl. Brox, Tradition). Die Relation »Apostel Jesu Christi« verweist auf abgeleitete, dadurch letztlich aber gesteigerte Autorität: Was im folgenden Brief zu lesen steht, geht über den Apostel auf Christus zurück.

Als Wohngebiet der Adressaten wird die ausgedehnte Region von fünf (bzw. vier)[175] römischen Provinzen genannt, die miteinander den größeren Teil von Kleinasien ausmachen. Diese geographische Angabe läßt den Adressatenkreis ungenau und fast utopisch groß werden. Es ist zu bezweifeln, daß sie überhaupt ernstlich exakt gemeint ist. Der Brief will die vielen Christen in »ganz Kleinasien« betreffen, er will letztlich von »allen überall« gelesen werden (vgl. oben A. II). Neben der geographischen Positionsangabe ist von vornherein wichtiger die theologische: Wo immer die Christen in den fünf Provinzen (und darüber hinaus) leben, sind sie »die Erwählten, die in der Fremde der Zerstreuung leben«. Das wird (auch 2,11) nicht klagend gesagt[176], sondern ist situationsbeschreibend und situationsdeutend zugleich. Die Erwählung[177] bezieht sich auf den neuen Zustand, in dem sich die Christen (wie 1,3 erstmals auseinandergelegt) seit der Taufe wissen und der ihnen das Heil ihres Lebens bedeutet. Dieser theologische Begriff »Erwählung« (durch Gott: V 2; vgl. 2,9) erklärt ihnen sehr einleuchtend ihre Situation: Sie finden sich innerhalb von Familie, Nachbarschaft und Gesellschaft isoliert und erkennen darin nun ihre Aussonderung durch Gott. So erklärt sich die »Fremdheit in der Zerstreuung«. Mit ihr ist erwiesenermaßen nicht die Judenschaft der jüdischen Diaspora bezeichnet, soweit sie christlich geworden ist, sondern die Christenheit (aus den Heiden) als solche[178]. Aufgrund besonderer Erwählung sind die Christen eine ausgesonderte Gruppe, die (wie der 1Petr das weiter erklärt) durch ein verändertes Leben in Distanz zur Umgebung und auch in Konflikt mit ihr gerät, also den üblichen Zugehörigkeiten entfremdet ist und als Minderheit in einer isolierenden Zerstreuung leben muß (vgl. 1,17; 2,11).

Diese Zusammenhänge beschäftigen den Verfasser im ganzen Brief. Er bringt sie schon in seiner Anrede schlagwortartig zu Bewußtsein. Die Situation der

---

[174] Vgl. *J. Schmid*, HThG II, 306f.
[175] Bithynien und Pontus waren z. Z. des 1Petr zu einer Provinz zusammengefaßt.
[176] Vgl. *Chevallier*, Condition.
[177] Das Thema Erwählung und seine Verbindung mit dem Leidensthema in Tradition und 1Petr bei *Millauer*, Leiden 32–60; vgl. *Hort* 14f.
[178] *Knopf* 28–30; *Kelly* 40; *Schrage* 66; *Schelkle* 19; *Furnish*, Elect Sojourners 3.

Christen, die er im Auge hat, ließe sich soziologisch in etlichen Hinsichten als die einer Minderheit beschreiben. Hier wird sie mit Hilfe theologischer Kategorien (»Erwählung«, »Fremde«) in einem welt- und geschichtsumfassenden Kontext gedeutet und in letztlich tröstliche Proportionen gestellt[179]. Die Begriffe der Erwählung, des Fremdlings und der Zerstreuung kommen dabei aus biblisch-jüdischer Überlieferung, die hier (wie in einer Reihe von anderen frühchristlichen Schriften) einerseits in Affinität, andererseits in Konkurrenz zum jüdischen Selbstverständnis auf die christliche Situation in der »Welt« appliziert wird[180]. Die Metaphern vom Fremdling, der nur vorübergehend an einem für ihn fremden Ort lebt (παρεπίδημος: V 1; 2,11), und vom Fremden ohne Bürgerrecht in einer Stadt (πάροικος: 2,11) sowie von der Diaspora verstehen christliche Existenz, wie sich immer deutlicher zeigen wird, als Nicht-Angepaßt-Sein an den verbreiteten Lebensstil, als Verweigerung von Identität und Zustimmung, als eine die greifbaren Lebensbedingungen transzendierende Hoffnung, die das Leben unter diesen Bedingungen reguliert. »Heimat« haben die Christen also anderswo. Das Verhältnis zu Umwelt und Gesellschaft, für das der 1Petr dabei plädiert, ist schrittweise vom Text zu erfahren. Hier im V 1 stehen vorerst nur drei Stich- oder auch »Reizworte« dazu. – Die Rede von der »Zerstreuung« darf nicht dazu verleiten, sich die Christen in der Vereinzelung oder die Gemeinden im Zustand versprengter Gruppen vorzustellen; der 1Petr hat organisierte Gemeinden im Auge, die auch im Austausch miteinander stehen (vgl. 5,1–5.9).

Die drei präpositionalen Ergänzungen erläutern den Terminus ἐκλεκτοῖς (»an 2 die Erwählten«) aus V 1, nicht den Apostolat des »Petrus« als des Absenders[181]. Als Erwählung entspricht die jetzige Heilserfahrung der Christen in Glaube und Taufe dem Plan Gottes von je her (vgl. 1,20; Röm 8,29f); vielleicht ist πρόγνωσις (»Vorherwissen«) völlig zureichend auch durch »Absicht« wiedergegeben[182]. Die Bedeutung der christlichen Gemeinde wächst mit dieser Perspektive, daß sie die Erfüllung einer langfristigen Absicht Gottes ist (zur Kehrseite vgl. 2,8). »Heiligung durch den Geist« spielt als christliche Wendung wohl auf die Wirkung von Glaube und Taufe an[183], während »Gehorsam und Besprengung mit dem Blut Jesu Christi« auf den Bundesschlußritus bezogen ist, den Ex 24,3–8 schildert (vgl. Hebr 9,19–21)[184]. Also soll im Bild von der Besprengung mit dem Blut Christi (vgl. Hebr 12,24) von einem neuen Bund die Rede sein, bei dem Jesu Tod die Rolle des Opfers spielt und der als biblische Chiffre den Adressaten ihr jetzt gewonnenes Verhältnis zu Gott als neue Verbindlichkeit auslegt, die durch die Intervention Jesu Christi begründet wur-

---

[179] Dazu *Brox*, Situation.
[180] Darüber *Hort* 15–17; *Best* 69f.
[181] *Hort* 18 u. *Selwyn* 119: beides; *Beare* 75f: den gesamten Gruß (samt V 2b).
[182] So auch *Furnish*, Elect Sojourners 5. *Unnik*, Christianity 80, schlägt »Vorzug« oder »Begünstigung« (»preference«) vor; *Knopf* 32: »Vorauswahl«.
[183] *Knopf* 33; *Kelly* 43; *Schrage* 67.
[184] *Knopf* 34–36 bezweifelt die Anlehnung an Ex, weil der Zusammenhang zwischen Blut und Sühne für die Alten in sich plausibel sei und keine Ableitung verlange.

de[185]. Der »Gehorsam«, der sich (wie die Reihenfolge: Gehorsam-Besprengung) wohl aus Ex 24,3.7 versteht, ist freilich gleichzeitig aus christlichem (sc. paulinischem: z. B. Röm 1,5; 6,16; 2Kor 7,15; 10,6) Sprachgebrauch zu erklären (vgl. 1,14.22), eben als Wechselwort für den Glauben[186], dessen Verbindlichkeit ebenso wie die anderen Stichworte dieser Eingangsverse im Laufe von Text und Erklärung noch genauer entfaltet wird. Die bloße Erweiterung der Briefanrede um wenige Worte bringt bereits einen ganzen Fächer von frühchristlichen Theologumena zur Sprache. Sie betonen stark Gottes Initiative bei der Ermöglichung des jetzigen glücklichen Zustands. – In der triadisch gegliederten Aussage (Vater, Geist, Sohn), die hier sicher kein Zufall ist, sondern in der zunächst spärlichen frühen Tradition dreigliedriger Formeln[187] steht, ist auffällig, daß der Geist an zweiter, der Sohn an dritter Stelle steht[188]. Jedenfalls sind keine trinitätstheologischen Absichten späterer Quellen an dieser Reihung abzulesen. Freilich ist in ihr die Einheit Gottes vorausgesetzt, und man mag sie insofern trinitarisch nennen[189], obwohl im Text das diesbezügliche Interesse noch nicht im Spiel ist.

Die eigentliche Wunsch- oder Segensformel ist nicht originell, sondern üblich. Sie ist aus jüdischer Tradition, und zwar aus der Verbindung »Friede und Erbarmen«, zu erklären[190]. Die Worte »Gnade« und »Friede« sind in der frühchristlichen Sprache zu einer Art intensiver Sammelbegriffe geworden, die das in Glaube und Taufe neu gewonnene Verhältnis zu Gott betreffen: als »Gnade« Gottes Zuwendung (Gott als »Vater«: V 2a); als »Friede« die den Menschen sichernde und bergende Entsprechung (Versöhnung) zwischen »Gnade« und menschlicher Antwort, die nicht ohne Frieden zwischen den Betroffenen sein kann. Beides ist hier (wie in allen paulinischen Briefen)[191] Gegenstand des Wünschens (»Gnade und Friede euch in Fülle«); daran zeigt sich der Geschenk- und Bewährungscharakter von Gnade und Frieden als Heil.

**Zusammenfassung**  Was der Briefeingang enthält, ist formularisch vorgegeben und inhaltlich bereits eine christliche Konvention. Trotzdem ist er im Detail originell. Originell ist die petrinische Firmierung, über deren kirchengeschichtliche Hintergründe aber leider nichts Weiteres ausgemacht werden kann, weil der Brief weder for-

---

[185] *Beare* 77 anders: V 2 deutet in einem recht gewalttätigen Symbolismus die Besprengung mit dem Taufwasser als Besprengung der Gemeinde mit Opferblut. Ähnlich *C.-H. Hunzinger*, ThWNT VI, 983: »Interpretation des Taufgeschehens«; *Manke*, Leiden 192–195, schließt sich an. *Holzmeister*, Exordium 211, bezieht die Besprengung mit Blut auf die Eucharistie.
[186] Die Dissertation von *Frederick*, Obedience, beschreibt die Bedeutung von ὑπακοή im 1Petr, allerdings in einem für den Brief zu dominanten Stellenwert.
[187] *Kelly*, Glaubensbekenntnisse 28f. Vgl.

*Knopf* 36f.
[188] Die Erklärung von *Unnik*, Christianity 80f, aus Ex 19 u. 24 überzeugt nicht; schon eher *Schelkle* 24 u. *Best* 72: Der Kontext (Beschreibung der »Heilsökonomie«) bedingt die Reihenfolge.
[189] *Selwyn* 247–250; *Schelkle* 24; *Michl* 105.
[190] *K. Berger*, Apostelbrief 191–201, besonders 199–201; vorher *Kelly* 45.
[191] Der gegenüber den Paulinen auffällige Zusatz πληθυνθείη (wie 2Petr 1,2; Jud 2) ist nach *Holzmeister*, Exordium 209.212 aus Dan 3,31(98) bzw. 4,1 (LXX) genommen.

mell noch theologisch auf dieses Datum des Briefanfangs mit weiteren Informationen oder Tendenz-Äußerungen zurückkommt. Originell ist auch die Umschreibung der Adressaten, der es gelingt, durch geographische Ortsangaben den Eindruck eines tatsächlichen Briefes zu verstärken und gleichzeitig das Schreiben doch nicht an Ort und Situation zu binden, die beide unbestimmt bleiben. Die weitere Beschreibung der Adressaten als erwählte Fremde und Zerstreute ist einesteils verbreitete Spiegelung damaliger christlicher Selbsterfahrung in nichtchristlicher Umgebung; aber mit dieser überkommenen Sprache macht der 1Petr seine durchaus originellen Aussagen über christliche Existenz unter den gegebenen schwierigen Bedingungen. Vom gesamten Brief her ist in den Wortfeldern des Eingangs wie »fremd, zerstreut, erwählt, geheiligt, gehorsam, gerettet, Gnade, Friede« schon die Leitlinie des ganzen zu erkennen. Das macht die Einleitungsformel originell.

## 2. 1,3–9 Dank für die Hoffnung

**3 Gepriesen sei der Gott und Vater unseres Herrn Jesus Christus, der nach seinem reichen Erbarmen uns neu gezeugt hat zu lebendiger Hoffnung durch die Auferstehung Jesu Christi von den Toten, 4 zu unvergänglichem und reinem und unverwelklichem Erbe, das im Himmel aufbewahrt ist für euch, 5 die ihr euch in der Kraft Gottes durch den Glauben hütet zum Heil, das bereit liegt, offengelegt zu werden am Ende der Zeit. 6 Darüber seid ihr herzlich froh, wenn ihr auch für kurze Zeit jetzt traurig sein müßt in einer Reihe von Versuchungen, 7 damit sich die Echtheit eures Glaubens herausstellt, die weit kostbarer ist als das vergängliche, obschon im Feuer als echt erprobte Gold, zu Lob, Herrlichkeit und Ehre bei der Offenbarung Jesu Christi. 8 Ihn liebt ihr, ohne ihn zu sehen; an ihn glaubt ihr, ohne ihn jetzt zu schauen, voll Jubel in unsagbarer und herzlicher Freude, 9 da ihr das Ziel eures Glaubens erlangt: das Heil eures Lebens.**

Diese ersten Zeilen sind formal nichts anderes als die Fortsetzung des üblichen Briefformulars, denn man schloß gewöhnlich an die Anfangsgrüße den Dank (an die Götter o. ä.) für die glücklichen oder günstigen Umstände an, in denen man den Adressaten in der Regel sah. Der Text 1,3–12 ist eine Eulogie (Lobrede). Aber die Ausformulierung des Dankes (an Gott) ist inhaltlich sehr viel dichter, als es die Routine der Briefschreibung und der Gemeinplatz »Dank« verlangen würde: Es wird (statt allgemein für das Wohlergehen) für das »Heil« der Angesprochenen im Wortsinn der frühchristlichen Sprache, also für das von Gott schon geschenkte Glück ihres Lebens schlechthin gedankt. Und innerhalb dieser christlichen Dankesrede wird noch einmal der Dank nicht bloß global motiviert, sondern es wird situationsbezogen gesprochen und schon gleich das entscheidende Thema des Briefes genannt, mit dessen Entfaltung der

Analyse

Verfasser auf seine Leser einwirken will: Hoffnung (V 3) und Freude (VV 6.8) unter Repressionen (V 6). Ihre Eindringlichkeit gewinnt die Sprache dieses Abschnitts durch die schnelle Folge von biblisch-christlichen Zentralbegriffen sowie durch den Wechsel vom Dank an Gott zur Anrede an die Leser und in die Beteuerungen der realen Möglichkeit von Hoffnung und Freude trotz niederdrückender Umstände. Am Urtext sind die rhetorischen Mittel, die dazu vom Verfasser eingesetzt wurden, besser zu erkennen als an der Übersetzung: In gekonntem griechischem Stil wird mit Partizipien, Adjektiven, Appositionen, Präpositionen[192], relativen Verbindungen von Nebensätzen und geschickter Gliederung eine einzige lange Satzperiode von V 3 bis V 12 konstruiert, durch deren rhythmischen[193] Fluß feierlicher Rede die gedrängte Fülle von Aussagen sehr eindrucksvoll wird (vergleichbar: 2Kor 1,3–11; Eph 1,3–14[194]; 2Thess 1,3–12). Die durchaus nicht einmalige Zusammenstellung von Aussagen in diesem Text (vgl. Tit 3,4–7) hat ihren Ursprung vielleicht im Zusammenhang der Taufspendung (von der ja ausdrücklich die Rede ist: V 3), sei es in liturgischen[195] oder in paränetischen Texten. Diese Vermutung meint allerdings lediglich die entferntere überlieferungsmäßige Herkunft des Themenkomplexes, nicht eine Entstehung des 1Petr selbst als Taufpredigt oder Taufritual. Die sprachliche Besonderheit des Abschnitts kann sicher hinreichend aus der Geläufigkeit von geformten Traditionen sowie aus dem Sprachvermögen des Verfassers selbst erklärt werden; es muß nicht angenommen werden, daß dem Text ein Hymnus direkt zugrunde liegt[196]. Bei eventueller Ableitbarkeit dieser Passage als einer Einheit aus der Tradition bleibt es jedenfalls dabei, daß sie nur mit sehr schwachen Argumenten als Eröffnungstext einer Taufhomilie oder -liturgie (s. o. A. I) bestimmt werden kann; die Taufe ist ein Thema unter anderen, nicht das einzige[197].

**Erklärung 3** Im eigentlichen Briefteil ist Dank (Lobpreis) also das erste Thema. Neben der obligaten formalen Funktion, die er hier hat, ist damit, wie sich herausstellen wird, ein günstiger Ausgangspunkt für das ganze Schreiben gewonnen. Denn was Grund zum Dank ist, ist auch Grund für Trost und Hoffnung. Diese Zusammenhänge sind hier noch nicht angesprochen, aber der Leser muß sie gleich ins Auge fassen. Der Text selbst entfaltet den Grund zum Dank, der sich richtet

---

[192] *Grosheide*, 1 Petrus 1:1–12.
[193] *Windisch-Preisker* 52.
[194] Den stilistischen Vergleich zwischen 1,3–5 und Eph 1,3–14 führt *Deichgräber*, Gotteshymnus 77f, durch.
[195] *Lohse*, Paränese 78, spricht vom »Gebetspsalm«.
[196] *Coutts*, Ephesians 115–120 (liturgisches Gebet als Grundlage für Eph 1,3–14 u. 1Petr 1,3–12, wobei der Text im 1Petr eine daraus gewordene Homilie darstellt); *Boismard*, Quatre hymnes 15–56 (Taufhymnus hinter Tit 3,4–7 u. 1Petr 1,3–5). N. *Hillyer*, The Servant of God, EvQ 41 (1969) 154f, sieht in 1,1–12 u. 4,13 eine Abraham-Isaak-Tradition (Gen 22) wirksam, was aber nicht überzeugt.
[197] Z. B. *Furnish*, Elect Sojourners 10f: Das Hauptthema von 1,1–12 ist der Bund, nicht die Taufe. Vgl. *La Verdiere*, Covenant Theology, der aber wiederum den Stellenwert der Bundes-Theologie im 1Petr überschätzt. Die Annahme von Traditionen essenischen Ursprungs im Passus 1,3–2,10 (*Goppelt*, Prinzipien 286; ders., Sozialethik 18) ist überflüssig. Die Parallelen sind jüdischer, nicht speziell essenischer Art.

an den »Gott und Vater« (vgl. V 2) »unseres Herrn (κύριος) Jesus Christus«, nicht aller Menschen; daß darin eine reflektierte Verhältnisbestimmung zwischen dem »Gott und Vater« und dem »Herrn Jesus Christus« steckt, ist eher zweifelhaft[198]. Dies ist die einzige Stelle im Brief, die den paulinischen Begriff Kyrios für Christus gebraucht[199], und zwar eben in tradierter Diktion (wörtlich gleich mit V 3a sind 2Kor 1,3; Eph 1,3; vgl. Röm 15,6; 2Kor 11,31)[200]. Christus wird nicht pleonastisch nur mitgenannt, sondern als Beteiligter an dem sogleich beschriebenen Heils-»Vorgang« erwähnt. Das Ereignis, daß die einzelnen Christen mit dem Christentum konfrontiert wurden, sich zum Anschluß an die Gemeinde entschieden haben und durch die Taufe Zugehörige der durch ihren Glauben und ihre Hoffnung zusammengehaltenen Gruppe wurden, wird in der (biblisch, jüdisch und christlich geprägten) Bekenntnissprache dieser Gruppe beschrieben: Die eigentliche Realität dessen ist das »Erbarmen« Gottes, das sie in der Aufnahme in die Gemeinde durch die Taufe erfuhren. Im Bild der »neuen Zeugung« (vgl. V 23; 2,2) bzw. auch in dem der »Wiedergeburt« ist nämlich wahrscheinlich die Taufe gemeint[201]. Ein altes Leben ist an sein Ende gekommen, ein neues geschenkt worden. In dieses Bild schiebt sich die nächste Aussage hinein: »neu gezeugt« (nicht: zu neuem Leben, sondern) »zu lebendiger Hoffnung«. Neubeginn sowie Hoffnung müssen als Schlüsselpunkte der gesamten Orientierung des 1Petr bezeichnet werden. Was die »Lebendigkeit« der Hoffnung, die wohl deren Gewißheit bedeutet, im besonderen Verständnis des Briefes heißen kann oder muß (vgl. »lebendiges Wort« V 23; »lebendiger Stein/lebendige Steine« 2,4.5), gerade das will der Verfasser bis zum Schluß erklärt haben; es geht um die Form christlichen Lebens. Voraussetzung ist die Auferstehung Christi. Auch hier die Überschneidung infolge der verkürzten Formelsprache: Gott hat »uns ... durch die Auferstehung Jesu Christi« (nicht: mitauferweckt, sondern) »neu gezeugt«. Mit Verbaladjektiv und Partizip (ohne finites Verbum) ist dies die erste der konzisen Aussagen des Eröffnungsabschnitts.

Beim Bild von der neuen Zeugung bzw. Wiedergeburt fragt man nach der Herkunft der Vorstellung. Eine zwingende religionsgeschichtliche Ableitung aus hellenistischer Religiosität (Mysterienkulte) oder jüdischem Milieu (in beiden Bereichen gibt es verbal Identisches oder Verwandtes) gelingt nicht[202] und würde für das genaue Verständnis auch nichts Unentbehrliches beitragen. Denn jedenfalls ist diese Metapher im christli-

---

[198] Zu diesem Problem *Schelkle* 27 Anm. 3. *Best* 74 meint, daß die Inferiorität Christi, die in der Nennung seines »Gottes und Vaters« enthalten ist, durch den Kyrios-Titel ausgeglichen wird. Ich halte solche »trinitätstheologischen« Analysen an diesen frühen Texten nicht für möglich.
[199] Abgesehen von 3,15 im Zitat von Jes 8,13; allerdings ist dort die Lesart θεόν auffällig. Die Stellen 1,25; 2,3.13; 3,12 sind wohl sämtlich auf Gott zu beziehen.
[200] *Furnish*, Elect Sojourners 6: 1,3–5 ist ein liturgisch formuliertes Lob; vgl. *Schrage* 68.
[201] Anders *Chevallier*, Structure 139f, wegen V 23: eher der Glaube aufgrund der Predigt, doch scheint V 23b mir eher von der entfernteren Herkunft der Wiedergeburt zu sprechen (ähnlich *Furnish*, Elect Sojourners 7f).
[202] Vgl. z. B. *Knopf* 41–43; *Selwyn* 122f; L. *Goppelt*, RGG ³VI, 1962, 1697–1699; *Schelkle* 28–31; *Kelly* 48–50; *Michl* 109–113 mit den religionsgeschichtlichen Parallelen.

chen Kontext (außer 1Petr auch Joh 3,3–8; Tit 3,5; vgl. 1Joh 3,9; 5,8; Jak 1,8) spezifisch verwendet, nämlich im vorliegenden Text auf die Taufe bezogen. Daß dadurch das Taufverständnis unter einen Fremdeinfluß geriete, läßt sich nicht erkennen. Das Bild ist auch naheliegend genug, um jeden einschneidenden (religiös-existentiellen) Neubeginn bezeichnen zu können, und zu neutral und flexibel, um in jedem Fall eine religionsgeschichtliche Herkunft mitzuschleppen.

4 Nach der Hoffnung V 3 nennt die Eulogie (Lobrede) ein »Erbe im Himmel« als weiteres Privileg, das den Christen durch die »Wiedergeburt« geschenkt wurde (abhängig noch von ἀναγεννήσας). Die Attribute (»unvergänglich« etc.)[203] umschreiben die Verläßlichkeit, Andersartigkeit und Unüberbietbarkeit dessen, was im Bild von der Erbschaft (vgl. 3,7.9) gemeint ist. Die Vorstellung vom »aufbewahrten Erbe« stammt aus der atl.-jüdischen Land- bzw. Paradieserwartung[204], nicht – wegen der »Wiedergeburt« (V 3) – aus der Assoziation an Familie und Erbbeziehung[205]. Die hier gesprochene Sprache gewinnt in ihrer Aussagekraft nicht dadurch hinzu, daß man ihre Bilder und Begriffe biblisch allseits »definiert« oder eine formale Schlüssigkeit nachzeichnet. Wichtiger ist das Gefälle ihrer Beteuerungen und Intentionen. Der Text umschreibt die Gewißheit einer unbedingt überbietenden Zukunft, die Gott bereithält und zugänglich gemacht hat für die Menschen – hier aktualisiert: »für euch« (sc. die Adressaten), während die Formelsprache der Eulogie mit Sicherheit »ἡμεῖς/uns« enthalten hatte. Das »für euch« ist mehr als ein Dativ. Es markiert die Besonderheit dieser Generation, die an Christus glaubt[206]; alle Heilsinitiativen Gottes sind für sie (»euch«) unternommen, ein wiederholt geäußerter Topos (siehe zu V 10.12; 2,7), der vielleicht in Parallele zu den israelitischen Landnahmegenerationen entfaltet wurde: Erst für sie wurde die Verheißung zur Wirklichkeit. Es ist die Rede von einer durch Glaube und Taufe gewonnenen Gewißheit, die man als Ziel der Hoffnung (V 3) wird bezeichnen dürfen. Der Hintergrund, auf dem Hoffnung und »im Himmel aufbewahrtes Erbe« zum Thema des Briefes werden, wird V 6 genannt. Jedenfalls geht es um eine Sicherheit, die von Gott kommt.

5 Hoffnung und »himmlisches Erbe« sind im 1Petr keine ausschließliche Zukunfts-Perspektive. Von ihnen ist wegen des gegenwärtigen Lebens (und Überleben-Wollens) die Rede. Das deutet sich hier erstmals an, noch in der allgemeinen Form des Dankspruchs. Das »aufbewahrte Erbe« (V 4) ist das »bereitliegende Heil«[207] (wegen der Verbindung mit »Erbe« hier in der Vorstel-

---

[203] Nach *Hort* 35f sind sie in der Verbindung mit »Erbe« verständlich aufgrund der atl. Verheißung vom Erbe des Landes (bzw. des »Gottesgartens«: *Knopf* 45f). *Spicq* 46; *Schelkle* 32 deuten sie als Vokabeln einer apophatischen Theologie; nach *Kelly* 51 bestätigen sie den liturgischen Charakter des Textes.
[204] Belege bei *Knopf* 45; *Kelly* 50f; *Schelkle* 31. Das Bild steht im NT auch außer 1Petr, z. B. Mt 5,5; 25,34; Mk 10,17; 1Kor 6,9f; Eph 5,5; Hebr 6,12.
[205] So *Best* 76; *Schelkle* 31 wegen Gal 4,7.
[206] *Windisch-Preisker* 53: die Wendung »deutet schon das Selbstbewußtsein der ersten christlichen Generationen an«.
[207] Daten und Literatur zur paganen Herkunft des Terminus σωτηρία bei *Beare* 84f; W. Foerster, ThWNT VII, 967–970. Doch trägt er in 1Petr biblisch-jüdische Züge: *Kelly* 52; *Schelkle* 33f.

lung von »Land« und Paradies?), welches deutlich als ein Ereignis der Offenbarung am Ende der Zeit beschrieben wird, aber eben seine Wirksamkeit schon zeigt: Die Gemeinden stehen unter Gottes Schutz bzw. »hüten sich«, um dieses Heil zu erreichen. Wegen des Zusatzes »durch den Glauben« ist das Partizip φρουρουμένους kaum passivisch zu verstehen, sondern eher medial. Der Aspekt der Zukunft bestimmt das gegenwärtige Verhalten, wobei bislang rein euphorisch und noch ohne Spur der schon im nächsten Vers erkennbaren Aporie davon gesprochen wird. Die Predigt von Erbe und Heil orientiert »nach vorn«, d. h., sie läßt die jetzige Situation unter veränderten Maßstäben sehen.

Weil schon die briefliche Anfangs-Eulogie diesem Zweck der Orientierung der Adressaten dienen soll, verläßt der Verfasser an dieser Stelle deren Rahmen und geht (nach dem »Stilbruch« am Ende von V 4) bereits endgültig zur direkten Anrede über. Für den Übergang verwendet er die Floskel ἐν ᾧ, die hier (wie 3,19; 4,4; etwas anders 2,12; 3,16) als relative Verbindung mit kausalem Sinn zu verstehen ist, wobei im vorliegenden V 6 Bezug genommen ist auf die gesamte Aussage der VV 3–5[208]. Die dort emphatisch umschriebene Wirklichkeit von neuer Zeugung, von Hoffnung, Erbe, Heil und kommendem Ende ist der Grund für die Freude in der Gegenwart (Präsens). Der Indikativ »ihr seid herzlich froh« paßt in die Atmosphäre des bisherigen Textes bestens. Der thematische Einschnitt liegt erst im Übergang zum Leidensproblem. Damit ist an dieser frühen Stelle das primäre Thema des 1Petr angeschnitten: Die derzeitige Situation der Adressaten steht im Kontrast zur optimistischen Rede über gegenwärtiges und künftiges Heil. Es gibt Argumente gegen Freude und Hoffnung, denn vorläufig bringt das Christsein »Trauer« und »Leiden« ein. An dieser Stelle beteuert der Verfasser lediglich, daß die »traurige« Situation kein Einwand ist (»wenn ihr auch ... traurig sein müßt«); er beschwichtigt mit dem Hinweis auf die überstehbare Frist (»für kurze Zeit«)[209] und gibt allerdings eine erste theologische Erklärung für die gegenwärtigen Schwierigkeiten: Sie sind »Versuchungen« oder Proben (s. u.).

Aber das Verhältnis von Heilsherrlichkeit und Leiden oder Trauer wird im Lauf des Briefes über diese Figur der Konzession (»wenn auch«) entscheidend hinausgeführt. Der Verfasser und seine kirchliche Tradition zeigen auf dem Weg einer Passionstheologie den Konnex zwischen Christus-Leiden und Christenleiden, durch den Freude und Hoffnung aufgrund des Leidens möglich sind. Hier im V 6 wird aber noch nicht mehr als ein unvermitteltes »Trotzdem« der Freude formuliert: Trotz der Trauer ist jetzt schon Grund zur Freude (identisch mit dem Grund zum Dank an Gott VV 3–5)[210]. Im Duktus dieser einleitenden Passage ist die Freude (wie die vorangegangenen Heilsdaten) indikativisch, also

---

208 So zuletzt und bei aller Kürze exakt Fink, Use 33–39, bes. 35; vorher Selwyn 125f; Reicke, Spirits 110–115.
209 Philologisch auch möglich: »ein wenig« (quantitativ, nicht temporal); aber sinngemäß nicht wahrscheinlich.
210 Millauer, Leiden 183, faßt ἀγαλλιᾶσθε futurisch und unterscheidet daraufhin »eine

als Tatsache ausgesagt, aber dieser Indikativ hat im Grund appellativen Charakter[211]. Im Kontext des Briefes will er nämlich das Sich-freuen-Können erst einüben (vgl. 4,13). Der Indikativ von V 6 ist Trostzuspruch: Eure Freude ist möglich, weil begründet. Und an dieser Tendenz scheitert der Versuch, aus dem formal konditionalen εἰ δέον (ἐστίν) (»wenn ihr ... müßt«) eine bloß hypothetische, noch nicht eingetroffene Leidenssituation zu rekonstruieren[212]. Der ganze Brief spricht nicht von möglicherweise eintretenden Verfolgungen, sondern von den vorhandenen Schwierigkeiten des Christseins unter bestimmten, bis zum Eschaton gleichbleibenden Bedingungen. Diese Schwierigkeiten werden meistens »Leiden« genannt und resultieren aus dem aufrichtigen Christsein selbst. Der Brief zeigt die Möglichkeit, sie in Freude und Hoffnung zu bestehen. Das aber ist kein singulärer Gedanke des Ps-Petrus, sondern 1Petr 1,6 und 4,13 (s. u.) stehen damit in »einer urchristlichen Verfolgungstradition des Inhalts ›Freuet euch im Leiden‹«, die auch Mt 5,11f/Lk 6,22f; Jak 1,2.12; Hebr 10,32–36 u. a. vorliegt und »eine überraschende Eindeutigkeit und Geschlossenheit« aufweist[213]. Und diese Tradition ist kein christliches Novum, sondern schon in frühjüdischer Literatur nachweislich[214]; allerdings ist die christologische Version der ntl. Beispiele natürlich originell. Sagen wir zurückhaltender: Aus Theologie und Situation des frühen Christentums wurde die Möglichkeit positiver Leidbewältigung gewonnen; der 1Petr ist ein eindrucksvolles Zeugnis unter anderen dafür.

Eine erste theologische Deutung der Leiden oder der Trauer wird also hier schon mit dem Stichwort πειρασμός/Versuchung gegeben. Wegen der Interpretation der Versuchung als Probe im V 7 und wegen des δέον, das Gott als logisches Subjekt impliziert, ist (trotz 5,8) nicht an die Gefährdung durch das Böse oder den Bösen[215] zu denken, sondern (zumal auf die Gerichts-Perspek-

---

künftige Zeit der Freude« vom »gegenwärtigen Leiden« (auch *Michl* 107). Er hebt diese Auffassung dann von der Freude *über* das Leiden ab (die es überhaupt nur in der christlichen Tradition gibt: 179–182, und die im 1Petr erst in 4,13 ausdrücklich wird) und ordnet beides unterschiedlichen Traditionen zu. Nun löst der 1Petr das Leidensproblem aber gerade nicht über eine Periodisierung von Freude und Leid, sondern als »Freude *im* Leiden«, so daß man auch 1,6 nicht anders auffassen kann. – Zur sekundären lectio ἀγαλλιάσεσθε (auch V 8) vgl. *Selwyn* 258f; *Schelkle* 37 Anm. 1.
211 Ähnlich *Nauck*, Freude 72; *Furnish*, Elect Sojourners 9 Anm. 41.
212 Mit dieser Deutung begann *Perdelwitz*, Mysterienreligion 18. Vgl. dazu Einleitung A.II. Das grammatikalische Argument dagegen bei *Kelly* 53f (Gebräuchlichkeit der konditionalen Form in einer Tatsachenfeststellung; außerdem das Partizip des Aorist λυπηθέντες).

213 *Nauck*, Freude (69–73) 72, der angesichts der von ihm selbst bewiesenen Variabilität des Motivs allerdings zu strikt auf gattungsgeschichtliche Kontinuität insistiert. *Millauer*, Leiden 165–185, will ihn bestätigen und präzisieren; *Thomas*, Anfechtung, scheint ihn nicht zu kennen und leistet einen eigenen Beitrag. Die Kritik von *Ruppert*, Gerechte 176–179, ist soweit berechtigt, als Nauck tatsächlich die Differenz zwischen »Freude *im* Leiden« und »Freude *trotz* des Leidens« traditionsgeschichtlich nicht berücksichtigt. Die motivgeschichtlichen Zusammenhänge können demnach nicht wie von Nauck dargestellt werden. Zum religions- und traditionsgeschichtlichen Hintergrund der Beobachtungen Naucks ist *Sanders*, Suffering, instruktiv.
214 Nämlich im syrischen Baruch mit frappanten Parallelen zum 1Petr (*Nauck*, Freude 73–77; vor allem *Ruppert*, Gerechte, passim).
215 So *Kelly* 54; ausdrücklich *Schelkle* 34.

tive von 4,17f hin) an die Versuchung als Prüfung, die von Gott ausgeht. Dieser Gedanke, daß Gott seine Auserwählten hart prüft, ist der zeitgenössischen jüdischen Frömmigkeit geläufig und ist für sie durchaus unproblematisch[216]. Jüdisch ist in der Fortsetzung (ἵνα abhängig von λυπηθέντες) auch der Vergleich mit der Entschlackung des Goldes: Im Läuterungsfeuer der »Versuchung« (vgl. 4,12) wird die »Echtheit« des Glaubens[217] herausgeschmolzen. Vergleich und Überbietung sind gleichzeitig zunutze gemacht: Wie das »im Feuer als echt erprobte Gold« und zugleich »weit kostbarer als das vergängliche . . . Gold« ist der wahre Glaube. Sein Wert wird durch dieses Bild deutlich, und die Verfolgung wird positiv und sogar »notwendig« (verwandt mit der Metapher des Gerichts 4,17f). Verfolgung und Bedrängnis war schon in der jüdischen Erfahrung oft mit dem Bild der Läuterung begreiflich gemacht worden, um das große Problem des unschuldig leidenden Gerechten zu lösen[218]. Das Bild vom im Feuer geläuterten Gold ist darum in der jüdischen Literatur (teils sprichwörtlich verflacht) dafür geläufig (Ps 66,10; Sir 2,5; Spr 17,3; 27,21; Sach 13,9; Mal 3,3; Weish 3,4–6; Jdt 8,25–27; christlich außer 1Petr 1,7: Offb 3,18; Herm v IV 3,4[219]).

7

Ps-Petrus gibt hier also eine erste, und zwar traditionelle theologische Erklärung des Leidens. Es wird sich noch zeigen (2,12; 3,15f; 4,12f), daß mit »Leiden« nicht individuelle und gelegentliche Schicksale gemeint sind, sondern die mit dem Christsein nach der Voraussetzung des 1Petr sich regelmäßig einstellende Situation der bedrückten Minderheit. Als Prüfung durch Gott ist das Leiden-Müssen kein Grund zur Depression und Resignation. Leiden »muß« in diesem Sinn sein, weil der Glaube bewährt werden muß; und es ist nicht befremdlich oder aporetisch (vgl. 4,12), weil es von Gott kommt und also seinen Sinn hat. Über dieses jüdische Theologumenon hinaus wird der 1Petr noch seine christologische Leidensdeutung entfalten. Durch die Verbindung von Versuchung und Bewährung[220] ist aber ebenfalls schon die Möglichkeit positiver Einstellung zur deprimierenden Situation (»Trauer«: V 6) gewonnen. Dem Hinweis auf Bewährung entspricht derjenige auf den Lohn bei der Parusie. Die drei Umschreibungen für den Lohn (»Lob, Herrlichkeit, Ehre«) kann man auf eine Teilhabe an der Welt Gottes (dem biblisch diese Begriffe an sich zugeordnet sind) deuten[221]. Alle Aussagen haben die direkte paränetische Absicht, zum Leiden zu befähigen und vor Resignation zu bewahren, die Situation also zu erleichtern.

Die problematische Thematik von Bedrückung und Bewährung ist hier wieder verlassen und im Tonfall der VV 3–5 in euphorischen Indikativen derjenige

8

---

[216] Vgl. *Millauer,* Leiden (137–145) 140–143.
[217] Zur Philologie der einst umstrittenen Wendung s. *Knopf* 50; *Selwyn* 129f; W. *Grundmann,* ThWNT II, 258–264.
[218] *Fischer,* Petrusbrief 208.
[219] Vgl. M. *Dibelius,* Die Apostolischen Väter IV, Tübingen 1923, 489f.

[220] Das Nebeneinander von πειράζειν und δοκιμάζειν schon Weish 3,5f. Vgl. Jak 1,2f.12.
[221] *Michl* 108. *Schelkle* 36 bezieht sie unverständlicherweise auf die eschatologische Offenbarung. Zur Kombination und sonstigen Bedeutung der drei Umschreibungen *Hort* 43f.

Grad von christlicher Verwirklichung und Erfahrung beschrieben, von dem man im weiteren Brief eher den Eindruck hat, daß er unter den gegebenen Umständen schwer genug zu erreichen ist. Die Indikative sind ihrer Intention nach also wieder eher appellativ zu lesen, obwohl sie natürlich zumindest von einer Teilverwirklichung sprechen. Der 1Petr zeigt nirgends die Befürchtung akuter Gefährdung der Gemeinden. Andererseits wäre das Schreiben überflüssig, wenn V 8 nichts als Zustandsbeschreibung wäre. Es wird hier wieder ein »Trotzdem« formuliert. Das mögliche Hindernis für Freude ist diesmal nicht das »Trauern« (V 6), sondern eine andere, sicher verbreitet empfundene Schwierigkeit: die »Abwesenheit«, Unsichtbarkeit[222] oder Unbeweisbarkeit des erst am Ende wieder sich zeigenden Jesus Christus. Die mangelnde Vorweisbarkeit dessen, wovon der christliche Glaube predigt, war ein Anstoß gerade in Verfolgungssituationen, in denen nach greifbarem Halt gefragt wurde. Die beherrschende Erfahrung der Christengeneration des 1Petr war ihre offenkundige ungerechte Bedrückung; viel weniger offenkundig war für sie der »unsichtbare« Christus[223]. Darum kann die Rede vom Nicht-Sehen und Doch-Glauben im 1Petr nicht als bloße Routine aufgefaßt werden; sie tangiert das zentrale Problem des Briefes[224]. Der Text beschreibt diese Not nicht, so daß man sie nicht näher illustrieren kann nach ihrer besonderen Erfahrbarkeit damals. Er bestätigt statt dessen, was den Gemeinden permanent als die Gestalt des Glaubens gepredigt wurde: Nicht sehen, wohl aber lieben und im Glauben sich freuen.

Die Struktur dieser (indikativischen) Paränese erinnert an Joh 20,29; 2Kor 5,7; Hebr 11,27. Das Bedürfnis nach »Sehen« wird hier also in der Form abgewiesen, daß Liebe und große Freude »ohne ihn jetzt zu schauen« als die realisierte Gestalt des Christseins bei den Adressaten bestätigt wird. Freude (in schon endzeitlicher Intensität) ist für den 1Petr ein Kennzeichen des Christseins, auch unter den in V 6 und hier im V 8 genannten Schwierigkeiten, die an sich

9 keine Freude aufkommen lassen[225]. Es gibt eben einen Grund zur Freude, der durch nichts widerlegt oder außer Kraft gesetzt wird. Er war das Thema seit V 3 und heißt hier (wie V 5) kurz das »Heil eures[226] Lebens« als »Ziel des Glaubens«. Dieses Heil wird jetzt schon erlangt (κομιζόμενοι: Präsens). Die Absicht des Briefes ist es, den Gemeinden diese Realität dominierend ins Bewußtsein zu rücken, welches viel stärker von den »Leiden«, also von den täglichen Nachteilen des Christseins okkupiert war. V 9 ist in dieser ersten Trostrede, zu der die Eulogie (ab V 3) unter der Hand des Ps-Petrus geworden ist, ein Höhe-

---

[222] Die v. l. εἰδότες (statt ἰδόντες) kommt textgeschichtlich und inhaltlich nicht in Frage.
[223] Ich sehe kein Indiz dafür, daß hier ein Vergleich mit den Christen der ersten Generation gemeint ist, die Jesus noch »gesehen haben« (so *Windisch-Preisker* 53; *Kelly* 56f; *Schelkle* 36 mit Anm. 2).
[224] Daß hier (wie demnach auch 5,1) der Verfasser sich als Augenzeuge den Nichtaugenzeugen gegenüberstellen will (so *Strathmann*, Stellung 273 u. a.), ist durch nichts im Text angezeigt.
[225] *Kelly* 58 spricht von der paradoxen Freude der Leser.
[226] Die Berechtigung dieser Übersetzung minutiös begründet durch *Dautzenberg*, Σωτηρία 275f.

punkt, der durch die Fortsetzung (VV 10–12) noch erläutert wird. Paränetisch geht es um die Versicherung des Grundes für Freude und Hoffnung.
σωτηρία ψυχῶν: Als »Seelenheil« in die christliche Tradition eingegangen, ist dieser Ausdruck nicht so leicht aus sich verständlich, wie man annehmen möchte. Er ist an dieser Stelle singulär, offenbar nicht erklärungsbedürftig und darum vermutlich, wie anderes aus diesem ganzen Passus, auf eine bestimmte Tradition zurückzuführen. Als Herkunftsfeld kommt schon wegen der textlichen Verbindung sehr ungezwungen die apokalyptische Vorstellungswelt der VV 10–12 in Frage, die ja gerade von »diesem Heil« (sc. der Seelen) weiter reden. Die apokalyptisch-eschatologische Überlieferung der VV 10–12 und anderer ntl. sowie frühjüdischer Texte thematisierte die Bewährung des Menschen vor dem Endgericht. Möglicherweise gehört der Ausdruck σωτηρία ψυχῶν in diese Zusammenhänge[227] und bedeutet dann die Errettung vor dem Strafgericht aufgrund der unter Schwierigkeiten bis zum Ende durchgehaltenen Glaubenstreue. Aus dieser Vorstellung ergibt sich dann weiter das (allerdings auch unabhängig davon wahrscheinlichere) Verständnis von ψυχή. »Seele« heißt im biblischen (wie oft genug annähernd auch im griechischen) Verständnis der Mensch selbst und als ganzer, sein Leben, seine Existenz. Das ist der Wortsinn auch hier[228] und »Seele« folglich kaum bedeutungsvoller zu nehmen als ein Äquivalent für das Personalpronomen (»eure Seelen – ihr«). Nach jüdischen und frühchristlichen Erwartungen geht der ganze Mensch ins Heil ein. Die Vorstellung von der im Gegensatz zum Leib unsterblichen Seele, die das Bessere und Bleibende des Menschen darstellt, ist dort unbekannt. – Im Kontext des 1Petr ist wichtig zu sehen, daß gegen die hier herangezogene apokalyptisch-eschatologische Tradition ausdrücklich die Präsenz und Wirksamkeit des Heils in der Gegenwart beteuert wird, denn es geht um die Vergewisserung der Gläubigen in der schwierigen Gegenwart. Die Freude des Glaubens ist für Ps-Petrus in der Gegenwart, nicht nur in der Zukunft begründet.

Zwar zeigt der 1Petr als ganzer keinen planvollen Aufbau seiner Thematik, aber für diesen besprochenen Text kann man doch von einer ersten Teilaussage über das Thema »Hoffnung und Freude im Leiden« sprechen. Das Eröffnungskapitel vom Dank an Gott ist zunehmend umstilisiert zu einer ersten Belehrung: Hoffnung trotz jetziger »Trauer« ist möglich, weil begründet. Freude ist realistisch. Die dichte religiöse Sprache, die man in diesen Versen hört, hat eine sehr praktische Absicht. Sie ist für Christen geschrieben, denen in den Bedingungen ihres Lebens die Evidenz der Hoffnung und die Fähigkeit zur Freude abhanden kam (oder abhanden zu kommen droht). Ihr Christsein bringt sie in

Zusammenfassung

---

[227] *Dautzenberg*, Σωτηρία 262–272, hat diese Ableitung durchgeführt.
[228] Vgl. *Schlier*, Adhortatio 371 Anm. 37; J. B. *Bauer* 17; *Furnish*, Elect Sojourners 10 Anm. 45; *Dautzenberg*, Σωτηρία 272–276. *Kelly* 58 konstatiert in diesem Punkt eine »radikale Differenz« zu Paulus, weil bei Ps-Petrus der ψυχή-Begriff nicht wie bei Paulus die menschliche Schwäche und Anfälligkeit für die Sünde bezeichnet, sondern eine indifferente oder sogar positiv akzentuierende anthropologische Kategorie ist.

Schwierigkeiten, hier erst nur angedeutet. Die Brieferöffnung will sie animieren. Die Gewißheit des Heils wird ihnen in den großen Lettern tradierter Bilder und Vorstellungen vor Augen gestellt. Das Heil, die Realität, auf die der Glaube sich einläßt und verläßt, wird überbietend, auch begeisternd dimensioniert, während das faktisch empfundene Bedrückende dagegen ganz klein proportioniert ist (V 6) und als schlichte Notwendigkeit dargestellt wird (VV 6.7): »ein wenig« Trauer (ὀλίγον), nur »momentan« (ἄρτι), »wenn (= da) Gott es will« (εἰ δέον). Das ist ein erster Schritt im theologisch-pastoralen Argument des Ps-Petrus, dem ähnliche deutlichere folgen.

### 3. 1,10–12 Die Einzigartigkeit von Heil, Gemeinde und Gegenwart

**10 Nach diesem Heil haben (die) Propheten gesucht und geforscht, die prophetisch über die euch geschenkte Gnade gesprochen haben; 11 sie haben untersucht, für wann oder für welch eine Zeit der Geist Christi in ihnen seine Ankündigungen machte, als er die über Christus kommenden Leiden und die Herrlichkeiten danach voraussagte; 12 es wurde ihnen offenbart, daß sie das nicht für sich, sondern für euch ausrichteten, was euch jetzt verkündet wurde durch die, die euch das Evangelium brachten im heiligen Geist, der vom Himmel gesandt wurde. (Die) Engel sehnen sich danach, wenigstens einen Blick darauf werfen zu dürfen.**

Analyse  Literarisch gehört dieser Passus als Schlußteil der besprochenen Periode ab V 3 zum vorigen Abschnitt (siehe Analyse zu 1,3–9). Thematisch setzt sich diese Periode in den VV 10–12 aber mit einem Thema fort, das man trotz der engen rhetorischen und auch inhaltlichen Verbindung vom vorhergehenden Text sinnvollerweise abtrennt. Thema ist hier nämlich nicht mehr das von Gott in Christus geschenkte Heil als solches, sondern hier dienen die weiteren Aussagen über das Heil in ihrer besonderen (sc. apokalyptischen) Art der Absicht, den Gemeinden ihren Stellenwert in der universalen Geschichte sowie den epochalen Charakter der Gegenwart zu illustrieren. Das geschieht durch den Aufweis der Relation zwischen Vergangenheit und Gegenwart in der Geschichte des Heils.

Erklärung  Die Sätze führen in ein deutlich apokalyptisch gefärbtes Milieu, d. h., sie er-
10  klären im Zug einer bestimmten jüdischen und christlichen Denkform die Gegenwart mit Hilfe eines Geschichtsbildes, wonach die Vergangenheit eine Reihe von Offenbarungen gebracht hat, die alle miteinander in immer drängenderer Dichte das Ende von (böser) Welt und (unheilvoller) Geschichte und zugleich damit das Kommen von Gottes Herrschaft und des Triumphes auch der Gläubigen ansagen; vor diesem »Ende« steht die Gegenwart. Die apokalyptisch glaubende Gemeinde »löst« ihren Konflikt mit der feindseligen, bedrük-

kenden Umwelt also mit Hilfe der Erwartung, daß Gott in nächster Zukunft unter dramatischen Umständen den Umschlag herbeiführt und dabei seine Frommen aus Katastrophe und Gericht rettet. – Aus dieser Vorstellungswelt stammen Redensart und Details in den VV 10–12. »Dieses Heil« ist das »Heil eures Lebens« aus V 9; apokalyptisch wird es als das Eintreten des werdenden Ereignisses gedacht (V 12); der Apokalyptiker erwartet dieses Ereignis als den Fluchtpunkt aller Geschichte, dessen Termin man im voraus wissen will (V 11) und bestimmen kann. Die biblischen Propheten erscheinen darum hier als die Interessenträger des apokalyptisch Glaubenden[229]: Sie haben »gesucht und geforscht«, was er wissen möchte und wie er selbst fragt und grübelt. Gegenstand der prophetischen Rede war die Gnade (in einem sehr allgemeinen Sinn als »Heil«) der Christen. Alle Prophetie, alle Geschichte zielte auf das εἰς ὑμᾶς Geschehene. Die Zeit der Erwartung ist nämlich abgelaufen, man schaut jetzt als Wissende und Besitzende auf die Propheten zurück.

Was die Propheten wußten, hat ihnen in der christlichen Apokalyptik und Geschichtsbetrachtung Christus eingegeben[230]. Eigenartig, aber typisch für das apokalyptische Denken ist die Vorstellung, daß sie zwar das Ereignis selbst kannten (nämlich Leiden und Herrlichkeit Christi), aber nicht den Zeitpunkt[231]. Der Zeitpunkt und die Zeitumstände (sc. die Erkennungszeichen des Termins) wurden von den Propheten in der Manier des Apokalyptikers erfragt und erforscht (vgl. Dan 9,2.23–27; 12,6–13; Hen 65,10; 4Esr 4,33). Es gibt ausdrücklich eine »Beschränkung der prophetischen Erleuchtung«[232]. Die Seher wußten nicht schon alles. Inzwischen ist aber Zeit der Erfüllung. Auf diesem Hintergrund ist der Text zu lesen: Der Zeitpunkt ist jetzt eingetroffen und nicht mehr verborgen. Die apokalyptische Rede wird hier also nicht aus Interesse an der Zukunft aufgenommen, sondern um die Bedeutung der Gegenwart zu demonstrieren. Die Gegenwart ist durch das eingetretene Ereignis qualifiziert, nämlich durch Leiden und Herrlichkeit Christi (der Plural δόξας braucht m. E. nicht problematisiert und über die Person Christi hinaus auf die Gläubigen bezogen zu werden, um möglich zu sein). Die Existenz der jetzt lebenden Generation der Gläubigen trägt ja die Signatur des »Leidens« und muß in die Hoffnung auf »Herrlichkeit« eingeübt werden. Der »Geist Christi in ihnen« ist 11

---

[229] Ähnlich *G. Delling*, ThWNT II, 654. Das ist das Bild, das sich der Apokalyptiker vom Propheten macht, weil er sich Prophetie nur als Beschäftigung mit der Zukunft und diese Beschäftigung wieder nur in der apokalyptischen Variante vorstellen kann. Mit dieser Beobachtung fällt der Hauptgrund von *Selwyn* 134.262f, hier (zumindest auch) die ntl. Propheten gemeint zu sehen, zu denen das Forschen nach dem Zeitpunkt des Eschaton angeblich besser paßt als zu den atl. Propheten.

[230] *Kosmala*, Hebräer 276 Anm. 18, zählt 1,11 zu den ntl. Brieftexten, »in denen es die Lesarten wahrscheinlich machen, daß der Name Christi nachträglich neben Gott (oder den heiligen Geist) eingetragen . . . ist«. Der Text B (om. Χριστοῦ) allein ist dafür eine schmale Basis.

[231] Die Möglichkeit, εἰς τίνα personal zu verstehen (»für welche Person«), kommt nicht ernstlich in Frage (gegen *Best* 81; *Harris*, Emendation to 1 Peter I.13).

[232] *Dautzenberg*, Σωτηρία 265, mit der Parallele aus 1 QpHab VII,2: »aber die Vollendung der Zeit tat er ihm nicht kund«. Weiter wäre 4Esr 4,51f zu nennen (»ich weiß es selber nicht«: APAT II,359. Vgl. die Texte bei *Windisch-Preisker* 55).

der Geist des präexistenten Christus (vgl. V 20)[233]; anders ist dieser Ausdruck kaum zu interpretieren, und sein Sinn liegt in der Anzeige durchgängiger Kontinuität zwischen alter Prophetie und jetziger Christuspredigt.

12 Die Propheten und die Vorzeit hatten folglich eine ausschließlich dienende Funktion (διηκόνουν)[234]. Eine der Auskünfte der Offenbarung, die sie hatten, war die, daß sie selbst die großen Dinge nicht erleben würden, die sie anzusagen hatten. Auch das scheint ein apokalyptischer Topos zu sein; äthHen 1,2 heißt es: »nicht für das gegenwärtige Geschlecht dachte ich nach, sondern für das künftige«[235]. Damit ist nicht der Rang der Propheten verkleinert, sondern derjenige der jetzigen Generation erhöht (und außerdem wohl wie in V 11 eine Sehnsucht der Propheten gemeint, selbst Zeugen des Heils zu werden, vergleichbar Mt 13,17/Lk 10,24). Die Propheten wirkten »für euch«, die Jetzigen. Die apokalyptische Kontrastierung von verheißender Offenbarung und erfüllter Endzeit zeigt sich für die Intention des 1Petr optimal geeignet. Sie erklärt die Gegenwart in singulärer Bedeutung als Höhepunkt der Geschichte und zugleich als eine geschichtliche Phase, die nach traditionellen Vorstellungen von Leiden und Katastrophen und Verfolgung der Gerechten gekennzeichnet ist. Es wird den Gemeinden erklärt, an welcher »Stelle« des Geschichts-»ablaufs« sie stehen. Und durch diese Belehrung werden einerseits die anstößigen Phänomene, die den Glauben so schwierig machen, verständlich (sie gehören ganz einfach zur Endzeit); andererseits intensiviert die Perspektive von der Erfüllung aller Geschichte die Hoffnung. Und darum geht es dem Brief: den Lesern Hoffnung und Freude möglich zu machen durch Erklärung, Belehrung und Ermunterung.

Das jetzige Geschlecht kam mit der »euch geschenkten Gnade« (V 10) durch das Evangelium in Berührung. Der 1Petr bietet hier zu seiner eigenen historischen Situation die interessante Information, daß der Verfasser die angeschriebenen Gebiete (V 1) nicht selbst missioniert und die dort lebenden Gemeinden nicht gegründet hat. Es wird nicht (was denkbar wäre) pseudepigraphisch in Kombination mit der Verfasserangabe V 1 eine historische Beziehung des Petrus zu den kleinasiatischen Gemeinden konstruiert, wofür es in der Tradition kaum einen Anhalt gegeben haben dürfte. So ist der Brief auch leichter zu handhaben: Die Missionare der Adressaten bleiben anonym; Namen und Umstände hindern eine lesende Gemeinde an dieser Stelle nicht, den »Petrusbrief« auf sich zu beziehen[236]. Zu beachten ist freilich speziell, daß nicht einmal Pau-

---

[233] Mit *Kelly* 60f; *Schelkle* 41 (im Sinn etwa der sog. Geistchristologie).

[234] Bei *Beare* 93 gute Bemerkungen über die Konsequenzen aus diesem Urteil für den christlichen Umgang mit dem AT.

[235] APAT II,236 (vgl. Dan 12,9–13). *Harris*, Further Note 346 (unter Selbstverweis auf Exp 1891; mir nicht zugänglich) hält V 12a für einen direkten Rückgriff auf äth Hen 1,2: das διενοοῦντο (nur im griechischen Text; äth. Text om.) wäre auch 1Petr 1,12a (statt διηκόνουν) zu lesen, wodurch auch die Folgerichtigkeit des Arguments in V 13 (mit διάνοια) erhöht wäre (vgl. *Harris*, Emendation to 1 Peter I.13). Der Eingriff ist aber willkürlich.

[236] Auch im Briefrahmen werden keine Personennamen aus dem Adressatenkreis genannt, sondern es gibt nur in 1,1 die geographischen Namen als Bezeichnung eines vage weiten Kreises von Gemeinden.

lus als der prominente Missionar Kleinasiens und seine Mitarbeiter bei dieser Gelegenheit genannt werden; der tatsächliche historische Bezug des 1Petr zu Kleinasien wird dadurch denkbar unscharf; Desinteresse des Verfassers an konkreten Bezügen für sein Schreiben kommt wohl eher in Frage als Ignoranz oder die gezielte Absicht, Paulus nicht zu erwähnen.

Die Missionserfolge wurden vom jungen Christentum dankbar als »Erfolg« Gottes begriffen: Die Verbreitung des Evangeliums geschieht »im heiligen Geist«[237] und ist darum wirkungsvoll. Durch ihre Einordnung innerhalb des apokalyptischen Schemas bekommt die Mission hier den Rang des weltgeschichtlich und endzeitlich entscheidenden Vorgangs, durch den das lange angesagte und verborgene Heil jetzt enthüllt und geschenkt ist. Die Gegenwart ist die schlechthin wichtige Zeit. Und eine eigentümliche Bemerkung »klappt nach«, die aber die Tendenz der VV 10–12 noch deutlicher offenlegt: Selbst für die Engel ist (und bleibt?)[238] es ein Geheimnis (vgl. äthHen 16,3)[239], was so lange verborgen war, jetzt aber den Christen, den Lesern dieses Briefes, im Evangelium mitgeteilt worden ist. Daß es exakt Leiden und Herrlichkeit Christi sind, die den Engeln verborgen bleiben (wie bei IgnEph 19,1 die »Jungfräulichkeit und Niederkunft der Maria« sowie der »Tod des Herrn«), scheint mir grammatikalisch nicht zwingend. Das apokalyptische Milieu ist wieder greifbar, wenn von der Neugier himmlischer Wesen die Rede ist[240], vom Geheimnischarakter der Heilsoffenbarung und von der beglückenden Begünstigung der jetzigen (endzeitlichen: 4,7 u. ö.) Generation[241]. Dabei figurieren die Engel nicht als vollkommene und nicht einmal als den Menschen in jeder Hinsicht überlegene Wesen (vgl. z. B. Mk 13,32; Hebr 1,14; 2,16)[242]. Mit Hilfe solcher Vorstellungen wird den Lesern die Einzigartigkeit ihrer geschichtlichen Situation, nach Jesus Christus, also nach ergangener Heilsoffenbarung leben zu können, veranschaulicht. Auch das ist eine Version der Bestärkung in heikler Erfahrung.

Die Eulogie ab V 3 ist hier zu Ende gebracht. Im V 4 und ab V 6 war sie im Interesse der direkteren Betroffenheit der Leser zur Anrede an sie umstilisiert worden.

Der 1Petr hat die unterschiedlichsten Möglichkeiten aus biblischer und urkirchlicher Überlieferung zur Verfügung, um seine Christengeneration, die er ermutigen will, an ihren Status, den sie durch Bekehrung und Taufe gewonnen hat, zu erinnern. In 1,10–12 zieht er für einen Augenblick die apokalyptische Szenerie heran. Und mit ihr gelingt es, die jetzige schlimme Zeit den Gemein-

Zusammenfassung

---

237 Aus diesem Ausdruck muß nicht auf charismatische Begleiterscheinungen der Predigt geschlossen werden, wie (Windisch-)Preisker 152 meint.
238 So Windisch-Preisker 55; Reicke 81; Beare 94; Schrage 71.
239 Knopf 60 verweist auch auf 1Kor 2,6–8; IgnEph 19,1, wo das Unkenntnis-Motiv noch deutlicher ist.
240 J. B. Bauer, 18 stellt die Engel diesbezüglich mit den Propheten und Gerechten aus Mt 13,17 in eine Reihe.
241 Guthrie, Introduction 809: »the readers ... have therefore become more privileged even than angels«.
242 Best 82f; Schelkle 43.

den als die glückliche Epoche zu entschlüsseln, auf die alle bisherige Geschichte als Vorgeschichte gewartet hatte. Die atl. Propheten mußten darauf verzichten, diese begehrten Tage zu erleben, und sogar den Engelwesen ist es vorenthalten geblieben, »das« zu sehen. Es ist das Privileg allein der jetzt Glaubenden, das Heil im Evangelium empfangen zu haben. Mit den Stichworten »Leiden« und »Herrlichkeit«, die über Christus kamen, ist das Ereignis, durch welches das Heil kam, beim Stil dieser sehr konzisen Sprache erschöpfend beschrieben und zugleich die Qualität der Zeit nach Christus angegeben. Die gesamte Geschichte hat also ein Gefälle auf die Gegenwart zu gehabt, die Jetztzeit war dringend ersehnt und oft gefragt gewesen. Die Früheren mußten aber zurücktreten und verzichten vor der Zukunft, welche für die Christen nun Gegenwart ist. Was die Christen jetzt besitzen, möchten Engel sehen. Biblische Prophetie und Verkündigung des Evangeliums geschahen zugunsten dieser Generation (»nicht für sich, sondern für euch«: V 12). Die christliche Mission ist Vollzug des universalen Heilsgeschehens. – Diese Gedankenreihe macht die Angesprochenen in ihren eigenen Augen heilsgeschichtlich »wichtig«. Sie erkennen sich als die Repräsentanten des glücklichen, heilvollen Endes, an das die von Gott geplante Geschichte gelangt ist. Sie sind also nicht, was sie scheinen: eine verlassene, verängstigte, resignierte Minderheit. Die beschriebene Selbsteinschätzung aufgrund apokalyptischer Dimensionen zeigt ihnen einleuchtend die wahre Größenordnung, die nichts als Anlaß zum Hoffen gibt.

4. *1,13–16 Die Forderung eines deutlich veränderten Lebens*

**13 Darum umgürtet die Hüften eures Sinnes, lebt nüchtern und setzt eure Hoffnung ganz und gar auf die Gnade, die euch bei der Offenbarung Jesu Christi zuteil wird; 14 als Kinder des Gehorsams, nicht mehr angepaßt an die früheren Leidenschaften aus der Zeit eurer Unwissenheit. 15 Ihr sollt vielmehr in Angleichung an den Heiligen, der euch berufen hat, auch selbst heilig sein in der ganzen Lebensart. 16 Darum heißt es ja in der Schrift: »Seid heilig, weil ich heilig bin.«**[a]

a Lev 11,44f; 19,2; 20,7.

Analyse  Die Folge der Aussagen ist hier sehr einleuchtend: Auf die feierlich stilisierte Rede von der Hoffnung und vom Heil folgt die eindringliche Erinnerung an die Verbindlichkeit dieser ausgesprochenen Überzeugungen des Glaubens. In einer Reihe von Imperativen und imperativisch gebrauchten Partizipien wird die verlangte Konsequenz genannt und im Kontrast zwischen einstiger Unwissenheit (bzw. Leidenschaften) und jetzt aufgetragener Heiligkeit illustriert. In diesem Stil wird das Schreiben ab hier verbleiben und oft genug beschreibende oder beteuernde Heilsaussagen einflechten. Das ist die formale Struktur der frühchristlichen Rede von der Heiligkeit des Christen: daß sie immer Rede im

Indikativ und zugleich im Imperativ ist²⁴³. Diese Rede ist warnend und werbend und von Hinweisen darauf begleitet, daß ein unmittelbarer Zusammenhang besteht zwischen dem Wort vom geschenkten Heil und den konkreten Formen eines im Glauben veränderten Lebens. In den vorliegenden VV 13–16 werden die ersten direkten Vorstellungen des Verfassers darüber klar, wie nun konkret zu leben sei. Aber weil er in diesen Abschnitten bis 2,10 das, was die deutliche Pointe seiner gesamten Unterweisung und Paränese ist, doch immer noch nicht gerade deutlich, sondern allenfalls andeutungsweise oder rahmenmäßig ausführt²⁴⁴, ist anzunehmen, daß er sich hier besonders stark von geläufigen Redemustern der Kirche seiner Zeit und Umgebung leiten ließ. Später wird er dann origineller in der Profilierung der im Grunde immer gleichen Paränese des ganzen Schreibens verfahren²⁴⁵. – Es ist für das Gesamtverständnis des 1Petr nicht besonders erhellend, mit 1,13 einen neuen oder zweiten Teil des Schreibens beginnen zu lassen. Exakte Gliederungen »ordnen« und unterteilen hier mehr, als der Text Anlaß gibt. Denn die einzelnen Passagen wollen deutlich ohne Naht zusammengehören; und in der Aneinanderreihung ihrer katechetisch offensichtlich geläufigen und rhetorisch bereits geformten Themen²⁴⁶ lassen sich nicht absichtsvoll geordnete Schritte erkennen, sondern eher die lockere Sequenz von Belehrungen und Beteuerungen, aus denen als Konsequenz sich die Hinweise für ein entsprechendes Leben ergeben. Das Gefälle, das sich im Laufe des Schreibens verdeutlicht, ergibt sich aus dem Situationsbezug und bringt nicht nur generell das Leben im Glauben, sondern ständig aktueller das Überleben aus der Hoffnung unter entmutigenden Bedingungen in den Blick. In diesem 1. Kapitel wird jedenfalls die »Logik« des Verfassers schon deutlich, die sich schlecht in formalen Untergliederungen spiegeln läßt (vgl. auch A. III).

Ab V 13 sind also direkte Forderungen formuliert. Die begründende Verbindung »διό/darum« war in der Stilisierung der vorausgegangenen Eulogie schon angebahnt: Der Grund zum Dank an Gott (VV 3–4) ist zugleich Grund zur Hoffnung der Menschen (VV 5–12) und ist hier weiter das zwingende Motiv für ein deutlich verändertes Verhalten. Der Imperativ »umgürtet« ist im griechischen Text als Partizip gesetzt. Diese Praxis ist kein Einzelfall. Ps-Petrus

Erklärung
13

---

²⁴³ Im 1Petr heißt die Reihenfolge Imperativ-Indikativ: *Lohse*, Paränese 85–89.
²⁴⁴ *Kamlah*, Form 200f, nennt 1,13–2,10 eine sog. Grundparänese im Sinn einer besonderen (hier allerdings durch homiletische Ausgestaltung überdeckten) katalogischen Struktur mit besonderen Merkmalen; ab 2,11 erfolge dann die briefliche Komposition von Aktualisierungen der Grundparänese. Richtig daran ist sicher die Annahme stark konventionell geformter Rede.
²⁴⁵ *Beare* 97 vertritt für die VV 14–16 Abhängigkeit von Eph 2,1–3 (*Hort* 68 für συ-

σχηματιζόμενοι von Röm 12,2). Die konkrete Durchführung überzeugt durchaus nicht (vgl. dazu grundsätzlich *Brox*, Tradition).
²⁴⁶ Sie sind so grundsätzlich formuliert und so wenig nur auf die Zeit unmittelbar nach der Initiation hin zugeschnitten, daß man nicht ihretwegen die Hauptmasse des Schreibens als Taufpredigt oder -liturgie qualifizieren kann (s. A.I). Oder auch so: In dieser Form ist die Taufe ein Thema nicht nur anläßlich der Taufspendung, obwohl die Topoi dieser Rede dort ihren Ursprung haben mögen.

setzt wiederholt (teils in absoluter, teils in abhängiger Konstruktion) die Partizipialform, wo sinngemäß nur mit dem Imperativ übersetzt werden kann (1,14; 2,18; 3,1.7.9; 4,8; vgl. Röm 12,9–19; Kol 3,16)[247], und an allen diesen Stellen geht es um die christliche Lebensform. Dieses imperativische Partizip ist nach sorgfältigen Untersuchungen wahrscheinlich die Imitation bzw. Reproduktion eines rabbinisch-hebräischen Sprachgebrauchs[248]. Es genügt hier, sich der philologischen Korrektheit einer imperativischen Übersetzung und Interpretation versichert zu haben. Interessant ist daran noch, daß dieser Gebrauch sich auf Regeln und generelle Direktiven des Sozialverhaltens innerhalb der Gemeinde beschränkt und nicht in konkreten Befehlen oder Aufforderungen vorkommt[249]. Auch Paulus kennt ihn (Röm 12,2–19), und wieder einmal erklärt sich die Nähe des 1Petr zu den Paulinen aus der Geläufigkeit verwandter Überlieferungen statt aus direkter oder indirekter literarischer Abhängigkeit[250].

Daß aus dem Kerygma die Paränese, aus dem Evangelium der dringliche Appell an das Leben sich ergibt, gehört zur Struktur der neutestamentlichen Verkündigung. Die Aussagen des christlichen Glaubens lassen sich urchristlich nur so mitteilen, daß ihre bestimmende bzw. verändernde Konsequenz für die Orientierung und den konkreten Stil des Lebens gleichzeitig gesagt und akzeptiert wird. Der 1Petr pointiert seine dringlichen Ermahnungen auf die Verfolgten-Situation seiner Leser hin, und wo er nicht unmittelbar auf diese Situation anspielt und allgemeine Verhaltensregeln einschärft, stehen diese Regeln dann entweder unter der Rücksicht, daß die Nichtchristen ihre Reaktionen zeigen werden, oder in der Belehrung, daß in der angeratenen Lebensform die christliche Hoffnung sich durchhält.

Im V 13 ist die Mahnung in eine anschauliche Metapher gefaßt. Weil man das lang und weit geschnittene antike Kleid zum Gehen oder für eine Arbeit in der Taille gürtete, konnte diese Geste des Gürtens ein Bild für Bereitschaft allgemein sein. Es wird hier in der Übertragung eigentümlich verzerrt (»Hüften eures Sinnes«), bleibt im Sinn aber klar und malt die gespannte Aufmerksamkeit des Menschen aus, der wach und entsprechend gerüstet in eine Situation geht, die ihn besonders fordert. Es geht bei den Adressaten um die Verfolgung, das Leiden-Müssen (V 6), direkter jedenfalls als um die Parusie[251], von der man

---

[247] Vgl. *Daube*, Participle. Solche Partizipien sind sinngemäß durch ἐστέ zu ergänzen (wofür es im ntl. Griechisch allerdings kein Beispiel gibt) und sind also als periphrastische Bildungen anzusprechen (*Zerwick*, Biblical Greek 130f).

[248] *Daube*, Participle (mit Beispielen aus Röm, Eph, Kol, Hebr, 1Petr); bestätigt von *Lohse*, Paränese 75–77. Der traditionsgeschichtliche Erkenntniswert der Analysen *Daubes*, wonach das entsprechende paränetische Gut jüdischer und nicht hellenistischer Herkunft wäre, wird allerdings in etwa beeinträchtigt durch die Kritik von *Gülzow*, Christentum 68 Anm. 1, sowie den Nachweis von *Meecham*, Participle, daß es zumindest auch in hellenistischen Briefformeln das imperativische Partizip gibt.

[249] *Daube*, Participle 470f.477.484.

[250] Für diesen Fall: *Lohse*, Paränese 76; vgl. *Daube*, Participle 487f. Zum Abhängigkeitsproblem als solchem vgl. *Brox*, Tradition.

[251] So *Schelkle* 44 u. a.

nicht sagen kann, daß sie im 1Petr die Perspektive wirklich zeitlich drängend bestimmt (trotz 4,7 u. a.). Freilich macht sie langfristig das jetzige Leben aus. Man kann aus dem Gebrauch dieses Bildes vom Gürten nicht auf Entlehnung aus der Exodus-Tradition schließen (Ex 12,11), wie das für den 1Petr als vermeintliche Osternacht-Taufpredigt beliebt wurde[252], denn das Bild ist zu selbstverständlich (vgl. Spr 31,17; Jer 1,17; Lk 12,35; Eph 6,14)[253], und andere Indizien dafür fehlen. Die weiteren Appelle beweisen ebenfalls die Allgemeinheit der Bildrede: »Nüchternheit« gehört zur »Wachheit« in diesem existentiellen Sinn[254]. Das Adverb τελείως (»ganz und gar«) gehört passender zum Imperativ ἐλπίσατε als zu νήφοντες[255]. Die Hoffnung hat ihren festen Grund (VV 3–12), auf dem sie nicht schwanken und unsicher sein kann. Und vor allem ist sie kein ungenauer Optimismus, sondern eine Zuversicht, die ihre Gründe nennen kann und sich in ein verändertes Leben hinein (»nüchtern«, »heilig«) konkretisiert. Die »Nüchternheit« ist zwar nicht im Sinn forcierter Askese, aber sicher doch im Sinn asketischer Abstinenz oder Selbstdisziplin zu verstehen. Das Gegenteil wäre »Trunkenheit« als bewußtlose, orientierungslose, hemmungslose Existenz.

V 13b verbindet drei der schon aus VV 1–12 bekannten zentralen Worte: Hoffnung (V 3), Gnade (als Äquivalent für Heil V 2) und »Offenbarung Jesu Christi« als Fluchtpunkt der Jetztzeit und Ziel der Hoffnung (V 7). Sie müssen an dieser Stelle nicht neuerdings erläutert werden, aber dieser Sequenz der Begriffe ist eine gewisse paränetische Routine anzusehen, die den V 13 relativ vage und unspezifisch erscheinen läßt. Bedenkt man aber, wie aktuell für die Adressaten Nüchternheit und Wachheit später in 4,7; 5,8 gemacht werden, wie stark für den Brief die Hoffnung auf das geschenkte bzw. bereitliegende Heil (Gnade) den christlichen Glauben kennzeichnet und auf welchem universalgeschichtlichen Hintergrund (4,12f; 5,8f) von der »Offenbarung Jesu Christi«, also vom definiten Umschlag der jetzigen Verhältnisse gesprochen wird, dann lesen sich solche Formeln wie im V 13 doch als aktuelle Texte. Es ist die Kunst des Verfassers im ganzen 1Petr, überkommene Sprache zu aktualisieren für eine Adressatensituation, die ihrerseits recht unscharf bleibt, nicht singulär ist und doch genügend konkrete Konturen zeigt.

Aus paulinischem Sprachgebrauch ist hier (deutlicher als im V 2) der Gehorsam als Kennzeichen des Glaubens zu verstehen. Die nominale Verbindung »Kinder des Gehorsams« ist ein Hebraismus[256]. Der Sache nach ist mit »Gehorsam« von Paulus her das Hören (Annehmen) des Wortes und die Konsequenz daraus zugleich gemeint. Im 1Petr ist damit zu rechnen, daß dessen Vorliebe für das Sich-Unterordnen und Sich-Fügen im Gehorsamsbegriff mit-

---

[252] Seit *Cross*, I.Peter 25; z. B. *Kelly* 65; *Déaut*, Targum 103f.
[253] So auch *Thornton*, I Peter 19, der an Jes 11,5 erinnert.
[254] *(Windisch-)Preisker* 156.162 bezieht sie grundlos auf »enthusiastische Erregtheit« infolge eschatologischer Erwartung. Der 1Petr setzt anders geartete Unruhe voraus.
[255] Letztere Auffassung bei *Hort* 65f; *Windisch-Preisker* 55; *Beare* 95f u. a.
[256] Vgl. *Daube*, Participle 482.

spricht; nachweisbar scheint mir das zwar nicht. Zu fragen bleibt, wie denn »Gehorsam« sich äußert. Und das wird im folgenden, allerdings noch einmal reichlich generell, beantwortet: in Verweigerung von Anpassung (V 14b) und im Heiligsein (V 15).

An dieser Erläuterung wird die Herkunft der Adressaten klar. Sie sind ehemalige Heiden, denn das Glauben im Judentum könnte von Ps-Petrus nicht als Unwissenheit und als Leben in Leidenschaft denunziert werden. Die Heiden sind aber den Juden schon immer dadurch bezeichnet gewesen, daß sie Gott und sein Gesetz nicht kennen. Den wirklichen, lebendigen Gott nicht kennen heißt sofort immer auch, den rechten Lebensweg nicht wissen.

Das imperativische Partizip »μὴ συσχηματιζόμενοι/nicht angepaßt«[257] markiert jetzt erstmals die große Differenz zwischen Einst und Jetzt[258] im Leben der Menschen, die christlich zu glauben begonnen haben. In der soteriologischen Sprache der VV 2–12 war diese Differenz von der einen Seite her als von Gott verwirklichte neue Bedingung des Lebens beschrieben. Und hier geht es daraufhin um den deutlichen Kontrast zwischen dem einstigen oder jetzigen Nicht-Christsein und dem Christsein. Die »früheren Leidenschaften« stehen für die Maximen und Verhaltensstandards ohne Glauben. Sie sind irrig und lassen nicht wissen, welches Leben zur Hoffnung berechtigt. Der Ausdruck vom »Nicht-angepaßt« oder »Nicht-gleichgestaltet-sein« (gleichbedeutend Röm 12,2) zeigt deutlich, wie bewußt die frühen Christengenerationen die Differenz als solche und wie konkret autobiographisch sie die Wende zwischen Einst und Jetzt in ihrem Leben infolge der Bekehrung sahen. Andererseits ist das frühere »Schema« die bleibende, noch bestehende Alternative, nach der viele oder die meisten leben. Jedenfalls hebt der Verfasser hier ganz kraß darauf ab, daß im »Gehorsam« des Glaubens nach anderen »Schemata« zu leben ist als früher bzw. als sonst. Er verlangt ein deutlich anderes, also ein verändertes Leben. Man muß allerdings gleich hinzusagen, daß die Differenz der Lebensweisen nicht in absoluter Dialektik gedeutet wird. Während der 1Petr in der Weise des gerade besprochenen Textes VV 14f die Andersartigkeit des Christseins fordert, setzt er überall, wo er vom Zeugniswert oder vom Werbe-Effekt der deutlich christlichen Existenz redet, voraus, daß christliche Verwirklichung irgendwo folglich das lebt, was alle, auch die Nichtchristen, gutheißen. Das begegnet in anderen Texten.

Hier an dieser Stelle wird der Unterschied zum Nichtchristlichen verschärft.
15 Nicht nach den »Leidenschaften«, den Codes und Standards, die üblich sind, leben, sondern »heilig« sein bzw. werden, und das offenbar in Angleichung an oder Verähnlichung mit Gott. Dieser Maßstab und diese von Haus aus kultisch-moralische Kategorie »heilig«, die für die unterscheidende Kennzeichnung der »ganzen Lebensart« der Christen steht, entrücken die Christen schon fast ihrer Umwelt und erinnern an ihr »Fremdsein« in der Welt (V 1; 2,11).

---

[257] *Selwyn* 141 hat Zweifel, ob es imperativisch ist.

[258] Als ntl. Thema behandelt von *Tachau*, »Einst« und »Jetzt«.

Das »Heilige« ist biblisch-jüdisch das Geschiedene und Gott Zugehörige; »heilig« als Attribut von Menschen gibt »diesen Menschen einen besonderen Status, der sie von der übrigen Welt abhebt«[259]. Der 1Petr verwendet das Wort gern (1,15f; 2,5.9; 3,5; vgl. 1,2; 3,15), um sein Ideal zu bezeichnen. Bedenkt man den ganzen Brief, muß man allerdings sagen, daß nicht eine Trennung von der Welt, wohl aber eine Scheidung auf die Seite Gottes hin (im Sinn der Trennung von der Sünde) gemeint ist[260].

In dieselbe Richtung leitet die Bezugnahme auf den heiligen Gott. Die Nachahmung Gottes in seinen (herrscherlichen und philanthropischen) Eigenschaften hat in einer langen hellenistischen und spätantiken Tradition politischer Ethik den Herrscher, der Gott nahesteht und ihn durch imitierende Repräsentation den Menschen nahebringt, in eine singuläre Position, in uneinholbare Distanz gegenüber den gewöhnlichen Menschen gebracht. In der jüdisch-christlichen Tradition ist das mit der Nachahmung Gottes zwar anders; das ganze »Gottesvolk«, jeder Gläubige, sucht dem Handeln Gottes (in Güte, Barmherzigkeit und Vollkommenheit) nachzueifern (im NT vgl. Lk 6,36/Mt 5,48). Aber in dem Augenblick, da es »heilig« heißt, somit eine Ähnlichkeit zu Gott bezeichnet ist und in diesem gleichen Sinn also indirekt andere als »unheilig« bezeichnet sind, entsteht eklatante Andersartigkeit zwischen hüben und drüben. Freilich ist die darin ausgesprochene Aussonderung zur Vollkommenheit und auf die Seite Gottes, der der Heilige ist, paränetisch wirkungsvoll. Sie zielt dezidiert auf die Anstrengung der Christen, nicht auf eine Desavouierung der Nichtchristen. Und daß diese Heiligkeit »in der ganzen Lebensart (bzw. Lebensführung)«, also in anspruchsvoller Permanenz verwirklicht werden muß, nimmt ihr jeden unguten Nimbus selbsternannter Vollkommenheit. Man liest, um zu wissen, was hier mit Heiligsein gemeint ist, am günstigsten die Beschreibung des Lebens des »Vorbildes« Christus, das nachzuahmen ist, in 2,23 und ähnliche Texte zu 1,15f hinzu. Die inhaltliche Paränese späterer Passagen paßt sich da genau ein. Der nachzuahmende (dieses Wort wird zwar nicht ausgesprochen) Gott ist derjenige, der die Menschen beruft, der die Christen berufen hat. Dieses wiederholte Verb (1,15; 2,9.21; 3,9; 5,10) trägt die Bedeutung des paulinischen Theologumenons der Berufung, und dies außerpaulinisch nur im 1Petr[261]. Das Leben der Christen wird sakramental wie existentiell und moralisch denkbar eng aus der Initiative Gottes motiviert, wie sie erkennbar und verwirklicht wurde in Jesus Christus. Es entsteht dabei geradezu eine intime Nähe zu Gott (vgl. gleich darauf im V 17: »wenn ihr den euren Vater nennt«), der eine wachsende Distanz zur Welt, wie sie ist, korrespondiert. Diesen Eindruck vermittelt die Diktion der VV 13–16. Die Bibel (nämlich Lev 11,44f; 19,2; 20,7) kennt bereits den Appell, sich durch Heiligkeit Gott ähnlich zu machen. Im Umwelt-Milieu heidenchristlicher Gemeinden lautet dieses Schrift-

---

259 *Kosmala*, Hebräer 62 (vgl. 49–62); vgl. *Schelkle* 45f; *Schrage* 74–76.

260 So richtig *Best* 86.

261 Vgl. *Schlier*, Adhortatio 66.

wort »Seid²⁶² heilig, weil ich heilig bin« wie der Aufruf zum Überlaufen auf die Seite Gottes.

**Zusammenfassung** Es liegt hier also die erste Paränese des Briefes vor, der eine ganze Reihe von anderen als thematischer Hauptbestandteil des Schreibens folgen werden. Erste Konturen dessen werden sichtbar, was Ps-Petrus seiner Generation (so generell ist sein Adressatenkreis im Prinzip zu sehen) sagen wird. Die Umstände, zeitgeschichtlich und eschatologisch, verlangen Wachsamkeit, maßvolles Leben als Kontrast zu bisheriger Maßlosigkeit (vgl. 4,3), und sie sollen die Hoffnung stimulieren. Diese optimistische Rede, daß solches Leben und Hoffen gelingen kann und (wie freilich vorausgesetzt ist) sinnvoll ist, basiert auf den vorher gesagten Grundüberzeugungen des Glaubens. Der Verfasser macht in den hier besprochenen Zeilen die Aufkündigung eines bisherigen Einverständnisses und Mitseins (μὴ συν-) der jetzigen Christen verbindlich: nicht mehr mit der bisherigen Unwissenheit und in den Leidenschaften leben. Andererseits beschreibt er positiv die Alternative: heilig sein wie Gott. Jedenfalls wird ein verändertes Leben (nicht mehr nach den alten Mustern) verlangt. Im weiteren wird in etlichem viel deutlicher, wie der Verfasser dieses Leben mit seinen Veränderungen meint. Hier formuliert er noch in weitgefaßten Klischees der frühkirchlichen Mahn- und Ermunterungsrede.

## 5. 1,17–21 Der Aufwand Gottes verpflichtet

**17 Und wenn ihr denjenigen euren Vater nennt, der ohne Ansehen der Person jeden nach seinem Tun beurteilt, dann verbringt in Furcht euren Aufenthalt in der Fremde, 18 da ihr ja wißt: nicht mit vergänglichen Dingen, »Silber«-ᵃ oder Goldmünze wurdet ihr »losgekauft«ᵃ aus eurem sinnlosen Leben, wie es von den Vorfahren her auf euch gekommen war, 19 sondern mit dem wertvollen Blut Christi, der das fehlerfreie und makellose Lamm war. 20 Er war vor Gründung der Welt dazu ausersehen; am Ende der Zeiten wurde er dann offenbar gemacht euretwegen, 21 die ihr durch ihn an Gott glaubt, der ihn von den Toten erweckt hat und ihm Herrlichkeit verliehen hat, so daß sich euer Glaube und eure Hoffnung auf Gott richten.**

a Jes 52,3 (?).

**Analyse** Nach den konkreteren ethischen Zielangaben in 1,13–16 wird in den VV 17–21, einer einzigen Satzperiode, noch einmal mit anderen Aussagen die Motivation zum Festhalten an den verpflichtenden neuen Verhaltensweisen

---

²⁶² P⁷² bestätigt die Lesart ἔσεσθε statt γίνεσθε: *King*, Notes 56.

*1Petr 1,17*

verstärkt. Es werden (vergleichbar VV 10–12) kosmisch-weltgeschichtliche Dimensionen aufgeboten, um die Unverhältnismäßigkeit eventuellen Versagens oder leichtfertiger Ungläubigkeit zu demonstrieren gegenüber dem hohen Preis, den Gott für das Heil der Menschen einsetzte, und im Hinblick auf das Gericht, das er abhält. Ihren bestimmten Duktus gewinnt die Rede auch hier durch Anspielungen auf den Kontrast zwischen Einst und Jetzt (V 18), d. h. durch das Insistieren auf dem Unterscheidenden zwischen einem Leben mit und ohne Glauben, oder anders: auf der deutlichen, greifbaren Veränderung durch den Glauben. Dadurch kann ein solcher Text nicht als Lehre qualifiziert werden im Unterschied zur Paränese. Diese Art Abgrenzungen sind hier durch die Form kontinuierlich variierender Rede jedenfalls nur von relativem Wert. Wegen der »deutlich poetischen Struktur« des V 20 kann man für die Annahme eines Hymnusfragments plädieren; sie bleibt aber unsicher[263]. Und an der Hypothese, V 20 habe möglicherweise »an den Anfang des 3,18f.22 zitierten Textes gehört«, ist nur das eine sicher, daß »das eine bloße Vermutung bleiben muß«[264]. Ein umfangreicheres Christuslied von V 18 bis V 21 ist wegen der stilistischen Uneinheitlichkeit dieses Textes ganz ausgeschlossen[265].

Es werden weitere, unterschiedliche Beweggründe für das konsequent christliche Leben gebracht, die nicht besonders geordnet oder logisch verknüpft sind. Zuerst die Erinnerung an das neue Nahverhältnis zu Gott: Der Verfasser erwartet sich aus der Erinnerung der Gottesanrede »Vater« deutlich eine motivierende Kraft; der Mensch, der so betet, ist besonders verpflichtet (vgl. Röm 8,15 nach 8,13f). Das Bild von Gott, das die Christen infolge ihres Christusglaubens haben, hat Konsequenzen für das Tun. Allerdings ist ein (immerhin denkbarer) Konnex zwischen dem Gebetsruf »Vater« und bestimmten menschlichen Verhaltensweisen hier nicht hergestellt oder inhaltlich ausgemalt. Die Rede ist äußerst dicht in ihrer Formelhaftigkeit. Sie läßt auch nicht erkennen, ob die Verbindung des »Vaters« mit dem »Richter« Gott nur in der Redefigur liegt oder wirklich die gedankliche Verbindung meint: Da der Richter auch der Vater ist, verschärft sich die Verpflichtung ihm als Richter gegenüber. Mir scheint mit dem Richter eher ein neues, abgetrenntes Motiv einzusetzen: Weil Gott unvoreingenommen, bloß nach dem tatsächlichen Tun, also unbestechlich gerecht urteilt, besteht aller Grund, in der entsprechenden »Furcht« recht zu leben. Das Stichwort »Vater« führt hier jedenfalls nicht etwa zu einem beschwichtigenden Hinweis auf Gottes Barmherzigkeit, sondern es setzt sich die Logik des Bildes vom Gericht durch: Die Gewißheit der Abrechnung treibt zur entsprechenden ernsten Vorsorge, dann bestehen zu können. Das Wort »φό-

Erklärung 17

---

263 *Deichgräber*, Gotteshymnus 169f.
264 *Bultmann*, Liedfragmente (293–295) 295, der auch diesmal viel vorsichtiger formulierte als die meisten seiner Nachfolger.
265 Vgl. *Bultmann*, Liedfragmente; *Deichgräber*, Gotteshymnus 169f; gegen *Windisch*;

*Schneider*; *Boismard*. Auch *Schelkles* (51) Rede von einer durch paränetische Rücksichten erweiterten »christologischen Strophe« (»Christusbekenntnis«) in den VV 19–21 ist nicht haltbar.

βος/Furcht« ist dabei m. E. ebensowenig wie in 2,18; 3,2.15 streng als Furcht vor Gott bzw. Gottesfurcht zu nehmen, sondern kann für die Haltung der situationsgemäßen Ehrerbietigkeit bzw. des nötigen Respekts und freilich auch der Angst vor Strafe stehen. In der urchristlichen Paränese kann gleicherweise mit der Hoffnung auf das Heil wie mit der Furcht vor dem Gericht motiviert werden[266]. Ein Leben »in Furcht«, das hier verlangt wird, ist also vom Ernst geprägt, in der jetzigen Zeit zwischen Bekehrung und endgültigem Heil nach den vom Verfasser immer deutlicher gemachten Kriterien sich bewähren zu wollen[267].

Das Leben selbst wird aus der Optik der Christen wieder (wie 1,1; 2,11) als »Fremde« qualifiziert. Sie sehen sich eben unterschieden, sie sind nicht mehr »angepaßt« (V 14). Ihre Lebenszeit ist Fremdaufenthalt, weil die Umwelt als die bisher maßgebende Sphäre zugunsten neuer Maße von ihnen »abgewählt« wurde: Der »Unwissenheit« und den »Leidenschaften« haben sie zugunsten von »Hoffnung« und »Gnade« abgesagt (VV 13f). Das »Frühere«, das Einst, ist zugleich das andere, Fremde. Die Metapher von Fremde und Rechtlosigkeit will die Isolation der Christen in ihrer Umgebung deuten, indem sie sie als die Signatur einer vorübergehenden Existenz unter fremdartigen Umständen darstellt. Ps-Petrus will den Lesern die konkreten Schwierigkeiten begreiflich machen: Man muß sich nicht wundern, als Fremder schlechte Erfahrungen zu machen. Die Distanz zur Umgebung ist zu groß, um nicht schwierig zu werden.

18 Ein weiteres Motiv wird zu bedenken gegeben, um zum Leben »in Furcht« zu animieren. Gott hat »euch« losgekauft. Das neue Leben seit Bekehrung und Taufe ist also ein Freisein von früherem Zwang. Ganz bewußt und offen wird mit der Alternative argumentiert: Es gibt auch ein anderes Leben (ἀναστροφή) unter anderen Vorzeichen. Der für den 1Petr typische Begriff ἀναστροφή (sonst immer für die Christen: 1,15; 2,12; 3,1.2.16; vgl. 1,17), am besten wiederzugeben durch »way of life«, kann verschieden und alternativ qualifiziert sein. Diesmal wird er als die Sinnlosigkeit abqualifiziert, die das Überkommene ist. Aus ihr sind die Christen befreit. Die »von den Vorfahren«[268] aus Generationen stammende Tradition von Sinnlosigkeit[269] ist jetzt abgerissen und von der Hoffnung abgelöst. Es ist ein wiederholter Topos im 1Petr, daß

---

[266] Vgl. *Balz*, ThWNT IX, 211–213, mit den Hinweisen auf das dahinterliegende jüdische Ideal. *Knopf* 69 disqualifiziert diese Paränese sehr eilig als »Vulgärfrömmigkeit der nachapostolischen Zeit«.
[267] *Dalmer*, Zu 1. Petri 1,18.19: »Furcht ... nicht knechtische Furcht ..., sondern die Besorgnis, kein Unrecht zu tun ...« *J. B. Bauer* 20: »Statt ›Furcht‹ ... vielleicht ›Ernst‹.« *Beare* 102: »the sense of awe«.
[268] *Leaney*, I Peter and the Passover 246, glaubt, daß Ps-Petrus hier die Haggada zu Jos 24,2–4 (aus ntl. Zeit) transformiert, die so einsetzt: »In the beginning, our Fathers were worshippers of strange gods: but now the All-Present has brought us to his service, as it is said:« (folgt Jos 24,2–4). Er irrt aber mit der Annahme, 1Petr kontrastiere die christliche Gottesverehrung mit der jüdischen (statt der heidnischen).
[269] Ob damit auf Kult oder Moral der heidnischen Tradition angespielt ist, läßt sich (gegen die meisten Kommentare) nicht wissen. *Schrage* 77: »alttestamentlichem Sprachgebrauch gemäß zugleich das Abgöttische und Hybride des Verhaltens«.

durch Gottes Tun und auch durch das veränderte Leben der Christen alte, ausweglose Zusammenhänge in Geschichte und Leben der Menschen unterbrochen oder zerrissen werden. Das äußert sich als chronologisches Nacheinander in Einst und Jetzt oder als Nebeneinander von Hoffnung und Leere oder Sinnlosigkeit. Die Alternative, also das Nichtglauben und Nichthoffen, ist dabei regelmäßig scharf kritisiert, um den Wechsel zum Glauben wirksam zu stilisieren (vgl. 1,14; 2,9f; 4,3). Der Verfasser des 1Petr ist dabei der erste Christ, soweit wir wissen, der das in der nichtchristlichen Überlieferung unbedingt positive und ehrwürdige Adjektiv πατροπαράδοτος (»von den Vätern überliefert«) nun umgekehrt zur negativen Apostrophierung des im schlechten Sinn »alten« Lebensstils wählte, von dem sich die Christen befreit wußten[270]. Hier ist das Überlieferte dann das Überholte (sc. das Heidentum[271]). Zusammen mit dem Verdikt des Irrtums genügt diese kurze Charakteristik, um das überkommene Leben definitiv abzustoßen.

Das Bild vom Loskauf als Metapher für Befreiung stammt nicht aus literarischer oder anderer direkter Abhängigkeit von Mk 10,45, sondern, wenn man sich auf die Anspielung im Text auf Jes 52,3 verlassen darf, aus atl. Vorstellungen[272]. Es hat nach dem Vorausgehenden eindeutig Bezug auf die Herkunft aus heidnischer (nicht jüdischer) Vergangenheit. Dazu scheint in den VV 18f allerdings mehrerlei Bildsprache miteinander vermischt zu sein[273], möglicherweise nämlich die der sakralen Sklavenbefreiung in der hellenistischen Umwelt (Loskauf)[274] und die der (in sich wieder mehrere Motivschichten verbindenden) atl. Opfervorstellung (Blut, Lamm)[275]. Oder alle Bilder dieser Verse sind unterschiedlicher biblisch-jüdischer Herkunft, denn natürlich war auch Befreiung seit Exodus und Exil ein Thema jüdischer Heilserwartung und konnte leicht in der christlichen Heilssprache eingesetzt werden. V 18 enthält dazu die fast triviale negative Angabe, daß (sc. von Gott) nicht mit wertschwundanfälliger Münze bezahlt wurde. Aber diese Negation ist nur die eine Seite im Kontrast bzw. in der Steigerung durch V 19. Der Leser soll durch die Antithese begreifen, welchen Preis Gott aufgewendet hat, um ihn freizukaufen. Darin wird auch auf die Andersartigkeit von Versklavung und Befreiung, um die es hier geht, aufmerksam gemacht: Nicht Geld, sondern Blut (sc. Leben) mußte eingesetzt werden. Unfreiheit und Befreiung waren folglich anderer als vorder-

---

[270] Gebrauch und Nimbus des seltenen Wortes ist von *Unnik*, Critique, mit diesem Ergebnis untersucht worden. – Interessant zu 1Petr 1,18 ist *Theophilos*, (Ad) Autol 2,34, wo das Adjektiv in einem Satz zusammen mit den Wörtern μάταιος und πλάνη vorkommt (ed. D. R. Bueno, BAC 116, 1954, 828).
[271] Anders *Kamlah*, Form 179: eher jüdische Vergangenheit.
[272] Ausführlicher *Manke*, Leiden 80–83, der allerdings gleich Exodustradition assoziiert. Vgl. *Best* 89f.

[273] *Dalmer*, Zu 1. Petri 1,18.19, verkennt bei seiner pedantischen Suche nach einer strikten Logik der Bilder und Begriffe in den VV 18f das Genre homiletischer Sprache.
[274] Diese These seit A. *Deissmann*, Licht vom Osten, Tübingen ⁴1923, 274, zuletzt *Schlier*, Adhortatio 61. Wenn sie richtig ist, sind die Übereinstimmungen mit Jes 52,3 reiner Zufall. *Kelly* 73 teilt auf: Die Leser mögen Sklavenloskauf assoziiert haben, der Verfasser meinte aber atl. Kategorien.
[275] Darüber *Unnik*, Verlossing 29.

19 gründiger Art. Der tatsächlich geleistete Preis ist das »wertvolle²⁷⁶ Blut Christi«; die Rede wechselt also über in die Vorstellungswelt von Opfer und appliziert die Metapher (ὡς) vom fehlerfreien Opfertier auf Christus. Der Verfasser begnügt sich mit den knappen Worten, mit denen er offenbar verstanden wurde. Seinen Gemeinden ist es konventionell geläufig, daß geopfertes Blut spezielle Kraft hat²⁷⁷, und sie haben bereits gelernt, Jesu Bedeutung für die Menschen über das Theologumenon von Opfer und Stellvertretung zu verstehen, denn das liegt ja hier zugrunde. Jesu Tod ist erlösendes Blutvergießen gewesen. Im übrigen ist der Brief für seine Zwecke stärker am Leiden Christi als an seinem Tod theologisch interessiert. Fragen und Reflexionen, warum Opfer notwendig war, wer ein Lösegeld verlangte, wer in Unfreiheit hielt etc., sind hier offenbar durch die elementare Aussage selbst erübrigt.

Man denkt bei der christologischen Metapher »Lamm« mit Recht an dessen atl. Bedeutung und auch schon Symbolik als Opfertier²⁷⁸. Mir scheint, daß über den bloßen Hinweis hinaus keine konkretere oder speziellere Korrespondenz zu atl.-jüdischen Kultbegriffen oder -praktiken ausfindig gemacht werden kann²⁷⁹. Aus Interesse an der These, der 1Petr sei als Bestandteil der Osterliturgie entstanden, oder generell aufgrund angenommener liturgischer Tradition einer christologischen Exodus-Typologie, sah man im V 19 Christus als Passalamm vorgestellt²⁸⁰. Aus dem anderen Interesse, das doppelte Bild von Loskauf und Opfer sowie dessen Bezug zur Bekehrung der Angesprochenen verständlich zu machen, hat man nicht das atl. Opfer, sondern das sog. Proselytenopfer frühjüdischer Quellen für den aufschlußreichen Bezugspunkt gehalten: Es war ein Opfer, das mit dem Übergang in das neue (jüdische) Leben verbunden war und den (zum Judentum) übertretenden Heiden befreite. Dadurch würde demnach das vorliegende Bild verständlich: Wie die Heiden durch das Proselytenopfer zum Bundesvolk der Juden kamen, so die Heidenchristen durch das Opfer Christi in den neuen Bund²⁸¹. Bei der bloßen Wiedergabe dieser Erklärung fällt bereits deren begrifflicher und inhaltlicher Überhang ge-

---

²⁷⁶ Nach *Unnik*, Verlossing 57–60, ist in rabbinischen Texten, in denen von Loskauf und einem (zu) hohen Preis die Rede ist, das Blut darum wertvoll, weil es imstande ist, vor der Hölle zu retten. Das ist vielleicht eine Illustration, aber keine Erklärung für V 19a (schon chronologisch nicht).
²⁷⁷ Darüber *Beare* 104f.
²⁷⁸ *Colson*, Ministre, erinnert an Lev 22,17–25 u. a.; Jes 53.
²⁷⁹ *Knopf* 73–75 hält die Gebräuchlichkeit der Bilder genauso offen.
²⁸⁰ Seit *Cross*, I.Peter, z. B. *Déaut*, Targum 103f; *Manke*, Leiden 84–87. *Thornton*, I Peter 18f, hat diese Meinung sehr unwahrscheinlich gemacht, indem er den Ausdruck »fehlerloses Lamm« als häufige Phrase der LXX ohne Bezug zum Passa nachwies. – Mit der Passa-Typologie verband sich in V 19f nach *Déaut*, Targum 104–106, eine Typologie des Isaak-Opfers: Χριστός ist Apposition zu ἀμνός; die beiden Partizipien aus V 20 gehören dann zu ἀμνός (das Lamm, das vor Gründung der Welt ausersehen war etc.), und man ist bei der in den Targumim zu Gen 22,8 (»Gott wird sich das Opferlamm ausersehen«) entwickelten Idee einer populären Tradition, wonach Gott sich seit Ewigkeit das »Lamm« »bereitet« hat, welches das Menschenopfer auf dem Morija ersetzen mußte. Das wäre im V 20 christologisch appliziert. – Solche Herleitungen sind einfallsreich, aber unbewiesen.
²⁸¹ So *Unnik*, Verlossing 51–67. Er sucht diesen Nachweis durch weitere Spuren von Proselytismus im 1Petr zu stützen (66–87).

genüber dem auszulegenden Text auf. Das sind Assoziationen ohne soliden Anhalt in dem prägnanten Satz, der erklärt werden soll und letztlich auf derlei minutiöse religionsgeschichtliche Ableitungen auch verzichten kann, ohne rätselhaft zu werden.

Innerhalb der weiterlaufenden Satzperiode (Anschluß durch Partizipialkonstruktion) wird das Thema Erlösung verlassen und christologisch mit der ewigen Bestimmung und der endzeitlichen Epiphanie Christi fortgefahren. Zunächst bleiben das rein darstellende christologische Sätze: Seine Sendung (durch Gott) ist älter als diese Welt; Präexistenz Christi ist da nicht ausdrücklich gemacht, aber eher ein- als ausgeschlossen[282]. Jetzt geht es auf das Ende der Welt (der Zeiten) zu, und Gott hat ihn offenbar gemacht. Diese wenigen Worte reißen universale und weltgeschichtliche Dimensionen auf, die sie ganz direkt in das Schicksal der Angeredeten einmünden lassen: Das dramatische, präkosmische und endzeitliche Geschehen ist von Gott »δι' ὑμᾶς/euretwegen« gewollt[283]. Das erinnert an die Tendenz der VV 10–12. Die VV 18–20 verfahren vergleichbar, wenn sie die umfassende, welt- und geschichtsbestimmende Vorsehung Gottes sowie seinen hohen Preis, zu dem er bereit war, beschreiben, um das alles für die Christen, also für diese kleine Gemeinde in der Zerstreuung, geschehen sein zu lassen. Um ihretwillen geschahen diese »Anstrengungen« oder »Aufwendungen« Gottes. Und dieser Gedanke steht hier (wie für die VV 10–12 in der Fortsetzung durch V 13) in paränetischen Diensten: Gottes Zuwendung verpflichtet die Geretteten (vgl. VV 22f).

In der Analyse war die Möglichkeit erwähnt, daß im V 20 hymnisch geformte Sprache vorliegt. Die rhythmische Gliederung durch die beiden Partizipien und der Parallelismus beider Hälften spricht tatsächlich dafür, fragmentarisches Zitat eines poetischen Textes zu vermuten. Seine Aussage fügt sich ja auch nicht optimal an VV 18f an, weil sie die ersten zwei »Stationen« auf dem Weg Christi markiert und die Rede vom Blut (Tod) Christi dann allenfalls nachfolgen könnte. Durch den formal unbekümmerten Rückgriff des Verfassers auf diverse Theologumena kommt eine »korrekte« Reihenfolge nicht zustande. Vielleicht ist es auch Ps-Petrus, der diesen Text durch Einfügung in seinen brieflichen Zusammenhang erstmals christologisch wendete. Denn das darf als sicher gelten, daß es sich in der jetzigen Version um die Christologisierung eines Topos mit sonst anderem Subjekt handelt, nämlich des sog. Revelationsschemas mit dem Subjekt τὸ μυστήριον (»Geheimnis«) o. ä. In dieser Form ist das Schema (vorzeitliche Festsetzung, endzeitliche Offenbarung) mehrfach bekannt (Röm 16,25f; 1Kor 2,7.10; Eph 3,5.9f; Kol 1,26; 2Tim 1,9f), wobei 1Kor

---

[282] *(Windisch-)Preisker* 153: »Der Hauptton liegt aber nicht auf dem Präexistenzgedanken, sondern auf der Providenz und Passion.« Dagegen kann z. B. *Wengst*, Formeln 164, es aus der Geschichte des Topos (s. u.) von Vorherbestimmung in der Urzeit und Offenbarwerden in der Endzeit wahrscheinlich machen, daß Christus hier als präexistentes himmlisches Wesen gedacht ist. Vgl. *Schelkle* 50; *Reicke* 86.

[283] Das δι' ὑμᾶς vertritt auf jeden Fall das besondere Interesse des Verfassers, ob nun als Anpassung aus einem ursprünglichen ἡμᾶς der rezipierten Vorlage oder als direkter redaktioneller Zusatz.

2,7 der Version von 1Petr 1,20 durch die Erwähnung von Vorherbestimmung am nächsten kommt. Der 1Petr macht also diese Aussage von Christus (statt sonst von μυστήριον, σοφία, χάρις)[284]. Bei solchen Entstehungsbedingungen einer auch nur kleinen Texteinheit wird die Suche nach einer exakten Folgerichtigkeit aller Details unangebracht. Der große Duktus und die leitenden Gedanken sind trotzdem hinreichend klar.

21 Diese universal von der Präexistenz bis zur Jetztzeit ausgreifende Satzperiode wendet sich abschließend ganz den Adressaten unmittelbar zu, indem sie in den Zusammenhang der benannten »Vorgänge« gestellt werden. Das alles geschah ihretwegen (V 20 Ende), und zwar so, daß ihr Glaube an Gott durch Christus kam. So ist es präzis der Glaube an den Gott, der Jesus nicht unter den Toten ließ, sondern ihn verherrlichte; und genau darin liegt der Grund für Glaube und Hoffnung zu Gott. V 21b wird häufig so übersetzt: »so daß euer Glaube auch (oder: zugleich) Hoffnung auf Gott sei«. Sachlich gibt diese Übersetzung die Auffassung des 1Petr exakt wieder; ich halte sie aber für unzutreffend, weil diese Art subtiler Reflexion, die sie verrät, nicht die Art des Ps-Petrus ist. – Texte in dieser Diktion erklären fast nichts, sondern beteuern und üben in Kurzformeln eine Überzeugung aufgrund von »Wissen« ein, das sich als Hoffnung bewähren soll. Die Folgerichtigkeit der Aussage-Sequenzen ist dabei oft nur mit Hilfe dessen zu erschließen, was wir aus anderen frühchristlichen Theologien, besonders der paulinischen Christologie, Soteriologie und Kreuzestheologie, wissen.

**Zusammenfassung**

Aus verschiedenen Möglichkeiten frühkirchlichen Betens und Glaubens sind hier eine Reihe von Motivationen gesammelt, unter deren Eindruck – so wird erwartet – die Leser sich konsequent zu dem Leben entschließen können, das der Brief ihnen als christliches Muster vorzeichnet. Von der Gotteserfahrung in Jesus her wird argumentiert: vom Gott, der sich als Vater zu erkennen gab, der als Richter die Zukunft des Menschen ist; vom Gott, der den »Aufwand« der »Heilsgeschichte« betrieb, um die Menschen (die Christen) zu befreien. Was Gott »tat«, wird in das biblische Geschichtsbild vom Verlauf der Weltzeit eingezeichnet, wobei Anfang und Ende hier im Stil des Revelationsschemas apokalyptisch ausgestaltet sind: Gott tat all das in der Sprache biblisch-kirchlicher Überlieferungen Gesagte an Christus. Er begann damit »vor Gründung der Welt« und vollendete es durch Totenerweckung und Erhöhung Christi jetzt in dieser Zeit, die damit letzte Zeit ist. Das Christusgeschehen als Tat Gottes strukturiert und qualifiziert die gesamte Weltzeit und macht aus der Jetztzeit Letztzeit. Der ganze Aufwand bringt erst jetzt seine Frucht. Indem das alles geschehen ist, ist die Situation der Jetzigen, sofern sie sich in Glaube und Hoffnung dafür öffnen, schlechthin zum Besseren verändert. Ihr Leben verändert sich entsprechend, es bleibt nicht das bisherige. Aus dem Christusgeschehen

---

[284] Dies sind Beobachtungen von *Wengst*, Formeln 164.

*1Petr 1,22*

ergibt sich eine Logik, die auch für das Leben der Christen gilt: Nach Leiden und Tod kommt Herrlichkeit. Sie, die auf dem Höhepunkt des »Ablaufs« leben, haben allen Grund zum Durchhalten. Von Schwierigkeiten ist in solchen Sätzen selbst nicht die Rede, aber sie sind darin aufgehoben. Das gleiche Thema von der Hoffnung, die im »Leiden« möglich ist und das Leben verändert, kehrt im 1Petr in dauernder Variation wieder. Leben vor oder ohne Hoffnung, deren Ursache Christus ist (das »Blut« des »Lammes«), ist »leer« oder »sinnlos«.

## 6. 1,22–25 Die Wahrheit und das neue Leben bewähren sich als Liebe

**22 Da ihr euch im Gehorsam gegen die Wahrheit zu ungeheuchelter Bruderliebe geheiligt habt, liebt einander von Herzen und dauerhaft. 23 Ihr seid doch wiedergezeugt nicht aus vergänglichem Samen, sondern aus unvergänglichem, durch Gottes lebendiges und bleibendes Wort. 24 Denn:**
  »die Menschen sind« wie »Gras,
  und all ihre Herrlichkeit wie die Blume im Gras;
  das Gras ist verdorrt
  und die Blume abgefallen;
  **25** aber das »Wort« des Herrn »bleibt in Ewigkeit«.[a]
**Das aber ist das Wort, das euch als Evangelium gebracht worden ist.**

a Jes 40,6–8.

Die Zu- und Einordnung der beiden vorausgegangenen Abschnitte bestätigt sich hier: Die »Wahrheit« wird in diesem Brief entfaltet, weil und sofern sie das Leben leitet. Darum ist hier unter dem Thema Liebe noch einmal von der Verpflichtung im Handeln die Rede, die aus dem geschenkten Heil kommt und ihr Gewicht durch die Herkunft hat: aus dem Wort Gottes. Ein formaler Anschluß oder Übergang zwischen V 21 und V 22 ist nicht gebildet, weil sich der Zusammenhang von selbst versteht. Der Verfasser verbindet in seinem diskursiven Stil permanent die Verhaltensmotivationen des Kerygmas mit den Verhaltensanweisungen selbst. Dazu braucht es nicht bei jedem Wechsel eine erklärende Konjunktion[285]. **Analyse**

Die Pointe der Mahnung ist in diesem Satz die Liebe, die bisher nur auf Jesus Christus bezogen war (V 8), aber noch wiederholt und nachdrücklich als gegenseitige christliche Liebe zur Forderung erhoben wird (2,17; 4,8; 5,14). Es fällt auf, daß hier und öfter im NT die elementaren christlichen Verhaltenswei- **Erklärung 22**

---

[285] An dieser Stelle ist die Dispositions-Analyse von *Danker,* I Peter 93–102, anzuzeigen. Ihr Ergebnis, wonach eine Sinneinheit (Trost-Perikope) von 1,24 bis 2,17 reicht, spielt in der folgenden Auslegung keine Rolle, weil ich ihr weder unter literarischen Gesichtspunkten noch in den inhaltlichen Akzenten zustimmen kann.

sen wie die Liebe vor ihrer Kompromittierung durch Heuchelei in Schutz genommen werden (vgl. Röm 12,9; 2Kor 6,6; 1Tim 1,5; 2Tim 1,5; Jak 3,17). Das Verhalten allein garantiert nicht die Christlichkeit; es wird erst durch die Aufrichtigkeit echt. Die frühe Kirche muß es schon oft genug mit lauen oder raffinierten Simulanten zu tun gehabt haben.

Der »Gehorsam« als bezeichnende Deutung des Glaubens kam schon V 2 und 14 vor[286]. Daß sein Gegenüber kurz »die Wahrheit«[287] heißt, ist hier singulär im 1Petr (vgl. Gal 5,7). Das Wort ist als Kürzel für die vielen Umschreibungen des geschenkten Heils zu verstehen, die der Brief bietet[288]. Die Ethik des 1Petr ist nicht an einer spiritualisierenden Verinnerlichung interessiert, sondern hebt dauernd auf die Sichtbarkeit und soziale Wirksamkeit des Handelns ab. Darum kann auch die Wendung τὰς ψυχὰς ὑμῶν ἡγνικότες (»da ihr eure Seelen = euch ... geheiligt habt«) auf keinen Fall als schlechte Innerlichkeit verstanden werden, zumal die Konkretion der verlangten (ethisch verstandenen: V 15) Selbstheiligung (oder: der Heiligung durch die Taufe: V 2) Liebe ist. Man kann in der Übersetzung die »Seelen« also (wie schon V 9) nur mit dem Personalpronomen (»euch«) wiedergeben. Das Partizip ἡγνικότες hat dabei möglicherweise wieder den typischen imperativischen Sinn des 1Petr, doch ist wegen des Perfekts die Übersetzung in einen konditionalen Nebensatz vorzuziehen. Für V 22b ist nicht eigentlich eine Interpretation, sondern eher ein Hinweis auf die Dichte der Sprachlichkeit angebracht, die diese Paränese auszeichnet. Aufrichtige (»herzliche«) und dauerhafte Liebe zu verlangen ist sprachlich eine schlichte Formel, im Anspruch aber sehr wörtlich gemeint[289]. Dabei ist im Zusammenhang der gesamten Adressatensituation des 1Petr zu beachten, daß der Verfasser nicht die einzelnen Christen an hohe Ideale zu binden sucht, die sie im Fall dieser Liebesforderung u. U. auch überfordern, sondern daß er durch die Einübung christlichen Lebens den Zusammenhalt der Gemeinden angesichts des verstärkten Drucks von außen stützen will. Vor diesem aktuellen Hintergrund ist es zu sehen, daß er die Gemeinden wie hier mit Vorliebe durch Brüderlichkeit charakterisiert (2,17; 3,8; 5,9.12)[290]. In dauerhaftem Zusammenhalt der Gemeinde ist auch der einzelne gehalten. Man muß den 1Petr auch in den Details als Bestärkung in der Verfolgtensituation lesen, und viele altkirchliche Schriften der Märtyrerzeit dokumentieren die primäre Rolle, die für das Durchhaltevermögen der Christen die kleine, feste Gruppe der Gemeinde, nämlich ihre »dauerhafte gegenseitige Liebe von Herzen« spiel-

---

[286] *Kelly* 78 plädiert wegen der Bezüge zwischen V 22 einerseits und den VV 2.14.15 andererseits mit Recht für die literarische Einheitlichkeit der Briefteile 1,1f.3–21 und 22–25.

[287] Zur Lesart ohne διὰ πνεύματος s. *King*, Notes 56.

[288] Es gibt im NT dafür noch keinen konventionell gewordenen Sammelbegriff wie etwa das Wort »Offenbarung« im späteren und heutigen Verständnis.

[289] *Beare* 110f übertreibt den inchoativen Charakter des Aorists ἀγαπήσατε, um den Imperativ als Aufforderung an Neugetaufte (d. h. an Anfänger in der Liebe) zu deuten (dies im Zusammenhang der These von 1Petr als Taufhomilie).

[290] Zum atl., jüdischen und ntl. Kontext: *Schelkle* 52f; ders., RAC 2 (1954) 631–640; *Kosmala*, Hebräer 44–50.

te. Es gibt keine Anzeichen dafür, daß die Betonung der Brüderlichkeit im
1Petr durch Unfriede oder Spaltung in den Gemeinden veranlaßt wäre.
Sofort wird die anspruchsvolle Forderung (V 22) begründet und motiviert, 23
diesmal praktisch mit einer Wiederholung aus V 3 und auch V 18. Die Christen sind von Gott neu gezeugt oder geschaffen worden, und zwar auf der Basis eines bleibenden Geschehens. Wie im V 18 der »Kaufpreis« des Loskaufs, so ist hier der »Same« der Zeugung[291] unvergänglich. Und wie dort, so ist der Hinweis »nicht aus vergänglichem« auch hier didaktisch zu sehen: Das von Gott in den Christen neu gezeugte Leben vergeht nicht. Diese Metaphern schärfen ein, daß man hinter das Geschehen der Bekehrung, der Erlösung schlechterdings nicht zurück kann, denn aus unvergänglichem Samen ist bleibendes Leben geworden. Aber diese »Unmöglichkeit« muß eben paränetisch formuliert werden: Man soll bedenken, was geschehen ist, erlösungsgeschichtlich und individualgeschichtlich, um dann nicht mehr anders zu können, als die Verbindlichkeit (der Liebe) zu akzeptieren, die freilich nicht bedrückend, sondern befreiend gemeint ist. Der 1Petr verlangt nicht, daß seine Lesergemeinden ihm blind folgen; vielmehr gibt er ihnen immer neue Einblicke in die durch Glaube und Bekehrung eröffnete Möglichkeit, anders als bisher zu leben. D. h., daß er auf Einsicht in die Verbindlichkeit und in den erlösenden Charakter dessen setzt, was er (nicht in eigenem Namen) von ihnen verlangt.

Der Sinn von V 23b ist (zusammen mit V 25b) eindeutig: Die »neue Zeugung aus unvergänglichem Samen«, also der verändernde Einschnitt im Leben eines jeden Christen, geschah dadurch, daß Prediger des Evangeliums (V 12) in ihre Landstriche gekommen waren und sie mit dem »Wort Gottes« konfrontierten. »Durch das Wort« sind sie »wiedergezeugt« (wobei das Wort nicht mit dem Samen identifiziert ist). Weniger eindeutig ist die grammatikalische Zuordnung der einzelnen Wörter, genauer die Zugehörigkeit der beiden Partizipien ζῶντος und μένοντος (zu λόγου oder zu θεοῦ?). Sicher ist nur, daß sie aufgrund des καί beide zum selben Nomen gehören. Bedeutung und Kontext der Phrase lassen aber am ehesten die Beziehung auf λόγου (Wort) zu. Das bestimmende Substantiv ist λόγου, durch διά instrumental als »Mittel« oder Ursache der Wiederzeugung gekennzeichnet. Dagegen gehört θεοῦ bereits selbst zur näheren Bestimmung von λόγου. Das spricht dafür, die Partizipien auf das in der Satzkonstruktion dominierende Substantiv zu beziehen[292]. Und in den VV 24.25a soll ja das Jes-Zitat 40,6–8 genau das beweisen, daß Gottes Wort bleibend ist, so daß es um dieses Attribut für das Wort (nicht für Gott) auch im

---

291 Der Term σπορά bleibt ohne weiteres im Bild von Zeugung und wechselt nicht zum (pflanzlichen) Säen (oder Saat), wie bisweilen behauptet wurde, so daß für den Samen der Zeugung σπέρμα gefordert wäre.

292 Ich schließe mich hier *La Verdiere*, Ambiguity, an, der auch einen kurzen Abriß der Auslegungsgeschichte zu diesem Problem gibt.

*Selwyn* 151 und *Kelly* 80 machen für dieselbe Auffassung die Stellung von θεοῦ geltend. Anderer Meinung (Bezug der Partizipien auf θεοῦ) sind mit der Vulgata *Hort* 92 (wegen Dan 6,27); *Beare* 112; *Bishop*, The Word (dieser allerdings aufgrund syrischer Übersetzungen und islamischer Theologumena).

V 23 geht. Schließlich mag auch die Parallelität Beweiswert besitzen, daß V 23a der Same und in V 22b dann folglich das Wort durch Unvergänglichkeit ausgezeichnet ist.

24 Hier schließt eine Begründung für die Rede vom »bleibenden Wort Gottes« (V 23) an, von der man strenggenommen sagen kann, daß sie etwas überflüssig anmutet, weil dieser Topos im Zusammenhang so wesentlich nicht ist und er auch von niemandem bestritten wurde. Es geht im Kontext an sich um die Wiedergeburt als solche, die auf den »Gehorsam« hin und im Ritus der Taufe geschah, durch das »Wort« veranlaßt. Die Logik homiletischer Rede kann aber vom Thema abweichen. Die Gelegenheit, ein Bibelwort von so allgemeinem Sentenzenwert wie des hier zitierten nachzusprechen, wird wahrgenommen, um das Gesagte im Gewicht zu heben und in die Aura der unbedingten Verläßlichkeit zu bringen. Ps-Petrus bietet öfter mehrzeilige Bibelzitate. Der Passus Jes 40,6–8 hat in dieser Zitation, die mit ihrer Auslassung einer Zeile des hebräischen Textes der LXX folgt, als Pointe die Beteuerung der Dauer, d. h. der Verläßlichkeit des Wortes Gottes. Im Jes-Kontext ist die Zusicherung und Verheißung der Rückkehr Israels aus dem Exil gemeint. »Ohne diesen historischen Zusammenhang ins Auge zu fassen, wird das Wort nachgebraucht«[293]. Die Kurzlebigkeit des Menschen interessiert den Verfasser im ganzen Brief sonst nicht und an dieser Stelle also nur im rhetorischen Kontrast zur Dauerhaftigkeit des Wortes, aus dem der neue Status der Christen, ihre Möglichkeit und Entscheidung für ein verändertes Leben, stammen. Wie der »unvergängliche Same«, so versichert auch der Schrift-»Beweis« über die bleibende Lebendigkeit des Gotteswortes die Leser davon, daß sie auf dem zuverlässigen und

25 richtigen Weg sind mit ihrer Glaubensentscheidung. Das Bibelwort wirkt mit seiner Kontrastierung (der Mensch ist von sich aus hinfällig und aussichtslos, aber aus Gottes immer wirksamem Wort wird ihm Leben) auf die Leser versichernd und beruhigend. Wer glaubt, hat Halt gewonnen, der nicht versagt. Man muß auch das auf die gegebene Situation der Leser beziehen. Ihre Schwierigkeiten verunsichern und irritieren sie und lassen sicher auch Zweifel aufkommen (wovon der 1Petr allerdings nie spricht). Der Verfasser zeigt die Verläßlichkeit des Geschehens, auf das sich die Leser verlassen haben: die Vermittlung des Evangeliums. Das Bibelwort: »das Wort (des Herrn) bleibt in Ewigkeit« wird ganz aktuell auf das Leben der einzelnen, die jetzt die Adressatengemeinden sind, appliziert. Bei Jesaja ist schon die Rede von der Predigt des Evangeliums, die sie in ihren Tagen erlebt und angenommen haben. Das Prophetenwort verbürgt ihr jetziges christliches Glauben als tröstlichen, weil zuverlässigen Halt.

An der Form des Jesaja-Zitats fällt in der letzten Zeile (V 25a) auf, daß die dem hebräischen Urtext entsprechende LXX-Version ῥῆμα τοῦ θεοῦ ἡμῶν (»Wort unseres Gottes«) abgeändert ist in ῥῆμα κυρίου (»Wort des Herrn«), und das, obwohl der LXX-Text genau zur Formulierung λόγου . . . θεοῦ (»Wort . . .

---

[293] J. B. Bauer 23.

Gottes«) aus V 23 gepaßt hätte. Eine theologische Absicht scheint mir darin nicht erkennbar; der Kontext des Zitats wechselt bald ebenfalls zu κύριος (Jes 40,10) und erklärt im Gedächtniszitat die Abweichung ausreichend[294]. Man kann auch nicht eine christliche Identifikation mit Israels Hoffnung daraus ablesen[295], denn das sieht der 1Petr anders: Die Hoffnungen Israels waren ausschließlich Voraussagen auf die christliche Ära als Heilszeit (vgl. VV 10–12 mit der Wendung: »nicht für sich, sondern für euch«). Es ist weiter wegen V 23b unwahrscheinlich, daß κυρίου eine Christologisierung darstellt[296].

Der kleine Abschnitt brachte die beiden neuen Stichworte »Wahrheit« und »Liebe« und spricht von der Lebendigkeit und Unvergänglichkeit des Wortes Gottes. Wir haben darin dieselbe Aussagefolge wie bisher: Anweisungen (»liebt einander«) und Begründungen bzw. Motivation (»ihr seid doch . . .«) wechseln miteinander in eindrucksvollen Formulierungen, die nicht leere Rhetorik sind. In diesem Text ist auf die Verpflichtung zur gegenseitigen Liebe abgehoben, also auf die Verantwortung aller für den Zusammenhalt als Gemeinde. Die Gemeinde ist (soll sein) ein Lebensraum ungeheuchelter Liebe, und dadurch ist sie Rückhalt in der aufreibenden Situation, von der der Brief noch deutlicher reden wird. Die gemeinsame Erfahrung des Heils wird als Motivation zum Zusammenhalt immer weiter und immer wieder beschworen. So wird Grund zur Hoffnung erkennbar. Und einen anderen Trost kennt der Brief: Gottes Wort, auf das hin das beschwerliche und gefährliche Leben im Glauben von den Gemeinden gelebt wird, ist »lebendig und bleibend«; d. h. im Briefzusammenhang zumindest auch dieses: Die Aussage des Evangeliums, daß das Leiden in Herrlichkeit einmündet, ist zuverlässig. Daraufhin kann die mühsame Existenz, die später noch beschrieben wird, ausgehalten werden, ohne Angst vor Vernichtung oder Illusion.

Zusammenfassung

## 7. 2,1–3 Die Sorge um das neue Leben

**1 So legt alle Schlechtigkeit ab, jede List, Heuchelei, allen Neid und jede Verleumdung; 2 verlangt wie neugeborene Kinder nach geistiger, reiner Milch, damit ihr dadurch zunehmt zum Heil, 3 wenn ihr je »geschmeckt habt, daß der Herr gut ist.«[a]**

a Ps 34,9.

---

[294] Darin ist *Scharlemann*, Why the Kuriou 353, zuzustimmen. Seine zweite, eigentliche Erklärung der veränderten Textform ist aber eine der typisch großzügig verfahrenden Operationen am 1Petr, die ihn auf den Taufzusammenhang festlegen wollen: »Wort unseres Gottes« sei zu verstehen als »thing about the Lord«, womit die Taufe selbst gemeint sei, so daß V 25a auf den Augenblick anspielt, da die Leser als Neugetaufte ihr Kyrios-Bekenntnis ablegten. Die exegetische Durchführung dieser These am Text ist reine Allegorese (354–356).
[295] So *Danker*, I Peter 94 Anm. 6.
[296] So *Schelkle* 54; *Best* 96.

Analyse  Dieser kurze Text setzt die Thematik von 1,13–25 fort, nämlich die Einforderung existentieller Konsequenzen aus dem Glauben an das geschehene Heil. Die weiteren Forderungen sind sprachlich (durch den relativen Anschluß V 4) sehr eng an den vorliegenden Text angebunden, so daß die Abtrennung nur vom Inhalt her zu rechtfertigen ist. Darin zeigt sich einmal mehr die besondere Eigentümlichkeit des Stils in diesem Schreiben, die man nicht aus Mangel an Disposition erklären kann, weil der Verfasser sein Thema sehr genau im Auge behält, die aber eben den diskursiven Charakter seiner um Einsicht und Bekehrung werbenden Argumentation spiegelt.

Erklärung  Diesmal wird durch das οὖν (»also«) die folgende Weisung bzw. die beschrie-
1  bene Lebensform wieder ausdrücklich als Konsequenz aus dem vorher beschriebenen Heil (1,23) verstanden. Die Rede vom geschehenen Heil bleibt nicht abstrakt, sondern verweist auf die ergangene Predigt (1,25b) und auf die entstandene Gemeinde (V 10) als die greifbar gewordene Wirkung; sie fordert aber gleichzeitig immer, daß sich die Wirkung auch im Verhalten der Christen erweist. Dieser Anspruch wird meistens positiv gestellt (wie zuletzt 1,22: »liebt einander«). Hier ist er negativ formuliert: »legt ab . . .« Es wird in Form eines sog. Lasterkatalogs[297], der zwar nicht so ausführlich ist wie andere ntl. Beispiele dieses Genres, eine Reihe von Verhaltensweisen aufgezählt, die nicht vereinbar sind mit dem Stand des neuen, veränderten Lebens im Glauben. Es sind im Stil konventioneller Aufzählung[298] recht triviale, aber eben verbreitete, alltägliche menschliche Fehler aufgezählt, die »abgelegt« werden müssen, wenn der Lebensstil dem Glauben entsprechen soll. Das sind solche »früheren Leidenschaften«, denen man nach 1,14 nicht mehr angepaßt sein darf, wie es auch in 4,3 noch einmal ausdrücklich heißen wird. Sie sind nicht einzeln und erschöpfend gemeint, sondern stehen summarisch für das Böse. Die Aufzählung der negativen Verhaltensweisen ist gut geeignet, die Kehre und greifbare Veränderung im Leben der Christen zu markieren[299]. Der 1Petr rechnet damit, daß das veränderte Verhalten den Ungläubigen auffällt, weil es unterscheidend ist. Alle aufgezählten »Laster« sind sozialer Art. Es ist typisch für den 1Petr, daß menschliches Leben und Handeln unter der Rücksicht mitmenschlichen Existierens beurteilt wird.

Vieles an diesen Mahnungen ist nicht zufällig so ausgefallen, sondern Merk-

---

[297] *Schlier*, Adhortatio 60; *Kamlah*, Form 34.200; *Schrage* 81. Die Glieder des Katalogs sind konventionell und einzeln auch in den Katalogen Mk 7,21f; Röm 1,29–31; 2Kor 1,20f; Gal 5,19–21; Eph 4,31; Kol 3,5–8; 1Tim 6,4 vertreten. Vgl. *Kelly* 83.

[298] Darum ist es als Zufall anzusehen, daß δόλος (V 1) und ἄδολος (V 2) aufeinander folgen. Sie interpretieren sich nicht gegenseitig wie nach *Ryan*, Word 147–154, der δόλος als Gegensatz zum Evangelium versteht und alle Begriffe des V 1 fälschlich aus biblischer (LXX) statt ethisch-katalogischer Tradition erklärt.

[299] *Kelly* 84 ist der Meinung, daß das »Ablegen« streng an die Taufe gebunden sei und man das Partizip hier darum nicht imperativisch, sondern als geschehene Umkehr zu übersetzen habe.

mal der katalogischen Paränese der frühen Kirche, die eine gewisse Stabilität im Schema gewonnen hat[300]. Dem Ablegen-Müssen des bisherigen Lebens korrespondiert z. B. in der Konvention solcher Mahnungen oft ein Anstreben-Sollen von neuen Verhaltensmustern. In paulinischen Briefen ist das öfter als »Anziehen« des Guten umschrieben (z. B. 1Thess 5,8; Röm 13,12; Gal 3,27; Eph 4,24; 6,11.14; Kol 3,10.12), das dem »Ablegen« des Bösen entspricht; im 1Petr war das »Umgürten« mit Wachsamkeit vorausgegangen (1,13), und es folgt V 2 die Aufforderung zur Annahme der »Milch«. Auch die folgende Partikel gehört in einer gewissen Regelmäßigkeit, nicht unmittelbar kontextbedingt, zum Schema der Formeln mit ἀποτίθεσθαι (»ablegen«). Und diese Formeln markieren den Übergang, den Wechsel, die Veränderung im Leben der Glaubenden. Daß diese Art der Paränese darum als direkte Taufermahnung entstanden sein soll[301], ist wegen ihrer generellen Verwendbarkeit und immer aktuellen Wiederholbarkeit durchaus nicht zwingend; die Einübung des Neuen bleibt immer notwendig, und sie entwickelt ihre Sprache und Mittel nicht nur am Ursprung (der Taufe). Da spricht man dann doch besser vom »urchristlichen Katechismus«[302], aus dessen Reservoir diese Formen der beeinflussenden Sprache kommen, wobei man sich freilich kein Buch vorstellen darf, sondern an den nachweislich reichen Sprachschatz der ersten Generationen an Formeln und Topoi zu denken hat.

V 2 bringt ein Bild bzw. einen Vergleich mit einer bestimmten Pointe, die genau identifiziert sein will: »verlangt wie neugeborene Kinder«. Der Satz wird sehr häufig als Allegorese behandelt: als seien die Adressaten hier als Neugetaufte, eben erst zu Christen Gewordene angesprochen. Das ist nicht zwingend und nicht einmal wahrscheinlich. Nicht wahrscheinlich, weil der ganze 1Petr nicht speziell neugetaufte Gruppen, sondern ganze Christengemeinden im Auge hat[303]. Nicht zwingend, weil der Skopos primär, wenn nicht ausschließlich, beim »Verlangen« liegt und sich die Metapher von neugeborenen Kindern durch die Interpretation von Bekehrung und Taufe als neuer Zeugung (1,3.23) nahelegte, ohne an dieser Stelle etwas über einen Zeitpunkt der neuen Zeugung bzw. Geburt bei den Adressaten zu sagen. Das Bild ist völlig hinreichend erklärt, wenn ihm als Sinn entnommen wird, daß die Christen sich so intensiv und »hungrig« um das Wort der unverfälschten Wahrheit bemühen sollen, wie der Säugling mit aller ihm möglichen Vitalität nach der für sein Gedeihen notwendigen Milch verlangt und dadurch an Leben und Gewicht zunimmt (αὐ-ξάνω)[304]. Daß das Bild noch »wörtlicher« verstanden werden könnte und die Adressaten also als vor Minuten erst Getaufte angesprochen wären, ist eine bloße Vermutung; gegen sie spricht m. E. weiter die Beobachtung, daß die

---

[300] Zum folgenden *Kamlah*, Form 34–36. 183–189. Vgl. *Schelkle* 54.
[301] So *Kamlah*, Form 35f.183.185–189.
[302] *Selwyn* 393–400 (mit *Carrington*, Saint Peter's Epistle).
[303] Anders z.St. *Beare* 114. Daß der Vergleich anläßlich der Taufe entstanden sein mag, ist nicht zu bestreiten. Daß sein Vorkommen aber regelmäßig das Vorliegen einer Taufpredigt beweist, steht nicht gleichzeitig fest.
[304] Ganz ähnlich *Moule*, Nature 6.

»Milch« hier – anders als 1Kor 3,1–3; Hebr 5,11–14 – nicht für anfängliche »Speise«, d. h. für die (auf die Dauer unzulängliche) christliche Erst- oder Grundunterweisung steht, sondern für die Wahrheit des Evangeliums selbst und insgesamt[305]. Es ist also deutlich, daß man mit einer detaillierten Interpretation dieser Metapher von Säugling und Milch auf eine Biographie des Glaubens der Adressaten sehr zurückhaltend sein muß. Das ὡς heißt hier »wie«, nicht »als« (wie z. B. 1,19; 2,11). Die These vom 1Petr als Taufpredigt findet im V 2 einen sehr unzuverlässigen Halt. Wo sie sich auf ihn und vergleichbare Texte beruft, übersieht sie völlig die bleibende sprachbildende Aktualität der Bekehrung im Urchristentum und speziell den Tatbestand, »daß die Stoffe der paränetischen Unterweisung weithin an der Initialparänese ausgerichtet bleiben«[306].

Wir verstehen also: Nach dem Appell zur entschiedenen Abkehr (»Ablegen«) von der früheren Schlechtigkeit (V 1), die nie erledigt ist, äußert sich in der Anwendung des anschaulichen Bildes vom hungrigen Säugling das Drängen dessen, der sich hier für die Gemeinden verantwortlich fühlt (5,1); er drängt auf entschiedene Sorge um die für christliche Existenz notwendige Nahrung, das Wort des Evangeliums. So weit reicht die Metapher freilich schon, daß vom Leben die Rede ist, welches Nahrung braucht, weiter wachsen muß und auch verkümmern kann. Das ist aber nicht nur im Augenblick nach der Taufe, sondern immer ein Thema der Paränese. Der Verfasser verlangt einen intensiven »Lebenswillen« zur neuen Existenz, in der die Getauften stehen. Und das Neuheitserlebnis bleibt auch mit wachsendem Abstand von der Taufe bewußt, zumindest in den Worten des Predigers bzw. Verfassers[307].

Dabei ist die Sachaussage ins Bild hineingeschoben. Die Attribute λογικὸν ἄδολον (»geistig, ohne Trug«), die (zu »Milch«) beide nur übertragene Bedeutung haben können, interpretieren bereits; mit der Milch ist sicher das Wort Gottes und dessen reine, unverfälschte Wahrheit gemeint. Und das Wachsen oder Zunehmen durch Nahrung ist durch den Zusatz »zum Heil«[308] auf den Fortschritt in der Bewährung des Glaubens gedeutet, der eben in Heil bzw. Rettung die Erfüllung der Hoffnung bringt. Für das Adjektiv λογικός zeichnet sich ein sinnvoller Bezug zum »Wort« (λόγος) Gottes aus 1,23; 2,8; 3,1 ab (»zum Wort gehörig«)[309]. Mangels eines entsprechenden deutschen Adjektivs und

---

[305] So auch *Schlier*, ThWNT I, 644f; *(Windisch-)Preisker* 153, wobei ich von deren (und *Perdelwitz*, Mysterienreligion 57f; *Beare* 115.117; *Best* 97) religionsgeschichtlicher Ableitung (Mysteriensprache) der verbreiteten Metapher nicht überzeugt bin (Religionsgeschichtliches auch bei *Schelkle* 55f). Wegen dieser von 1Kor und Hebr verschiedenen Bedeutung des Bildes kommt auch die Ansicht von *Danker*, Brief Study 329, nicht in Frage, V 2 sei die Antwort auf die rhetorische Frage von Jes 28,9.
[306] So in ganz anderem Zusammenhang *K. Berger*, Die sog. »Sätze heiligen Rechts« im N.T., ThZ 28 (1972) 317.
[307] *Hillyer*, Milk, sucht eine Verbindung von »geistiger Milch« zum »geistigen Haus« in V 5 und glaubt, sie über Gen 16,2; 30,3 in der Assoziation von »bauen« und »Sohn« im Verb בנה zu finden.
[308] Die Lesart wird durch den P⁷² bestätigt (*King*, Notes 56).
[309] Z. B. *Beare* 115. Die Übersetzung »worthaltige ... Milch« (*Grundmann*, NHΠIOI 188) ist trotzdem nicht geschickt. Ebd.

um (wegen Röm 12,1) doch eine generellere Bedeutung[310] offenzuhalten, hilft sich die obige Übersetzung mit dem Wort »geistig«. Bei einer Wiedergabe mit »unverfälschte Milch des Wortes« o. ä. wird die Bildstruktur unklarer gemacht als in der Vorlage.

Im Bild von Hunger und Nahrung (V 2) bleibt auch noch das Zitat vom »Schmecken« der »Güte des Herrn« aus Ps 34,9, das wegen der Fortsetzung V 4 auf Christus zu beziehen ist[311]. Für den Ps 34 hat der Verfasser eine verständliche Vorliebe: Er spielt vielleicht schon im V 4 wieder auf ihn an[312] und zitiert umfangreicher aus ihm in 3,10–12, denn der Psalm hat zum Thema die Rettung aus Not durch Gott. Der Bibeltext füllt hier so wenig wie 1,24f eine Lücke der Argumentation, ist also nicht zu einem eigentlichen Schriftbeweis eingesetzt, sondern setzt die homiletische Rede als Nachsprechen eines heiligen Textes fort. Alles bislang beschriebene Heil muß die Christen »auf den Geschmack gebracht« haben (das εἰ ist nicht konditional zu verstehen, sondern umschreibt eine Tatsache), um nach mehr zu verlangen, d. h. muß ihren Eifer und Einsatz für die Intensivierung des neuen Lebens verstärken. Hier wird der Erschlaffung und Resignation entgegengewirkt. Dafür wird an die Erfahrungen im Glauben erinnert, die alle gemacht haben.

3

In der Sprache dieser Zeilen ist ein weiteres Mal der Neuheitscharakter christlichen Lebens verdeutlicht. Der Glaubende lebt anders. Wie ein altes Kleid werden die alten Verhaltensweisen, wird das bisherige Leben »abgelegt«. Das Bild vom Entkleiden wird allerdings abgebrochen und durch ein anderes fortgeführt: Statt daß es mit dem »Anziehen« des Neuen fortgesetzt und also in der Kleid-Metapher bleiben würde, fährt es mit dem Bild des vital sich äußernden Hungers beim Säugling fort, das auch die Abhängigkeit wachsenden Lebens von der richtigen Nahrung zeigt. Das Heil Gottes, das den Christen im Wort der Predigt und im Vollzug der Taufe begegnet ist, bedeutet für sie diese Lebensnotwendigkeit. Der positiv formulierte Teil der vorliegenden Mahnung will also im Bild dazu motivieren, alles daran zu setzen, aus dieser Erfahrung und aus diesen Ereignissen zu leben. Die Laster des V 2 nehmen sich trivial aus. Ihre Aufzählung ist einerseits durch das Katalogschema bedingt und bloß paradigmatisch; andererseits ist sie aber auch wörtlich in dem Sinn zu nehmen, daß das Fehlen solcher »simplen« gemeinschaftszerstörenden Laster bereits den neuen Lebensstil (ἀναστροφή) bedeuten kann.

Zusammenfassung

---

188–196 über den ntl. Gebrauch des Bildes und seiner theologischen Assoziationen.
[310] G. Kittel, ThWNT IV, 145f (»geistig, übersinnlich«); Pr-Bauer 941; Windisch-Preisker 59.
[311] Bei Stanford, St.Peter's Silence, findet sich die kuriose These, man habe im V 3 das »geläufige Wortspiel« χρηστός-Χριστός vor sich (K,L und auch P⁷² lesen χριστός bzw. X̄P̄C̄), das dann für die Fortsetzung VV 4–10 verantwortlich sei: Petrus (als Autor) läßt sich Christi ähnliches Wortspiel πέτρα-Πέτρος einfallen. – Zu P⁷² s. Quinn, Notes 243f, der die phonetische Ambivalenz zwischen η und ι für ursprünglich beabsichtigt hält und für P⁷² den Zusatz ΕΠΕΙΣΤΕΥΣΑΤΕ (= »ihr glaubtet«) damit in Zusammenhang bringt.
[312] So Kelly 87: πρὸς ὃν προσερχόμενοι im Anschluß an Ps 34(33),6 (LXX): προσέλθατε πρὸς αὐτόν.

8. *2,4–10 Biblische und traditionelle Bilder für Gemeinde, Heil und Umkehr*

4 **Geht zu ihm, dem lebendigen »Stein«ᵃ, der von (den) Menschen zwar »verworfen«ᵇ wurde, der aber bei Gott »erwählt«ᵃ und »wertvoll«ᵃ ist. 5 Und laßt euch selbst wie lebendige Steine als ein geistiges Haus aufbauen, zu einer heiligen »Priesterschaft«ᵉ, um geistige Opfer darzubringen, die Gott gefallen, durch Jesus Christus. 6 Deshalb steht in der Schrift:**
   **»Schau, ich lege einen Stein in Sion,**
   **einen erwählten, wertvollen Eckstein;**
   **und wer an ihn glaubt, wird nicht zuschanden«.ᵃ**
**7 Für euch, die Gläubigen, gilt sein Wert. Den Ungläubigen dagegen »ist gerade der Stein, den die Bauleute verworfen haben, zum Eckstein geworden«ᵇ 8 und »Stein, an dem man sich stößt, und Fels, über den man zu Fall kommt«.ᶜ Sie stoßen sich an ihm, weil sie dem Wort nicht gehorchen, und dazu sind sie auch bestimmt. 9 »Ihr aber«ᵉ seid »ein erwähltes Geschlecht«ᵈ, »ein Königshaus, eine Priesterschaft«ᵉ, »ein heiliger Stamm«ᵉ, »ein Volk zum Eigentum, damit ihr die guten Taten« dessen »vermeldet«ᶠ, der euch aus Finsternis in sein wunderbares Licht gerufen hat; 10 die einst »kein Volk«ᵍ waren, jetzt aber Volk Gottesⁱ sind; »die kein Erbarmen fanden«ʰ, jetzt aber Erbarmen gefundenⁱ haben.**

**a** Jes 28,16. – **b** Ps 118,22. – **c** Jes 8,14. – **d** Jes 43,20. – **e** Ex 19,6; 23,22 (LXX). – **f** Jes 43,21. – **g** Hos 1,9; 2,1.25. – **h** Hos 1,6; 2,25. – **i** Vgl. Hos 2,3.25.

Analyse   Die VV 4–10 wechseln abrupt in eine sehr andere Sprache über, bleiben aber mit ihren christologischen und ekklesiologischen Aussagen beim Thema des Kontextes: Mit einer Reihe von Bildern aus Bibel und Tradition der Juden werden Ernst und Konsequenz des Glaubens klargemacht. Die dazu verwendeten Stichworte und vor allem die biblischen Zitate lassen die Traditionsgebundenheit der Gedankenführung erkennen. Der 1Petr verwendet hier wieder vorgeformte Figuren theologischer Rede, wertet sie aber eigenständig für seinen Zusammenhang aus. Die Stein-Metapher hat eine frühjüdische und ntl. Tradition außerhalb dieses Briefes[313], und die ganze Einheit dieses Passus ist an den beiden biblischen Kategorien der Erwählung und der Heiligkeit orientiert. Wie stark die Abhängigkeit von Vorgegebenem ist, zeigt sich darin, daß die Schriftzitate (VV 6–10) nicht eine Aussage nachträglich zu beweisen oder zu bestätigen haben, sondern die Aussage der VV 4–5 selbst schon proleptisch in der Diktion der dann folgenden Bibelworte und gar nicht erst anders formuliert ist. Die VV 4–5 sind die vorweggenommene Applikation der Zitate; diese Zitate

---

[313] Über die facettenreiche Bedeutung des Bildes *Elliott*, Elect 26–33, und auch *Hillyer*, Imagery.

sind in den VV 6–8 um das Bild vom Stein, in den VV 9–10 um die Vorstellung vom erwählten Volk Gottes zentriert³¹⁴. Das Arrangement der Zitate aus verschiedensten biblischen Büchern (nicht unbedingt auch ihre Auswahl, z. B. zum Thema λίθος) stammt offensichtlich vom Verfasser und nicht, was denkbar wäre, aus einer Testimoniensammlung³¹⁵ oder einer sonstigen Vorlage, wie ihre Folge und Einbindung in den Brieftext zeigen. Ebenso ist die Interpretation der rezipierten Themen auf das Selbstverständnis der Kirche, wie die Auslegung zu zeigen hat, (auch innerhalb des NT) sehr eigenständig.

Diese Aussagen haben wieder die Funktion einer Versicherung der Leser, wie elitär und unvergleichlich ihr Status ist. In der brieflichen Anwendung haben sie aber eine weitere, meist übersehene Bedeutung³¹⁶. Sie haben nämlich eine bedrängte Christenheit darüber aufzuklären, daß die von ihr erlebte Polarisierung zwischen den Christen als neuer Gemeinschaft und den Ungläubigen unausweichlich ist. Die Parteinahme für den »verworfenen Stein« (V 4: »geht zu ihm« oder »stellt euch zu ihm«) bringt die Gläubigen auf Gottes Seite und damit zum Heil. Die Ungläubigen scheitern an demselben »Stein« (Jesus Christus). Der universalhistorische Heils- und Offenbarungsprozeß (1,20f) scheidet die Menschen. Diese Polarisierung gehört gewiß ebenfalls zum gängigen Predigtschema, zumal sie in der Beschreibung des gewonnenen neuen Status der Christen und der Kehre in ihrem Leben fortgesetzt wird (VV 8b–10). Sie bringt aber entschieden näher an die Pointe des 1Petr heran, der die konkrete Erfahrbarkeit eben dieser Polarisierung in Glaube und Unglaube als Not der Christen kennt und zu seinem Thema macht, um die darunter Leidenden durch Einsicht und Trost zum Durchhalten zu ermutigen. Die Konfrontation und auch die damit verbundenen »Leiden« werden nicht umgangen, sondern gesucht (»paßt euch nicht an«: 1,14). Und im Lauf des Briefes wird gezeigt, wie sie, gerade in konkreten Einzelsituationen, im Stil christlichen Glaubens anzunehmen sind. – Mit diesem Text ist die »Grundparänese« ab 1,13, wenn man so will³¹⁷, abgeschlossen. Mit V 11 wird der Brief in seinen Situationsanspielungen wie in den Weisungen beträchtlich konkreter.

Für die Durchsicht durch die VV 4–10 ist es hilfreich zu sehen, daß die VV 4–5 also den VV 6–10 vorangestellt sind als deren vorweggenommene Interpretation und Quintessenz. Die VV 6–8 enthalten dann die Thematik vom Stein (entsprechend VV 4b–5a), die VV 9–10 die vom Volk (entsprechend V 5b–d). Durch Zitation und Interpretation wird dabei eine Parallelisierung zwischen

---

314 Genaue Analyse bei *Elliott*, Elect 16–49.
315 Ebenso *Elliott*, Elect 130–133; *Best*, Reconsideration 270. Anders wieder *Barnard*, Testimonium, der von einem christlich gebildeten Testimonium überzeugt ist.
316 Ich halte es für einen gravierenden Fehler auch von *Elliott*, Elect, daß er bei der hervorragenden Qualität seines Buches diesen Topos völlig unbeachtet gelassen hat, obwohl er Kontakte zwischen 2,4–10 und dem Großtext des Briefes eigens aufsucht (ebd. 199–218). Die Konstruktion einer Alternative zwischen den Motiven Erwählung und Heiligkeit auf der einen und Polarisierung von Glaube und Unglaube auf der anderen Seite (so *Manke*, Leiden 203) ist ganz verfehlt.
317 *Kamlah*, Form 200.

Christus und der gläubigen Gemeinde erreicht, und zwar im einzelnen mit Hilfe der Kategorien von Erwählung, Heiligkeit, Bewährung und Verwerfung.

Erklärung 4

Das Partizip προσερχόμενοι ist möglicherweise eine Anspielung auf Ps 34,6 (s. zu V 3) und ist jedenfalls, wie andere Partizipien im 1Petr, als Aufforderung zu übersetzen (»geht zu ihm«). Mit der Metapher »lebendiger Stein« setzt dann sehr abrupt eine neue Bildsprache ein, die in sich uneinheitlich ist und eine Reihe von Metaphern bringt[318]. Wie kommt der Verfasser dazu, in diesen Metaphern zu reden? Zunächst: Es gibt weder terminologisch noch inhaltlich ein Indiz dafür, daß das Bild vom »lebendigen Stein« (weil in einem Petrusbrief) mit dem Felsenwort aus Mt 16,18 in Zusammenhang zu bringen wäre[319]. Vielmehr ist völlig deutlich, daß die VV 4–5 im Vorgriff auf die nachfolgenden Schriftzitate formuliert sind und ein einzelner Terminus daraus wie λίθος durch das Zitat vermittelt ist, nicht umgekehrt das Zitat durch den Terminus ausgelöst wurde.

Die VV 4–5 sind also nicht anders als von den Zitaten der VV 6–10 und deren dort erfolgenden Glossierungen her zu deuten, so daß die Interpretation dieser Zitate in der Tradition und durch den Verfasser des 1Petr schon hier hereinspielt. Dadurch ist es recht schwierig, streng in der Reihenfolge der Verse auszulegen. Die sachliche Ordnung deckt sich nicht mit der textlichen Folge. Trotzdem soll der Text den Ausschlag geben[320].

Die Allegorie »Stein« für Christus wird gegenüber der biblischen Vorlage und Tradition der VV 6–8, aus der die Metapher entnommen ist, sofort durch das Attribut »lebendig« interpretiert bzw. vor buchstäblichem Mißverständnis geschützt. Ein genauer Sinn dieser Interpretation ist m. E. nicht deutlich[321]. Als christologische Metapher überträgt diese Aussage damit die atl. messianische Hoffnung, die in der Tradition vom »Stein« steckt (siehe zu VV 6–8), auf Christus. Von hier aus ist also sofort auf die VV 6–8 zu blicken, aus denen das Bild stammt, und auch auf V 5a, wo seine zweite Anwendung (nach der christologischen im V 4b) geschieht, nämlich in der Übertragung auch auf die Gemeinde. Es ist hier ständig hin und her zu lesen, damit man die Bezüge nicht übersieht. – Die Apposition »von den Menschen verworfen« greift auf VV 7f vor und er-

---

[318] *Schlier,* Adhortatio 74, zu den ekklesiologischen Bildern des Kap. 2: »Schroff wechseln die barocken Allegorien unseres Briefes.« *Kelly* 90 spricht von einem Kaleidoskop.

[319] Anders *Meecham,* Epistle 23, und *Stanford,* St. Peter's Silence, der (bei Annahme der Echtheit des 1Petr) aus der Tatsache, daß Petrus die christologische Stein-Allegorie entfaltet und dabei »kein Wort über einen besonderen Felsen namens Petrus« äußert, schließt, daß der historische Petrus selbst also nicht »an irgend etwas wie die gegenwärtigen römischen petrinischen Ansprüche geglaubt« hat. Es ist nicht nur diese These konfus entwickelt, sondern vor allem ist das Argument als solches historisch naiv.

[320] Die folgende Auslegung verdankt in ihren Grundlinien viel den überzeugenden Analysen von *Elliott,* Elect 16–49. 129–198, ohne daß diese (und die umfangreiche übrige Literatur zu diesem Passus) detailliert diskutiert werden können.

[321] *Elliott,* Elect 34, deutet auf die Totenerweckung Jesu, dto. *Schelkle* 57; *Kelly* 88 u. a. Nach *Best* 100 enthält »lebendig« alles: einen Hinweis auf den allegorischen Sinn von »Stein«, auf die Auferstehung und auf die lebenspendende Kraft Christi.

fährt dort ihre Applikation auf die Situation der Christen, für die das geschrieben ist. Dabei wird schon hier wieder ausgedeutet, indem die Vorlage nicht wörtlich zitiert, sondern zuerst paraphrasiert wird: Unter den »Bauleuten« (V 7) – so wird der Leser vorbereitet – sind allgemein »Menschen« zu verstehen. – Der von (den) Menschen verworfene Stein (Christus) ist von Gott erwählt und wertgeschätzt: Das ist die Vorbereitung des Lesers auf das Jes-Zitat im V 6, das hier schon durch den Zusatz »von Gott« verdeutlicht, aber V 7a noch eigens erklärt wird.

Ohne die Bibeltexte, auf die hier angespielt ist, schon genauer zu kennen und gedeutet bekommen zu haben, hat der Leser im V 4 vernommen, daß es um eine eindeutige Stellungnahme zu dem umstrittenen Christus geht: Zwischen (den) Menschen und Gott ist das Urteil über Christus schroff gegensätzlich. Der Prediger des 1Petr ruft auf: »Geht zu ihm« (= »stellt euch auf seine Seite«). Nicht im harmlosen Sinn von vertrauensvoller Hinwendung, sondern als »Parteinahme« für den verachteten Verworfenen ist das zu verstehen. Und in ihm, so heißt es in der Fortsetzung, sollen die Christen sich wiedererkennen bzw. ihren Typos erblicken. Sie sollen sein, was er ist. Im Bild: auch sie »wie lebendige Steine«. Es wird allerdings nicht gesagt, daß sie (wie Christus) auch »von Menschen verworfene Steine« (V 4) seien, sondern die Explikation der Stein-Allegorie geht mit anderen Metaphern in eine andere Richtung. Und die Verwerfung des Steines zielt letztlich auf die kritische Bedeutung des Christus für die Ungläubigen (VV 7f). Aber daß die Verwerfung des Christus durch die Menschen auch in der Parallelisierung der Christen mit ihm, wie sie hier im V 5 und V 9 durchgeführt ist, eine Rolle spielt, ist für den 1Petr doch sicher: Im von Menschen verworfenen Christus, den Gott aber erwählt und hochschätzt, mußten sich die Leser in der Situation der Abgelehnten und Verfolgten selbst tröstlich wiedererkennen. Und sie mußten an ihrer Parteilichkeit für den Verworfenen festhalten, um auf Gottes Seite zu stehen. – Jedenfalls gewinnt die christologische Aussage von V 4 durch die Parallelisierung im V 5 eine gesteigerte Aktualität, indem dieselbe Bezeichnung für Christus und die Christen gilt. Ob und wie das parallele Attribut »lebendig« ausdrücklich anzeigen soll, daß die Christen ihr Leben von Christus haben[322], gibt der Text nicht zu erkennen. So weit in jedes denkbare Detail muß die Allegorie gar nicht gehen. Freilich ist die Parallele nur auf dem Hintergrund des Lebenszusammenhangs zwischen Glaubenden und Christus möglich.

Das Bild wird ausgemalt: Das »Erbauen«[323] eines »Hauses« ist hier reine Allegorie, die aus dem Argumentieren mit den folgenden Schrifttexten entstanden ist[324] (und vom Verfasser mit der Stein-Allegorie verbunden wird). Gerade darum und wegen der beschriebenen Relation der VV 4f zu den VV 6–10 (als paraphrasierender und allegorisierender Auslegung zum Text) muß für das

---

[322] U. a. *Plumpe*, Vivum saxum 9 (ebd. 9–12 einiges zur frühen Auslegungsgeschichte).
[323] *Blinzler*, ΙΕΡΑΤΕΥΜΑ 50f, besteht für οἰκοδομεῖσθε auf Indikativ statt Imperativ.

[324] *Vielhauer*, Oikodome 144–151. Daß er recht hat mit der Annahme einer antijüdischen Spitze im Text (148), kann bezweifelt werden.

»geistige Haus« ein Äquivalent im Schriftzitat gesucht werden, das hier vorweg interpretierend umschrieben wird, wie es bei den anderen Details der Fall war[325]. In einer (proleptischen) Auslegung müssen die Themen ja wohl durch den Text gegeben sein. Dafür kommt für diesen Fall nur und mit guten Gründen das Wort βασίλειον (»Königshaus«) aus V 9 in Frage[326]. Das »geistige Haus« ist dann die erklärende Umstilisierung des »Königshauses«. Die Struktur des gesamten Textes sowie der gleich folgende Vorgriff auf ἱεράτευμα, der in der Reihenfolge des Zitats im V 9 bleibt, spricht dafür. Anders wäre οἶκος πνευματικός in VV 4f die einzige selbständige Metapher, die keinen Anlaß in den nachfolgenden Bibeltexten hätte (das Bild vom Stein als Grundstein oder Eckstein impliziert nicht als Bildelement den ganzen Bau, wie Jes 28,16 zeigt). Der Autor will ausdrücklich das Bild vom Haus (für die Gemeinde) gewinnen. Der Text Jes 28,16 muß dafür eigens um den Plural »lebendige Steine« erweitert werden, enthält also das Bild nicht. Folglich muß in einem anderen Text der Grund liegen, warum das »Haus« als Bild beabsichtigt und »hergestellt« wird. Nur βασίλειον aus V 9 bietet sich an und ist plausibel. Das Attribut πνευματικός läßt sich dabei so wenig wie ζῶν in den VV 4f oder λογικός in V 2 auf einen sicheren Sinn festlegen[327]. Ich vermute doch, daß es den allegorischen Gebrauch des Wortes »Haus« (und dann »Opfer«) signalisieren will. Nirgends ist übrigens gesagt, daß Christus Grundstein desjenigen Hauses sei, das aus den Christen erbaut ist; die Metaphern sind hier nicht pedantisch ausgearbeitet, sondern skizzieren mit großzügigen Strichen. Die überall vertretene Deutung des »Hauses« als Tempel ist ebenfalls Eintragung (von ἱεράτευμα her und aus anderen ntl. Texten)[328].

Mit Ex 19,6 (V 9) geht die Paraphrase ohne Vermittlung zum nächsten Bild ἱεράτευμα (»Priesterschaft«) über, das entfernter auch noch unter die Aufforderung zum »Sich-aufbauen-Lassen« gefaßt ist, von seiner Symbolik her aber ei-

---

[325] Das wird von *Blinzler*, IEPATEYMA 52f, deutlich empfunden, aber nicht gelöst.

[326] *Elliott*, Elect 50–124 pass., konnte die substantivische Funktion von βασίλειον (gegen die meistens angesetzte adjektivische) und dessen selbständigen Status gegenüber ἱεράτευμα im Zitat V 9 aufgrund der Überlieferungs- und Interpretationsgeschichte von Ex 19,6 m. E. gut begründen. Vgl. auch *Blinzler*, IEPATEYMA 58–62 und *Hort* 110. *Kelly* 97 schließt sich, Elliott zusammenfassend, an und übersetzt (82.96) mit »royal house, a body of priests«. Nicht alle Argumente bei Elliott sind gleich überzeugend, aber noch weniger die von *Danker*, Brief Study 331, der, unter nachdrücklicher Zustimmung zu Elliott's Grundthese zu den VV 4–10, βασίλειον doch adjektivisch versteht, indem er eine ganze Reihe von vagen atl. Assoziationen geltend macht. Daß Elliotts These die Entsprechung von V 5 zu V 9 offenlegt, spricht entschieden für sie. Man kann nicht aus stilistischen Gründen (Parallelität zu γένος ἐκλεκτόν, ἔθνος ἅγιον, λαὸς εἰς περιποίησιν) für die adjektivische Bedeutung plädieren (z. B. *Cerfaux*, Regale sacerdotium 301f); vielmehr hätte man im hier vorgeschlagenen Verständnis exakt die griechische Spiegelung der Stilform des Urtextes: »auf der einen Hälfte zwei asyndetische Substantiva, während auf der anderen nur ein Substantiv steht, dem eine Apposition an die Seite tritt ... in Form eines Adjektivs« (J. B. *Bauer*, Könige 285).

[327] Anders ausführlich *Selwyn* 281–285.

[328] In der diesbezüglich vergleichbaren Steine-Allegorie aus Herm v III 2,3–7,6; Herm s IX 3,3–9,7 handelt es sich um einen Turm. Der Sinn der Metapher liegt (ohne Sakralbau) im Zusammenfügen der passenden, würdigen Bauelemente. Das genügt auch zur Erklärung von λίθοι und οἶκος in 1Petr 2,5.

nen anderen Akzent setzt: Während das »Königshaus« am ehesten in den Kontext von Erwählung und Eigentum verweist, bezieht die »Priesterschaft« sich auf die Heiligkeit (und auch Erwählung) der so bezeichneten Gemeinde, wie der Zusatz »heilig« zur »Priesterschaft« zu verstehen gibt. Die Auslegung der direkten Zitatelemente in der Paraphrase VV 4f hat mit derjenigen der Zitate selbst zu erfolgen. Hier sind vorerst die Zusätze und erklärenden Ausweitungen zu registrieren, zu denen im weiteren die Assoziation der »Darbringung geistlicher Opfer, die Gott gefallen« gehört, welche nichts weiter als eine Verlängerung der Metapher »Priesterschaft« darstellt. Man kann sie also nicht wie die Realisation eines Begriffs von Priesterschaft in dessen realer Verlängerung auf konkrete priesterliche Akte behandeln, weil eben auch diese Opfer metaphorisch verstanden sind[329]. Die Bildlichkeit vom »Königshaus« wird durch V 5 in ihrer ersten Hälfte (»König«) dezidiert aufgegeben (»geistiges Haus«); diejenige von »Priesterschaft« wird übertragen (»heilig«) beibehalten und sogar partiell (allerdings eben wieder metaphorisch) ausgefaltet (»geistige Opfer darbringen«). Diese Ausfaltung kann darum nicht inhaltlich-doktrinär gepreßt, sondern nur auf ihre Pointe der existentiellen Konsequenz aus dem Status der Erwählung festgelegt werden. Die Rede von »Priesterschaft« bleibt in 1Petr 2,5.9 ganz auf der Ebene von Bild und Symbol. Was der Brief unter Heiligkeit versteht, ist durch 1,15f zu erfahren. Folglich ist die »Opferdarbringung« der Gemeinde als »Priesterschaft« hier einzig möglich auf das dem Glauben entsprechende Leben (ἀναστροφή) zu deuten[330]. Andere »Opfer« läßt der Brief nirgends sehen. Aber permanent stößt man in ihm auf die Wichtigkeit der ethisch-existentiellen Konsequenz aus dem Glauben, so daß die Metapher darin ihren guten Sinn findet. Auch die Auflage der Gottgefälligkeit paßt dazu, und ferner, daß es »Opfer« sind, die »durch Jesus Christus« gebracht werden, denn er hat durch seinen Weg zu solchem Leben ermächtigt (vgl. VV 21–23).

Über den genaueren Sinn des Begriffs ἱεράτευμα (»Priesterschaft«) in der christlichen Interpretation des 1Petr ist bei V 9 weiter zu handeln. Bis hierher ergibt sich als hauptsächliche Aussage der VV 4f, daß die Christen als erwählte Gemeinschaft dem »erwählten Stein« Christus entschieden zugehören müssen, mit dem sie unter die Metapher »lebendige Steine« sehr nahe zusammengefaßt sind.

Die Einleitung zu den Zitaten der VV 6–10[331] suggeriert die Figur eines 6 Schriftbeweises, der nicht vorliegt. Die Paraphrase VV 4f hatte sich schon eng auf die Schrifttexte bezogen, die jetzt nicht »beweisen« können, was ihnen ja

---

[329] *Kelly* 98, der sich im Prinzip Elliott anschließt, meint trotzdem, zumal auf die »geistigen Opfer« aus V 5 hin, daß die Vorstellung von der Priesterschaft des Volkes doch auch wörtlich und nicht nur als Chiffre für Erwählung oder Heiligkeit gebraucht sei.

[330] Vgl. auch *Colson*, Ministre 175. *Feuillet*, Les »sacrifices spirituels« 704–714, ist ebenfalls zurückhaltend und hält nur die Verbindung mit 2,9b für sicher. Mehr weiß *Selwyn* 294–298.

[331] Über die Verwendungszwecke und -modi von atl. Zitaten im 1Petr detailliert *Best*, Reconsideration 271–278.

entnommen wurde, sondern dieselbe Aussage durch ihre glossierte Form weiterführen oder verbreitern und nachträglich die in VV 4f gewählte Sprache deuten. Die VV 6–8 sammeln drei atl. Texte mit dem Motiv »Stein«. Und dieses Interesse am Topos »Stein« ist nun offensichtlich nicht originell[332]. Es lassen sich Spuren für eine jüdische »Stein-Tradition« zeigen, die z. T. mit denselben Texten wie der 1Petr arbeitet und mit Hilfe dieser Bildrede messianisch -eschatologische Aussagen macht. Auch in der frühchristlichen Literatur gibt es außer im 1Petr eine Reihe von Beispielen (Mk 12,10f parr.; Apg 4,11; Röm 9,32f[333]; Eph 2,20), die das Motiv vom Stein aus der biblisch-jüdischen Überlieferung übernehmen, aber nur in der christologischen Anwendung als solcher einig sind, nicht in deren Ausführung. Der 1Petr ist das exzellente Beispiel für diese Tradition im NT, die aber im Einzelfall eben bedeutungsmäßig nicht festliegt.

Der atl. Text ist nach der Absicht des Ps-Petrus natürlich gleich im Sinn der vorangegangenen Deutung zu lesen und auf Christus zu beziehen (V 4). Die Parallelisierung aller Christen als »lebendiger Steine« gehört allerdings rein zur vorweggenommenen Deutung (V 5) und wird hier nicht mehr aufgegriffen, weil der Text sie gar nicht nahelegt; der Umfang des Zitats und seine Glossierung in V 7a verdrängt sie durch die Perspektive der Polarisierung zwischen Glaubenden und Ungläubigen, die bis V 8 einschließlich dominiert. Dabei scheint im ersten Jes-Text (28,16) (V 6) der beim Propheten bedrohliche Ton hier gar keine Rolle zu spielen. Man hat eher den Eindruck einer ermutigenden Zusage: Christus ist als »Stein« die Garantie der endzeitlichen Hoffnung, die sich in der jüdischen Tradition an diesen und ähnliche Texte vom Stein angehängt hatte. Der ἀκρογωνιαῖος ist hier, wegen des Bildes im Jes-Zitat und weil man nach V 8 über ihn fallen kann, nicht der Abschlußstein oben am Gebäude, sondern der tragende Grund- und Eckstein, auf dem das Haus steht[334]. Diese Interpretation dominiert auch in der frühchristlichen und mittelalterlichen Auslegung in Exegese, Liturgie und Kunst[335]. Und die bildgemäßen Eigenschaften des Steines (»ausgesucht, wertvoll«) sind, wie im V 4 vorweggenommen wurde, auf Christus zu allegorisieren und bedeuten, daß er von Gott er-

---

[332] Zum folgenden *Elliott*, Elect 26–33. Biblische und nachbiblische Belege eines metaphorischen Gebrauchs von λίθος bei *Colson*, Ministre 18–22; vgl. auch *J. M. Ford*, The Jewel of Discernment (A Study of Stone Symbolism), BZ NF 11 (1967) 109–116.

[333] Die gemeinsamen Abweichungen gegenüber der LXX im Zitat von Jes 28,16 in Röm 9,33 und 1Petr 2,6–8 beweisen nichts weiter als eine anderslautende griechische Version des Textes (die vielleicht bloß im Zusammenhang der Stein-Allegorese existierte). Die These von *Selwyn* 268–277, es liege die Strophe eines Hymnus zugrunde, wird zu Recht nicht fortgeschrieben. Vgl. z. B. *Hillyer*, Imagery 59–62.

[334] Vgl. *Schelkle* 59 Anm. 2; ders., RAC 1 (1950) 233f. Die Begründung dafür aus jüdischer Interpretation von Jes 28,16 bei *Longenecker*, Rejected Stone 51f (gegen *J. Jeremias*, ThWNT I,792f u. frühere Arbeiten; ähnlich wie Jeremias *A. K. Coomaraswamy*, Eckstein). Vgl. *Hillyer*, Imagery 68–73. Dasselbe Ergebnis für Eph 2,20 bei *Th. Schäfer*, in: Neutestamentliche Aufsätze (FS J. Schmid), Regensburg 1963, 218–224; *R. J. McKelvey*, NTS 8 (1961/62) 352–359 (Literatur).

[335] Darüber *G. B. Ladner*, The Symbolism of the Biblical Corner Stone in the Mediaeval West: MS 4 (1942) 43–60 (der ebenfalls *J. Jeremias* philologisch kritisiert: 45f).

wählt (vgl. 1,20) und geschätzt ist. Das Ziel der Zitation ist, wie die letzte Zeile zeigt, Trost und Zuspruch: Der Christusgläubige geht nicht zugrunde. Daß dieser Vers (wie in Röm 9,33) mitzitiert wird, ist auf die Lebensumstände der Adressaten zu beziehen. Die Zugehörigkeit zum verworfenen Stein (V 4) ist trotz allem, was erlitten werden muß, der feste Grund zur Hoffnung.

Dann unterbricht der Verfasser mit einer (midraschartigen)[336] erklärenden Glosse sein Zitieren und gibt in der Sprache des gewählten Bildes einen Hinweis auf die Bedeutung Christi für die Gemeinden: Die Kostbarkeit, der hohe Wert des »lebendigen Steines« Christus ist für die Gläubigen und nur für sie. Andere Übersetzungen[337] ergeben keinen Sinn: τιμή ist als Wiederaufnahme des ἔντιμον (VV 4.6) analog zum Bild zu verstehen und im Anschluß an dessen Bedeutung mit »Wert« zu übersetzen. Diese Art der elitären Selbstbestätigung einer kleinen bedrängten Gruppe wurde mit anderen Bildern schon in 1,10–12.20f betrieben und hat mit Sicherheit ihre ermutigende Wirkung in bedrängter Lage getan. Der gesamte Aufwand Gottes in seinem Handeln mit oder an Jesus Christus war für die (wenigen) Gläubigen. Der Prophet hat von dem gesprochen, was sie jetzt – positiv und negativ – erleben.

Und nun wird plötzlich scharf kontrastiert. Nicht nur, daß für die Ungläubigen der »Wert« des »Ecksteines«[338] nicht gilt; er wird ihnen sogar gefährlich. Dazu wird Ps 118,22 zitiert. Im Urtext bezieht sein anschauliches Bild sich auf »die wunderbare Lebenswende«, auf den »von Jahwe gewirkten Wandel« für einen Todgeweihten (sc. den Psalmsänger), der das Leben schauen darf[339]. Hier im 1Petr wird mit Hilfe dieses Bildes verdeutlicht, was im V 4 die Verwerfung des Steines durch die Menschen hieß: Die Ungläubigen (mit denen hier keinesfalls speziell die Juden[340] und auch nicht nur die Zeitgenossen Jesu gemeint sind) sind es, die den Stein wegwerfen, den Gott trotzdem zum Eckstein macht. Sie scheitern an diesem Stein, weil er »gelegt« ist (V 6) und also nicht ignoriert werden kann. Und die Metapher wird nun verlassen und Klartext gesprochen: Die Ablehnung Christi wird im Ungehorsam gegen das Wort (des Evangeliums) vollzogen und entschieden. Die Ungläubigen nehmen Anstoß an Christus, d. h., sie weisen sein Wort oder den Anspruch zurück. Das ist die Realität, die die Gemeinden erleben und nach den noch kommenden Beschreibungen am eigenen Leib erfahren, daß das Wort Ärger macht und Anstoß erregt. Das wird im Bild vom Eckstein als der Schaden und das Unheil der Betroffenen dargestellt. Sie sind die Verletzten, die zu Fall Gekommenen. Und am Schluß von V 8 heißt es in voller Härte, daß ihr schlimmes Schicksal ihnen von Gott gesetzt ist. Das ist atl. und dann christliche Überlieferung, daß das sichere Be-

---

[336] *Selwyn* 164.
[337] Mit »Ehre« übersetzen z. B. *Schlier*, Adhortatio 67; *Vielhauer*, Oikodome 145; *Schelkle* 36.57.60; *Schrage* 80.82f; *Kelly* 93; *Beare* 118.124. *Danker*, Brief Study 331: »Privileg«.
[338] Die κεφαλὴ γωνίας ist (wahrscheinlich gegen Ps 118,22) hier in Fortsetzung von V 6 und in der Anwendung im V 8 ebenfalls Grund- oder Eckstein (wie ἀκρογωνιαῖος).
[339] *H.-J. Kraus*, Psalmen, 2. Teilband, Neukirchen 1960, 807f (BK XV).
[340] Gegen *Unnik*, Verlossing 102 u. a. Anders ist dies freilich in der Verwendung der Stein-Allegorese im Barn 6,2–4.

wußtsein, von Gott erwählt zu sein, sich auch niederschlug in der kompromißlosen Rede von der Bestimmung der »anderen« zum Unheil. Diese Rede ist im vorliegenden Text nicht zur Drohung oder Warnung an die Ungläubigen gebraucht[341], sondern zur Bestätigung der Gläubigen, daß ihr Weg auf der Seite des verworfenen Christus der richtige ist. Die Androhung des Unheils der Nichtglaubenden ist innerhalb der Gemeinde-Paränese (d. h. in der gruppeninternen Sprache) ein Element der Stabilisierung des Glaubens, die auch dann im Glauben fest zu bleiben motiviert, wenn das schwierig ist. Sie verstärkt die Überzeugung von der Richtigkeit der eigenen Entscheidung, auch wenn es vorerst mühsam und anspruchsvoll ist, diese Entscheidung festzuhalten. Die christliche Paränese kannte und kennt verschiedene Motivationen, auch die der Drohung. Es ist zu beachten, daß gleichzeitig permanent an den Gehorsam und die Bewährung appelliert wird und die menschliche Entscheidung darin als ausschlaggebend über Heil und Unheil angesetzt wird. Beide Gedankenreihen (Vorherbestimmung und Bewährung) stehen unausgeglichen nebeneinander.

Mit den VV 6–8 ist also (nach 4–5 und vor 9–10) der zweite Passus des Abschnitts VV 4–10 gegeben. Er wertet das λίθος-Motiv (Stein) ausführlich aus und dient, für sich genommen, dazu, den kritischen Charakter der Situation seit Jesus Christus theologisch bewußt zu machen: Entweder hat man den »Wert« des Steines für sich oder man stürzt über ihn; d. h., das Schicksal des einzelnen entscheidet sich an Christus. Darin ist die Bekehrung der Christen, ihr Übertritt zum »lebendigen Stein« Christus (V 4) als zum Heil führender Schritt bestätigt und ihre Situation der isolierten Minderheit in einer anders als christlich entschiedenen Umwelt verständlich gemacht: Es muß so sein, daß es Konfrontation gibt. Durch die vorwegnehmende Deutung im V 5, der die Christen mit Christus unter dieselbe Metapher zusammennimmt, war die Stein-Allegorese allerdings auch in die ekklesiologische Interpretation einbezogen worden, für welche diese Texte vom Stein an sich ungeeignet sind, da sie nicht den Plural von Steinen zur Errichtung eines Hauses als Metapher einer Gemeinschaft meinen, sondern mit ihrem Singular rein christologisch gewendet waren. Die ekklesiologischen Aussagen sind aus den Zitaten in den VV 9f gewonnen bzw. extrapoliert. Aber der V 5 verbindet beide Bildfelder (»Stein« und »Haus« als Volk) miteinander.

9 Zuletzt war von den Ungläubigen die Rede und ihr Schicksal mit Christus im biblischen Bild (»Stein, über den man fällt«) erläutert. Jetzt geht es mit dem Bild von der Gemeinde als Volk zu den Aussagen über die Glaubenden zurück (wie VV 5–7a). Der Zusammenhang mit den VV 6–8 liegt darin, daß alles, was hier als Heil und Erwählung apostrophiert wird, durch den »lebendigen Stein« Christus geworden ist. VV 9f bieten eine Fusion von verschiedenen biblischen Formulierungen (aus Ex, Jes, Hos) und deren Bildern auf, und sie

---

[341] *Kamlah*, Form 200, nennt die VV 6–10 »eine Stilisierung der abschließenden Heilsverheißung und Verderbensandrohung«.

sind, wie gesagt, zentriert um die Idee, daß die Kirche das Volk Gottes ist, von dem in der Schrift die Rede ist. Man könnte ohne weiteres in der Übersetzung jeweils den bestimmten Artikel setzen: »Ihr aber seid *das* (sc. in der Schrift bezeichnete) erwählte Geschlecht, *das* Königshaus etc.«
Die Mehrzahl dieser Bilder ist unproblematisch. Aus verschiedenen atl. Zusammenhängen werden eminente Bezeichnungen Israels gesammelt, die auf die beiden atl. gleichermaßen wichtigen Kategorien Erwählung und Heiligkeit dieses Volkes abheben: »erwähltes Geschlecht«, »heiliger Stamm«, »Volk zum Eigentum«. Diese singulären, elitären Vorzüge sind hier nicht typologisch von Israel auf die Kirche übertragen (oder als für beide geltend hingestellt); sie sagen auch nichts über das Verhältnis Israel – Kirche aus. Für den 1Petr sind solche Aussagen von vornherein auf die christliche Gemeinde hin und für niemand sonst gemacht (s. 1,12). Auch der Auftrag, Gottes »gute Taten« durch Predigt öffentlich zu machen, ist als Bibelzitat die Beschreibung dessen, was die Kirche jetzt tut[342]. Zu beachten ist eigens das Adjektiv ἐκλεκτόν (zu γένος im Zitat aus Jes 43,20), weil es das gleiche Attribut für Christus in den VV 4 und 6 sicher nicht rein zufällig wiederholt und also die Parallelisierung aus V 5 zwischen Christus und Christen aufgreift und fortsetzt[343].
Schwieriger ist das richtige Verständnis von βασίλειον ἱεράτευμα aus dem für das Selbstverständnis Israels gewichtigen Text Ex 19,6, zumindest nachdem eine lange Auslegungsgeschichte hier Vorurteile und Befangenheiten produziert hat. Zu V 5, der diese beiden Worte schon im Sinn des 1Petr auslegte, wurde bereits mit J. H. Elliott für richtig gehalten, beide in nominalem Sinn, also auch βασίλειον als Substantiv zu verstehen[344]. In der vorliegenden Zitation sind dann »Königshaus«, »Priesterschaft«, »heiliger Stamm« drei Prädikate aus dem Text Ex 19,3–6, der durch den Bundesschlußzusammenhang traditionell gewichtig ist. Weil nun die beiden ersten im V 5 ausdrücklich aufgegriffen und vorweg auf die Kirche interpretiert wurden[345] (wohl weil sie sich in ekklesiologischer Applikation nicht so leicht von selbst verstanden wie die anderen Prädikate aus V 9), ist auf ihren Sinn besonders einzugehen. Seit je interessiert sich die Auslegung in besonderer Weise für die Übertragung und Ausdeutung der biblischen Qualität »Priesterschaft« auf die Kirche und alle einzelnen Gläubigen. Die kritische Text-Erklärung, wie sie hier vorzunehmen ist und die sich an den Ergebnissen der bisherigen exegetischen Bemühungen orientiert[346], hat unabhängig von der Wirkungsgeschichte der Formel die

---

[342] Die ἀρεταί Gottes sind nicht moralisch, sondern als sein Handeln zum Heil zu nehmen: *Cross*, I.Peter 26 u. a.
[343] *Elliott*, Elect 143f, will daran die Kontinuierlichkeit der Textkonstruktion 2,4–10 nachweisen, was richtig ist; er meint aber (unter Hinweis darauf, daß ὑμεῖς δέ schon zum Zitat Ex 19,6 gehört und folglich kein grammatisches Verhältnis zum Vorhergehenden markiert), dafür die Kontrastierung zwischen Gläubigen und Ungläubigen völlig eliminieren zu müssen, was sicher falsch ist.
[344] S. o. Anm. 326.
[345] Auch *Kelly* 96 verbindet beide Begriffe (Königshaus, Priesterschaft) mit den Teilen des V 5, die in der Auslegung oben als ihre Entsprechungen benannt wurden (geistiges Haus, heilige Priesterschaft).
[346] Insbesondere aus *Elliott*, Elect 146–226.

Frage zu stellen: Was verbindet der Verfasser des 1Petr mit dem der griechischen Bibel entnommenen Begriff ἱεράτευμα (aus Ex 19,6)?
Eine Gleichbehandlung mit βασίλειον ist zunächst wichtig, weil beide parallel stehen; und beide sind wie alle Ausdrücke von V 9 personal und korporativ auf ein Ensemble, auf das »Volk« der Glaubenden zu beziehen. Dann ist βασίλειον metaphorisch die Einwohnerschaft des »Königshauses« (nicht der Bau), und ἱεράτευμα im übertragenen Sinn die Priesterschaft als Ensemble von Priestern (nicht Priestertum). So wenig wie vom Terminus βασίλειον nun, bei dem es sich in Ex 19,6 deutlich um Symbolsprache handelt, auf eine königliche Qualität der einzelnen Christen im wörtlichen Sinn (von Würde, Herrschaft, Macht u. ä.) geschlossen werden kann, so bedenklich ist es methodisch, für ἱεράτευμα in dieser Weise parallel zu verfahren und priesterliche Rechte, Funktionen oder Status in einem theologischen Sinn daraus für alle abzuleiten. Das ist in Ex 19,6 nicht so gemeint[347], und 1 Petr übernimmt diese Sprache in ihrem metaphorischen Sinn. Dazu ist zweierlei zu respektieren: Der 1Petr interpretiert in seiner relativen Kürze das Christsein mit den verschiedensten anschaulichen und eindrucksvollen Bildern; die Rede von der Priesterschaft steht als eine bildliche Version unter den anderen da[348] und wird nirgends im Brief auf eine andere (sc. buchstäblichere) Applikation festgelegt als hier (zusammen mit V 5). Der Begriff ist also aus dem Text 2,4–10 und seiner semantischen Struktur zu erklären. Dessen leitende Pointen sind aber, wie mehrfach gezeigt, Erwählung und Heiligkeit, verstärkt oder auch ergänzt um die Kontrastierung mit den Ungläubigen. Priesterliche Eigenschaften, Aufgaben oder Sphären im wörtlichen Sinn sind nicht angesprochen (auch in 5,1–5 nicht, wo es dann allenfalls nahelag). Die Bilder von Königshaus und Priesterschaft sind im 1Petr so metaphorisch übernommen worden, wie der entsprechende Urtext (Ex 19,6: »ein Königreich von Priestern«) vermutlich schon gemeint und jedenfalls in der jüdischen Interpretation gebraucht worden war (s. u.): als Ausdruck für die begünstigende Aussonderung durch Gott, für die Aneignung zum Eigentum durch ihn. 1Petr 2,4–10 läßt keinerlei andere Assoziation erkennen, nachdem auch für die »geistigen Opfer« im V 5 keine eigentlich »priesterliche« Interpretation in Frage kommt. Die kollektiv-korporative Verwendung ist auch insofern zu beachten, als sie die buchstäbliche und distributive Auslegung praktisch unmöglich macht. Wenn der Text heißt, daß jeder Christ ein Priester sei, dann muß βασίλειον genauso exegesiert werden. »Jeder Christ ein König« ergibt aber keinen Sinn, außer in einer erklärungsbedürftigen Metapher. Die Metapher ist aber sowohl in Ex 19,6 wie in den VV 5.9 korporativ[349]: Es geht in den VV 4–10 um die Kirche und ihr Verständnis.
Etliche Assoziationen, die in der Auslegung von VV 5.9 mit verbreiteter Regelmäßigkeit wirksam sind, haben also keinen Anlaß am Text. Daß z. B. die Taufe durch Salbung allen einzelnen Christen die dabei unterstellte priesterli-

---

[347] Vgl. *J. B. Bauer*, Könige 285f.
[348] Das betont auch *Kelly* 98 (»merely one in a series of corporate descriptions, without any title to be specially singled out«).
[349] Deutlich anders ist Offb 1,6; 5,10 mit der Lesart ἱερεῖς in Ex 19,6.

che Qualität verleiht, ist durch keinerlei Konnex von 2,4–10 mit der Taufe angedeutet. Daß das dabei angenommene »Priestertum« aller Christen sich in der Eucharistie auswirke oder eine Teilnahme am Priestertum Christi sei, sind Aussagen nicht des 1Petr, sondern anderer Herkunft und Quellen[350]. Es muß daran erinnert werden, daß alle Konklusionen, die sich auf den Text 2,4–10 beziehen, auch für die Metapher vom »Königshaus« gezogen werden müssen (selbst wenn man βασίλειον adjektivisch versteht, gilt das entsprechende). Die VV 4–10 sind ganz deutlich am Thema des erwählten und heiligen Gottesvolkes (nicht des/eines Priestertums) orientiert. In der Auslegung muß man für die Gleichbehandlung und Symmetrie aller für dieses Thema eingesetzten biblischen Metaphern plädieren, methodisch und in der inhaltlichen Gewichtung.

Eine Unterscheidung ist hier weiterhin wichtig. Sie wird oft ausgelassen. Schon im AT ist die Diktion von Ex 19,6 ein Fall für sich und durch nichts mit dem kultischen (levitischen) Priestertum in Zusammenhang gebracht. Entsprechend wird der Text in der gesamten jüdischen Tradition durch alle Variationen und Nuancierungen hindurch, die er erfuhr, nie auf das levitische Priestertum, sondern im Sinn von Ex 19,6 immer auf Israel als Gottes wahres Volk bezogen, das seine erwählte, heilige, zugehörige Gemeinde ist. Die Exodus-Formel von Königtum und Priesterschaft ist dabei in sich eine Einheit, eine doppelte Metapher für ein und dasselbe, und so wird sie in der Überlieferung behandelt[351]. Alle ntl. Texte nun, die von einem Priestertum (sc. Christi, der Kirche, der einzelnen Christen) handeln, leiten diese Vorstellung aus dem AT ab, und zwar aus einer der beiden dortigen Möglichkeiten, die sie nie miteinander vermengen: entweder von Ex 19,6 (außer 1Petr 2,5.9 auch Offb 1,6; 5,10) oder eben aus dem levitischen Priesteramt[352] (Röm 15,16; Hebr und Offb an mehreren Stellen). Diese Differenz spielt eine sachlich bedeutsame Rolle. Man darf 1Petr 2,5.9 nicht aus beliebigen anderen ntl. Priestertums-Theologumena erklären und auch nicht direkt aus atl. Zusammenhängen des kultischen Priestertums[353]. Der Rekurs auf Ex 19,6 und die ntl.-typologische Anwendung des levitischen Priestertums sind in der Tradition bis zum 1Petr einschließlich getrennte Dinge. Der 1Petr verwendet den Topos aus Ex 19,6 βασίλειον ἱεράτευμα eindeutig als korporativ bezogene Chiffre für Erwählung, Aussonderung und »Aufwertung« eines »Volkes« durch Gott. Er verwendet sie dazu, wie schon seine Quelle (Ex 19,6), als Einheit, als pleonastische Doppel-Metapher für den einen Sachverhalt des besonderen Status des Gottesvolkes. Die

---

[350] Eine diesbezügliche (kath.) Reaktion auf die Studie des (luther.) Elliott bei *Coppens*, Sacerdoce.
[351] Die Nachweise durch *Elliott*, Elect 50–128. *J. B. Bauer*, Könige 284f. charakterisiert durch stilistische Vergleiche die Verbindung »mamleketh kohanîm« als Hendiadyoin. Der 1Petr versteht die beiden Stichworte genauso und meint weder Könige noch Priester, sondern mit beiden Bildern Erwählung, Heiligkeit und Eigentum Gottes.
[352] Eine Besonderheit ist die Melchisedek-Interpretation des Hebr.
[353] Dies geschieht meistens mit dem Interpretament »Spiritualisierung der Kultbegriffe«, z. b. bei *Colson*, Ministre 13–54; *Cerfaux*, Regale sacerdotium 303.

Auslegung verfehlt diesen Sinn, wenn sie beide auseinanderreißt und obendrein sich durch das Stichwort ἱεράτευμα legitimiert findet, für 1Petr 2 eine Allegorisierung verschiedener Details aus Priestertumsvorstellungen auf die Christen, auf ihre »Würden«, Aufgaben und womöglich auch ständischen Unterschiede oder Egalisierungen, durchzuführen[354]. Teilhabe am Priestertum Christi (von dem der 1Petr nicht spricht), Verleihung dieser Teilhabe in der Taufe, dadurch gleiche Würde aller Christen unter Ein- oder Ausschluß eines besonderen (hierarchischen) Priestertums, – das alles sind im Zusammenhang des 1Petr Probleme und Produkte späterer Auslegung, nicht schon dieser frühchristlichen Schrift selbst. Das schließt nicht aus, daß der 1Petr wirkungsgeschichtlich (zusammen mit anderen Texten wie besonders Offb 1,6; 5,10; 20,6) daran beteiligt war, derartige Vorstellungen zu provozieren und sie mit seinen Formulierungen in der Geschichte des Christentums wachzuhalten und abzustützen (siehe den Exkurs am Ende dieses Abschnitts).

Am Schluß von V 9 hängt der Verfasser an seine Zitatenkette die Erinnerung an die Bekehrung in einem konventionellen Schema an: Grund für die »Vermeldung« der »guten Taten« Gottes ist seine Rettungstat. Und die Rettung (bzw. Bekehrung) wird als Übergang von Finsternis ins Licht illustriert. Kontraste sind im 1Petr häufig verwendet, speziell zur Kennzeichnung der neuen Situation im Glauben und der veränderten Existenz der Christen. Das hier gewählte Bild von Finsternis und Licht ist nun in Texten unterschiedlicher Provenienz als Bild für den Übergang zum Heil, für eine deutliche Veränderung der menschlichen Situation zum Besseren durch Gottes Eingreifen oder Angebot belegt: in der jüdischen Passa-Haggada[355], im jüdischen Apokryphon »Josef und Asenat«[356], in der christlichen Passa-Homilie des Meliton[357] und eben im 1Petr. Traditionszusammenhänge müssen hier angenommen werden; über die genaue Traditions- und Motivgeschichte konnte aber bislang noch nichts Verläßliches ausgemacht werden[358].

Bezüglich der Herkunft scheint es aber, daß man die Beschreibung der Wende zum Heil als Übergang aus Finsternis ins Licht auf jüdische Muster zurückführen darf. Dafür spricht im 1Petr auch die Nachbarschaft rein biblisch-jüdischer Überlieferung in den VV 6–10[359]. Es gibt Indizien dafür, daß das Motiv im Zusammenhang mit dem Proselytismus des Judentums üblich war[360]. Jedenfalls

---

[354] Vgl. z. B. *Schlier*, Adhortatio 70 (wohl mit *Schelkle* 64f): »Die Glieder des Volkes bestehen aus ›Königen‹, haben Macht und Freiheit. Sie sind auch alle Priester und haben freien Zugang zu Gott.« Das ist klassische Allegorese, wie sie noch weit detaillierter betrieben wird von *Marshall*, Spiritual House; *Spicq* 84f; *Ketter*, Priestertum; *Ambroggi*, Il sacerdozio; *Dacquino*, Il sacerdozio; *Ramos*, El sacerdocio u. v. a.

[355] D. *Goldschmidt*, Haggadah shel Pesach we-toledoteha, Jerusalem 1960, 126.

[356] *Riessler*, Altjüd. Schrifttum 505. 517.

[357] O. *Perler*, Méliton de Sardes. Sur la pâque, SC 123, Paris 1966, 96 Z.491.

[358] Darüber *Pines*, Darkness. Über das Licht-Motiv im Judentum und NT (mit Literatur) auch *Elliott*, Elect 43f.

[359] Nachdem die Diktion durch das Schema Licht/Finsternis vorgegeben ist, ist die Stichwortverwandtschaft mit Jes 42,6–8 (καλεῖν, εἰς φῶς, ἐν σκότει, ἀρεταί), auf die *Elliott*, Elect 41, hinweist, vielleicht doch reiner Zufall und nicht auf Paraphrase zurückzuführen.

[360] *Unnik*, Christianity 81.

paßt das Bild vom Übergang zwischen krassen Extremen (Dunkel – wunderbares Licht) bestens in die Sprache und Tendenz des 1Petr.
Schließlich noch in äußerster Kürze das Sprachspiel mit den Wortpaaren aus Hos 1 und 2[361]. In prophetischer Symbolgeste benannte der Prophet seine Tochter als »Kein Erbarmen«, seinen Sohn als »Nicht (mein) Volk«, um (wie durch die Heirat der Dirne: Hos 1,2f mit 2,4–7) sinnenfällig auf das gestörte Verhältnis zwischen Israel und seinem Gott hinzuweisen. Aber das Thema ist hier völlig anders. Mit den Schriftworten sind hier Berufung und Bekehrung der Christen aus dem Heidentum beschrieben (nicht Abfall beklagt). Auf der Bildebene ist damit V 9 fortgesetzt, weil weiter von der christlichen Gemeinde als Gottes erwähltem Volk die Rede ist. Durch die Glossierung wird aber hier im V 10 daraus die für 1Petr typische Kontrastierung von Einst und Jetzt. Diese Metapher vom Volk, das durch Gottes Erbarmen neu entstanden ist, mußte für die frühen Gemeinden ungemein eingängig sein. Sie interpretierte ihnen unmittelbar ihre Sozialisationserfahrung in den relativ kleinen Gruppen, die dem neuen Glauben anhingen. Sie hatten nicht zusammengehört und sich nicht gekannt, und jetzt sind sie – in ethnischer, nationaler und sozialer Mischung – miteinander Gottes »Volk«. Man ermißt die Bedeutung der korporativen Kategorien der VV 9–10 aus dem AT, die durch theologische Instruktion das Selbstverständnis der Gemeinden als solcher zu heben vermochten, wo dies unter schwierigen Verhältnissen nottat.

10

Sehr vieles von dem vielen, was über die VV 4–10 geschrieben worden ist, hilft nach der hier vorgelegten Exegese für das Textverständnis nicht viel weiter und verläßt den Horizont des 1Petr. Das Stichwort ἱεράτευμα (Priesterschaft) in V 5 und V 9 spielt, verstanden als Priestertum aller Christen, in der Auslegung meistens eine völlig unverhältnismäßige Rolle und dominiert über alle anderen Bilder und Kategorien des Abschnitts, die dabei sämtlich in einen priesterlich-kultischen Zusammenhang aufgesogen werden. Statt dessen sind die Metaphern aus der biblischen Zitatenkette und aus den Glossen des Verfassers der Reihe nach zu lesen, wie sie ihrer Herkunft und Tradition nach ihren Sinn haben. Das Bild von Christus als »lebendigem Stein« ist von Haus aus im Zusammenhang messianisch-eschatologischer Hoffnung zu lesen und heißt also: Christus ist der von Gott gelegte Grund der Hoffnung, zu der der 1Petr die Kirche seiner Zeit, die eine schwierige Phase von Attacken seitens ihrer nichtchristlichen Umgebung erlebt, ermutigen will. Mit dem biblischen Bild wird auch auf die Ablehnung und Hinrichtung Jesu angespielt, die sich weiter fortsetzt im Unglauben der Gegenwart des 1Petr am Ende des 1. Jh.s. Durch diese Ablehnung ist aber nicht das Letzte über Christus gesagt und ist weder er noch die Predigt über ihn widerlegt: Gott hat das wirksame und zutreffende Urteil über ihn gesprochen, und das lautet entgegengesetzt. Christus ist von Gott an-

Zusammenfassung

---

[361] 1Petr ist hier nicht von Röm 9,25f abhängig: *Selwyn* 280f.

genommen (»erwählt«). Die Verwerfung durch die Menschen ist nicht *sein* Unglück, sondern das der Menschen.

Das ist in der Verfolgtensituation der Kirche ein wichtiges Leitbild. Die bedrängte Gemeinde sieht ihr Schicksal der Ablehnung und gewalttätigen Unterdrückung im Konnex mit dem Schicksal Christi (vgl. 2,21) und erfährt hier, daß das ablehnende Urteil der Umwelt sie nicht irritieren muß. Gott bestimmt den Wert eines Lebens, wie bei Christus. Die atl. Texte der Stein-Allegorie bieten dem Verfasser Gelegenheit, diesen für seine Leser ermutigenden und klärenden Gedanken weiter zu veranschaulichen: Gott hat über Christus befunden, hat ihn zum Eckstein in dem Sinn gemacht, daß an ihm sich entscheidet, wer zu Fall und wer zum Heil kommt. Die christologischen Aussagen machen den Lesern also die Situation der feindseligen Konfrontation, in der sie leben, verständlich und versichern sie der Richtigkeit ihrer Entscheidung für Christus, zu der sie gleichzeitig neu motiviert werden: »geht zu ihm!«

Die Parallelisierung der Gläubigen mit Christus ist hier theologisch und paränetisch wichtig. Im Anschluß an ihn sind sie »erwählt« wie er. Der Erwählungsgedanke zieht sich durch den ganzen Passus, als christologisches Attribut zuerst und dann als Vorzug der Christen. Sie werden hier nachdrücklich auf ihre elitäre Position aufmerksam: Für sie ist der Wert des Steines, d. h., Christus »gehört« ihnen, Gott hat wegen ihres Hinhörens auf das Wort für sie entschieden. – Und weil sie Erwählte sind wie Christus, werden sie wie er »lebendige Steine« genannt, und zwar – durch den atl. Text Ex 19,6 inspiriert – im Hinblick darauf, daß unter anderen Bildern für die Kirche auch das des (Königs-)Hauses erscheint, für das nun Bausteine gebraucht wurden. Die christologische Metapher geht bezeichnenderweise in eine ekklesiologische über. Die Bilder für die Kirche, die in den VV 5.9f reichlich aufgeboten werden, haben miteinander den Sinn, mit den (atl.) Kategorien der Erwählung und der Heiligkeit den Vorzug, den elitären Rang der Gemeinde unter den Menschen und im Zug der Weltgeschichte zu verdeutlichen (»Priesterschaft« ist eine der Metaphern dafür). Mit traditionellen Topoi der frühkirchlichen Propaganda, Paränese und Apologetik wird hier der Not des zeitgenössischen Christentums begegnet. Aus theologischer Einsicht in den Selbstwert der Gemeinde und in den (durch Christus gegebenen) Sinn ihres bedrückenden Schicksals wird Trost gegeben und Hoffnung möglich.

*Exkurs: Zur Nachgeschichte von 1Petr 2,5.9 (Das »allgemeine Priestertum«)*

Tatsächlich haben die Verse 1Petr 2,5.9 in der Geschichte der Rede vom sog. »allgemeinen Priestertum« aller Gläubigen eine prominente, wenn auch offenbar keine singuläre Rolle gespielt[362]. Zusammen mit anderen Bibeltexten, vor allem mit oder neben Offb

---

[362] Die folgenden pauschalen Bemerkungen, bei denen es hier bleiben muß, resultieren aus dem Studium von Quellen und folgenden Untersuchungen: *Cerfaux*, Regale sacerdotium 308–315; *A. Quacquarelli*, L'epiteto sacerdote (ἱερεύς) ai cristiani in Giustino Martire (Dial.

1,6 (5,10; 20,6), wurde zur Begründung des »allgemeinen Priestertums« der 1Petr zitiert, weil schon er die atl. Aussage (aus Ex 19,6) auf die Kirche übertrug, woran die kirchliche Theologie auch ohne 1Petr 2,5.9 interessiert war. Dabei ist aber in der gesamten patristischen Tradition die priesterliche Qualität aller Christen immer metaphorisch, also in bildlich-übertragenem Sinn (und weder real-kultisch noch sakramental-rechtlich) ausgelegt worden. Die alte Kirche fand in den biblischen Begriffen vom Priestertum und (geistigen) Opfer besonders anschauliche Chiffren für ihr Heiligkeitsideal. Nachdem alle durch die Salbung der Taufe zu Priestern geworden sind, bringen diejenigen, die wirkliche Christen sind, als Priester ihre Opfer dar: auf dem Altar ihres immer brennenden Herzens das makellose Opfer eines reinen Gewissens aufrichtiger Frömmigkeit, der Selbstentsagung, Askese, Nachfolge Christi und der Bruderliebe, des Martyriums und des Gebets. In Homilien und exegetischen Schriften der Kirchenväter und auch in liturgischen Texten dient – mit oder ohne Rekurs auf 1Petr 2 – das Bild vom Volk aus Priestern als erbauliches Thema dazu, die Würde der christlichen Berufung sowie die Weihe der Christen an Gott in der Reinheit ihres Lebens und Dienstes zu proklamieren. Nicht selten wird die priesterliche Qualität als mystische Teilhabe vom (Königtum und) Priestertum Christi hergeleitet. Sie stellt also ein Interpretament auch der Taufsalbung dar, und in einigen Fällen dient der Topos vom wahren Priestertum (wieder mit und ohne 1Petr 2) der antijüdischen Polemik in Form der Überlegenheitsgeste; umgekehrt kam es vor, daß Juden gegenüber Christen Ex 19,6 (= 1Petr 2,9) für sich und ihre Erwählung reklamierten.

Einen sehr neuen Stellenwert bekam das Thema vom »allgemeinen Priestertum« in der Reformation des 16. Jh.s bekanntlich durch Martin Luther. Nicht alle Reformatoren fanden Gefallen daran (z. B. nicht Melanchthon). Aber für Luther war es als ein polemisch-systematisches Element seiner Theologie von größter Wichtigkeit. Wo er davon spricht, zitiert er wieder und wieder biblische Texte, und zwar meistens eben 1Petr 2. Für Luther ist das Priestersein der Getauften wenig metaphorisch, sondern mit sehr gravierenden Implikationen und Konsequenzen verbunden. Es ging ihm bei diesem Theologumenon um die unterschiedslose geistliche Gewalt und Kompetenz aller Christen in Sachen des Wortes Gottes; weiter um das Kennzeichen des Christenstandes, nämlich die Freiheit speziell im ungehinderten Zugang zu Gott ohne Angewiesenheit auf eine mittlerische (klerikale) Instanz; weiter um das priesterliche Amt des Opfers für alle Christen, das in Selbstaufgabe und im Dienst an den anderen als Kreuzigung des alten Adam vollzogen wird und damit an das patristische Verständnis des allgemeinen Priestertums erinnert; und endlich geht es um die Verantwortlichkeit aller Christen für die Weitergabe des Evangeliums unter den Menschen im begrenzten, nicht-öffentlichen

116,3): VetChr 7 (1970) 5–19; G. *Otranto*, Il sacerdozio comune dei fedeli nei riflessi della 1Petr. 2,9 (I e II secolo): VetChr 7 (1970) 225–246; J. *Lecuyer*, Essai sur le sacerdoce des fidèles chez les Pères: MD 27 (1951) 7–50; Sacerdoce des fidèles et sacerdoce ministériel chez Origène: VetChr 7 (1970) 253–264; B. *Studer*, Il sacerdozio dei fedeli in sant'Ambrogio di Milano: VetChr 7 (1970) 325–340; A. *Nocent*, Il sacerdozio dei fedeli secondo Giovanni Crisostomo: VetChr 7 (1970) 305–324; *Dabin*, Le sacerdoce royal des fidèles dans la tradition ancienne et moderne, Paris 1950; C. *Eastwood*, The Royal Priesthood of the Faithful. An Investigation of the Doctrine from Biblical Times to the Reformation, London 1963; H. *Storck*, Das allgemeine Priestertum bei Luther, 1953 (TEH NS 37); W. *Brunotte*, Das geistliche Amt bei Luther, Berlin 1959; E. *Niermann*, Priester, Priestertum, in: SM(D) III, 1969, 1273–1281 (Literatur). Vgl. L. *Ryan*, IThQ 29 (1962) 25–61 (zur Patristik).

Bereich bzw. in Notsituation. Diese Konzeption des »allgemeinen Priestertums« ist bei Luther durchaus nicht gegen das geistliche Amt in der Kirche oder als Konkurrenz zu ihm entworfen. Das Verhältnis beider zueinander ist so, daß sie nebeneinander bestehen. Das »allgemeine Priestertum« befähigt, aber bevollmächtigt nicht durch sich allein zum geistlichen Amt, das eine Anordnung Gottes ist und eigens übertragen werden muß.

Infolge gegenreformatorischer Tendenzen und einseitiger Forcierung des kultischen Amtsverständnisses kam in der römisch-katholischen Tradition über beträchtliche Zeit hin keine eigene Reflexion auf eine Theologie der Gemeinde auf, und so blieb auch das Interesse an biblisch-theologischen Gedanken wie dem vom »Priestertum der Laien« (wie man hier nun sagen muß) aus. Erst in den letzten Jahrzehnten hat sich dieses theologische Interesse sehr nachhaltig ausgebildet. Das »allgemeine Priestertum« aller Christen ist ein zentrales Element im gewandelten Kirchenverständnis geworden. In diese Entwicklung hat sich der 1Petr mit den Versen 2,5.9 fest und fast konkurrenzlos eingenistet, wie durch die dogmatische Literatur hin zu beobachten und zuletzt in den Dokumenten des 2. Vatikan. Konzils festzustellen ist[363]. Dort[364] wird das »gemeinsame Priestertum der Gläubigen« folgendermaßen erklärt: Durch Taufe und Firmung werden die Christen »zu einem geistigen Bau und einem heiligen Priestertum geweiht, damit sie in allen Werken eines christlichen Menschen geistige Opfer darbringen und die Machttaten dessen verkünden, der sie aus der Finsternis in sein wunderbares Licht berufen hat« (vgl. 1Petr 2,5.9b); und »die Gläubigen wirken kraft ihres königlichen Priestertums an der eucharistischen Darbringung mit (sc. mit dem Amtspriester) und üben ihr Priestertum aus im Empfang der Sakramente, im Gebet, in der Danksagung, im Zeugnis eines heiligen Lebens, durch Selbstverleugnung und tätige Liebe«. Auch hier wieder die Interpretation, wie die alte Kirche sie übte: christliches Leben in der Metapher eines Opfers von Priestern. Außerhalb dieser altkirchlichen Metaphorik steht allerdings die real gemeinte Beziehung priesterlichen Tuns auf eine Mitwirkung bei der Eucharistie. Sie stellt nämlich die Zuordnung dieses »gemeinsamen Priestertums« aller zum Amtspriestertum dar, von dem es sich »dem Wesen nach und nicht bloß dem Grade nach« unterscheidet.

Vergleicht man diese (selbstredend ganz unvollständig wiedergegebene) Geschichte eines Theologumenons, innerhalb deren 1Petr 2,5.9 eine zumindest verstärkende, wenn wahrscheinlich auch nicht auslösende und ausschlaggebende Wirkung gehabt hat, mit dem Ergebnis der oben vorgelegten kritischen Exegese desselben Textes, dann stellt man in der Auslegungs- und Wirkungsgeschichte dieser biblischen Zeilen erhebliche Überschüsse an Motiven, Assoziationen und ekklesiologischen Konsequenzen fest, die über den Horizont dieser zwar anspruchsvollen, aber doch so weit nicht ausgreifenden biblischen Metapher hinausgehen. Freilich sind viele Bibeltexte im Laufe ihrer kirchlichen Nachgeschichte in unverhoffte, vorher nicht absehbare Zusammenhänge gerückt worden.

---

[363] Vgl. Konstitution über die heilige Liturgie 14; Dogmatische Konstitution über die Kirche 9.10.34; Dekret über das Laienapostolat 3; Dekret über Dienst und Leben der Priester 2; Dekret über die Missionstätigkeit der Kirche 15.

[364] Ich beziehe mich auf die Dogmatische Konstituion über die Kirche 9.10.

## 9. 2,11–12 Die Auffälligkeit des veränderten Lebensstils

**11 Geliebte, ich ermahne euch als Rechtlose in der Fremde, euch von den sinnlichen Leidenschaften zu enthalten, die mit der Seele im Streit liegen. 12 Führt ein gutes Leben unter den Heiden, damit sie, während sie euch als Verbrecher verleumden, das sehen und aufgrund eurer guten Taten Gott am Tag des Gerichts loben.**

Der kurze Passus ist eine in sich verständliche paränetische Einheit bzw. einer der vielen größeren und kleineren Blöcke, die der Brief aneinanderreiht, um auf immer neue Art sein Thema zu beleuchten. Dieses Thema bzw. auch die Atmosphäre bleibt die gleiche: Die Mahnungen werden in einem Rahmen fortgesetzt, der wieder die Distanz bewußt macht, in die der christliche Glaube gegenüber dem Üblichen versetzt. Wie in 1,1 werden die Christen wieder als »Deplazierte« apostrophiert; sie nehmen Abschied von den gängigen Lebensorientierungen (»Leidenschaften«); sie sind als Verbrecher verleumdet. Genau das ist der Umstand, von dem der Brief reden und in dem er helfen will. Hier wird, wie auch später noch wiederholt, mit dem möglichen missionarischen Effekt eines »guten Lebens« zum Einsatz motiviert. Erstmals ist hier die gefährlich offene Situation der Christen angesprochen: Sie gewinnen durch ihren Lebensstil eventuell Anhänger, aber auch Feinde. – Durch den Wechsel der Diktion und des jeweiligen Bezugsrahmens[365] wird vom Verfasser eine Monotonie in den verhältnismäßig umfangreichen Paränesen vermieden, die sich dezidiert noch bis 5,11 fortsetzen, also den gesamten Brief ausmachen.

Analyse

Der seinem Sinn nach leicht verständliche V 11 fährt fort mit einer üblichen Redeweise, in der die Welt und die Wirklichkeit in zwei Bereiche, zwei Sphären oder »Kraftfelder« aufgeteilt sind. Die Anrede »Geliebte« (auch 4,12), die als Anrede und als Bezeichnung für die Christen einem verbreiteten urchristlichen Sprachgebrauch entspricht, ist dabei charakteristisch für die interne Gemeinsamkeit und Verbundenheit in der Christengemeinde. Es gibt aber die Umwelt, den Außenraum zu dieser Gruppe: Daran gemessen, sind dieselben Angeredeten »Rechtlose in der Fremde« (πάροικος ist der Fremde, der an seinem Aufenthaltsort kein Bürgerrecht hat, παρεπίδημος derjenige, der sich für kurze Zeit in fremder Umgebung aufhält)[366]. Beide Perspektiven verschränken sich in der urchristlichen Literatur (bzw. Predigt) fortwährend miteinander. Die Sprache spiegelt sowohl die Kommunikation unter den Gleichgesinnten und

Erklärung 11

---

[365] *Lohse*, Paränese 73, sieht den Einschnitt gravierender: Mit 2,11 beginnt eine »relativ geschlossene Einheit« (bis 3,12), »durch die Anrede (ἀγαπητοί) deutlich als Neueinsatz gekennzeichnet«.
[366] *Cross*, I.Peter 27, glaubt an eine Bezugnahme auf Lev 25,23; *Unnik*, Verlossing 90–96, will den 1Petr partout ins proselytisch-judenchristliche Milieu situieren und sieht die Adressaten hier als »Gottesfürchtige« im jüdisch-frühchristlichen Sprachgebrauch identifiziert. Zum Thema dieser Diktion auch *Jonge*, Vreemdelingen.

Zusammengehörigen als auch deren Differenz und Distanz gegenüber der Umgebung. Die Diaspora-Erfahrung der damaligen Christen in der Minderheit war auch 1,1 schon, ebenfalls in einer Anrede (sc. der Adresse), ausgesprochen. Sie ist wohl nicht nur als Beschwerlichkeit und Isolation zu kennzeichnen, die beide für die christliche Existenz des 1Petr bezeichnend sind, sondern hat gleichzeitig auch die Aura des Elitären. Die Christen sind »(von Gott) ausgewählte Fremde in der Zerstreuung« (1,1). Die geringe Zahl, die kleine Gemeinde hat diese Möglichkeit der Selbstbestätigung, daß sie sich als die wenigen sieht, die von Gott für das Heil vorgesehen sind und aus der jetzigen, nicht heimischen Umgebung herausgeholt werden, die mit ihnen nicht übereinstimmt.

Diese Idee wird hier wie immer paränetisch eingesetzt: Die »Fremdheit« der Christen soll deutlich sein, muß sich folglich in der Andersartigkeit eines bekehrten Lebens zeigen. Das wiederholt der Brief oft genug. Wie 2,1 (»legt ab«) ist das hier in eine negative Weisung gefaßt: »enthaltet euch«. Es gibt Verhaltensmuster, die mit dem Christsein unvereinbar sind, denen man nicht mehr angepaßt sein kann (1,14). Sie sind hier wieder pauschal die »Leidenschaften«, werden aber bald, z. T. wenigstens, bei ihren einzelnen Namen genannt.

Das Attribut σαρκικῶν zu ἐπιθυμιῶν wurde mit »sinnlich« übersetzt, weil das wörtliche »fleischlich« im Deutschen unzutreffende Assoziationen einbringt. Mir scheint im Hinblick auf die Diktion und das Denken des 1Petr die Bemühung richtig, das doch recht undramatische Adjektiv »fleischlich« sowohl vom Gebrauch bei Paulus[367] als auch von der »typisch hellenistischen Dichotomie«[368] abzurücken[369]. Die Vermutung, daß libertinistische Christen die Freiheit von V 16 mißbrauchten und vornehmlich auf dem Sektor der σαρκικαὶ ἐπιθυμίαι (im wörtlichen Sinn) den Heiden Anlaß zu (in diesem Fall berechtigten) Vorwürfen gaben, die dann auf alle Christen ungerecht ausgedehnt wurden, ist hier wohl zu kompliziert und historisch vielleicht auch verfrüht (aus dem 3. und 4. Jh. kennen wir diesen Sachverhalt allerdings). Das Adjektiv σαρκικός scheint ein Routine-Wort für »begierlich, sinnlich, sündhaft« zu sein (ohne große anthropologische, philosophische, soteriologische Implikationen).

Über die adäquate Übersetzung von ψυχή kann man in diesem Fall streiten. Wir haben bisher einmal mit »Leben« (1,9), einmal mit dem Personalpronomen »euch« (1,22) übersetzt. Hier im V 11 kann wörtlich mit »Seele« übersetzt werden, wenn das nicht als Signum einer unbiblischen dichotomischen Anthropologie[370] (nach welcher der Mensch aus Leib und Seele in dualisierender Gegenüberstellung besteht) mißverstanden wird. »Seele« ist dann das Wort für den Menschen, insofern er einen Willen zum Guten und die Sorge um ein rechtes Leben in sich trägt[371]. Denn es heißt ja, daß die Leidenschaften

---

[367] Gegen *Hort* 133; *Beare* 135f.
[368] So *Schrage* 86.
[369] Siehe *Kelly* 104; *Best* 110f; *Schelkle* 70.
[370] *Schrage* 86 nimmt sie allerdings, m. E. reichlich schnell, für 1Petr an.
[371] Vgl. *Schlier*, Adhortatio 76: Die »Begierden« »streiten ständig gegen das, was das Leben ausmacht, die ›Seele‹«.

(sc. im pejorativen Sinn) offenbar als solche mit der »Seele« streiten, die Seele also von sich aus anderes will. Die Beschreibung eines inneren Widerstreits im Menschen ist ntl. und darüber hinaus konventionell[372]. Man sollte sie in unreflektierten Versionen wie 1Petr 2,11 nicht mit metaphysischen oder theologischen Gewichten befrachten, sondern eher als protreptische Redensart betrachten.

In der positiven Entsprechung zum »enthaltet euch« ist jetzt zum erstenmal die 12 für 1Petr wichtige Rücksicht darauf ausgesprochen, daß die Christen ihr Leben nicht für sich allein und in der isolierten Gruppe leben, sondern immer Zeugen haben und Reaktionen auslösen[373]. Und erstmalig ist hier konkreter die »Leidens«-Situation (1,6) besprochen: Die Christen werden, weil sie Christen sind, als Übeltäter (auch 2,14; 4,15), als Kriminelle diffamiert. Das hat nichts mit staatlicher Verfolgung zu tun, bedeutet aber gesellschaftliche Diskreditierung und gefährliche Aversionen gegen die Minderheitsgruppe[374]. Ihr Leben ist »unter den Heiden«, die nach anderen Maximen leben. Die Andersartigkeit der Christen bleibt nicht unauffällig, sondern wird übel vermerkt. Und an dieser Stelle kommt eine eigentümliche Dialektik in die Argumentation des 1Petr, die sich im V 12 recht klar zeigt. Einerseits werden die Christen (auf ihr Christsein hin: 4,16) als schlechte Menschen verleumderisch diskriminiert. Andererseits verspricht sich Ps-Petrus aber vom lauteren, konsequenten Leben aus dem Glauben, also vom Christsein selbst, die Widerlegung dieser Verleumdung und sogar die Gewinnung der Verleumder für den Glauben[375]. Das ist deshalb zunächst nicht schlüssig, weil wir historisch wissen, daß die vom 1Petr beklagten Verleumdungen und Schmähungen aus der gesellschaftlichen Absonderung der Christen in ihre Gemeinde und in ihr verändertes Leben hinein zu erklären sind. Und dieser Zusammenhang wird von Ps-Petrus ebenfalls wörtlich ausgesprochen (4,4), ist ihm also bewußt. Je deutlicher die Christen Christen sind, desto ärgere Aversionen müßte er folglich erwarten. Und doch verspricht er sich von einem demonstrativ »guten Leben« der Christen die Widerlegung der antichristlichen Vorwürfe und sogar werbende Wirkung. Das bedeutet ja, daß ein Konsens zwischen Christen und Heiden über das besteht, was ein »gutes Leben« ist, was »gute Taten«[376] sind. Sonst könnte die Zustimmung der Heiden nicht erwartet werden. Der Brief selbst hebt m. E. diese Eigentümlichkeit nicht auf, daß die Heiden einerseits diejenigen sind, die sich über das ver-

---

[372] Siehe *Schelkle* 70.
[373] Für die missionarische Tendenz in paränetischen Ausführungen gibt es jüdische Vorbilder, die auf die werbende Wirkung des Verhaltens unter Heiden und Proselyten abheben: D. *Daube*, Jewish Missionary Maxims in Paul, in: StTh 1 (1948) 158–169 bes. 160.
[374] Ein genaueres Bild von der Art der »Verfolgung« nach dem 1Petr oben Einleitung A.II und bei *Brox*, Situation 6f.11f. Vgl. *Schelkle* 71.

[375] *Unnik*, Verlossing 102, irrt sicher, wenn er die Juden für die Verleumder des V 12 hält und die Heiden für diejenigen, die Gott loben, sich also bekehren.
[376] Das in V 12 zweimal verwendete καλός (gut) ist in der Umwelt ein geläufiger Terminus für das sittlich Gute und kann hier im 1Petr geradezu als Signal für die vorausgesetzte Übereinstimmung mit den Heiden in der ethischen Idealvorstellung gewertet werden.

änderte sittliche Leben, also die neuen ethischen Standards der Christen ärgern (4,4), andererseits aber diese Standards selbst gutheißen und akzeptieren und sich möglicherweise durch sie zum Christentum bekehren lassen. Man hat es mit zweierlei verschiedenen apologetisch-paränetischen Argumenten zu tun.

Aber darüber hinaus vermute ich, daß diese Widersprüchlichkeit sich so erklärt: Die Heiden haben an den Christen nicht deren anspruchsvolle, hochstehende Ethik als solche diffamiert (abgesehen von fremdartig und exzentrisch empfundenen Einzelheiten); die Christen konnten, zumal mit ihren sozialen Tugenden, immer beeindrucken. Aber ausgesprochen ärgerniserregend, beleidigend, töricht und auch kriminell wurde es empfunden, daß die Christen sich zur Abgrenzung und zur Vermeidung religiöser Kompromisse von allem weit zurückzogen, was im öffentlichen und privaten Leben heidnisch-kultische Implikation hatte. In den Augen der Heiden verletzten sie damit das Gute und Fromme. Daß sie diese »Verletzungen« zum religiös-moralischen Ideal stilisierten, war für fromme und patriotische Nichtchristen wegen der religiös-politischen Bedeutung aller kultischen Bezüge skandalös. So ist möglicherweise das beschriebene Phänomen zu erklären: Einerseits stößt christliches Verhalten als solches auf Widerspruch und »Verleumdung«, andererseits wirkt es positiv und attraktiv. Wenn ein christlicher Prediger wie Ps-Petrus nicht unterscheidet, daß es sich aus heidnischer Perspektive um jeweils verschiedene Dinge handelt, so ist das aus seiner eigenen Tendenz heraus begreiflich. Die Lösung kann im Sinne des 1Petr jedenfalls nicht darin liegen, beim »Verleumden« und beim »Loben« verschiedene Gruppen von Heiden vorauszusetzen. Denn in V 12 ist ἐν ᾧ (wie in 3,16 und anders als 1,6; 3,19; 4,4) eine temporale Konjunktion in der Bedeutung von »während« oder »gerade dann, wenn«[377]. Damit ist eine Identität des Subjekts verlangt.

Diese Betonung der sittlichen Anstrengung der Christen, ihrer »guten Werke« (vgl. auch Past), braucht nicht nervös vor dem Verdacht geschützt zu werden, hier sei Gottes Gnade vergessen. Menschliches Vermögen ist ntl. immer geschenktes Können und Gelingen. Die Allergie gegen eine hohe Einschätzung der menschlichen Anstrengung ist ntl. überflüssig. Die Anstrengung wird im NT ständig verlangt, und im vorliegenden Text muß mit einem Traditionszusammenhang zurück sogar bis Mt 5,16 gerechnet werden.

Das Gotteslob der durch sichtbares (ἐποπτεύοντες)[378] Christsein Bekehrten wird auf das Ende datiert, was wohl die entscheidende und endgültige Heilsperspektive der Bekehrung zeigen oder aber die Erwartung auf ein letztlich und endlich zwingendes Sich-Durchsetzen der »Wahrheit« (1,22) bei allen Menschen ankündigen will. Die ἡμέρα ἐπισκοπῆς (Übersetzung: »Tag des Ge-

---

[377] *Fink*, Use 34.
[378] Wenn man zu diesem Partizip ein Objekt suchen muß, da der absolute Gebrauch äußerst selten ist, dann kommt (zumal im Blick auf 3,2) am ehesten die ἀναστροφὴ καλή vom Beginn des V 12 in Frage (*Meecham*, Note 93 mit Nachdruck).

richts«) wird aus biblischen und frühjüdischen Vorstellungen abgeleitet[379]. Wörtlich ist ἐπισκοπή die »Heimsuchung«. Bei den übrigen eschatologischen Hinweisen im Brief (bes. 4,7) ist aber an die letzte »Heimsuchung« zu denken und gleich mit »Gericht« zu übersetzen, was biblisch freilich immer auch »Heimsuchung« der (aller) Menschen durch Gottes Gnade bedeutet[380].

In schlichten Appellen wird neuerdings das Unterscheidende christlicher Existenz gegenüber der Umgebung beschworen und außerdem jetzt eine Konkretisierung der Absicht des ganzen Briefes eingeleitet: Einerseits kommt die Situation der Adressaten deutlicher heraus als bisher; sie werden von den Menschen ungerechterweise kriminalisiert (»κακοποιός/Verbrecher« ist keine harmlose Bezeichnung). In einem Rundschreiben wie dem 1Petr kann davon so generell nur geredet werden, wenn es zu seiner Zeit eine verbreitete antichristliche Stimmung dieser Art und so etwas wie eine kollektive Aversion gegen die Christen gab, die sich offen aussprach und (s. u.) auch tätlich wurde. Außerdem wird das moralische Verhalten der Christen, das von ihnen verlangte »gute Leben«, diesmal nicht nur als Dank und Antwort auf das erfahrene Heil und als Bewährung im Glauben qualifiziert, sondern erstmals unter den wichtigen Aspekt gestellt, daß die Christen mit ihrem Verhalten Einfluß auf die Menschen und deren Verhältnis zu Gott nehmen. Die Reaktion sind Verleumdung oder Bekehrung (wie später, z. B. 3,1, deutlicher als hier ausgesprochen wird). Man ist versucht, die Christen unter Bezug auf die VV 4–8 »Ecksteine« zu nennen, an denen die Menschen sich scheiden und deren Verwerfung durch Menschen nichts über den tatsächlichen Sinn ihrer Existenz aussagt. Voraussetzung für die Gültigkeit dieser Parallelisierung aller Christen mit dem »Eckstein« Christus ist allerdings das »gute Leben«, das Christen leben und das im 1Petr durch 2,22f und andere Texte zu einem ganz klaren und anspruchsvollen Kriterium gemacht ist, das am Leben dieses Christus Maß nimmt.

Zusammenfassung

10. *2,13–17 Die Christen als loyale Bürger – Die Verbindlichkeit der christlichen Freiheit*

**13 Seid jeder menschlichen Instanz um des Herrn willen untergeben, sei es dem Kaiser als dem Übergeordneten, 14 sei es den Statthaltern als denen, die von ihm beauftragt sind zur Bestrafung der Verbrecher und zur Auszeichnung der Rechtschaffenen. 15 Denn das ist Gottes Wille, daß (ihr) durch gute Taten dem Unverstand der törichten Leute**

---

[379] *Bornemann,* Petrusbrief 146 Anm. 1 u. 150 (Weish 3,7 u. Ps 34,16); *(Windisch-) Preisker* 154: »Vgl. Hen 1,1 (Tag der Trübsal); 96,2 oder Tag des Verderbens Hen 96,8«; *Beare* 138 u. *Schelkle* 72 (Jes 10,3). Ausgeschlossen der Einfall von *P. Schmidt,* Zwei Fragen 45 Anm. 1: »Gar nicht unmöglich, daß bei 1.Pt. zunächst an die Inspektion der röm. Inquisitoren gedacht ist, deren Ausgang dann freilich ein Gottesgericht sein wird.«

[380] Vgl. zum Terminus auch *Unnik,* Teaching 103–105.

**den Mund verschließt; 16 als Freie, und ohne die Freiheit als Deckmantel für die Schlechtigkeit herzunehmen, sondern als Diener Gottes. 17 Ehrt alle Menschen, liebt die Brüder, »fürchtet Gott«[a], ehrt den »Kaiser«[a].**

a Spr 24,21.

Analyse  Nach V 12 ist diese Aufforderung zur Loyalität gegenüber den politischen Instanzen überraschend, weil dort ganz klar eine »Kampagne« gegen die Christen in der Öffentlichkeit avisiert war. Der ganze Brief bezeugt, vor allem in seiner zweiten Hälfte, für die damaligen Christen innerhalb der nichtchristlichen Gesellschaft, in der sie eine schwache Minderheit noch waren, eine Mentalität, auf die hin die hier sich äußernde Bereitschaft zum Arrangement erstaunlich ist. Einzig die Aufforderung als solche, »sich zu fügen«, ist typisch für den 1Petr (2,18; 3,1.5; 5,5), aber ihre offenbar unproblematische Ausrichtung auf den Staat ist es, wie gesagt, angesichts des sonstigen Bildes, das der 1Petr von der Öffentlichkeit zeichnet, eigentlich nicht. Aber dafür gibt es eine Erklärung (s. u.). Auffällig ist die große Nähe der VV 13f zu Röm 13,1–7 (vgl. Tit 3,1), die nicht auf literarische Abhängigkeit, wohl aber auf die Existenz einschlägiger Paränese-Formeln schließen läßt[381]. Der Rückgriff auf eine solche Formel kann im Kontext von 1Petr die angedeutete relative Befremdlichkeit des ungefragt positiven Bildes vom heidnischen Staat erklären. Schon aufgrund des Verbum ὑποτάσσεσθαι (»sich fügen«), das mit dieser frühen Formel einer politischen Ethik sichtlich verbunden war (vgl. Röm 13,1.5; Tit 3,1), mußte der Verfasser Sympathien für sie haben; aber auch von seinem Begriff eines guten, vorbildlichen Lebens her kann ihm dieses Muster einer Mahnung als solches willkommen gewesen sein (s. u.).

Im übrigen zeigt sich der traditionelle Charakter des ganzen Passus auch in der routinemäßigen Beschreibung der staatlichen Funktionen (V 14; vgl. Röm 13,3f) und in der abschließenden Sammelanweisung V 17, die in dieser Form hier an sich schlecht paßt, weil die Paränese detailliert fortgesetzt wird, so daß V 17 kaum ad hoc und als Übergang zu V 18 formuliert ist, sondern als Abschlußformel einer übernommenen geformten Einheit mitzitiert sein dürfte (der harte Übergang von V 17 zu 18 erklärt sich wohl daraus, daß von 2,13 bis 3,7 Exempel von »Unterordnungs-Ethik« gesammelt sind). Aus diesem Grund und wegen weiterer Beobachtungen ist 2,13–17 auch nicht als Teil der folgenden »Haustafel« anzusehen, die nämlich lediglich von 2,18 bis 3,7 reicht[382].

---

[381] Zutreffend *Selwyn* 426–429; *Lohse*, Paränese 73f; *Kamlah*, ΥΠΟΤΑΣΣΕΣΘΑΙ 240 Anm. 14; *Unnik*, Parallel 200. Anders z. B. *Knopf* 104.
[382] Dieser Meinung bin ich mit z. B. *Knopf* 110f, der sie allerdings nicht detailliert begründet, *Goppelt*, Prinzipien 288, u. *Thompson*, Submissive 67. Ich beziehe mich außerdem auf den letzten Teil der Definition durch *Schrage*, Ethik 2, wonach die Haustafeln »inhaltlich vor allem das Verhalten der verschiedenen Stände zu ordnen versuchen«. *Schrage* selbst rechnet 2,13–17 allerdings (wie andere, z. B. *Schelkle* 97f) zur Haustafel. Bei *Lohse*, Paränese 77; *Schlier*, Adhortatio 76f; *Balch*, Wives pass. reicht sie (ohne eigenen Nachweis) sogar von

Andernfalls müßte man wegen des schon angedeuteten schlechten Anschlusses von V 18 an V 17 zur These greifen, daß der Verfasser eine Umstellung der einzelnen Teile seiner Haustafel vorgenommen hat. Daß 2,13–17 einerseits und 2,18–25; 3,1–6.7 andererseits Teile ein und derselben Haustafel und noch dazu in dieser Reihenfolge waren, halte ich wegen der Besonderheit von V 13 für ausgeschlossen: Während für Sklaven, Frauen und Männer (s. u.) in 2,18; 3,1; 3,7 ganz im Stil der Haustafeln »die Einzelmahnungen durch direkte Anrede im Nominativ und Artikel«[383] eingeleitet sind, fehlt jede Anrede in 2,13. Außerdem ist die Ermahnung in 2,13 in den direkten Imperativ (ὑποτάγητε) gefaßt, während sie in 2,18; 3,1.7 jeweils im imperativischen Partizip steckt. Das ist beim Stilgefühl des Verfassers wohl kaum anders als durch die Übernahme ursprünglich getrennter Formeln zu erklären. Weil obendrein 2,13–17 das einzige Beispiel für die Zugehörigkeit des Themas »Staatsbürger« zur christlichen Haustafel wäre, möchte ich zurückhaltend sein und wegen der genannten Formprobleme dem Text diese Beweislast lieber nicht anhängen[384]. Statt dessen stellt 2,13–17 eine der hier aufgereihten paränetischen Einheiten dar (wie VV 11–12; V 18 bis 3,7; 3,8–12), die in sich stehen. Die Verwendung einer solchen Einheit von paränetischen Sentenzen erklärt auch die gegenüber V 12 unvermittelte Loyalitäts-Thematik, also die fehlende Verbindung nach rückwärts. Umgekehrt kam die Zusammenstellung des Textes mit den Haustafel-Kapiteln 2,18–3,7 sicher dadurch zustande, daß der Verfasser Beispiele von »Unterwerfungs-Ethik« sammelte (siehe zu 3,1). Für die inhaltliche Erklärung des 1Petr hängt von der traditionsgeschichtlichen Zuordnung dieses Textes nichts Entscheidendes ab, wohl allerdings einiges für die Erforschung der Haustafel-Tradition und ihrer Bestandteile.

Nur der erste Satz (VV 13f) dieser neuen Reihe von Handlungsanweisungen bezieht sich ausschließlich auf das Verhältnis der Christen zum Staat (vgl. Röm 13,1–7; 1Tim 2,1–3; Tit 3,1–3); die anschließenden Zeilen (VV 15–17) generalisieren bereits wieder zu Grundeinsichten. Das Thema Staat und Christ ist ein Exempel für konkrete Fälle des typisch christlichen Verhaltens im Sinn des 1Petr. Es folgen weitere Beispiele, wozu ab V 18 eben die Haustafel praktisch ist, weil sie von Haus aus einzelne Gruppen und bestimmte Situationen berücksichtigt[385]. Nun fällt sofort auf, daß sich das Verb ὑποτάσσειν wiederholt: 2,13.18; 3,1.5; 5,5. Nicht in allen (z. B. 3,7), aber in vielen Fällen christlichen Verhaltens liegt für den 1Petr das Ideal in einem »Sich-Fügen«, »Sich-Unterwerfen«. Der Terminus ὑποτάσσεσθαι ist vom Verfasser zwar nicht in eigener Wahl eingesetzt, sondern er gehört deutlich zum tradierten Einzelsatz (2,13), zur vorgegebenen Haustafel (2,18; 3,1), zur Sprache der Kirchenord-

Erklärung 13

---

2,11 bis 3,12. Das Ende wird auch von *Wengst*, Formeln 161, hinter 3,7 gesehen.
[383] *Schrage*, Ethik 2 Anm. 2. In 3,1 ist der Artikel allerdings textkritisch nicht gesichert.
[384] *Schrage* 87 umgeht das Problem, indem er auch Röm 13,1–7 zur »Haus«-Tafel-Tradition zählt und ihm dann 1Petr 2,13–17 als weiteres Indiz dafür gilt.
[385] Vgl. die Erklärungen zu 2,18–25; 3,1–7.

nung (5,5), wie über den 1Petr hinaus Röm 13,1.5; Kol 3,18 / Eph 5,22 u. a. Stellen zeigen, in denen die Unterordnung als traditioneller Grundtyp christlichen Verhaltens begegnet[386]. Aber er deckt sich mit der Leitvorstellung des Ps-Petrus, der ihn gern seinerseits aufgreift (3,5). Christliches Leben äußert sich für ihn in vielen Hinsichten und Fällen als Unterordnung, und zwar heißt das als Einordnung, als respektvolle, den Gegebenheiten angemessene Anerkennung der eigenen Position und Pflicht. Das Sich-Fügen entspricht einer Vorliebe für ordnungsgemäßes Leben, die der 1Petr mit der von ihm fortgesetzten frühkirchlichen Tradition teilt, wie der Stil seiner Rezeption in 2,13–3,7 zeigt.

Dabei ist diese Sympathie zeitgemäß an patriarchalischen und autokratischen Ordnungsvorstellungen orientiert. Unterordnung ist das rechte Sich-Einordnen in das soziale Gefüge von Oben und Unten[387]. Das ist für die Loyalitätsforderung des V 13 gegenüber dem Staat in Form des Imperativs ὑποτάγητε wichtig zu sehen. Für Ps-Petrus ist das »Sich-Fügen« gegenüber den politischen Instanzen einer von vielen Fällen der Bewährung in den gegebenen Ordnungen; ὑποτάσσεσθαι (»sich unterordnen«) ist ein ethischer Standard dieses Briefes, der in großer Nähe zu allen Appellen auch an die Leidensbereitschaft als Akzeptation von Schwierigkeiten und Unrecht steht. »Sich-Fügen«, »Sich-Unterwerfen« mutet wie ein Wechselwort an für »richtiges«, »korrektes« Verhalten in den sozialen Bezügen. Wenn man 3,7–9 und 5,5b bedenkt und einbezieht, muß man die »Unterordnung« letztlich (zumindest auch) als Verzicht auf Selbstbehauptung und Macht, als »Verwirklichung von Demut«[388], letztlich als zwischenmenschliche Liebe begreifen. So weit geht das in der vorliegenden Paränese freilich nicht. Aber auch sie bekommt dadurch ihre christliche Richtung, wie die Interpretation des ὑποτάσσεσθαι durch die Freiheit im V 16 zusätzlich zeigt. Einzelne Gruppen sind anderen gegenüber zur »Unterwerfung«, d. h. zum sozial entsprechenden Verhalten verpflichtet. Und alle Christen miteinander sind in diesem Sinn gehalten, sich dem Staat in seinen Instanzen »zu fügen«.

Damit ist folglich das anerkanntermaßen korrekte Verhalten gegenüber den politischen Autoritäten verlangt. Man kann dies eine gefährlich naive Loyalität nennen, aber es geht tatsächlich, zunächst jedenfalls, nicht um politische Loyalität der Christen als solche, sondern um richtiges und gutes Verhalten[389], das in diesem Fall freilich in der Loyalität (wie im Fall der Ehe 3,1 in der Anerkennung des patriarchalischen Autoritätsgefälles) gesehen wird. Ob außerdem hier (wie von den Apologeten des 2. Jh.s) doch schon zur demonstrativen Loyalität aufgerufen wird, um die heidnische Anklage (»Verleumdung«) poli-

---

[386] *Kamlah*, ΥΠΟΤΑΣΣΕΣΘΑΙ 237.
[387] Den konservativen Charakter dieser urchristlichen Tradition zeigt *Kamlah*, ΥΠΟΤΑΣΣΕΣΘΑΙ 239f.
[388] *Kamlah*, ΥΠΟΤΑΣΣΕΣΘΑΙ 241–243.
[389] Ähnlich *Finkbiner*, Church and State 182; *Goldstein*, Paränesen 95f. *Goppelt*, Prinzipien 290 (= Sozialethik 23) deutet das als ein Prinzip flexibler Sozialethik: »Stellt euch in die jeweils für euch gegebenen sozialen Ordnungen hinein und verhaltet euch ihren Spielregeln gemäß!«

tischer Unzuverlässigkeit bzw. Schädlichkeit gegen die Christen zu unterlaufen, läßt sich aus dem Brief nicht feststellen; es würde aber exzellent zu seiner Atmosphäre und zu seinen Absichtserklärungen (wie V 15) passen.
Ein Problem sind Übersetzung und Verständnis von κτίσις (oben übersetzt mit »Instanz«), das wörtlich »Schöpfung« heißt. Kommt der wörtliche Sinn hier in Frage, und worauf zielt die Aussage dann, d. h., ist das Werk (und welches?) von Menschen gemeint oder »Schöpfungen« Gottes für die Menschen[390]? Sind nur die politischen Instanzen gemeint, oder sind auch die folgenden Institutionen von Ehe und Familie und Hausstand mitgemeint[391]? Dies letzte ist ganz unwahrscheinlich, wenn bzw. weil 2,18–3,7 zur Haustafel gehört und hier bloß sekundär mit den VV 13–17 verbunden wurde. Man kann in diesem so stark mit Formelgut und ganzen paränetischen Mustern durchsetzten Text nicht ohne weiteres mit den Kontinuierlichkeiten individuellen Schreibstils rechnen. Ich halte es darum nicht für möglich, in V 13a eine Einleitungsformel (»Unterwerft euch allen menschlichen Schöpfungen«) zu allen folgenden Standesparänesen zu sehen. V 13b und 14 sind mit 13a formal engstens verbunden, und der Sinnabschnitt erschöpft sich mit V 17. Das doppelte εἴτε soll VV 13f den Begriff aufschlüsseln; im späteren Text findet sich aber kein Indiz, daß dies sinngemäß fortgesetzt würde. Im Zusammenhang bleibt trotz der philologischen Verlegenheit, daß man den genau entsprechenden Gebrauch anderweitig nicht nachweisen kann (κτίσις kann zwar die Gründung einer Stadt bezeichnen: Polybios, Hist. IX 1,4), keine andere Wahl, als κτίσις allein auf die politischen Institutionen zu beziehen[392]; das bedeutet dann eher »Einrichtung« als »Schöpfung«. Es kann nur die (von Menschen eingerichtete[393]) Behörde, Institution, Instanz gemeint sein[394]. Ihr sollen die Christen sich im beschriebenen Sinn fügen, und zwar »um des Herrn willen«, was auf Gott zu beziehen ist, weil für eine christologische Bedeutung von κύριος hier nichts spricht.
Im Verhalten gegen den Staat liegt also ein Fall von Bewährungsmöglichkeit

---

[390] Z. B. *Hort* 139: »(divine) institution among men«; ebenso *Stibbs* 109; *Schelkle* 73, der hier und unter Bezug auf 2,13 fälscherweise auch für 3,1 (88) und 3,7 (91) von »Schöpfungsordnung« spricht, um deren Erhaltung es dem 1Petr gehe. *Beare* 141 hält das für Eintragung aus Röm 13,1–7, die *Best* 113 wörtlich vornimmt.
[391] So *Hort* 140: »a social order, of which the chief elements were the state, the household, and the family«; ebenso *Selwyn* 172; *Best* 114; *Kelly* 108.
[392] Auch *J. B. Bauer* 31; *Beare* 141.
[393] Daß im Ausdruck »menschliche Schöpfung« eine gezielte Entmythologisierung von Staat und Kaisertum angesichts gesteigerter Tendenzen politischer Apotheose zu sehen sei (so *Philipps*, Kirche 31; vgl. *Schrage* 88), ist sicher nicht richtig, u. a. weil die Tendenz des Satzes auf Loyalität, nicht auf kritische, restriktive Distanz geht. 1Petr geht in der Applikation der Tradition nicht so weit, daß er hier z. B. auf Domitians Religionspolitik antworten würde.
[394] *Beare* 141; *Reicke* 95 (»all human authority«). *Teichert*, 1.Petr 2,13; *Finkbiner*, Church and State 181; *Kelly* 108; *Schrage* 88 halten nur »Schöpfung« (i. S. von: »alle Menschen«) für richtig. G. *Delling*, ThWNT VIII, 46, kurzum: »Ordnet euch jedermann unter«, indem er fälschlich und unter Mißachtung der Bedeutungsverschiedenheit der Verben mit V 17 parallelisiert (ebd. Anm. 33); ganz ähnlich *Kamlah*, ΥΠΟΤΑΣΣΕΣΘΑΙ 237 Anm. 1 (»alle Menschen«). Vgl. *Schrage*, Ethik 12.

bzw. -pflicht vor. Das rechte Verhalten in diesem Punkt ist eine der im V 15 mit ihren Auswirkungen apostrophierten »guten Taten«[395]. Mit βασιλεύς = König ist der römische Kaiser gemeint, mit den ἡγεμόνες seine höchsten Beamten in den Provinzen. Für den Kaiser wie für seine delegierten Machtträger sind hier berechtigte Ansprüche an die Bürger, namentlich die Christen, for-
14 muliert. Das wird aus einer sehr schlicht beschriebenen Kompetenz der Politiker begründet: Sie verfügen über das Urteil zwischen Recht und Unrecht und haben die gerechte Reaktion darauf als Strafe und Lohn zu praktizieren[396]. Das ist im Briefzusammenhang (V 15 u. 4,15) zu lesen: Kein Christ darf in der Öffentlichkeit kriminell, sondern nur durch »gute Taten«[397] auffallen. In dieser Richtung liegt der Sinn der Paränese zum Verhältnis gegenüber dem Staat. Dazu wird keine Staatstheorie, sondern der (schon jüdisch) konventionelle[398] ethische Aufruf zur Unterordnung bemüht. Dieses ganze Paradigma (Christen und Staat) ist nicht sorgfältiger ausgearbeitet als die Haustafel-Beispiele vom Sklavenstand und der Ehe. Nur war man in der späteren Geschichte der Kirche an den Aussagen über Christ und Staat stärker und aktueller interessiert, so daß etliches um den Text mehr, als begründet ist, problematisiert wurde. Es geht dem 1Petr um gute Taten; gute Taten sind erbracht, wo sich jemand »unterordnet« oder »einordnet«; ein Fall dafür ist die Loyalität gegenüber den politischen Instanzen. Das ist nicht im Sinn einer Staatstheorie verwertbar (über sie ist nichts gesagt), und es ist auch falsch, das als programmatischen und dubiosen Konservatismus im Politischen hinzustellen. Der 1Petr verlangt sittliche Bewährung der Christen in einem durch den traditionellen Topos der »Unterwerfung« geregelten Bereich. Anachronistische Fragen (z. B. nach Reform im politischen System, in der Struktur von Ehe und Haus) können zwar an alte Texte gestellt werden, und sie tragen zur Einsicht in die epochale Differenz bei; aber sie helfen zum Textverständnis selbst nicht durch moralische Zensuren weiter.

Wie unreflektiert der 1Petr bezüglich der Frage nach dem Staat bleibt und wie sehr er sich damit begnügt, nichts anderes als Paränese zu sein, zeigt der Unterschied zum viel umfangreicheren und stärker argumentativen Röm-Kapitel 13. Die Überlegungen des Paulus z. B. aus Röm 13,1b–2 haben bezeichnenderweise keine Entsprechung in 1Petr 2,13f[399]. Die theologische Qualifi-

---

[395] Genauso A. Barr, Submission Ethic 29–32, der allerdings den konventionellen Charakter dieser Ethik sowie die Gefahr des Konformismus in der Konsequenz unterschätzt.
[396] Unnik, Parallel, hält diese Antithese für einen Topos der hellenistischen Popularphilosophie, für den er zwei Belege aus dem Historiker Diodoros v. Sizilien (1. Jh. v.Chr.) beibringt. Der »Lohn« für gute Taten ist dann in Auszeichnungen staatlicherseits zu sehen.
[397] Nach Unnik, Teaching 99, ist es etwas anders: ἀγαθοποιός ist der, der mehr tut als seine Pflicht. Die Christen sind dann hier zu großer bürgerlicher Vorbildlichkeit ermahnt, um Kritik am Christentum zu widerlegen.
[398] Kamlah, ΥΠΟΤΑΣΣΕΣΘΑΙ 239.
[399] Das kann ich allerdings nicht, wie Schrage, Ethik 10, als eine (sc. bewußte) »wesentlich kritischere Weltsicht ... als selbst Paulus« sie hatte, verstehen. Wir haben Formeln vor uns, nicht tendenziell geladene Reflexionen; Goldstein, Paränesen 95, hört eine »Kontestation« heraus (vgl. 100–102: wachsende Skepsis im 1Petr gegen den Kaiserkult). Zu viele Absichten erkennt wie Goldstein auch Goppelt, Ver-

zierung der politischen Instanzen als Einrichtungen göttlicher Herkunft fällt in 1Petr 2 gegen Röm 13,4.6 aus[400]. Aber niemand kann nachträglich kontrollieren, wieviel Absicht und Programm in dieser Differenz steckt. Im übrigen zählt in der neueren Forschung die Relation beider Texte zueinander zu den Signalen für die zutreffende Bestimmung des Nahverhältnisses zwischen dem Röm und dem 1Petr. Dieses Verhältnis kann nur auf vergleichbaren Traditionen von verwandter Natur beruhen, die jeweils rezipiert und angewendet wurden. Die Loyalitätserklärung VV 13f ist oft und zu verschiedenen Zwecken mit der Frage nach der Situation des 1Petr gekoppelt worden. Die Verfolgtensituation und eine solche Erklärung gegenüber dem Staat schließen sich nicht aus[401]. Einerseits konnte die Märtyrerkirche dezidiert an ihrer Loyalität festhalten (vgl. MartPol 10). Andererseits zeigt der 1Petr nirgends, daß die Kirche seiner Zeit sich vom Staat verfolgt und bedrängt fühlte. Ihr kam Gefahr von der Volksstimmung und von der gesellschaftlichen Isolation, nicht von Gesetzen oder Maßnahmen des Staates her. Da konnte sie gleichzeitig völlig unbefangen ihr Verhalten zum Staat formulieren[402]. Die VV 13f sind für die literarischen Teilungshypothesen, wonach erst ab 4,12 ein Brief mit Verfolgungserfahrung vorliegt, ganz unbrauchbar.

Für den 1Petr ist die Idee von der Zeugniskraft des christlichen Verhaltens 15 wichtig. Darum wird dessen missionarische Wirkung als Gottes Wille erkannt[403]. Der Anschluß mit ὅτι weist diesen Vers mit großer Sicherheit als reflektierende Begründung des Verfassers aus, mit der er sein wohl frei zitiertes Schema unterbricht. Das ist eine nachhaltige Verstärkung: Die Gemeinde-Paränese, die auf der ethischen Konsequenz und der Werbewirkung des Glaubens besteht, hat Gottes Willen hinter sich. Die Erwartung, die an ein ethisch gutes Leben der Christen geknüpft wird, ist hier gegenüber V 12 reduziert auf die erste Hälfte: Die Verleumdungen werden widerlegt und müssen dann aufhören. Von einer Bekehrung der Verleumder ist nicht die Rede. Die Ausdrucksweise ist hier nicht ohne Emotion bzw. vom schon früh üblichen polemischen Stil eingefärbt: Nur Toren sind es, die in lauter Unverstand gegen die Wahrheit des Christentums (1,22) verleumderisch vorgehen. Ihnen ist der Mund zu stopfen; mit Überzeugung wird nicht gerechnet. Das ist die gereizte Sprache der Angegriffenen.

Die Rede des 1Petr vom christlichen Postulat des ὑποτάσσεσθαι, der Unter- 16

---

antwortung 499f (1Petr verpflichtet »zu einem verantwortlichen, kritischen Verhalten«); ders., Prinzipien 287 (»Die Christen sind den Institutionen in kritischer Verantwortung verpflichtet«); ders., Sozialethik 20 u. ö.
[400] Anders *Lohse*, Paränese 73; *Schelkle* 73.77.
[401] Von den neueren Kommentatoren hält noch *Beare* 142 am Gegenteil fest – zugunsten der Taufpredigt-These.
[402] Auch der aus staatsfeindlicher Stimmung entstandene Name Babylon für Rom (5,13) macht keine wirklichen Schwierigkeiten (s. dort und A.IV).
[403] Man kann nicht, wie *Lohse*, Paränese 73, diesen Hinweis auf Gottes Willen (und die Floskel »um des Herrn willen« aus V 13) als Behauptung der »göttlichen Autorität der Obrigkeit« (ähnlich *Schwank*, Freie 8f) und auch nicht wie *Goldstein*, Paränesen 97, als staatskritische Unterwerfung der politischen Autoritäten »unter die Souveränität des göttlichen Willens« interpretieren, denn er bezieht sich schlicht auf das christliche Verhalten.

ordnung, stammt aus der frühkirchlichen Überlieferung und spiegelt zugleich das bevorzugte ethische Verhaltensmuster des Verfassers selbst. Diese Idee erfährt aber hier eine Interpretation, die auf keinen Fall überlesen werden darf. Die Anweisung heißt: »Seid untergeben (V 13) . . . als Freie.« Aus dieser paradoxen Interpretation der Unterwürfigkeit ist die soziale Ethik des ὑποτάσσεσθαι im 1Petr zu verstehen. Sie wiederholt sich mit teils anderen Worten in der Frauen-Paränese, wo Ps-Petrus den Haustafeltext »Seid untergeben . . .« (3,1) als angstfreies Tun des Guten (ἀγαθοποιοῦσαι καὶ μὴ φοβούμεναι: 3,6) interpretiert. Die gemeinte (und zu V 13 beschriebene) Pflicht zur Unterordnung unter die Instanzen politischer und anderer Autorität ist »eingeklammert« durch die »Pflicht« zur Freiheit. Von der Freiheit ist nur in diesem einen Vers des 1Petr die Rede. Ps-Petrus greift also auch auf dieses wichtige Thema aus paulinischer Tradition zurück (Röm 6,18–22; Gal 5,1.13; 2Kor 3,17). Er variiert ständig Thematik, Form und Stil seiner Paränese. Es geht immer um die Verpflichtung auf das deutlich und kompromißlos christlich gelebte Leben. Es soll von der Freiheit gezeichnet sein, ohne daß hier erklärt würde, wovon befreit ist. Man muß sich das in lockerer Konklusion aus Paulus und der Soteriologie des 1Petr verdeutlichen, und dann läßt sich pauschal von der Befreiung vom Einst (V 10), von den früheren Leidenschaften (1,14), zum Heil und zum neuen Lebenswandel reden. »Freiheit« ist dann ein weiteres Wort für die Alternative, für das veränderte Leben der Christen, hier unter dem Aspekt der im ganzen Brief so eindrucksvollen Unabhängigkeit von äußeren Nöten und Zwängen. Der Nominativ ἐλεύθεροι in diesem anakoluthischen Satz bindet an VV 13f an und weist V 15 noch einmal als eingeschobene Reflexion des Verfassers aus. Die Rede von der Freiheit muß schon früh »gefährlich«, weil mißverständlich gewesen sein. Freiheit wurde als Libertinismus (d. h. als ethische Bindungslosigkeit) praktiziert, der sich mit Arroganz zusammentat. Genaueres wissen wir über frühe Probleme dieser Art aus 1Kor 8,1–13; 10,23–11,1 und anderen Stellen. Wie in einer Abkürzung der leidenschaftlichen Argumentation des Paulus dekuvriert der 1Petr das als Maske der Schlechtigkeit, zu der die Freiheit verzerrt wird. Genau wie bei Paulus wird auf die Verbindlichkeit der Freiheit insistiert, die sich nur in paradoxer Diktion beschreiben läßt: Freie und Sklaven (Diener) Gottes zugleich (vgl. 1Kor 7,22). Bei Paulus findet die Freiheit ihre Verbindlichkeit in der Liebe. Im 1Petr fehlt wieder die deutliche Belehrung darüber, aber es kann hier im Prinzip nicht anders gemeint sein.

17 Zu dieser Kette von vier Imperativen wüßte man gern, wie ihre gegenseitige Zuordnung gedacht und ob die Auswahl der Verben sehr bewußt vorgenommen ist[404]. In der ersten Hälfte ist das anzunehmen: Die Einstellung der Christen zu allen Menschen[405] wird vom internen Verhältnis der Christen unter-

---

[404] Die Haupttrends der Auslegung bei *Bammel*, Commands 279.
[405] Daß dieser erste Imperativ im Gegensatz zu den anderen im Aorist (nicht Präsens) steht, ordnet ihn den anderen, die dann nach einem Doppelpunkt zu folgen hätten, nicht über, (z. B. *Hort* 146), sondern hat rhetorisch-stilistische Gründe: *Bammel*, Commands 280 mit

einander unterschieden (»ehrt – liebt«). Man kann darin den Realismus in der Forderung der Liebe wiedererkennen, mit dem die Beispielerzählung vom barmherzigen Samariter die Frage beantwortet: »Wer ist mein Nächster?« (Lk 10,25–37). Die Liebe wird nicht unsinnig pauschal, sondern konkret realisierbar gefordert. Außerdem ist es nicht untypisch für das Urchristentum, daß durchaus unterschieden wurde zwischen »Glaubensgenossen« und »allen« (1Thess 5,15; Gal 6,10), wenn es um die konkrete gegenseitige Zuwendung ging. Das verlangte schon das Überlebenmüssen der kleinen Gemeinschaften. Der Zusammenhalt der Gemeinden ist in der Situation des 1Petr entscheidend (vgl. 1,22).

Nicht so sicher scheint das Ausmaß der Absicht bei den beiden letzten Imperativen. Daß Gott zu »fürchten«, der Kaiser dagegen (nur) zu »ehren« sei, ist sicher bewußt unterscheidende Redewendung, denn in der direkten Nebeneinanderstellung konnte freilich nicht gut (wie im abgeänderten Text Spr 24,21) dasselbe Verb gebraucht werden. Gezielte ideologiekritische Tendenz gegen damaliges kaiserliches Selbstverständnis ist trotzdem nicht gewiß. Weil diesbezüglich unterstellte Absichten m. E. in den VV 13f nicht erkennbar sind[406], möchte ich sie auch hier nicht annehmen und die verbale Unterscheidung also nicht dermaßen bedeutungsschwer sehen.

Der V 17 hat einen gewissen abschließenden Charakter. »Alle« und die »Glaubensbrüder« kommen dadurch in die Paränese hinein, daß sie zu einer größeren »Vollständigkeit« und Anwendbarkeit dieser kleinen Einheit einbezogen werden. An sich sprach sie von den Christen generell in ihrem Verhältnis gegenüber den politischen Obrigkeiten, wozu sie mit dem letzten Imperativ abschließt und wobei auch der Aufruf »fürchtet Gott« dazu gehört: Die »Unterordnung« ist Gottes Wille (V 15). So ist das Verb τιμᾶν jeweils den Heiden gegenüber angebracht (»alle«, »Kaiser«), während für die Christen und für Gott anspruchsvollere Relationen (»lieben«, »fürchten«) gewählt sind. Dadurch kommt ein Chiasmus in der Redefigur zustande: ehren/lieben – fürchten/ehren[407]: Insgesamt ist diese Anweisung zum Verhalten der Christen in der Öffentlichkeit (man kann sagen: erstaunlicherweise) nur im Hinweis auf den »Unverstand der törichten Leute« der prekären Situation der Kirche des 1Petr angepaßt. – Formal baut dieser V 17 eine Brücke zur Fortsetzung im V 18.

Zusammenfassung

Der vielbesprochene Text hat innerhalb des Briefes den Sinn, den auch die anderen, noch folgenden situationsbezogenen Weisungen haben: Er exemplifiziert, was im konkreten Fall Realisation christlichen Lebens ist. Für seine

---

Anm. 4. *Wilson*, Text 193f, findet den Text so schwierig, daß er die Konjektur πάντα ποιήσατε (statt πάντας τιμήσατε) als Prädikat mit Objekt zu ὡς ἐλεύθεροι (V 16) vorzieht.
[406] *Schrage*, Ethik 11 Anm. 1, z. B. sieht durch »Umformung des alttestamentlichen Zitats« aus Spr 24,21 die vermeintliche kritische Tendenz des Passus fortgesetzt: »so sagt er . . . nicht, daß man den Kaiser fürchten soll«.
[407] Vgl. *Bammel*, Commands 280, dessen Rekonstruktion einer Bearbeitung von Haustafeltradition in den VV 13–17 durch Ps-Petrus (ebd. 280f) ich mich jedoch nicht anschließe.

Kennzeichnung des unterscheidend und genuin christlichen Verhaltens kennt der Verfasser bestimmte Grundworte. Eines davon, das er mit der traditionellen Sprache frühchristlicher Ethik bevorzugt, ist ὑποτάσσεσθαι (sich unterwerfen, sich unter- oder einordnen). Dieses Prinzip ist ganz offenkundig an den damals von allen fraglos bejahten Gesellschaftsformen und -normen der Zeit orientiert. Es steht im Kontext des 1Petr darüber hinaus aber in einem allgemeineren Sinn als Signatur des christlichen Verhaltens überhaupt. Und wie der weitere Gebrauch (3,1.5; 5,5) zeigen wird, ist ein Verhalten intendiert, dessen Ideal nicht in Unterwürfigkeit als solcher liegt, sondern im Verzicht auf jede Prätention und Dominanz der eigenen Person, und das schließlich die Liebe ist. Die Pflicht zur Unterordnung wird nämlich paradoxerweise mit der Erinnerung an die christliche Freiheit verbunden. Dann ist jedenfalls ein souveränes, nicht ein hündisches Verhalten gemeint. Als durch den Glauben von allen Zwängen Befreite sollen die Christen sich imstande zeigen, auch in den Bereichen des sozialen Lebens »Gottes Willen« zu tun, d. h. deutlich christlich zu leben[408].

Ein Feld der Bewährung der damit gemeinten Einstellung ist also die politische Ethik. Das Interesse liegt in VV 13f beim Sich-Fügen, nicht beim Staat. Es wird keine Theorie vom (neutralen oder feindlichen) Staat entfaltet. Man registriert in dem tradierten Text (den der Verfasser nicht frei formuliert hat, von dem man aber auch nicht weiß, was und wieviel er an ihm geändert hat) auffällige Abweichungen von Röm 13,1–7, hauptsächlich nämlich ein Defizit. Über die Qualität und das Wesen des Staats fällt kein Wort. Er wird lediglich als Schieds-Instanz über die ethische Qualität seiner Bürger dargestellt, so daß das Verhältnis des einzelnen zu den politischen Instanzen moralisch nicht mehr indifferent sein kann. Daß im Defizit an (religiösen oder anderen positiven) Qualifikationen des Staates (bzw. auch in seiner Bezeichnung als κτίσις = Schöpfung) und in der ausdrücklichen Bemerkung, daß das gute Verhältnis zu den staatlichen Organen als ethische Bewährung den Willen Gottes erfüllt, eine Kontestation gegen den historischen Staat, eine Entmythologisierung des Römerreiches o. ä. durchgeführt sei, halte ich für sehr unsicher und unwahrscheinlich. Die Sprache des 1Petr ist in diesen Passagen wie überall ausgesprochen skizzenhaft, und sie ist überlegt absichtsvoll offenbar nur in der Verfolgung der großen thematischen Linien des Briefes, nicht so in den kleinen Details und zwischen den Zeilen[409].

---

[408] Vielleicht aber liegt die Schwierigkeit des ὑποτάσσεσθαι in 1Petr 2,13 einerseits und 5,5 andererseits auf der Ebene einer von *Berger*, Wissenssoziologie 133, vorgelegten Unterscheidung, nach der es die Aufgabe des Exegeten ist, »zu fragen, wieweit frühchristliche Ethik wirklich Aktivität zur Veränderung der ›Welt‹ bedeutet. Offenbar betreffen die Weisungen ›utopischen‹ Charakters in erster Linie das innergemeindliche Leben, die Weisungen ›ideologischen‹ Charakters (im Sinne K. Mannheims) eher das Verhalten in der ›Welt‹«. Im Begriff ὑποτάσσεσθαι der frühchristlichen Tradition scheinen sich mir beiderlei Weisungen zu überschneiden.

[409] Man vergleiche z. B. folgende dramatisierende Interpretation mit dem Text selbst: »Der Verfasser des 1Petr sah die Notwendig-

Dieser Appell »fügt euch« drängt also darauf, daß das vom 1Petr eingeübte Verhalten nicht nur privat und darüber hinaus innerkirchlich seine Rolle spielt, sondern auch in der Öffentlichkeit der Gesellschaft. Von der wirksamen Optik dessen ist auch diesmal die Rede. Und ein neuer (alter) Begriff erläutert die Besonderheit der christlichen Existenz noch einmal anders (wodurch – wie gesagt – auch der Buchstabensinn von ὑποτάσσεσθαι relativiert oder interpretiert wird): Die Christen leben eine Freiheit, die sich gerade in den Verbindlichkeiten bewährt, die sie anerkennt.

11. *2,18–3,7 Verhaltensanweisungen für verschiedene Gruppen*

Seine in den VV 13–17 begonnene Exemplifizierung christlicher Ethik setzt der Brief damit fort, einzelne christliche Gruppen oder »Stände« anzusprechen: Sklaven, Frauen und Männer. Man erkennt leicht den routinemäßigen, formalisierten Charakter der dabei erteilten Anweisungen. Diese Texte stehen in einer bestimmten Tradition ethischer Kodifizierung: Solche Maßregeln für einzelne homogene Gruppen hat es schon vorchristlich in relativ festen, zugleich aber variablen Formen und Sammlungen gegeben. Aus dem frühen Christentum ist eine ganze Reihe solcher als »*Haustafeln*« bezeichneter[410] Verhaltensspiegel überliefert: Kol 3,18–4,1; Eph 5,22–6,9; 1Tim 2,8–15; 5,3–8; 6,1f; Tit 2,2–10; 3,1f; 1Cl 21,6–8; IgnPol 4,1–6,2; Pol 4,2–6,1; Did 4,9–11; Barn 19,5–7 und eben 1Petr 2,18–3,7[411]. Wegen ihrer vorchristlichen Herkunft kann von diesen Pflichtenschemata kaum eine extrem christlich profilierte Ethik erwartet werden, und tatsächlich ist ihr christliches Profil allenfalls in der besonderen Verwendung, Ausweitung und Pointierung erkennbar[412]. Auswahl und Reihenfolge der bloß drei Gruppen im vorliegenden Text werden nicht begründet; nach anderen frühchristlichen Haustafeln (aus Kol, Eph, 1Tim, Tit) wären weitere Gruppen (nämlich Eltern, Ledige, Witwen, Kinder,

Analyse

---

keit, den Kaiser vom Altar, auf den er sich hatte heben lassen, hinunterzustoßen« (*Goldstein*, Paränesen 104). *Sleeper*, Responsibility, korrigiert mit der sachlich nötigen Schärfe die Fehldeutungen im Kommentar von *B. Reicke*, der den 1Petr die Christen vor Kollaboration mit subversiven Akteuren gegen Macht und Reichtum warnen läßt.

[410] Für genaue Information und für die Literatur über die Haustafeln wird verwiesen auf *Balch*, Wives 1–114, der das vor- und außerchristliche Material und dessen Aufschlüsse für die ntl. Haustafel gegenüber den Früheren beträchtlich erweitert hat, sowie auf die instruktiven Exkurse bei *Schelkle* 96–98 und *E. Schweizer*, Der Brief an die Kolosser, 1976, 159–164 EKK XII. Was dort über die Fortsetzung wie über die Variation des überkomme-

nen Genre im Christentum deutlich gemacht wird, ist für das Verständnis der Haustafel auch im 1Petr wichtig. Eigens zu beachten sind die Hinweise auf die Gefährdungen des christlichen Ethos durch die Rezeption dieser Tradition und ihrer Begründungen wie auch durch innerchristliche Transformationen bzw. Rückbildungen. Das alles wird hier nicht wiederholt.

[411] Daß die Haustafel des 1Petr höchstwahrscheinlich erst mit 2,18 (nicht schon mit 2,13) beginnt, wurde in der Analyse zu 2,13–17 gezeigt. *Frederick*, Obedience 76, behauptet, in 2,18–25 liege nicht der Teil einer Haustafel, sondern »a cameo of obedience« vor.

[412] Darüber *Schrage*, Ethik 6–22; *Rengstorf*, Mahnungen 131–141.

Sklavenbesitzer) denkbar[413]. Wenn der erste Teil nicht reziprok bzw. paarweise konstruiert ist (nur Sklaven werden ermahnt, nicht auch ihre Herren) und ansonsten nur Frauen und Männer und sie nur in ihren ehelichen Beziehungen angesprochen sind, dann macht das den Eindruck von Zufälligkeit[414] in der Anwendung des verfügbaren paränetischen Arsenals; man kann daraus (schon wegen der Größenordnung der Adresse in 1,1) nicht auf die soziologische Zusammensetzung der Adressaten-Gemeinden schließen (keine Sklavenbesitzer, keine Unverheirateten)[415]. Der Verfasser zeigt sich an keiner Stelle seines Schreibens sklavisch von seinen Vorlagen bzw. Überlieferungen abhängig. Er handhabt sie sehr souverän auch in der Weise, daß er ihre Formen zerbricht. Eine intakte Haustafel hat er hier möglicherweise ohne viel Absicht zu einem Torso verkürzt. Man kann aber auch mit guten Gründen der Meinung sein, daß dabei die Absicht leitend war, eine Zusammenstellung von Beispielen des ὑποτάσσεσθαι, der Unterordnung zu geben, weshalb auch 2,13–17 ohne traditions- und formgeschichtlichen Zusammenhang mit der Haustafel von 2,18–3,7 dieser vorangestellt wurde.

Abgesehen nun von der Form der Haustafel in 1Petr, ist deren Verwendung in diesem Brief als solche vielleicht typischer zu nennen als in anderen Fällen (Kol, Eph). Es sieht nämlich ganz danach aus, daß die ethische Tendenz der christlichen Haustafel-Tradition sich genau mit dem sittlichen Ideal und den Absichten des Verfassers trifft. Der Verfasser will erreichen, daß die Christen ein auch außerchristlich anerkanntermaßen »gutes Leben« führen, wie an vielen Stellen des Briefes herauskommt, an denen von der Wirkung, der Werbung und dem Zeugnis unter den Heiden die Rede ist. Das bedeutet, daß nach seinen Vorstellungen ein christliches Leben identisch ist mit dem, was die heidnische Umwelt gutheißt und loben muß[416]. Jedenfalls kann er dies immer wieder beteuern und durch die Formulierungen seiner Paränese zum »guten Leben« in Form von angepaßten Konventionen forcieren. Und dieselbe Tendenz hat nun von Haus aus die christliche Haustafel. Sie setzt eine Identität christlicher und konventionell-gesellschaftlicher Standards voraus[417] und beschreitet damit

---

[413] Über das Verhältnis der ntl. Haustafeln zueinander mit Tabellen *Selwyn* 422–426; außerdem E. *Schweizer*, oben Anm. 410.

[414] Vielleicht ist allerdings das Fehlen einer Mahnung an die Herren der Sklaven kein Zufall, sondern (wie dann u. U. auch die auffällige Kürze der Anweisung an die [Ehe-]Männer) dadurch bedingt, daß beide Gruppen keine Bezugnahme auf Leiden ermöglichten (*Lohse*, Paränese 74). Ich bezweifle das allerdings, weil der Verfasser an vielen anderen Stellen seine übernommenen paränetischen Traditionen auch nicht nach diesem Gesichtspunkt sortiert hat. Tatsache ist allerdings, daß er vorwiegend Christen in sozial niedrigeren Positionen im Blick hat (*Barr*, Submission 32), was in 3,7 und 5,5b aber eben auch durchbrochen wird.

[415] Aus dem Fehlen von in anderen Haustafeln genannten Gruppen zieht *Bornemann*, Petrusbrief, den Schluß, daß es sich im 1Petr gar nicht um eine Haustafel handelt, sondern um einen Text, der die Zusammensetzung einer konkreten Gruppe von Neugetauften spiegelt, für die der 1Petr als Taufansprache entstand. Formkritik spielt bei diesem Urteil Bornemanns keine Rolle.

[416] Man kann im Augenblick die Tatsache ausklammern, daß christliches Verhalten auch skandalös empfunden werden konnte, wie der 1Petr ebenfalls weiß (bes. 4,4); denn sie widerlegt nach Ps-Petrus nicht den Zusammenhang, auf den es hier ankommt.

[417] Darüber sehr gut *Schrage*, Ethik 9; *Balch*, Wives pass.

*1Petr 2,18–3,7: Analyse*

den zukunftsträchtigen Weg altchristlicher Apologetik und Propaganda, wonach nämlich Distanz und Andersartigkeit zwischen Christentum und Nichtchristlichem beträchtlich geringfügiger sind als die Gemeinsamkeit und Übereinstimmung in anerkannten Idealen. Vor allem lag aber die apologetische Funktion der Haustafeln – jedenfalls im 1Petr – noch aktueller darin, mögliche Angriffspunkte für heidnische Feindseligkeit abzubauen. Zu den stereotypen Einwänden der damaligen Gesellschaft gegen Fremdreligionen gehörte Illoyalität gegen die kultischen und sozialen Konventionen gerade bei Sklaven und Frauen[418], von denen in erster Linie Anpassung und Unterwerfung verlangt wurde. Die Haustafel, wie sie im Christentum des 1Petr verwendet wird, will apologetisch diesem Vorwurf von Unmoral gegen das Christentum zuvorkommen, nach dem die christlichen Sklaven und Frauen die konventionelle Rollenverteilung in Haus und Gesellschaft aufsässig durcheinanderbringen. Die Haustafel soll deutlich konform machen – ein Problem, das an den Texten selbst zu besprechen ist. Die Sklaven und Frauen sollen den standardisierten Erwartungen der Umwelt entsprechen (mit Ausnahme freilich der kultischen Loyalität, wodurch aber die ethische um so wichtiger wurde). Auch so also hat sich seit früher Zeit das Christentum artikuliert, und das nicht ohne Erfolg. Der 1Petr spricht wechselweise nachdrücklich von beidem: von Distanz und von Gemeinsamkeit. Zur Rede vom zweiten paßt die Rezeption der Haustafel-Ethik.

Die Haustafel des 1Petr hat in den Einzelteilen eine recht unterschiedliche Ausarbeitung erfahren, wobei nicht auszumachen ist, was auf die Tradition bzw. Konvention und was auf den Verfasser zurückgeht. Jedenfalls ist die Begründung der Anweisungen an die Sklaven (2,19–25) viel genereller gehalten als im Fall der Frauen (3,1b.5f) und Männer (3,7), bei denen sie sich tatsächlich auf deren spezielle Bedingungen bezieht. Was dagegen den Sklaven zur christlichen Qualität des von ihnen erwarteten Verhaltens theologisch gesagt wird, ist ab 2,19 gerade im Kontext des 1Petr ohne Änderung für jede christliche Gruppe und für alle Christen verwendbar (s. Analyse zu 2,18–25).

a) *2,18–25 Anweisungen für die Sklaven – die Logik der Gnade*

**18 Ihr Sklaven sollt in allem Respekt euren Herren untergeben sein, und zwar nicht nur den guten und freundlichen, sondern auch den unguten. 19 Denn das ist Gnade, wenn jemand in der Bindung an Gott Schweres hinnimmt und ungerecht leidet. 20 Welcher Ruhm liegt nämlich darin, wenn ihr für Verfehlungen Mißhandlungen zu ertragen habt? Aber wenn ihr Gutes tut und deshalb Leiden ertragen müßt, das ist Gnade von Gott. 21 Dazu seid ihr ja berufen, weil auch Christus für euch gelitten hat und euch ein Vorbild hinterließ, damit ihr seinen Spu-**

---

[418] Darüber ausführlich *Balch*, Wives 115 bis 180.

ren folgt. 22 Er hat »keine«ᵃ Sünde »getan, und man fand keine Falschheit in seinem Mund«ᵃ; 23 er wurde beschimpft und schimpfte nicht zurück, mußte leiden und drohte nicht, sondern überließ (alles) dem gerechten Richter. 24 Er »selbst«ᵇ hat unsere »Sünden«ᵇ an seinem Leib aufs Holz »hinaufgetragen«ᵇ, damit wir den Sünden absterben und der Gerechtigkeit leben. »Durch«ᶜ seine »Strieme seid ihr geheilt«ᶜ. 25 Ihr »irrtet«ᵈ nämlich »umher wie die Schafe«ᵈ, aber jetzt seid ihr umgekehrt zum Hirten und Beschützer eures Lebens.

**a** Jes 53,9. – **b** Jes 53,4.11.12. – **c** Jes 53,5. – **d** Jes 53,6 (vgl. Ez 34,5f).

Analyse  Nicht formal, aber im Thema ὑποτάσσεσθαι mit dem voraufgegangenen Passus verbunden, ist dies also die erste der gruppenbezogenen Paränesen. In einem einzigen Satz ist die Anweisung als solche gegeben. Ihre Begründung geht aber, wie gesagt, beträchtlich über den Rahmen der Sklaven-Paränese hinaus, indem sie sehr grundsätzlich die »Logik« eines Lebens expliziert, das sich aus dem Glauben an Christus begründet. Die Aussage V 19 gibt sich deutlich als allgemeine Sentenz zu erkennen (εἰ . . . τις – »wenn jemand«) und ist im Sinn des Verfassers kaum nur auf die Sklaven bezogen. Im Gegenteil enthält sie exakt *die* Belehrung für *alle* Christen, um die es dem 1Petr geht. »Trauern« zu müssen (V 19: ὑποφέρειν λύπας; übers.: »Schweres hinnehmen«) ist das Schicksal nicht nur der Sklaven, sondern aller Christen (1,6: λυπηθέντες). Und »ungerechterweise leiden« zu müssen ist nicht nur für die Sklaven die Weise, der Gnade zu begegnen (VV 19.20), sondern alle sollen begreifen, daß genau das »wahre Gnade von Gott« ist (5,12) und daß ungerecht zu leiden (2,12; 3,13.17; 4,14f.19) »Glück« bedeutet (3,14; 4,14). Und wie den Sklaven (2,21–25), so wird wiederum allen Christen die Logik dieser schwierigen und schwer erträglichen Wahrheit am Schicksal Christi demonstriert (3,18; 4,1.13).

Der Sklaventext dieser Haustafel ist also, abgesehen von der Paränese selbst (V 18), gar kein Text bloß für Sklaven. Er erklärt generell die Möglichkeit christlichen Lebens unter den gegebenen prekären Bedingungen: Das in seiner Besonderheit beschriebene Leben Jesu Christi (VV 22–24) ist »Vorbild« (V 21) und gibt das Muster des Lebens der Christen ab. Dies gilt zwar auch für die Sklaven und ist an ihnen (zumal durch die Zitate aus Jes 53) vielleicht besonders anschaulich; aber es meint zweifellos die Begründung christlichen Lebens schlechthin. Weil Christus so lebte und litt, wie es gezeigt wird, darum fordert der christliche Prediger oder Schreiber zu denjenigen Verhaltensweisen auf, die hier für die Sklaven genannt werden. Darüber hinaus liegt darin die Logik der Theologie des ganzen Briefes, nicht nur der Sklaven-Paränese. Ungerechtermaßen zu leiden und dies in der festen Hoffnung auf die Zukunft des Heils durchstehen zu können ist Situation bzw. Möglichkeit des Glaubens aus der Hoffnung. Das Argument der Hoffnung wird im Schicksal Jesu Christi gefunden.

Diese Verse haben im Kontext des ganzen 1Petr dadurch unverhofft einen zentralen (in der Erklärung fast regelmäßig verkannten) Stellenwert. Über sie unter anderen muß der gesamte Brief begriffen werden. Das läßt sich also auch daran erkennen, daß ausgerechnet hier im Sklavenkapitel der Begriff χάρις (Gnade) erläutert wird (VV 19.20), der in der Zielangabe des Verfassers selbst für sein Schreiben die wichtige Rolle der Interpretation des Briefes spielt (5,12). In seiner sehr präzisen Auslegung in VV 19f steht der Begriff χάρις für die Theologie und Intention des gesamten 1Petr. Dieser Abschnitt ist ein Schlüsseltext des Briefes, was auf sein unmittelbares Thema (Sklaven) hin gar nicht zu vermuten war. Unter dem Gesichtspunkt der Wichtigkeit einzelner Aussagen ist es jedenfalls überraschend, daß dieser Exkurs über die Grundstrukturen christlicher Existenz in der Sklaven-Paränese untergebracht ist. So ist mit ihm unmittelbar zwar diese Paränese motiviert, außerdem aber einmal mehr die grundlegende Aussage des Briefes über »Gnade« und Gestalt christlicher Existenz ausgesprochen. Auch das ist eine Beobachtung zur eigentümlichen Disposition des ganzen Schreibens (vgl. A. III). Zu erklären ist dieser Sachverhalt wahrscheinlich damit, daß der Verfasser die Sklaven zu dem in der Haustafel von ihnen geforderten Einverständnis mit ungerechtem Leiden mit Hilfe einer Argumentationsfigur zu motivieren sucht, die nicht ad hoc entwickelt ist und auch nicht zur Haustafel gehört, sondern schon eingeführt und nicht nur für Sklaven, sondern für alle Christen[419] formuliert und tradiert war.

In diesem Argument spielt die Erinnerung an den leidenden Christus die entscheidende Rolle, und zwar ist diese Erinnerung nun in Form eines stilisierten Überlieferungsstücks bzw. in direkter Anlehnung an ein solches eingebracht[420]. Die Passions-Erinnerung der VV 21-24 ist außerdem in dieser oder ähnlicher Form wohl längst gewohnheitsmäßig mit der Leidens-Paränese im Stil der VV 19f kombiniert gewesen und bildet mit ihr zusammen das genannte »Argument«. Dieser kombinierte Text (aus paränetischen Appellen und passionstheologischen Versen) »leistet« in seiner Reichweite nun mehr, als ihm hier in der begrenzten Applikation auf die Sklaven abverlangt wird: Er enthält die Theologie aller christlichen Existenz unter ungerechten Leiden und

---

[419] *Schulz*, Nachfolgen 293, sieht in der standhaften Geduld und im Anheimstellen des Schicksals an Gott ein für die Sklaven spezifisches »zusätzliches Motiv« im Text, das nicht für alle gesagt sei; aber das ist kaum zutreffend.

[420] Indizien für die Annahme eines überlieferten und glossierten Textes bei *Bultmann*, Liedfragmente 295f. *Lohse*, Paränese 87, nimmt wie Bultmann »ein Lied« an, das »sich ursprünglich nicht an in Not befindliche Sklaven wandte, sondern von der ganzen Gemeinde gesungen wurde«. Seine These variiert *Schille*, Hymnen 45f. Dessen Rekonstruktionsergebnis wurde parallel auch von *Wengst*, Formeln 83-85, erarbeitet, der gattungsbestimmend von einer »Sterbeformel« (mit ursprünglich ἀπέθανεν in V 21) und deren Interpretation (V 21; VV 22-24) spricht, wobei er beide, Formel und Interpretation, dem »Bereich der ›Lehre‹« zuordnet und als »katechetisches Lehrstück« (statt »Lied«) bestimmt. Eine Formanalyse und Rekonstruktion (Hymnus) auch durch *Deichgräber*, Gotteshymnus 140-143. An der »traditionsgeschichtlichen Untersuchung« von *Millauer*, Leiden 90-103, fällt auf, daß die Möglichkeit einer Vorlage bei der Erklärung von 2,19f außer Betracht bleibt.

weist infolgedessen an seiner jetzigen Position innerhalb des Briefes einen inhaltlichen »Überschuß« auf, der in einer Erklärung folgerichtig auf das ganze Schreiben zu »verteilen« ist[421]. Der Text wird übrigens oft genug unbedacht, aber völlig richtig als Muster christlichen Verhaltens generell verstanden[422].

Bemerkenswert ist noch, daß das Verbum ὑποτάσσεσθαι (»sich fügen«, »untergeben sein«) hier das Verhalten der Sklaven bezeichnet, wie es in 2,13 für das Verhältnis aller Christen zum Staat, in 3,1.5 für das der Frau gegenüber dem Mann und 5,5 für die Position der »jungen Männer« im konventionellen Autoritätsgefälle geeignet ist; nicht zufällig zieht sich dieser rote Faden durch die Paränesen des 1Petr bzw. der von ihm bevorzugten kirchlichen Überlieferungen. In seinen ethischen Idealvorstellungen zeigt sich wiederholt eine Vorliebe für die Kategorien Furcht bzw. Respekt, Fügsamkeit und dgl. – Eine entsprechende Standes-Paränese für die Herren und Besitzer der Sklaven fehlt in dieser bloß dreigliedrigen Haustafel; andere Haustafeln kennen sie (Kol 4,1; Eph 6,9). – Zur Form der Sklaven-Paränese 2,18–25 an sich, also unabhängig vom Kontext des 1Petr, ist der Vergleich mit parallelen ntl. Traditionsstücken aufschlußreich (Kol 3,22–25; Eph 6,5–8; 1Tim 6,1f; Tit 2,9f)[423]. Allen ist die Unterwerfungsethik gemeinsam. Aber der 1Petr hat als einziger den Terminus οἰκέται (Diener, Gesinde, Sklaven) statt δοῦλοι (Sklaven, Knechte), worin ein (allerdings letztlich unbedeutender) mildernder Akzent erblickt werden kann. 1Petr übergeht die Verschiedenheit der Probleme der Sklaven mit heidnischen und mit christlichen Herren (vgl. 1Tim 6,1f), erwähnt statt dessen aber typischerweise den Unterschied zwischen »guten« und »unguten Herren« (V 18), weil ihm das verstärkt Gelegenheit zu seinem Thema vom unverdienten »Leiden« gibt (V 19), das er im ganzen Brief theologisch zu klären und pastoral zu vermitteln bemüht ist, so daß es ihn, wie eben beschrieben, zum grundsätzlichen Exkurs über den Lebens- und Leidenszusammenhang mit Christus (VV 19–25) veranlaßte. Der Gedanke vom werbenden Effekt des »korrekten« unterwürfigen Verhaltens eines christlichen Sklaven (wohl im »Ruhm« V 20 mitgemeint) ist mit der Haustafeltradition verbunden (1Tim 6,1) und entspricht zugleich der dauernden Rücksicht des Verfassers des 1Petr auf das Bild, das die Christen in der Öffentlichkeit abgeben[424].

**Erklärung 18** Die Lebensbedingungen des Sklaven sind für Ps-Petrus die Situation, auf die seine Vorstellungen von der Verwirklichung christlicher Existenz optimal anwendbar sind[425]. Diese Vorstellungen sind nämlich mit Hilfe der Passionstheo-

---

[421] Dafür spricht sehr direkt auch die Beobachtung, daß in 3,13–18 eine ganz parallele Aussage steht mit dem Unterschied, daß dort für alle gesagt ist, was hier (2,19–24) (nur scheinbar) allein den Sklaven gilt (vgl. *Wengst*, Formeln 161).
[422] Z. B. *Filson*, Partakers 406.
[423] Vgl. *Selwyn* 429–431.434.

[424] Vgl. *Unnik*, Rücksicht.
[425] Die Anrede der Sklaven als solche kann man nicht als Beweis einer besonderen Bedrohung und Gefahr ansehen, denen die christlichen Sklaven am Ende des 1. Jh.s ausgesetzt waren (gegen *Gülzow*, Christentum 73–75; ders., in: Kirchengeschichte als Missionsgeschichte I, München 1974, 207), wenn auch

logie aus der historischen Erfahrung von ungerechter Verachtung und Auslieferung an Aggression als der Regelsituation der Christen entwickelt. Der Sklave gilt nichts, ist jederzeit den launischen Schikanen seines Herrn (der hier als Heide gilt) wehrlos ausgeliefert und muß oft ungerechte Mißhandlungen und Demütigungen erleben. Auf seine Situation läßt sich, wenn er Christ ist, die Forderung des Christseins sehr plastisch und einleuchtend anwenden. Die Grundforderung des 1Petr verlangt nämlich das Ausharren im Leiden, indem man darin die Berufung zur Nachfolge des ebenfalls leidenden Christus erkennt und akzeptiert und daraus Hoffnung gewinnt und die Situation des Leidens nicht als Unglück, sondern als dessen Gegenteil (3,14; 4,14) ansieht. Das wird hier den Sklaven als Gruppe gesagt. Aber weil ihre Situation des Leidens grundsätzlich die aller Christen der Zeit des 1Petr ist, die dauernd unter Schikanen leiden, wird ihnen, wie oben in der Analyse beschrieben, ab V 19 eine generell christliche und nicht auf ihren sozialen Stand nur zugeschnittene Belehrung erteilt. Aber schon hier im V 18 sind sie zusammen mit allen Christen unter die Forderung der »Unterwerfung« gestellt (vgl. 2,13; 3,1.5; 5,5)[426]. Das »Untergebensein« ist im Fall der Sklaven zwar besonders wörtlich zu verstehen, aber auch hier ist der Topos »Sich-Fügen«, »Sich-Unterordnen« im größeren Zusammenhang als Chiffre für christlich konziliantes, selbstloses Verhalten zu sehen (s. zu V 13 und Zusammenfassung zu den VV 13–17)[427]. Dem Verfasser sind die Beispiele der verwerteten Haustafel typische Fälle für die Verwirklichung des Christseins[428].

Im 1Petr ist φόβος nicht immer dezidiert Gottesfurcht. Im V 18 scheint wegen der Stellung der fällige Respekt des Sklaven vor seinem Besitzer gemeint zu sein, wie es Eph 6,5 deutlich der Fall ist[429]. Die Institution der Sklaverei, das ist bekannt, wurde vom frühen Christentum als solche vorerst nicht in Frage gestellt. Dazu fehlte nicht nur die politische (oder auch sozialrevolutionäre) Potenz in den regionalen christlichen Minderheitsgruppen, sondern vor allem auch die Einsicht, daß in dieser Richtung von Reform überhaupt eine mögliche christliche Aufgabe liege. Man war um Gerechtigkeit, Frieden, Liebe in den als gegeben hingenommenen Bedingungen des Lebens bemüht. Aber selbst dann bleibt die Aufforderung im V 18, auch den »unguten« Sklavenhaltern[430] vor-

---

diese direkte Anrede für sich tatsächlich ein christliches Novum ist (ders., Christentum 69–73; *Thompson*, Submissive 70 mit Anm. 37).

[426] Das Partizip steht auch hier für einen Imperativ: *Windisch-Preisker* 64; *Meecham*, Participle 208. *Philipps*, Kirche 42 bestreitet das und mißversteht den ganzen V 18 als »Beschreibung einer – leider vorhandenen – Situation«.

[427] Das ist noch sicherer, wenn die Bezeichnung οἰκέτης (statt δοῦλος) tatsächlich darum gewählt ist, weil die Sklaven nicht als soziale Klasse, sondern als Glieder der Hausgemeinschaft angeredet sind (so *Selwyn* 175).

[428] Vgl. die Auslegungen zu 2,13–17; 3,1–7.

[429] Anders Kol 3,22, woraufhin *Lohse*, Paränese 74, auch in 1Petr 2,18 κυρίου ergänzen will (vgl. *Unnik*, Teaching 99; *Beare* 147; *Schelkle* 80; *Thompson*, Submissive 70 u. a.). Dagegen auch *Gülzow*, Christentum 72: »herkömmliche Mahnung zum Gehorsam«.

[430] Es ist sicher falsch, σκόλιος mit »heidnisch« wiederzugeben (*Millauer*, Leiden 92 Anm. 130).

bildlich untergeben zu bleiben, weil gerade ungerecht zu leiden Gnade sei (und folglich wohl besonders gern und bereitwillig ertragen werden muß), doch skandalös. Man erkennt hier eine seinerzeit zweifellos gegebene gewisse Unempfindlichkeit gegenüber Verhältnissen, die der Zeit selbstverständlich und vertraut waren, einer anderen Epoche dagegen als solche skandalös und nie prinzipiell hinnehmbar sind. Andererseits dient die Eskalation, man solle als Sklave auch und gerade den widerlichen Herren gehorchen, dem 1Petr (auf dessen Verfasser dieser unterscheidende Zusatz V 18b durchaus zurückgehen kann) nicht dazu, die Sklaverei in jeder Variante (oder auch »nur« grundsätzlich) moralisch zu legitimieren, sondern dazu, eine noch deutlichere Gelegenheit für anschauliche Realisierung des Christlichen als Hoffnung im Leiden zu demonstrieren[431]. Wie im Fall der VV 13–17 bezüglich des Staates, so geht es hier nicht um Bestätigung einer gesellschaftlichen Institution (Sklavenhalterei), sondern um die Demonstration eines konkreten Bewährungsfeldes für christliches Verhalten. Bei »unguten« Sklavenhaltern ist die Ungerechtigkeit des Sklavenschicksals noch eklatanter, und in dieser verschärften Situation wird das christliche Postulat nicht etwa suspendiert, sondern um so verbindlicher. Daß dabei eine Bestätigung bestehender Unrechtsstrukturen herauskomme, ist ein heutiges Bedenken, das damals niemandem in den Sinn kam. Die Begründung dafür, daß auszuharren sei und warum das sinnvoll ist, wird im weiteren Text in einer für den Stil des 1Petr beachtlichen Ausführlichkeit gegeben. Es handelt sich um eine theologische Schlüsselstelle des ganzen Schreibens.

19 Ab V 19 brauchen die Aussagen dieses Abschnitts nicht mehr auf die Sklaven bezogen zu werden, um verständlich zu sein. Auch die Rede von gerechter Strafe für begangene Verfehlungen (V 20a) ist nicht notwendig Rede für Sklaven, sondern beschreibt die Situation des Bürgers gegenüber den staatlichen Instanzen, wie V 14 zeigt. Was hier für die Sklaven expliziert wird, stellt den Grund für alle christliche Existenz dar. V 19 gibt sich selbst als allgemeingültig aus (εἰ . . . τις). Das Annehmen von ungerechter Schikane, Bedrängnis, Nötigung (»Trauer«) ist »Gnade« unter der Bedingung des »wenn jemand usw.«. »Gnade« kommt im nächsten Vers und noch einmal in 5,12 in dem reflektierten Sinn wie hier vor, jeweils nämlich mit dem Demonstrativpronomen (»*das* ist Gnade«). Sie bedeutet an diesen drei Stellen (2,19.20; 5,12) etwas Spezifischeres als gewöhnlich (1,2.10.13; 3,7; 4,10; 5,10), nämlich eine Kurzformel für die besondere Gestalt christlicher Existenz, die für den 1Petr und die Verhältnisse seiner Zeit die einzige und ideale ist: Christsein als Hoffnung im Leiden. Die Leiden sind gegeben, so wird vorausgesetzt. Insofern sie ungerechterweise erlitten werden und wenn sie in der »Bindung an Gott« ihren Grund haben, dann ist das Gnade. Gnade ist die in diesem Sinn (also unter den Schwierigkeiten harter äußerer Bedingungen) gelungene Existenz aus Glaube und

---

[431] Auch *Thompson*, Submissive 70, sieht im Eingehen des 1Petr auf die Sklavenpflichten »a part of his emphasis on unmerited suffering«.

Hoffnung, wobei natürlich der Geschenk- und Gnadencharakter (im allgemeineren Sinn) im Wort mitgehört werden muß. Und vor allem bedeutet es natürlich den über das Leiden hinausführenden Sinn, der im Heil oder in der »Herrlichkeit« liegt. Sinn liegt nicht in jedem Leiden als solchem (vgl. V 20). Aber der christologisch-passionstheologische Exkurs der VV 21–24 wird zeigen, daß es keinen anderen Weg als den durch Christi »Spuren« (V 21), also durch die Passion, gibt. Darum ist ungerechtes Leiden als Weg zum Heil die Gnade (VV 19.20; 5,12) und das »Glück« (3,14; 4,14). Hier liegt die theologische Logik des Briefes[432]. Dieselbe Formel »das ist Gnade« wird 5,12 als Thema des Briefes vom Verfasser selbst gebraucht. Sie ist dort exakt auf diese »Logik« der Gnade (als des Heilswegs durch das Leiden) zu beziehen, wie sie 2,19–25 entfaltet ist. In diesem Text ist Absicht, Thema und Eigenart des 1Petr besonders prägnant zu greifen. Ps-Petrus gibt das in seinem Rückgriff von 5,12 selbst zu verstehen.

Nicht sehr genau ist die Bedingung ausgedrückt: »wenn . . . in der Bindung (συνείδησις) an Gott«. Der Terminus συνείδησις ist 3,16 sehr leicht verständlich, 3,21 aber in einem schwierigen Sinn gebraucht. Hier im V 19 muß er wohl die moralische Bindung an den Willen Gottes meinen, die sich an »Gehorsam« und Liebe hält, wie sie wiederholt gefordert sind[433]. Dem entspricht das »Gutes-Tun« V 20. Man darf das aber nicht pressen und nur Leiden gemeint sehen, »das durch das Christsein bedingt ist« und aus der Provokation durch die Bindung an den neuen Herrn (Gott oder Christus) kommt[434]. So ist es nicht gemeint, daß Leiden nur dann mit dem Heilsweg zu tun haben, wenn sie aus antichristlicher Schikane entstehen. Das Beispiel vom Sklavenleid zeigt ja das Gegenteil, denn jeden Sklaven drückt sein Schicksal. Der einzige Unterschied, der den 1Petr interessiert, ist der zwischen gerecht und ungerecht zugefügtem Leiden (4,14–16). Und die Selbstverständlichkeit, mit der hier das Leiden mit der Bindung an Gott zusammengebracht wird, kommt aus der Erfahrung und der Perspektive des Briefes, der mit allen Formen von Leiden *der Christen*, aber nicht mit Leiden als solchem befaßt ist.

Das Ende des Verses: »das ist Gnade« zeigt, daß wir inhaltlich eine Wiederholung des im V 19 Gesagten vor uns haben, der ja mit derselben Aussage begann. Beide Male wird gezeigt, was Gnade ist. V 20b wiederholt dabei mit anderen Worten den V 19 genau: Wer »Gutes tut« und darum »leidet«, der (so

---

[432] Etwas ungenau bleibt *Millauer*, Leiden 95–98. Verharmlosend *Pr-Bauer*, 1735, und *Schulz*, Nachfolgen 176: Gnade als das, was jemandem die Gunst Gottes einträgt; *Kelly* 116.118: χάρις = »a fine thing in God's sight«.
[433] *Brooks*, Clue 293 (»awareness of God«); *Millauer*, Leiden 91–95 (»wegen seines an Gott gebundenen Gewissens«); vgl. *Stelzenberger*, Syneidesis 45–47; *Unnik*, Teaching 100: »in compliance with the will of God«. Ganz anders *Goppelt*, Prinzipien 291 (ähnlich *Michl* 129),

der den 1Petr die Christen »zu einem verantwortlichen, kritischen Verhalten« erziehen sieht (290): Wenn vom Sklaven Unrechtes verlangt wird (wovon aber keine Rede im Text ist), dann soll er »seinem Gewissen folgen, den Gehorsam verweigern und die Reaktion des Herrn leidend tragen« (291). 1Petr meint aber gerade nicht ein »Gewissen«, das protestiert und dann leidvolle Reaktionen auslöst, sondern das ins ohnehin gegebene Leiden einwilligt.
[434] *Millauer*, Leiden 74.

hieß es vorher) »erleidet in der Bindung an Gott ungerechterweise Schweres«. V 20a ist dazu in negativer Formulierung lediglich der Kontrast: Berechtigte Mißhandlung als Strafe für begangene Vergehen ist nie etwas Rühmliches und kann also auch nie die positive Aussage des Christentums über das Leiden auf sich beziehen (und kann auch keine Werbung für das Christentum sein). V 20 ist also ein rhetorisches Echo auf V 19; die Interpretation braucht darum nicht wiederholt zu werden. Eigentümlich ist die Diktion: κλέος ist hier singulär im NT und verweist auf hellenistische Sprache. Die Rede vom »Gutes tun« bzw. von den »guten Werken« gehört als solche ebenfalls ins hellenistische Milieu[435]. Vielleicht liegt tatsächlich eine antithetische Redefigur über die Verteilung von Lohn und Strafe für gute Taten und für Vergehen aus der Popularphilosophie zugrunde[436]. Der Verfasser hat sie dann entsprechend glossiert, um sie seinem Gedanken einzupassen. Noch klarer allerdings ist hier die konventionelle ethische Idee verwertet und abgeändert, für die es ebenfalls Belege gibt[437], daß nämlich Unrecht leiden rühmlicher ist als Unrecht tun (auch 3,17). Aber nach welcher Logik ist das so? Das muß jeweils erklärt werden. Hier ist das Argument christlich weitergeführt: Unrecht leiden ist nicht nur besser, sondern ist Berufung und ist Nachfolge des zu Unrecht gefolterten und hingerichteten Christus (V 21) und ist folglich Heilsweg. Christliche Handschrift zeigen dann hier die Wendungen vom πάσχειν, ὑπομένειν und die Formel »das ist Gnade von Gott«.

21 Ab hier wird die zu V 19 beschriebene »Logik« der Gnade (im qualifizierten Sinn der VV 19f; 5,12) durch ihre christologische Begründung ausgewiesen. Dazu wird zuerst das urchristlich und zumal paulinisch zentrale Theologumenon von der Berufung eingesetzt. Berufung zu Christsein und Heil ist Berufung »dazu«, d. h. zu diesem Weg des Ausharrens im Leiden aus Hoffnung. Vermutlich (wie in der Analyse gesagt) mit Hilfe von Bruchstücken aus vielleicht einem Lied, jedenfalls einem geformten christologischen Text wird also die Behauptung, daß ungerechtermaßen Leiden »Gnade« sei, begründet. Einen Grund hat diese Behauptung nicht in sich; er kommt von außen, nämlich aus der Passions-Erinnerung. Die Aussage der VV 19f (und eine Anweisung wie V 18) hat wohl kaum je für sich stehen können. Sie muß fortgesetzt werden mit dem christologischen Argument für die Sinnhaftigkeit des Leidens, wie es hier folgt.

Es sieht danach aus, daß der Verfasser das übernommene »Lied« für seine Zwecke abändern mußte. Es hatte zum Thema die sühnende Wirkung des Schicksals Jesu (»für euch«), genauso wie das in 3,18 nachgesprochene »Lied« (»für die Ungerechten«) (vgl. den Exkurs ›Zum Verständnis der Sühnevorstellung‹ bei U. Wilckens, Der Brief an die Römer, 1978 [EKK VI/1], 233–243). Diese kerygmatische Pointe der Stellvertretung ist etwas anderes als die paränetische Idee von der Beispielhaftigkeit und Vorbildlichkeit des leidenden

---

[435] Unnik, Teaching.
[436] Das vermutet Unnik, Parallel.

[437] Bei Windisch-Preisker 64f zwei Beispiele aus Plat Gorg 509c und Philo Jos 20.44.

(und sterbenden) Christus, auf die es hier im 1Petr ankommt; trotzdem blieb ὑπὲρ (ὑμῶν) stehen, mußte aber um V 21b, also eben um den Gedanken des Vorbildes und der Nachfolge, ergänzt werden⁴³⁸. Allerdings ist (ὑπὲρ) ὑμῶν mit Sicherheit aus der 1. in die 2. Person eigens abgeändert worden, um der Anrede der Paränese angeglichen zu sein. Ursprünglich sprachen alle Bekennenden oder Singenden in diesem Text von sich selbst (ἡμῶν), wie es in V 24 wieder durchkommt.

Wenn Vorbild und Nachfolge also im rezipierten Text nicht enthalten waren, muß es das Stichwort ἔπαθεν (»er hat gelitten«) gewesen sein, das die Übernahme in den Briefzusammenhang ausgelöst hat. Etwas anderes läßt sich nicht finden, worin Text und Anwendung übereinkommen. Ps-Petrus will den Sinn des Leidens begründen. Dazu erinnert er an die Passion, an den *leidenden* Christus. Damit löst sich m. E. ein textkritisches Problem von der Sache her: Der 1Petr kann das Christuslied nur mit der Lesart ἔπαθεν übernommen haben, nicht mit dem ebenfalls bezeugten ἀπέθανεν. Textgeschichtlich läßt es sich nicht entscheiden, ob Ps-Petrus es war, der geändert und eine Sterbensformel mit ursprünglichem ἀπέθανεν (»er starb«)⁴³⁹ seiner Absicht angepaßt hat⁴⁴⁰. M. E. spricht aber gegen diese These ganz entschieden die Übernahme des Textes in einen Sinnzusammenhang vom Leiden, nicht vom Sterben. Es würde das entscheidende Stichwort erst vom Verfasser des 1Petr in den Text eingesetzt worden sein, um ihn verwendbar zu machen; das Gegenteil ist wahrscheinlicher. Außerdem malen die VV 23–24 das Leiden, nicht das Sterben sinnbezogen aus. Der gesamte 1Petr spricht vom Leiden, nicht vom Sterben.

In der jetzigen Textfolge besteht das »für euch« des Leidens Christi für einen Augenblick im Hinterlassen des Vorbildes. Aber im V 24 setzt sich wieder die Stellvertretung als eigenständiges Thema des »Liedes« durch. Die Kategorie »(Vor-)Bild« wird sofort ausgetauscht durch das Bild von den »Spuren«, die er gelegt hat und die von den Christen (bzw. Sklaven) nachzugehen sind. Damit ist die urchristliche Idee von der Nachfolge (als Interpretament des Glaubens) aufgegriffen⁴⁴¹. Sie wird hier eingeführt, um den Sinn des Christenleidens aus seinem Zusammenhang mit dem Christus-Leiden zu begründen. Die konkrete Form des Leidens Christi bzw. Christi »Spuren«, die erkennbar sind und nachgegangen werden müssen, werden in den VV 22–24 sehr genau gezeigt⁴⁴².

---

438 So auch *Lohse*, Paränese 89. *Schelkle* 81.84f erklärt das zusätzliche Thema von Sühne und Stellvertretung nicht form- und traditionsgeschichtlich, sondern aus zusätzlichen Intentionen des Briefschreibers.
439 So liest auch der P⁸¹ (4. Jh.): *Daris*, Frammento 20.25.35 (mit allen Zeugen dieser Lesart).
440 Davon ist *Wengst*, Formeln 83.161, überzeugt.
441 *Millauer*, Leiden 69–84, benennt die synoptische Nachfolgevorstellung als traditionsgeschichtlichen Hintergrund für 1Petr 2,21 und erinnert an die atl. Wegvorstellung als Chiffre für ein Leben nach Gottes Willen. Da ließen sich freilich viele Parallelen nennen.
442 Wegen dieser Vereinzelung zu sagen, das Nachfolgen sei hier in einer Dekadenz bloß noch »in einem übertragenen ethischen Sinn gebraucht« (*Schulz*, Nachfolgen 176), heißt den 1Petr schlecht verstehen. Kritik auch durch E. *Cothenet*, Imitation du Christ, DSpir VII, 1970, 1555f.

Christologisch ist es wichtig, wie die Tatsache, daß »auch Christus« gelitten hat, einfach als solche das Christenleiden sinnvoll macht. Christus ist eben nicht beliebig. Um so erstaunlicher ist es, daß die Christologie der nächsten VV nicht Christi Überlegenheit aus Präexistenz, Göttlichkeit o. ä. herausstellt, sondern den Lesern die Signatur seines irdischen Lebens erklärt. Diese Art der Christologie ist im NT singulär[443], aber sie verdeutlicht exzellent die besondere Theologie des 1Petr.

22 Der Anschluß ὅς mag in der anzunehmenden Vorlage näher beim Bezugswort »Christus« gestanden haben: Der leidende Christus wird in den folgenden vier Versen in der Szene des biblischen Liedes vom leidenden Gottesknecht aus Jes 53 nahegebracht. Die leiden-müssenden Christen sollen das Leiden am Vorbild, in den Spuren des leidenden Christus erlernen. Der Jes-Text kommt mit seinen Einzelheiten dem Verfasser sehr entgegen, um zeigen zu können, was Christsein als Leiden konkret heißt, so wie dieser Text in der Vorlage für christliche Ohren das Leiden Christi »für euch (bzw. uns)« beschrieben hatte. Der 1Petr hat damit eine der wenigen und überraschend späten Überlieferungen erhalten, die sich an diesen beeindruckenden, naheliegenden Text des AT zur christologischen bzw. passionstheologischen Deutung in größerem Umfang erinnert haben (vgl. allerdings Lk 22,37 als alte Tradition)[444]. Interessanterweise ist ein zweites Beispiel dafür aus nur wenig späterer Zeit und vielleicht derselben Herkunft wie der 1Petr der 1Cl (mit Kap 16). – Wir interpretieren die Zeilen hier unter dem Gesichtspunkt, daß die Texte und Anspielungen die Theologie des 1Petr zu tragen bekommen. Über das Konzept und die Form der Vorlage läßt sich mit allem denkbaren Scharfsinn nichts Sicheres ausmachen. Jes 53 liefert eine Reihe von Details, vor allem aber die »Atmosphäre« dieser Christologie des Lebens Jesu. Das ausführlichste direkte Zitat steht gleich am Anfang, und zwar – mit unbedeutender Abweichung (ἁμαρτίαν statt ἀνομίαν)[445] – im Wortlaut der LXX: Jes 53,9. Es zeigt den Gerechten, dem (wie den Christen) trotz seiner Gerechtigkeit und eben nicht auf eigenes Verschulden hin durch die Hände von Menschen alles nur denkbare Leid angetan wurde. Er ist für die frühe Kirche niemand anders als »Christus, der gelitten hat«. Seine Unschuld wird beteuert, ein erstes Element des Vorbildes, das hier gezeichnet wird. Man erinnert sich: Auch das Leiden der Christen muß, um »glückliches« Leiden (3,14; 4,14) zu sein, »ungerechterweise« (V 19) und »um der Gerechtigkeit willen« (3,14) erlitten werden. Hier werden die Spuren (V 21) gezeichnet, in denen Leiden zur »Gnade« (VV 19f) wird. Der ganze Ab-

---

[443] Vgl. *Deichgräber*, Gotteshymnus 143.
[444] Der atl. Schriftbeweis als solcher ist allerdings gerade im Zusammenhang der Passions-Überlieferung sehr alt (vgl. Mk 15,24–37). Zur Verwendung von Jes 53 im Urchristentum s. *Wolff*, Jesaja 53; *Schelkle* 82–84 (Literatur); *D. M. Stanley*, The Theme of the Servant of Yahweh in Primitive Christian Soteriology, and Its Transposition by St. Paul, CBQ 16 (1954) 385–425.
[445] Bei *Schelkle* 84 die Angabe, 1Cl 16,10 biete dieselbe Lesart wie der 1Petr. Die mir zugänglichen Editionen bis hin zu *A. Jaubert*, SC 167, 1971, 126 und *Fischer*, Die Apostolischen Väter 44 Z. 20, lesen ἀνομίαν (LXX), ohne eine varia lectio zu notieren.

schnitt soll ja den Lesern erklären, unter welchen Bedingungen und durch welchen Vor-gang (sc. die Passion Jesu) menschliches Leiden trotz seiner bedrückenden Unausweichlichkeit die Hoffnung ermöglicht.
Die Bedingungen der Hoffnung werden in der einfachen Weise gefunden, daß 23 die Besonderheiten des Lebens oder des Verhaltens Jesu »nacherzählt« werden (ohne daß auch nur die Spur einer Augenzeugenschaft des Petrus erkennbar würde): Er war gerecht (V 22). Und hier: Er verzichtete auf Vergeltung (wobei das widerstandslose Hinnehmen seiner Passion nach der Erinnerung der Evv-Tradition wie Mt 26,51–56; Mk 14,60f; 15,16–20.29–32 im Vordergrund stehen mag). Die Verneinung des ἀντι- ist für ihn bezeichnend, das Hinnehmen von (ungerecht zugefügtem) Leiden ohne Revanche, die Gelassenheit im Vertrauen auf Gottes Urteil[446]. Dieses Ethos des Vergeltungsverzichts, das (meist im Hinblick auf die Sklaven V 18) verbreitet als »Geduld« erklärt und damit reichlich verharmlost wird, ist wohl noch stärker durch jesuanische Überlieferung wie Mt 5,38–42 als durch Jes 53,7 beeinflußt, weil dort ausdrücklicher dieser Verzicht artikuliert ist. – Es gibt m. E. keinen Grund, V 23 für homiletische Eintragung des Ps-Petrus zu halten; von Form und Inhalt her kann der Text ohne weiteres zur Vorlage gehört haben[447]. Das gehört zum Christusbild dieser frühen Theologie, daß es die auffälligen, unkonventionellen, unterscheidenden Verhaltensweisen Jesu als Bildelemente enthält. Gleichzeitig ist das paränetisch als Vorbild stilisiert: Das ist die Gestalt des Leidens, das in den Spuren Christi steht. Wenige Zeilen später im Brief (3,9) wird ja mit ganz ähnlichen Worten genau das von den Christen verlangt, was hier an Christus beschrieben wird, nämlich Vergeltungsverzicht und Beendigung der Multiplikation des Bösen. Die christologische Signatur des Lebens Jesu wird als Profil auf das Christsein übertragen. Man könnte sich an dieser Stelle leicht auch eine Wiederholung des ὑποτάσσεσθαι denken, nämlich gegenüber den schlimmen, deprimierenden Zuständen generell. Daß dem Verfasser mit seiner Tradition diese Unterbrechung des Mechanismus von Beschimpfung und Widerworten, von Verletzung und Drohung an Jesus besonders bezeichnend schien und ihn beeindruckt hat, entspricht seinem Verständnis christlicher Existenz. Christsein ist für ihn Unterbrechung der verbreiteten unseligen Verhaltensweisen und Bruch mit dem schlechten Bisherigen (1,14.18; 4,4 u. ö.). Christologie und Ethik korrespondieren hier eng. Darum überträgt sich auch der Affront gegen Christus[448] auf die Christen. Aber wichtiger ist die Übereinstim-

---

[446] Es gibt eine alte (aber kaum ursprüngliche) Lesart in der Vulgata, bei Cyprian, De bono patientiae 9, und Klemens v. Alexandrien, Hypotyp. Frgm. (GCS 17,2, 1970, 204 Z.27f): »tradebat autem iudicanti se iniuste«. Diese Version ist entweder als irrige Verwechslung mit dem Schluß von V 19 (ἀδίκως) entstanden oder aber sie verlängert bewußt die narrative Passions-Anamnese des V 23: »Er lieferte sich dem aus, der ihn ungerecht verurteilte (sc. Pilatus).« Interessant eine der angeschlossenen Exegesen des Klemens: »tradebat autem semet ipsum secundum iniustam legem iudicantibus, quia ›inutilis‹ erat illis, utpote iustus exsistens.«

[447] So auch Kelly 121.

[448] Schlier, Adhortatio 64: »Er läßt die Kränkungen auf sich beruhen und vergilt sie nicht. Er verzichtet auf sein Recht . . . Deshalb wird er nach 2,4.7.8 für die Menschen ein Anstoß.«

mung im Leiden, insofern es von Gerechten, unter Verzicht auf Vergeltung und im Vertrauen auf Gott, ertragen wird – wie beim leidenden Christus. Damit ist derjenige Teil des zitierten christologischen Textes erschöpft, um dessentwillen Ps-Petrus diese Vorlage überhaupt zur Instruktion und als Einübung ins Leiden herangezogen hat. Das »Lied«, das von Haus aus das stellvertretende »für« des Leidens Christi herausstellt, enthielt in dieser oder ähnlicher Form auch diese beschriebenen Zeilen, die sich auf den Vorbildgedanken applizieren ließen, den der Verfasser aus paränetischer Tendenz hier einführte. Jetzt zitiert oder paraphrasiert er seine Vorlage weiter und bleibt bei deren, nicht bei seinem eigenen Thema. An etlichen Stellen läßt Ps-Petrus solchen inhaltlichen »Überschuß« der von ihm aufgenommenen Überlieferungen zu, statt verkürzt zu zitieren. In freier Anlehnung an Jes 53,4.11.12 und teils wörtlicher Übereinstimmung wird das schuldlose Leiden Christi in seiner vertretenden Bedeutung beschrieben. In der Übersetzung ist kenntlich gemacht, was aus dem biblischen Text stammt und was aus christlicher Passions-Erinnerung und -Theologie da eingepaßt worden ist. Man sieht deutlich, daß der Text *vor* dem Briefzusammenhang, nicht *für* ihn formuliert ist: Statt der Anrede paränetischer Sprache im ganzen Brief (»ihr«) stößt man hier auf das »wir (unser)« homologischen Stils. Der Briefschreiber beläßt den Text; das Thema, das ihm wichtig war, ist in den VV 21–23 durch Anpassung und Glossierung der Vorlage deutlich genug geworden. Man blickt hier also sozusagen am 1Petr »vorbei« in eine ältere Christologie, die im deutero-jesajanischen leidenden Gottesknecht den Gekreuzigten abgebildet sah und ihn wie einen Lastenträger unter den Sünden anderer vorstellte. Vielleicht ist auch das Bild vom ehrlosen, verfluchten, aber schuldlosen Sündenbock (Lev 16,20–22) im Spiel, jedenfalls aber der Gedanke der Sühne.

Die Wirkung seines Leidens ist hier kurz umschrieben als Befreiung der Menschen von den Sünden[449] und die Ermöglichung eines Lebens für die Gerechtigkeit. Dabei hat δικαιοσύνη hier wohl stärker ethische Bedeutung als den qualifiziert paulinischen Sinn (= das Heil selbst). Und aus Jes 53,5, einem Vers voller potentieller christologischer Anspielungen, wird das paradoxe Bild von der Heilung der Vielen durch die Verletzung des Einen ausgesucht, um noch einmal das Heil vieler Menschen durch den einen leidenden Christus zu beteuern. Hier ändert Ps-Petrus, anders als zuletzt, doch wieder den Bibeltext mit dem »wir« (ἰάθημεν) zur Anrede »ihr« und verbleibt dabei auch im Bild von den ehemals versprengten, jetzt aber unter dem Hirten gesammelten Schafen aus Jes 53,6 (vgl. Ez 34,5f). Auch das ist zunächst sicher noch Fortsetzung der

---

[449] *Schlier*, Adhortatio 64, in einer etwas pleonastischen, aber wohl nicht falschen Herstellung der Zusammenhänge: Jesus ließ sich die Sünden gefallen und »starb unter ihren tödlichen Wirkungen«; und »die Sünden der Menschen, die sich an dem Gerechten, der nicht zurückschlug, sozusagen in ihrer Bosheit austoben konnten«, sind »in seinem Sterben . . . mitgestorben und vernichtet«. »Ihre Sündenmacht und also ihre Todesmacht hat sich an diesem Ort, auf seinem Leib, erschöpft.« Das ist genau die Dramatik der frühchristlichen Soteriologie.

Zitation (wohl kaum ohne Unterbrechung) des angenommenen »Liedes«, das diese Metapher sicher im Wir-Stil (»wir irrten nämlich . . .«) formuliert hatte; denn wie sollte das Bild sonst in diesen Zusammenhang geraten sein? Für die Auswertung im V 25 ist das weniger sicher, sie mag vom Verfasser des Briefes stammen. Der Gedanke ist dem 1Petr nicht fremd, sondern besonders wertvoll. Das Bild sagt nämlich aus der Rückschau der Bekehrten nichts anderes als die Metapher von der Volkwerdung in 2,10, und es spricht für sich. Die Gemeinde findet sich nach (wie sie jetzt erkennt) bedauernswerter, desorientierter Existenz aller einzelnen nun in der bergenden Gemeinschaft unter dem, der sie rettet. Mit ψυχαί ist wieder das Leben selbst bezeichnet. Der »Hirt« und der »Beschützer«[450] ist Gott[451]. Das Verb ἐπιστρέφεσθαι, das die Hinwendung und Umkehr bezeichnet, entspricht sehr gut der Intention des 1Petr, die Wende ganz entschieden zu markieren und zu vollziehen. Das urchristliche Schema vom Einst und Jetzt, das hier ein weiteres Mal verwendet wird, hat für die Betroffenen existentielle, oft genug eine markante biographische Bedeutung. Im Bild von Hirt und Herde steckt, sobald man sich in ihm wirklich erkennt, ein beträchtliches Potential an Zuversicht, Belastbarkeit, Zusammenhalt. Der 1Petr ist auf dem Hintergrund seiner pastoralen Intentionen in einer massiven Bedrängnis der Gemeinden von außen (und insofern als *praeparatio ad martyrium*) zu lesen.

Die Anweisung an die Sklaven, sich völlig in ihre Bedingungen zu schicken, gerade auch wenn es besonders bedrückende Bedingungen sind, stellt sich als Exemplifizierung eines der Hauptthemen des 1Petr heraus: nämlich als Beispiel der apologetisch-»defensiven« Ethik und der Einübung in ungerechterweise erlittenes Leiden. Das Thema ist nicht die Sklaverei (so wenig wie VV 13–17 der Staat), sondern (wie dort) die Möglichkeit christlicher Existenz unter den gegebenen bzw. aufgezwungenen Verhältnissen. Thema ist auch nicht (oder höchstens inklusive) die gewissenhafte Pflichterfüllung in (Staat und) Gesellschaft, sondern das Leiden-Können in den vorkommenden Situationen. Thema ist endlich auch nicht die Sklaven-Emanzipation, aber: Das Sklavenschicksal, das zwar von sehr unterschiedlicher Härte war, aber damals als soziale Gegebenheit und als wirtschaftliche »Notwendigkeit« von niemandem moralisch in Frage gestellt wurde, ist hier als eklatanter Fall von Ungerechtigkeit beurteilt. Es gehört zur Pointe des Abschnittes und des ganzen Briefes, von *ungerechtem* Leiden zu reden. »Leiden« ist für Ps-Petrus in keinem Fall zu vermeiden, so daß

Zusammenfassung

---

[450] Den Terminus ἐπίσκοπος kann man hier m. E. nicht mit hinreichenden Gründen in christologischer Version zu kirchlichen Amtsbezeichnungen in Beziehung bringen. *Bornemann*, Petrusbrief 146 Anm. 1, verweist auf den biblischen Sprachgebrauch in Weish 1,6 und hält (150) den Terminus in 1Petr 2,25 für eine sinngemäße Zusammenfassung von Ps 34,16. E. *Barnikol*, Bischof und Bibel, in: Ruf und Antwort (FS Emil Fuchs), Leipzig 1964, 456, nimmt die Anwendung des Terminus auf Christus als Beweis, »daß es den Titel Episkopos für Menschen als Amtspersonen zur Zeit der Abfassung des ersten Petrusbriefes im Anfang des zweiten Jahrhunderts für diesen Autor noch nicht gab«.

[451] *Windisch-Preisker* 66: Christus.

christlich leben für ihn regelmäßig christlich leiden heißt[452]. Diejenigen Christen, die Sklaven sind, sind der exemplarische Fall dieses Sachverhalts. Für sie »paßt« die Theologie und Paränese des 1Petr besonders deutlich und direkt. Sie sind darum, wenn sie sich bewähren, in besonders demonstrativer Form Zeugen der Hoffnung, von der der Brief spricht. Sklaven werden in einer christlichen Haustafel getrennt von den anderen Gruppen und eigens angesprochen, was in außerchristlichen Haustafeln nie der Fall ist. Denn sie sind aus der Perspektive des Glaubens vollwertig wie alle Menschen, und die christliche Ethik eines 1Petr kommt vor ihnen, die am schlechtesten von allen dran sind, nicht in Verlegenheit, sondern kann gerade an ihnen die Chance der Hoffnung erkennbar machen.

Darum ist es sicher kein Zufall, daß der Sinn eines Lebens im Leid gerade bei der Sklavenparänese in der grundlegenden Form erklärt wird, wie das (in Analyse und Erklärung) gezeigt wurde. Die provokante Behauptung, Leiden sei unter den Bedingungen von Unrecht bzw. Schuldlosigkeit nicht sinnlos, wird in einer Argumentation begründet, die die Theologie des Briefes selbst in ihrem eigentlichen »Drehpunkt« ist. Leiden ist Berufung (nicht nur der Sklaven), weil Christsein die »Nachfolge« in den »Spuren« des »Beispiels« ist, das der »leidende Christus« »hinterlassen« hat. Dieses christologische Argument erinnert stark an Paulus, aber Paulus hat doch nicht in dieser Intensität und Verallgemeinerung das Leiden für die Situation des Christseins schlechthin gehalten. Das muß im 1Petr aus der historischen Situation herrühren. Die Adressaten (als Gemeinden und einzelne) haben zu schaffen mit den für sie offenbar äußerst prekären Verhältnissen; sie leiden unter Schikanen und Diffamierungen ihrer Umgebung. Die kirchliche Predigt legt ihnen das Christsein begreiflicherweise ausschließlich unter der Rücksicht auf diese Bedingungen aus, von denen der Verfasser des 1Petr kaum konzedieren würde, es seien Sonderbedingungen. Daß man auf die Ermutigung des Predigers eingehen, im Leiden selbst Trost und Hoffnung finden und also überleben kann, wird mit dem eingängigen Argument gezeigt, daß »auch Christus gelitten hat«. Mit ihm haben sie sich als Getaufte bereits identifiziert. Der Prediger zeigt ihnen hier die Identität mit ihm auch im gegenwärtigen Schicksal. Gerade ihre notvolle Situation bedeutet Nachfolge in seinen »Spuren«. Und diese Rede berechtigt zur Hoffnung, weil sie impliziert, was in diesem Abschnitt nicht gesagt ist, daß die »Spuren« zur Herrlichkeit führen (4,13).

b)  *3,1–7 Frauen und Männer in ihrer gegenseitigen Pflicht*

**1 Genauso sollt ihr Frauen euren Männern untergeben sein, damit Männer, die auf das Wort nicht hören wollen, durch die Lebensart der Frauen auch ohne Wort gewonnen werden, 2 wenn sie euer von Re-**

---

[452] Oder so: »Every aspect of life is related to suffering« (*Thompson*, Submissive 71).

spekt bestimmtes heiligmäßiges Leben sehen. 3 Euer Schmuck soll nicht äußerlich sein: daß ihr das Haar legen laßt, Goldschmuck umhängt und schöne Kleider anzieht, 4 sondern euer im Herzen verborgenes Selbst, in der Lauterkeit einer freundlichen und ruhigen Gesinnung, die vor Gott kostbar ist. 5 So haben sich nämlich auch früher die heiligen Frauen geschmückt, die auf Gott gehofft haben: Sie waren ihren Männern untergeben. 6 Sara zum Beispiel gehorchte Abraham und nannte ihn (ihren) »Herrn«[a]; ihr seid ihre Kinder geworden, wenn ihr Gutes tut und »vor keinem Erschrecken bangt«[b].
7 Genauso sollt ihr Männer verständnisvoll mit den Frauen zusammenleben, die ja das schwächere Geschlecht sind; ihr sollt ihnen Achtung entgegenbringen, da sie ja zusammen mit euch die Gnade des Lebens erben. Dann ist euer Beten nicht aussichtslos«.

a Gen 18,12. – b Spr 3,25.

Der zweite Teil der Haustafel richtet sich an die (christlichen) Frauen, die hier ganz selbstverständlich und ausschließlich als verheiratete Frauen angesprochen werden. Die erste Anweisung bezieht sich auf das innereheliche Verhältnis und sieht das Ideal der Frau in der Untertänigkeit gegenüber dem Mann. Der Verwirklichung dieses Ideals wird in der schwierigen Situation einer »Mischehe« zwischen der Christin und einem Heiden Werbewirkung für das Christentum zugetraut (VV 1f). Beides, Untertänigkeit und teils auch die Zeugnisqualität gerade dieses Verhaltens, ist konventionelle Idee der Haustafelüberlieferung für die Frauen (Kol 3,18; Eph 5,22–24; 1Tim 2,9–15; Tit 2,5)[453], paßt aber gleichzeitig optimal zu den ethischen Leitvorstellungen des Ps-Petrus, der das Christentum besonders deutlich in geduldigem Hinnehmen von gegebenen bedrückenden Zuständen bezeugt findet. Man gewinnt den Eindruck, daß die paränetischen Beispiele seit 2,13 unter dem Gesichtspunkt des Motivs der Unterordnung und des Sich-Fügens ausgewählt sind (was den merkwürdigen Torso einer Haustafel in 2,18–3,7 und die grammatisch unverbundene Folge von 2,18 auf 2,17 erklären würde). Die restriktive und fast asketisch optierende Bemerkung über den für christliche Frauen allein zulässigen Schmuck (VV 3f) ist ebenfalls frühchristlicher Konsens paränetischer Überlieferung (1Tim 2,9), der noch seine Geschichte machen wird in der alten Kirche (vgl. z. B. Tertullian, *De cultu feminarum*)[454].

Analyse

453 Die älteste Mahnung an die Frauen zur Unterordnung stammt von Paulus (1 Kor 14,34: ὑποτασσέσθωσαν) und gilt ebenfalls nicht nur im Kirchenbereich.
454 Text CChr.SL I, 341–370; deutsche Übersetzung von K. A. H. Kellner, 1912, 175–202 (BKV 7). Der Schluß der Schrift aus der Zeit um 200 n.Chr.: »Senkt das Haupt vor euren Ehemännern, und ihr werdet geschmückt genug sein. Laßt die Hände nach der Wolle greifen und bannt die Füße innerhalb der Schwelle des Hauses fest, dann werdet ihr mehr Gefallen erregen als wenn ihr in Gold einherginget. Kleidet euch in den Seidenstoff der Rechtschaffenheit, in das Leinen der Heiligkeit und in den Purpur der Keuschheit. So angetan, werdet ihr Gott zum Liebhaber haben.« *Schelkle* 89 Anm. 2 nennt andere patristische Beispiele.

Innerhalb des 1Petr erneuert dieser zitierte Text das Thema vom veränderten Leben: Schmuck und Pretiosen liegen für den Christen nicht dort, wo die »Heiden« sie sehen. Im Stil erbaulicher jüdischer Bibelauswertung wird das verlangte Verhalten der Frauen als altes, eben biblisches Ideal vorgeführt, für das Sara als frommes Beispiel steht (zu vergleichen Adam und Eva in 1Tim 2,13f); sie tat schon das, was christliche Frauen jetzt deutlich sichtbar tun sollen (VV 5f). Diese Sätze machen in ihrem midraschartigen Charakter den Eindruck, nicht zum Schema der Haustafeln zu gehören, sondern vom Verfasser hinzugeschrieben zu sein. Sein Stil macht es, aufs Ganze gesehen, unmöglich, fest formulierte Traditionsstücke von seiner stark homiletisch versierten Sprache zu unterscheiden. Er spricht eben »traditionell«. – Die in einem Satz (V 7) gegebene Anweisung für die Männer, der dritte und letzte Teil aus der Haustafel, sieht für sie nicht dieselbe Ethik der Unterordnung (wie für Sklaven und Frauen) vor, sondern eine Ethik des Verstehenwollens von »oben« herab. Darin schlagen zunächst die zeitgenössischen Denkmuster sozio-kultureller Art durch. In der christlichen Paränese werden sie aber dann plötzlich durchquert: Es gibt ein neues συν- (V 7b), eine bis dahin nicht dagewesene Gemeinsamkeit zwischen Männern und Frauen, die die hierarchischen, patriarchalischen Relationen, nach denen alle leben, unterläuft.

**Erklärung 1** Dies ist die dritte Aufforderung zur Unterordnung nach 2,13 und 2,18; eine vierte folgt 5,5. Zu 2,13 wurde die Vorliebe des Verfassers für diese Ethik besprochen, die er einer kirchlichen Tradition entnimmt, aber auf seine Weise erklärt. In 2,13–17 war infolge der autokratischen politischen Strukturen der Zeit die Unterordnung unter die staatlichen Instanzen der geeignete Rahmen für die Einweisung *aller* Christen in christliches Verhalten. In 2,18–25 war es die Situation der unfreien *Sklaven*, die einen besonders illustrativen Hintergrund für Paränese und Kerygma, also für die besondere Ethik und deren christologische Begründung im 1Petr, abgab. Und es scheint, daß hier in den VV 1–6 mit den *Frauen* ein vergleichbar anschauliches Paradigma dieser Ethik von Ps-Petrus ausgewählt ist. Wie die Sklaven sich wegen der harten Benachteiligungen infolge ihrer sozialen Deklassierung als Beispiel und zu deutlicher Demonstration der christlichen ἀναστροφή (Lebensart) eigneten, so ist es sehr ähnlich bei den Frauen in den Nachteilen ihrer Minderbewertung, die ihnen ihr gesellschaftlicher Status zumutete. Das Partizip (ὑποτασσόμεναι) ist, wie öfter im 1Petr, als Imperativ zu verstehen[455] und verlangt also (wie in 2,13.18) direkt die Bereitwilligkeit zur Ein- und Unterordnung in die gegebenen sozialen Bedingungen der strikt patriarchalischen Gesellschaft und Familie[456]. Anders als

---

[455] *Meecham,* Participle 208; anders auch hier *Philipps,* Kirche 48: »eine Beschreibung des Tatbestandes«.
[456] *Schrage,* Ethik 9, zeigt am nichtchristlichen (außerjüdischen) Gebrauch des ὑποτάσσεσθαι für das Verhältnis der Frau zum Mann: »Unterordnung ist also das, was sich nach damaliger Zeit und Sitte gehört.« Einschlägige Materialien zusammengetragen bei *Philipps,* Kirche 44–47. Besonders kann *Balch,* Wives 33–114, von Platon an zeigen, wie die gesamte Ordnungsstruktur der damaligen Gesellschaft

bei den Sklaven (2,18b), wird die Situation der Frauen nicht näher als Nachteil und »Leiden« beschrieben, ist aber sicher genauso gemeint. Es folgt diesmal erst auf dem Umweg über weitere, allgemeinste Paränese (VV 3f) ein Hinweis darauf, daß solches Verhalten dem Willen Gottes entspricht (2,15), und eine theologische Begründung wie 2,21–25 wird nicht einmal angedeutet. Statt dessen geht es hier mit einer Zielsetzung des idealen Verhaltens der Frauen weiter, die sich untergeben zeigen und sich fügen: Ihr Verhalten ist im Hinblick auf ihre nichtchristlichen Männer entscheidend. VV 1b.2 sind sicherlich ein Einschub des Verfassers in die Haustafel. Der Unglaube ist das Gegenteil vom »Gehorsam« (1,2.14.22), nämlich nicht gehorsam sein bzw. nicht hören wollen (so auch 2,8; 3,20; 4,17) auf das Wort der christlichen Predigt. Und da wird also dem Verhalten der Frauen eine Chance eingeräumt, mehr zu erreichen als die Predigt. Das ist eine bemerkenswerte Formulierung, daß hier die Ausbreitung des christlichen Glaubens ἄνευ λόγου (»ohne Wort«) erwartet wird, während im NT sonst diesbezüglich die Notwendigkeit der Predigt betont ist (Röm 10,14.17; Mt 28,18–20). Vorausgesetzt ist, daß die Lebensführung deutlich christlich ist und den Männern bewußt wird, daß ihre Frauen als Christen so sind, wie sie sind. Dann können die Männer – in der Sprache frühchristlicher Glaubenswerbung – für die Gemeinde »gewonnen« werden[457].
Vorausgesetzt ist aber weiter, daß die Frauen genau den Erwartungen der Männer entsprechen. Ihr christliches Ethos deckt sich demzufolge mit den paganen Vorstellungen vom gesellschaftlichen Wohlverhalten der Frau. Diese Voraussetzung ist im Postulat der Unterordnung und auch im Hinweis ἐν 2 φόβῳ gemacht, der nicht gerade auf Angst, aber auf Respekt in dem nicht harmlosen Sinn von gesellschaftlich geschuldeter Ehrerbietigkeit abzielt. Ich verstehe das Wort wie in 2,18 als Bezeichnung für die Einhaltung der angemessenen sozialen Distanz sowie der Anerkennung der eigenen Rolle, in der man sich vorfindet (nicht »Gottesfurcht«). Das ist dann »heiligmäßiges Leben«, welches ungläubige Männer überzeugen kann, weil sie es sehen (ἐποπτεύοντες innerhalb des NT nur hier und im gleichen Sinn 2,12).
Damit ist in diesem dritten Beispiel für die »Unterwerfungs-Ethik« des 1Petr wieder das besprochene Problem des Konformismus, der unkritischen Anpassung usw. gestellt, das sich für den heutigen Leser mit solchen Appellen verbindet. Der Verfasser erklärt sich dazu bei diesem Beispiel noch weniger als im Fall der politischen Ethik (2,13–17) und der Sklaven-Paränese (2,18–25). Und es liegt zweifellos wieder die rein »defensive«, apologetische Moral vor: Die Christen sind loyal und entsprechen der Rollenerwartung. Aber es ist wichtig zu beachten, daß die Unterwerfung hier im V 6b von Angst und Furcht getrennt wird. Das ist mit der unmittelbar vergleichbaren Sprache von 2,13.16

---

von Über- und Unterordnung lebte.
[457] Zu diesem im 1Petr wichtigen Thema (bes. 2,12; 3,1f.15f; 4,3f) siehe *Brandt*, Wandel; *Sisti*, Testimonianza; *Bieder*, Grund; ders., Descensus; *N. Brox*, Der Glaube als Zeugnis, München 1966, 89–98; *P. Lippert*, Leben als Zeugnis, Stuttgart 1968, 61–87. Zu 3,1f.7 diesbezüglich *Hutting*, Ruling.

zusammenzusehen: »Seid untergeben . . . als Freie.« So hier: »Seid untergeben . . . ohne Angst zu haben.« Wie nahe diese Zuordnung grammatisch und bedeutungsmäßig genau ist, bleibt sekundär. Die Existenz der jeweils zur Unterwerfung aufgerufenen Christen muß jedenfalls gleichzeitig paradoxerweise »frei« und »angstfrei« sein, um die geforderte christliche ἀναστροφή zu sein. Daraufhin ist das Problem hier entsprechend dem Ideal des prinzipiell loyalen Staatsbürgers und des vorbildlich sklavischen Sklaven zu analysieren[458]. Die gesellschaftliche Institution mit ihrem Gefälle vom Oben zum Unten (dort Staat und Sklaverei, hier jetzt die patriarchalisch strukturierte Ehe und Familie) ist nicht als solche thematisiert und legitimiert, allerdings auch nicht kritisiert oder überwunden. Die damalige Rolle der Frau gibt einfach den Rahmen ab, in den das Muster christlichen Verhaltens eingezeichnet wird. Und für den 1Petr handelt es sich dabei immer um die Notwendigkeit und Fähigkeit, sich ins Gegebene und Aufgezwungene zu schicken, was wiederum aus der historischen Situation der sozial ohnmächtigen und verbreitet feindselig behandelten Minderheit der Christen zu verstehen ist. Christsein heißt für den 1Petr generell Aushalten unter Erfahrungen, die er »Leiden« nennt. Da stehen einerseits die Schikanen und Verleumdungen von Nichtchristen dahinter, die eine üble Situation schufen; andererseits scheint Ps-Petrus aber die alltäglichen Mühseligkeiten gerade der besonders Benachteiligten (wie der Sklaven und Frauen) unter demselben Aspekt zu sehen und paränetisch auffangen zu wollen.

Das ist jedenfalls die Pointe dieser gesamten »Unterordnungs-Paränese« 2,13–3,6, daß – je nach Stand verschieden – jeder zurückzustehen und sich so unter- und einzuordnen bereit ist, daß das als vorbildlich friedliches Verhalten zu werten ist, auch von Nichtchristen. Daß die ganze Ermahnung nicht auf Erhaltung von autoritärem Staat, Sklavenhalterei und patriarchalischen Familienstrukturen (allerdings auch nicht auf deren Abschaffung[459]), sondern auf die Einübung letztlich dieser Friedfertigkeit zielt, ergibt sich deutlicher aus der Fortsetzung in V 7 und der Zusammenfassung VV 8f. Die Unterordnung der Frau, das Sich-Fügen in die ihr »zukommende« Rolle[460] ist im Fortgang des Briefes ein weiteres Beispiel für christliche Bewährung in dem vom 1Petr bevorzugten Sinn. Gemeint ist gegenseitiges Auskommen miteinander; gesagt wird das in der Textfolge 2,13–3,6 (anders vorher 1,22 und nachher 3,8; 5,5b) in Form der Ermahnung zur Unterordnung an einzelne Gruppen, für welche nach damaligen Standards eben Unterordnung die gegebene Rolle im sozialen Zusammenspiel war. Die Mahnungen im vorliegenden Fall an Frau (VV 1–6) und Mann (V 7) sind reziprok zu lesen und meinen, wie zu V 7 zu zeigen ist,

---

[458] Vgl. dazu die Auslegungen von 2,13–17.18–25.

[459] Ich halte die Interpretation bei *Goppelt*, Verantwortung 503, für falsch, wonach den Frauen die Weisung erteilt wird, »diese schwierige Situation durch ehegerechtes Verhalten zu akzeptieren und zu verändern«. Sara (V 9) hat nichts verändert.

[460] Auch *Rengstorf*, Mahnungen 132f: Die Unterordnung ist »ohne jeden Nebenton des Schmachvollen«, und »das Gewicht (liegt) bei der Vorstellung der gegebenen Ordnung und der Einordnung in sie«.

nicht die soziale Differenz zwischen beiden, um sie zu stabilisieren, sondern das Miteinander beider.

3 Diese Polemik gegen Schmuck und Kosmetik der Frauen gehört wieder zur Haustafeltradition, wie die Sachparallele 1Tim 2,9f zeigt. Sie paßt in alle populäre Ethik hinein. Auch ihre wertende Unterscheidung zwischen äußerem und innerem (V 4) Schmuck gehört zur zeitgenössischen Redensart bei Juden, Griechen und Römern[461]. Innerhalb des Briefes mutet die Abstinenzforderung etwas trivial an, nicht einmal ganz passend, weil der Brief sich im übrigen nicht mit Luxus und mangelndem Ernst anlegt, sondern mit bedrückender Resignation zu tun hat, offenbar jedenfalls mit abbröckelnder Zuversicht, denn er predigt Trost und Hoffnung. Immerhin paßt die Forderung des »wahren« Schmucks zum Schema von Einst und Jetzt und zur Veränderung des Lebensstils, von denen der 1Petr immer ausgeht. Eine Warnung vor verfehlten Versuchen, dem Mann (mit missionarischen Absichten) durch äußerliche weibliche Attraktivität zu imponieren, kann darin nicht gesehen werden[462].

4 Die Umschreibung des erwünschten »Schmuckes« erfolgt in popular-ethischen, nicht spezifisch christlichen Kategorien der inneren, wahrhaftigen Persönlichkeit[463]. Die oben gegebene Übersetzung zeigt, daß πνεῦμα und ἄφθαρτος m. E. hier keine christlich-theologischen Begriffe sind und andererseits auch keine überlegte dualistische Anthropologie beschreiben. Die Mahnung mündet dann in den Hinweis auf Gott, vor dem das allein kostbar ist am Menschen. Diese Art ethischer Begründung scheint mir nicht von Ps-Petrus zu kommen, der andere Leitbilder hat. Doch läßt sich das nicht mit Sicherheit ausmachen. Das Ethos dieser höchst generellen Moral für Frauen in VV 3f läßt sich freilich als Explikation der geforderten Unterordnung (V 1) in deren weitestem Sinn auslegen. Dann ist der unprätentiöse, zurückhaltende Mensch gemeint, der bereit ist, sich anderen nachzuordnen, und das ihm Geziemende tut.

5 Der Niveauunterschied dieser Paränese für die Frauen gegenüber der für die Sklaven (2,18–25) in der jeweiligen Begründung ist eklatant und wird auch an den jeweils zitierten Vorbildern greifbar. Statt des sehr dichten biblisch-christologischen Exkurses in 2,21–25, der das Vorbild des leidenden Christus zeichnete, steht hier der vergleichsweise harmlose Hinweis im Stil midraschartiger Paradigmen auf biblische Frauengestalten, die es mit dem Schmuck so gehalten haben, wie es von christlichen Frauen erwartet wird. Die Heidenchristen (so fällt hier auf), die nicht aus der jüdischen Geschichte kommen, werden trotzdem an deren Vorbildern orientiert und dadurch den Heroen ihrer eigenen Überlieferungen entfremdet[464]; gegen derartige Entwurzelung hat sich die

---

461 Belege bei *Selwyn* 434 Anm. 2.3.
462 Gegen *Michl* 132; *Schrage* 95.
463 Die Parallele ist wohl kaum der alte und neue Mensch bei Paulus (gegen *Knopf* 124). – *Heikel*, Konjekturen 316f, ändert den schwierigen Genitiv τῆς καρδίας in einen »Dativ der Beziehung«: »der in seinem Innern verborgene Mensch, die innere Gesinnung des Menschen«.
464 Eine Ausnahme stellt 1Cl 55,1 dar: »Doch um auch Beispiele von Heiden zu bringen« (Hinweis bei *Knopf* 125f).

heidnische Polemik und Reaktion noch lange Jahrhunderte empört. – Auch das Hoffen ist an dieser Stelle reichlich erbaulich gemeint, verglichen mit z. B. 1,13; 3,15. Der Vergleichspunkt oder Vorbildcharakter liegt also in der Unter-
6 ordnung dieser heiligen Frauen unter ihre Männer. Wer ist gemeint? Genannt wird allein Sara. Sie ist das Vorbild der sich dem Mann als ihrem Herrn fügenden Frau[465]. Die denkbar simple Begründung aus der Bezeichnung Abrahams durch Sara als »mein Herr« (Gen 18,12), die atl. nichts Besonderes und schon gar keine ethische Qualität an sich hat und noch dazu in einer Äußerung von Ungläubigkeit steht, zeigt den populären Charakter des Ganzen. Mit solcher Exegese waren für den Verfasser ohne Schwierigkeiten weitere atl. Beispiele zu finden[466]. Das Originellste des Frauen-Kapitels ist die Idee von der Werbewirkung ihres Verhaltens gegenüber dem Ehemann (VV 1b.2). V 6b ist mit ziemlicher Sicherheit vom Verfasser eigens formuliert, denn »Kinder Saras«[467] erinnert an die »Kinder des Gehorsams« aus 1,14, und auch das ἀγαθοποιεῖν gehört zu seiner Diktion (2,15.20; 3,17). Und daß sich parallel zu 2,16 eine bestimmte Interpretation der Unterordnung wiederholt, nach der diese in Freiheit, nämlich ohne Angst zu leisten ist, kann man kaum für zufällig halten. Sie ist zu wichtig für das Verständnis des ὑποτάσσεσθαι im 1Petr[468], das damit vor einem naiven und unbedingt konformistischen Verständnis, zu dem freilich die 1Petr-Texte selbst verleiten, bewahrt bleibt[469]. Gerade dieses biedere Vorbild-Motiv aus den VV 5.6a ist – nach 2,13–15 – besonders verführerisch, zu früh zu glauben, man habe die Ethik des 1Petr beschrieben[470].
Es ist umstritten, ob diese letzte Wendung »vor keinem Schrecken bangt« aus bewußter Anspielung oder rein zufällig mit Spr 3,25 übereinstimmt. Beim Verfasser des 1Petr spricht in einem solchen Fall m. E. mehr für bewußtes Anspielen bzw. Zitat. Die Formulierung ist auch zu auffällig, um unabhängig vom Bibeltext entstanden zu sein. Ferner kommt hinzu, daß es Indizien für einen besonders lebhaften Gebrauch von Spr 3 in der frühen Kirche gibt[471]. – Das

---

[465] In 1Tim 2,11–14 sind das biblische Paradigma für die Über- und Unterordnung in der Ehe Adam und Eva. Das zeigt die unabhängigen Traditionen (so auch *Lohse*, Paränese 74). Im 1Petr kann man sich aber auf den Stil der Paränese für Männer (V 7) und auf V 8 hin (s. u.) eigentlich kaum vorstellen, daß ein Typos des übergeordneten Mannes wie Adam in 1Tim 2 so stehen bliebe; er würde die Tendenz des ὑποτάσσεσθαι im 1Petr als Pflicht letztlich aller nämlich durchkreuzen.
[466] *J. B. Bauer* 38 denkt an die »Erzmütter« Sara, Rebekka, Rahel und Lea. Vielleicht meint Paulus 1Kor 14,34 mit dem Hinweis auf das Gesetz nichts anderes als solche Beispiele.
[467] Diese Wendung sollte man in ihrem deutlich protreptischen Sinn nicht mit der paulinischen Abrahams-Kindschaft der Glaubenden (Röm 4,11; Gal 3,7 u. a.) oder der Kindschaft der Freien (Gal 4,22–31) verbinden (gegen *Spicq* 122; *Michl* 132 u. v. a.).
[468] Siehe zu 2,16 und oben zu V 2.
[469] Vgl. auch *Schrage*, Ethik 12, unter Hinweis auf *E. Kähler*, Zur »Unterordnung« der Frau im Neuen Testament, ZEE 3 (1959) 1–13: nicht entwürdigende Unterwürfigkeit.
[470] Selbst *Rengstorf*, Mahnungen 144, sieht am Ende seiner ausgezeichneten Studie im Hinweis auf den fälligen Gehorsam der Frau gegen den Mann in 3,6 eine »umfassende (sic) Aussage über die Würde der Frau Abrahams«, wobei diese Interpretation einen kräftigen anti-emanzipatorischen Akzent aufgesetzt bekommt.
[471] *Selwyn* 435 (mit 413.417); *Stibbs* 126f.

erwartbare »Erschrecken« muß als von den Männern ausgelöst gedacht sein und ist dann im Klima des Briefes durch das Christsein der Frauen bedingt.

Die vierte der seit 2,13 aneinandergereihten Paränesen (die dritte der Haustafel ab 2,18) ist an die Männer (sc. als christliche Ehemänner)[472] gerichtet und ist ganz auffällig kurz[473]. Im Zusammenhang gesehen, ist diese Kürze bezeichnend: Im Fall der Männer lag schon im tradierten Text eben keine Anweisung zur Unterordnung vor, die sich vom Verfasser wieder hätte ausweiten lassen; V 7 war aber mit den VV 1–6 verbunden und ist darum mitgenannt. Zu 2,13–17.18–25; 3,1–6 wurde das Nötige zum Interesse des 1Petr an der »Unterordnung« als dem vorzüglichen Muster christlichen Verhaltens und vor allem zum briefgemäßen Verständnis dieses Topos gesagt. Dieses Interesse findet im Haustafelabschnitt für die Männer und auch in der Situation der Männer keine Entsprechungen (wie bei Sklaven und Frauen). Die Männer sind die Übergeordneten und Privilegierten, auch in der christlich rezipierten Haustafel-Tradition (1Tim 2,12–14). Das Motiv der christlichen Ethik als »Unterordnung« kann darum in diesem Fall nicht (wie dreimal zuvor) angewendet werden. Die Frauen sind das »schwächere Geschlecht«[474].

Zu VV 1f wurde aber schon angedeutet, daß hier im V 7 die Verhaltensanweisung für den Mann in einer beachtlichen Weise die selbstverständlichen Rechte seiner privilegierten sozialen Position zurücknimmt, gerade im Zusammenhang der »Unterwerfung« von 2,13.18; 3,1.5. Es sind nicht nur Nuancen, die hier einen wirklichen Eingriff des Ps-Petrus in das Gefüge konventioneller Standards darstellen. Von den Männern wird (statt Demonstration ihrer Überlegenheit und statt Inanspruchnahme ihrer Position) Verständnis im Zusammenleben[475] mit ihren Frauen und Achtung vor ihnen verlangt. Wörtlich heißt die Weisung κατὰ γνῶσιν (»mit Erkenntnis«), wobei ganz simpel die Einsicht in das hier verlangte Richtige und Gute gemeint sein mag; es kann indes sein, daß durch Diskussionen um Gnosis und Liebe, wie sie Paulus mit den Korinthern zu führen hatte (1Kor 8) und wie sie öfter vorgekommen sein mögen, der Begriff der Gnosis im urchristlichen Sprachgebrauch nach einer Korrektur, wie sie 1Kor 8,2 vorliegt, in den Zusammenhang der Auferbauung der Gemeinde

---

[472] Es ist nicht ausgemacht, daß die Ehefrauen hier als heidnische gemeint sind (so *Hutting*, Ruling 425f); daß dies offenbleibt, ist sogar passender.

[473] Interpunktation und Aufbau der Weisung sind im Sinn der oben gegebenen Übersetzung anzusetzen, was nicht abhängt von der Entscheidung, ob man der Lesart συγκληρονόμοι (ACK u. a.) gegenüber dem Dativ der Editionen den Vorzug gibt (so *Reicke*, Gnosis 297). – Den schwedischen Beitrag zum V 7 von *Fridrichsen*, Till 1Petr. 3:7, konnte ich nicht auswerten.

[474] σκεῦος wörtlich = Gerät, Gefäß, aber auch Leib. *Reicke*, Gnosis 301, macht auf die Texte Röm 9,21–23; 2Tim 2,20f; Irenaeus, adv.haer. I 21,5 (eine gnostische Einlaß-Parole) aufmerksam, in denen jedesmal, wenn auch verschieden, σκεῦος im Kontext mit τιμή gebraucht ist wie hier; er vermutet »überlieferte Bildsprache«, in der σκεῦος = »Wesen« oder »Element« (vgl. *Reicke* 137f) ist. Die konzessive Übersetzung von ὡς (»obwohl«), die Reicke (302) vorschlägt, trifft m. E. nicht das Richtige; für die Annahme einer Ausweitung der betroffenen Gruppe von Frauen (γυναικεῖον) auf alle Frauen und Mädchen im Haus (ebd.) besteht kein Anlaß.

[475] Das Partizip συνοικοῦντες hat imperativische Bedeutung: *Meecham*, Participle 208.

und der Einheit im Glauben gerückt wurde. Der Begriff hat jedenfalls im ntl. Sprachgebrauch eine Affinität zu »Anerkennung« und »Liebe« bekommen[476]. Wenn einerseits von den Frauen Unterordnung (V 1), andererseits von den Männern Verständnis und Achtung oder Ehre (τιμή) gefordert ist, dann ist der reziproke Charakter dieser Ethik deutlich. Die Anweisungen gehen auf niemandes Kosten, sondern zugunsten des Zusammenlebens (συνοικεῖν). Das wird durch die besondere Ausformulierung der Paränese an die Männer erreicht. Und das ist durchaus unkonventionell, daß Mann und Frau hier (zwar nicht ausdrücklich, d. h. nicht in der Terminologie, aber de facto) in paritätischer gegenseitiger Verpflichtung stehen[477].

Dafür gibt es also keine konventionelle Argumentation[478], sondern nur eine biblisch-christliche, hier rein soteriologisch (nicht etwa schöpfungstheologisch) konzipiert: Die Frauen sind zusammen mit den Männern »Erben« des Heils, also gibt es keinen unterschiedlichen Wert, kein Positionen-Gefälle. Ethisch muß letztlich beiden dasselbe gesagt werden[479]. Es geht nicht um die Erhaltung eines hierarchischen Ordnungsgefüges, sondern des Zusammenlebens[480]. Die »Unterordnung« der Frauen (V 1) und die »Achtung« der Männer (V 7) kommen in diesem Ziel überein. Immerhin reiht die Konjunktion ὁμοίως in VV 1 u. 7 die Paränesen in einen Zusammenhang der Gleichartigkeit mit der jeweils voraufgehenden Weisung, wenn ihre Bedeutung wahrscheinlich auch nicht stark ist[481]; aber sie würde überhaupt nicht passen, wenn den Männern eine andere und nicht eine im Grund gleiche Anweisung gegeben würde. Für Sklaven, Frauen und Männer lauten die Paränesen verbal zwar verschieden, decken sich aber in der Richtung und dem Ziel (sc. dem »Stil« des Zusammenlebens)[482]. Man kann die Standes-Paränesen des 1Petr auch nicht lesen,

---

[476] Das hat *Reicke*, Gnosis 300, richtig gezeigt. Er irrt aber m. E., wo er dieser Gnosis des 1Petr einen polemischen Sinn (gegen häretische Gnostiker) abgewinnt (300f). Der Brief hat keine ketzerischen Gegner, sondern nur Glaubensfeinde. – Beare 157: »knowledge of God is meant«.

[477] *Schrage*, Ethik 12f, hält schon die ethische Thematisierung des Verhaltens des Mannes gegenüber der Frau vergleichsweise für etwas im NT Besonderes (eindrucksvolle Belege für die herrscherliche Rolle des Mannes in nichtchristlichen Vorstellungen). Das hier formulierte Verhalten des Christen im οἶκος (der Großfamilie) ist nicht das konventionelle.

[478] *Balch*, Wives 33–112, hat gezeigt, daß auch in den zeitgenössischen Vorstellungen und in deren Pflichten-Codex die paarweise und reziproke Besprechung der einzelnen Gruppen üblich war (wie hier: Frauen und Männer). Aber die damaligen Diskussionen um das soziale Zusammenleben waren immer an der Unterordnung des jeweils schwächeren Gliedes in einem Paar interessiert (Frau gegenüber Mann, Kind gegenüber Eltern, Sklaven gegenüber Herren).

[479] *Rengstorf*, Mahnungen 137, sieht das genauso, »daß die Haustafeln selbst ganz offensichtlich die Verpflichtung des Mannes als Hausvater zur Liebe und die Verpflichtung aller übrigen Angehörigen des Hauses zur Unterordnung gerade nicht als etwas Verschiedenes empfinden, sondern beide als durchaus gleichlaufend ansehen und beurteilen«, und »daß nirgends in den Haustafeln der Mann als Hausvater im Unterschiede von Frau, Kindern und Sklaven als ranghöher und deshalb bevorrechtigt eingeführt und deren Verpflichtung zur Unterordnung unter ihn von daher begründet wird«. Vgl. 137–139.

[480] Das bekommt historisch sein Profil auf dem Hintergrund der οἶκος-Ordnung; darüber *Rengstorf*, Mahnungen 136–145.

[481] Beare 152: »has the force merely of ›item‹«.

[482] *Reicke*, Gnosis 298f, erkennt diese Kor-

ohne zu berücksichtigen, daß im selben Brief Texte wie 1,22 und 3,8 stehen und dann den Interpretationsrahmen für die übernommenen Muster einer von Haus aus anders orientierten Ethik darstellen. Aber auch in diesen Mustern selbst setzt der Verfasser also seine Korrekturen an[483]. Bei einer generellen sozialen Dominanz des Mannes ist die Ethik der VV 1–7 in dieser Formulierung nicht stimmig und durchführbar. Zwar sind VV 1f.5f und V 7, wie gesagt, in der Diktion nicht symmetrisch[484], aber sie unterlaufen trotzdem bereits ganz massiv die Asymmetrie des tatsächlichen sozialen Gefüges, das sich in ihren übernommenen Formulierungen und Vorstellungen noch einmal spiegelt. Das bestätigt sich in der Zusammenfassung V 8 und steht sachlich, d. h. als Datum christlicher Ethik, in Zusammenhang mit Gal 3,28: »Da gilt nicht mehr ... Mann und Frau«.

Die Schlußfloskel des V 7 heißt wohl, daß Fehlverhalten gegen die gerade geäußerten Verpflichtungen als Sünde das Gebet unwirksam machen. Es ist nicht vom gemeinsamen Gebet der Eheleute die Rede.

Aus den Anweisungen an die Frauen prägen sich auf den ersten Blick sehr stark die Postulate einer Ethik für patriarchalische Verhältnisse in Haus und Familie ein: Durch Unterordnung sollen die Frauen sich aus religiöser Motivation eifrig anpassen. Aber dieser Eindruck täuscht insofern, als er nur das vom 1Petr übernommene ethische Schema registriert und nicht auch die Variation, die der Verfasser daran anbringt. Ein erstes ist in dieser Hinsicht, daß den Männern, die zunächst wie die unumschränkten Nutznießer einer Verstärkung dieses sozialen Gefüges aussehen, eine veränderte Optik abverlangt wird (V 7). Sie sollen in den Frauen gleichrangige Partner sehen und ihnen Verständnis und »Achtung« oder »Ehre« entgegenbringen. Die Gleichheit ist im συν- (Mit-Erben) enthalten. Die gemeinsame Heilshoffnung läßt die Unterschiede verschwinden, auch wenn die Frauen das »schwächere Geschlecht« heißen. Die Gleichheit vor Gott und aus dem Glauben setzt hier andere Maßstäbe, als sie rundum gewohnt sind. Für Christen sind im Verhalten von Mensch zu Mensch andere Perspektiven und Wertungen ausschlaggebend als die üblichen. In einer Gesellschaft, in der die autokratisch-patriarchalischen Strukturen ungefragt, aber auf Kosten vieler galten, wird hier von der christlichen Ethik unter Hinweis auf die gemeinsame Heilshoffnung ein abweichendes Verhalten formuliert und gefordert: Diejenigen, die die soziale Überlegenheit und die Herrschaft haben, werden verpflichtet, andere Attitüden als die autokratischen,

Zusammenfassung

---

respondenz nur zwischen VV 1–6 und V 7 (statt auch 2,18–25), so daß er für das ὁμοίως in V 1 keine Erklärung hat.
[483] Kamlah, ΥΠΟΤΑΣΣΕΣΘΑΙ 243: Die Frauen zu ehren ist die den Männern »auferlegte Verwirklichung der Demut, ein Verzicht auf die ihnen von der Sitte zuerkannte überlegene Stellung«.

[484] Die Skizze von Philipps, Kirche 47–49, wonach der 1Petr (übrigens ohne Unterscheidung von Tradition und Ps-Petrus) ein Schreiben ist, das die gesellschaftliche Bedeutungslosigkeit der Frau seinerseits voraussetzt und reproduziert, ist allerdings falsch und argumentiert – schon philologisch – ganz indiskutabel.

herrscherlichen zu zeigen. Die Abweichung von der konventionellen »Selbstverständlichkeit« des Oben- und Untenstehens von Menschen ist eine Verbindlichkeit ihres Christseins. Letztlich zielt die Anweisung an die Männer auf die Konsequenz, die in Mk 10,42-44 parr formuliert ist; allerdings bleibt der 1Petr mit klarem Abstand hinter der Deutlichkeit und Rigorosität der verlangten Revision von sozialen Konventionen in diesem Mk-Text zurück.

Nun bleiben gleichzeitig aber, wie gesagt, die Worte für die Frauen sehr konventionell: Das Vorbild sind die biblischen Frauen, die sich ihren Männern unterordneten und wie Sara »Herr« zu ihnen sagten. Die Auslegung hatte aber zu beachten, daß dieser Text nicht allein steht, sondern in einer Reihe von Aufrufen zur Unterordnung; und sie konnte dadurch von den vorauf gegangenen Beispielen her deutlich machen, daß die Unterordnung der Frauen (wie die Unterordnung aller unter den Staat: 2,13-17, und die der Sklaven unter ihre Besitzer: 2,18-25) nicht in der Unterordnung als solcher ihr Ideal und ihren Sinn hat. Vielmehr ist der Fluchtpunkt, die Pointe dieser Paränese eine Ethik des friedfertigen Zusammenlebens, zu dem alle, Frauen und Männer im vorliegenden Fall, ihren verbindlichen Teil beizutragen haben.

Bei der inzwischen entstandenen kritischen Aufmerksamkeit für soziale Zwänge und Ungerechtigkeiten fällt heute wahrscheinlich der »Rest« an patriarchalischem Denken, den die tradierten Muster dieser Ethik auch im 1Petr an sich tragen, viel deutlicher auf als die dann minimal anmutenden Veränderungen daran. Tatsächlich mutet es schüchtern an, was den Männern als den »Herren« der Frauen (V 6a) gesagt wird, sobald es nachträglich unter dem Kriterium eines wirklichen Ausgleichs angesehen wird. Aber bei historisch realistischer Lektüre dieser Texte vor ihrem sozialgeschichtlichen Hintergrund erkennt man eben doch etliches, das diese Texte nicht mehr als Dokumente von ungebrochener Anpassung und geschlossenem Konformismus bezeichnen läßt. Die Männer werden hier nicht wie in der gängigen Ethik der Zeit als Herren ihrer Umgebung unbehelligt gelassen und bestätigt, sondern in die Pflicht genommen, für ein Zusammenleben zu sorgen, das christliche Signatur hat, indem es nicht aus Unterschieden, sondern aus der Gemeinsamkeit seine Formen des mitmenschlichen Umgangs findet. Die Gemeinsamkeit ist abgeleitet aus dem gemeinsamen »Erbe der Gnade des Lebens«. Dieser zunächst abstrakte Ausdruck hat in der Christengemeinde sehr greifbare soziale Konsequenzen. Es bleibt zwar im 1Petr unbestritten bei einer gewissen »Kopflastigkeit«, die sich in der Vorliebe für Unterordnung als Modellfall christlicher Existenz äußert. Gemeint ist aber das Zusammenkommen in Einmütigkeit und Liebe.

Die Paränese von 3,1-7 ist (wie die von 2,13-25) mit den Appellen aus 1,22 und 3,8, die auf Gegenseitigkeit und Gemeinsamkeit von »Brüdern« aus sind, zusammenzulesen. Diese Interpretation bestätigt sich an der Direktive für die kirchlichen Amtsträger in 5,5, wo Unterordnung einer Gruppe unter die andere nichts anderes ist als das Teil-Symptom eines allseitigen Geltungsverzichts, der die Gemeinschaft möglich macht. Die hier abgeschlossenen Paränesen ab 2,13 sind strikt paradigmatisch und nicht kasuistisch zu interpretieren.

Sie bieten einige wenige »Modelle« (nicht »Fälle«), die aber das christliche Ethos selbst unter den Bedingungen ihrer Zeit hinreichend konkret machen. Freilich umschreiben sie damit auch bestimmte, vom Verfasser bevorzugte Bewährungsfelder christlichen Verhaltens. – Die werbende Auswirkung der entsprechenden Verhaltensweisen als Zeugnis des Glaubens wird in 3,1f mit noch direkterer Deutlichkeit erwartet als an anderen Stellen des Briefes.

## 12. 3,8–12 Die Forderung des Unterscheidenden

**8 Seid schließlich alle einig miteinander, fühlt miteinander, liebt euch als Brüder, seid barmherzig und bescheiden; 9 vergeltet Böses nicht mit Bösem oder Beschimpfung mit Beschimpfung, sondern segnet statt dessen, weil ihr dazu berufen seid, Segen zu erben.
10 Denn wer »das Leben lieben will
und gute Tage sehen mag,
der muß seine Zunge mit der Bosheit aufhören lassen
und seine Lippen mit der Falschheit;
11 er muß sich vom Bösen wegwenden und Gutes tun,
suchen muß er den Frieden und ihm nachjagen.«
12 Denn »die Augen des Herrn blicken auf die Gerechten,
und seine Ohren hören auf ihr Gebet;
das Antlitz des Herrn ist aber gegen die, die Böses tun.«**[a]

a Ps 34,13–17.

Es folgt eine Kette von Mahnungen in dreierlei Fassung: als Tugendkatalog von sozialen Verhaltensweisen (V 8 in Form von Adjektiven, die asyndetisch gereiht sind; in der Übersetzung in Imperative aufgelöst), dann als Forderung bestimmter Verhaltensmuster, die an Jesus-Logien der Bergpredigt erinnern (V 9 in Form imperativischer Partizipien), und endlich als Rezitation des Ps 34,13–17, der einige inhaltlich vergleichbare Appelle enthält (VV 10–12). Man kann diese Ermahnungen nicht »abschließend« nennen, weil die Paränese in 4,1f.7–11 und 5,1–5.6–9 wieder aufgegriffen wird und weil der Verfasser nicht so schreibt, daß er bestimmte Kapitel oder Themen nacheinander behandelt und abschließt. Innerhalb des Briefes stellen diese Verse weder einen Abschluß noch überhaupt einen nennenswerten Einschnitt, sondern lediglich einen weiteren Schritt in der diskursiven Rede von Paränese und Kerygma dar. Daß traditions- und formgeschichtlich in den VV 8–12 (oder nur 8f) der Abschluß der zitierten Haustafel vorliegt, läßt sich nicht sicher sagen[485]; während in der Form keine Schwierigkeiten für die Annahme der Zugehörigkeit zur

[485] Nach *Wengst,* Formeln 161, gehört nichts davon mehr zur Haustafel.

Haustafel liegen (im Unterschied zu 2,13–17; die imperativischen Adjektive V 8 und Partizipien V 9 würden die Form von 2,18–3,7 bestens fortsetzen), steht dagegen, daß keine der bekannten frühchristlichen Haustafeln einen derartigen Schluß aufweist. Darum ist dieser Text als selbständig umlaufendes, d. h. nicht an die Haustafel gebundenes Traditionsstück anzusehen[486], das allerdings die Haustafel interpretiert. Also ist wieder allgemeinchristliche, katalogische Überlieferung von Anweisungen verwertet, die bezeichnenderweise allein im NT eine ganze Reihe von Parallelen zum Inhalt von V 9 hat (Mt 5,39.43–48; Lk 6,27f; vgl. Röm 12,9–19; Eph 4,1–3; Kol 3,12–15; 1Thess 5,13–22). Außerdem bestehen wichtige Überschneidungen mit anderen paränetischen Schlüsselstellen des Briefes selbst, worauf die Erklärung einzugehen hat.

Gewöhnlich werden die Mahnungen aus V 8 auf das Gemeindeleben bezogen, diejenigen aus V 9 auf das Verhalten zu den Nichtchristen. Das ist für die tradierte Liste durchaus nicht sicher, denn wieso sollte das interne Miteinander der Christen damals (anders als heute) keinen Anlaß für die Forderung des Vergeltungsverzichts (V 9) geboten haben? Und selbst im 1Petr könnte sich zumindest das ταπεινόφρονες (»bescheiden«) (V 8) auch auf das Verhältnis zum Heiden (z. B. Ehemann) beziehen, und daß V 9 überhaupt nicht für die Gemeinde-Paränese gelten kann, ist nicht sicher, obwohl der Verfasser bei »Bösem« und »Beschimpfung« zugestandenermaßen primär an das denkt, was den Christen an öffentlicher Aversion begegnet.

Erklärung 8

Die Anrede einzelner christlicher »Stände« oder Gruppen und die Anspielung auf bestimmte Situationen ist hier abgebrochen. Im Hinblick auf die beispielhaften Konkretionen christlichen Verhaltens von 2,13 bis 3,7 wird jetzt das Ziel der Verwirklichung solcher Forderungen, wie sie da erhoben wurden, abschließend (»schließlich«) angegeben. Ausdrücklich sind »alle« angesprochen, folglich haben in den folgenden Weisungen »alle« eine identische Pflicht. Das ist rückblickend noch einmal wichtig für die gegebene Erklärung der »Unterordnungs-Ethik« 2,13–3,6. Diese Ethik wollte und sollte nicht Abstände und Unterschiede verfestigen, sondern auch schon zu Einheit und Friedfertigkeit animieren, wie es hier eindeutig heißt. So generell sich das Traditionsgut[487] in den VV 8–12 ausnimmt, solange man es als bloße Sammlung von Tugenden oder dergleichen auffaßt, so konkret und profiliert ist es im Briefzusammenhang. Der Verfasser generalisiert seine Vorstellung von christlicher Existenz, die er vorher exemplifiziert hatte. Und in diesem Augenblick ist für alle dasselbe verbindlich, während in 2,13–3,7 die Töne einer ständisch unterschiedlichen Ethik schriller waren als die ihrer Korrektur durch den Briefzusammenhang. Die Verbindlichkeiten beziehen sich hier ausnahmslos auf das mitmenschliche Verhalten, wobei zwischen christlicher Gemeinschaft und Gesell-

---

[486] Mit *Best* 128f; *Schrage* 97: »Im Anschluß an die Haustafel . . .«

[487] *Selwyn* 407–413. *Lohse*, Paränese 74f; *Schelkle* 95.

schaft nicht scharf und durchgängig unterschieden werden kann. Christliches Leben ist demzufolge realisiert in Einigkeit, in gegenseitiger Anteilnahme und Hilfe (συμπαθεῖς, εὔσπλαγχνοι) und in der brüderlichen Liebe der Christen untereinander, als welche das φιλάδελφοι wegen der Entsprechungen in 1,22 und 2,17 zu verstehen ist. Auch ταπεινόφρονες (»bescheiden«) hat eine Entsprechung in 5,5 (vgl. 5,6) und ist von dorther in dem für die Ethik des 1Petr aufschlußreichen Sinn zu verstehen, daß die Unterschiede zwischen den Menschen, nämlich z. B. zwischen Frauen und Männern, zwischen jungen Männern und Alten, sich durch die »Bescheidenheit« aller überbrücken lassen zur Einheit: indem die einen sich »unterordnen« und die anderen auf ihre überlegene Geltung verzichten. Die »Unterordnung« des 1Petr (2,13.18; 3,1.5; 5,5) ist in diesen Zusammenhang korrespondierender ethischer Pflichten mit dem Ziel von Einigkeit und gegenseitigem Zusammenleben einzuordnen (vgl. die Vorsilben ὁμο- und συν-). Das Christliche wird in der Gemeinsamkeit, Friedfertigkeit und gegenseitigen Hilfe als solcher gesehen[488].

Diese weitere Reihe von Forderungen hat ihren christlichen Charakter nicht, 9 wie die von V 8, im Überlegenheits- und Geltungsverzicht, sondern im Vergeltungsverzicht. Zum Verständnis muß an 2,21–23 erinnert werden. Christlich sind der Verzicht auf Revanche und der Abbruch der Fortsetzung des Bösen dadurch, daß sie dem Beispiel des leidenden Christus entsprechen und seinen »Fußspuren« nachgehen. Um in christliche Existenz, die in »Leiden« und Erleiden-Können gesehen wird, einzuüben, war dort Jesu Leben durch Verhaltensweisen beschrieben, die hier von allen Christen als das Auszeichnende ihres Lebens verlangt werden: Beschimpfung nicht zu erwidern, sich für zugefügtes Leid nicht zu revanchieren. Hier in der Paränese heißt es noch grundsätzlicher: das Böse nicht fortzusetzen und zu vervielfachen. Die Unterbrechung des unseligen, Bosheit produzierenden Vergeltungsstrebens ist die Nachfolge Christi (2,21). Was er tat, macht auch das Leben der Christen aus, wenn dieses christlich ist. Die Paränese lenkt, auch ohne den Zusammenhang von 2,18–25 aufzunehmen, durch sich auf das Thema »Leiden« zurück. Wenn von Bösem und von Beschimpfung die Rede ist und über mögliche Erwiderung auf solche Aggressionen gesprochen wird, dann hat das natürlich Bezug zur Lage derer, die in Form der täglichen Schikanen und Diskriminierungen unter »Bösem« und »Beschimpfung« zu leiden haben und versucht sind, zur Vergeltung auszuholen[489]. Der Verzicht darauf ist also ein weiteres Kriterium für christliches Ertragen von Leid, genauso wie die Bedingung, daß der Leidende schuldlos ist und ungerechterweise leidet (2,19f; 4,14f). Das Leiden als solches, das der 1Petr als Regelfall für Christen annimmt, war 2,21 schon als Berufung der Christen bezeichnet worden. Hier wird das nuanciert: Sie sind dazu berufen, zugefügte Bosheit mit »Segen« statt wieder mit Bosheit zu beantwor-

---

[488] Die Tugenden des V 8 sind in dieser Art außerchristlich nicht nachweisbar: *Schelkle* 93f.
[489] *Kelly* 136f spricht vom Verhaltensideal für verfolgte Christen, das hier und von Paulus reproduziert wird und das ein »standard teaching« geworden war und von Jesus herzuleiten sei.

ten[490]. Dann »erben« sie selbst »Segen«: Das Verhalten Gottes zum Menschen wird dem des Menschen zu anderen Menschen entsprechen. Durch die Christen soll Heil (»Segen«) und nicht Bosheit unter den Menschen vermehrt werden.

Mit diesem anspruchsvollen Niveau christlichen Verhaltens steht der 1Petr in einer Überlieferung, die sich in der frühchristlichen Literatur in etlichen verbalen und inhaltlichen Berührungen mit 1Petr 3,9 trifft: »wenn wir beschimpft werden, dann segnen wir« (1Kor 4,12); »segnet, die euch verfolgen, segnet und flucht nicht« (Röm 12,14). Oder zu V 9a: »seht zu, daß keiner jemandem Böses für (ἀντί) Böses tut« (1Thess 5,15); »tut niemandem Böses für (ἀντί) Böses« (Röm 12,17). Nirgends sonst ist diese hohe Forderung in so ausführliche und enge Beziehung zum Christus der Passion gebracht worden wie im 1Petr (2,23); für Ps-Petrus gehört der Vergeltungsverzicht zum Leiden-Können. Aber mit diesem Postulat der Wehrlosigkeit selbst steht er also in einem alten, verbreiteten Konsens der ersten Christen über die konkrete Christlichkeit des Lebens unter Menschen, die nach dem Gesetz von Aggression und Gewalttätigkeit handeln, unter dem man selbst zu leiden hat. Schließlich ist es ein Postulat auch in der Überlieferung der Jesusworte, allerdings nur in sachlicher, nicht in derselben verbalen Entsprechung wie in den zitierten Paulus-Briefen: »Liebt eure Feinde« (Mt 5,44a / Lk 6,27a); »tut Gutes denen, die euch hassen« (Lk 6,27b); »betet für die, die euch verfolgen, damit ihr Söhne eures Vaters im Himmel werdet« (Mt 5,44b.45a); »segnet, die euch verfluchen, betet für die, die euch beschimpfen« (Lk 6,28)[491]. Es ist wichtig genug, dieses Kontinuum und sein Alter festzuhalten[492]. Diese Ethik wurde unter Bedingungen der Kirchengeschichte tradiert, die ihre Verwirklichung besonders schwierig machten.

10 Das ausführlichste biblische Zitat des 1Petr stammt aus Ps 34,13–17; es führt nicht die Aussage fort, sondern wiederholt in erbaulicher Untermauerung das Gesagte in der Form, daß es wirbt und motiviert: Solches Leben gewinnt Gott und sein »Ohr« für sich. Das Zitat als solches ist leicht variiert: Die didaktische Frage des Psalmisten in Ps 34,13 wurde konditional stilisiert (V 10a); aus dem Imperativ der 2. Person (Ps 34,14f) ist der der 3. Person geworden (VV 10b.11); und aus Ps 34,16 ist durch Einschub des ὅτι (»denn«) eine motivierende Schlußbegründung gemacht. Wesentlich waren dem Verfasser mit Sicherheit die inhaltlichen Parallelen, die der Psalm zu den frei formulierten Aussagen seines Briefes enthält. Enthaltung von der Bosheit, zu der die Zunge fähig ist, und von der Falschheit der Lippen steht parallel zur christologischen

---

490 *J. B. Bauer* 44f: Segen »ist immer Bitte zu Gott, Bekenntnis zu Gott, er möge Gnade schenken«.
491 In diesem Wort begegnen immerhin die beiden Verben εὐλογεῖν und ἐπηρεάζειν aus 1Petr 3,9.16.
492 1Petr steht hier paulinischen Traditionen verbatim jedenfalls näher als jesuanischer Logien-Überlieferung. L. *Goppelt*, Jesus und die »Haustafel«-Tradition, in: Orientierung an Jesus (FS J. Schmid), hrsg. *P. Hoffmann*, Freiburg 1973, 100f, spricht für 1Petr 3,9 von einer in paränetischer Tradition gewordenen »typisch anderen Struktur« des Wortes von der Feindesliebe gegenüber der Evangelienüberlieferung.

Verwendung von Jes 53,9 in 2,22; in den Spuren Christi (2,21) unterscheidet sich christliches Leben durch diese Züge. Das ganze hat hier eine beträchtlich größere Tragweite als der atl. Urtext, der vom Gewinnen guter Tage im hiesigen Leben spricht und dafür einige Klugheitsregeln erteilt. Durch den passionstheologischen und ekklesiologischen Zusammenhang im 1Petr stimmt nur der Wortlaut noch. Das »Leben« ist hier natürlich das Leben aus V 7. Die Abwendung vom Bösen wie das Tun des Guten und obendrein deren Kontrastierung gehören zur konstanten Thematik des 1Petr. Der Friede als Ziel der Suche des Menschen deckt sich mit der Einigkeit und Bruderliebe, die mehrmals nachdrücklich als das notwendig zu Realisierende angesprochen wird. Und die Zusage des Lohnes von Gott harmoniert mit der Absicht des 1Petr, Trost zu spenden im Leiden. Die Drohung für die Übeltäter ist das atl. Pendant zum Trost für den leidenden Gerechten (Ps 34,18–20). Ist es Zufall oder ein theologisches Urteil, daß der Christ Ps-Petrus den Ps 34,17b nicht mitzitiert: »um ihr (der Bösen) Andenken von der Erde zu tilgen«? – Aus den vielen Entsprechungen des Psalm-Textes zu Ideen und Absichten des 1Petr erklärt sich die Auswahl dieses atl. Textes und seine Zitation an dieser Stelle.

11

12

In einem neu angesetzten Appell sind etliche Tugenden des Zusammenlebens in der christlichen Gemeinde und mit den Menschen allgemein zusammengestellt. Sie sind so vielfach auch in anderen ntl. Schriften genannt, daß man daraus entnehmen kann, wie typisch sie die Situation der frühen Gemeinden spiegeln. Äußerst wichtig und zugleich natürlich besonders schwierig war zu erreichen und zu erhalten der intensive Zusammenhalt und ein rivalitätenfreies, selbstloses Zusammenspiel aller bei gegenseitiger, hilfreicher Verbundenheit, wie sie hier angestrebt ist (V 8); denn man war ernsthaft bemüht, von der Liebe nicht nur zu reden. Die auch bei Paulus und in den Evangelien intensiv betriebene Ermahnung zum Verzicht auf jede Vergeltung bezieht sich nicht nur auf das Verhalten von Christ zu Christ und dokumentiert eben, mit welcher Regelmäßigkeit die ersten Christengenerationen gesellschaftlich exponiert waren und feindselig isoliert wurden. Der 1Petr ist eines der frühen Dokumente für die Bemühung der Christen, von sich aus keinen Anlaß dazu zu geben und in den Schwierigkeiten eines unduldsamen Milieus die anspruchsvolle Ähnlichkeit mit dem Christus der Passion nicht zu verfehlen (vgl. 2,21–25).

Zusammenfassung

13. *3,13–17 Leiden und Hoffnung*

**13 Und wer kann euch mit Bosheit etwas anhaben, wenn ihr eifrig um das Gute bemüht seid? 14 Aber wenn ihr auch leiden müßt der Gerechtigkeit wegen, seid ihr glücklich (zu nennen). »Vor ihrem Schrecken habt keine Angst, und laßt euch nicht aus der Fassung bringen«**[a]. **15 Den »Herrn«**[b] **Christus »haltet heilig«**[b] **in euren Herzen,**

immer bereit zur Antwort jedem gegenüber, der von euch Rechenschaft verlangt über die Hoffnung in euch, 16 aber in milder und respektvoller Art, mit gutem Gewissen. So werden diejenigen, die euren guten Lebenswandel in Christus in schlechten Ruf bringen wollen, mit ihren Verleumdungen beschämend widerlegt. 17 Denn besser ist es, man hat wegen guter Taten zu leiden, wenn der Wille Gottes es so will, als wegen schlechter.

**a** Jes 8,12. – **b** Jes 8,13.

Analyse  Der 1Petr hat wenige markante Absätze und keine gewollten Höhepunkte; er geht fortwährend in assoziativen Schritten immer neu auf sein Thema zu. Der hier abgegrenzte Text schließt mit einem »καί/und« an das Vorausgehende an, und die Fortsetzung V 18 geht mit »ὅτι/denn« weiter. Trotz dieser Verbindungen nach vorn und hinten handelt es sich um einen relativ abgeschlossenen Sinnabschnitt. Und zwar wird mit ihm nun entschlossener und grundsätzlicher das Leitthema des Briefes angegangen[493], nämlich die verschiedenen praktischen und theologischen Aussagen direkt zum »Leiden« und Hoffen der Christen. Das Thema wird zwar hier nicht neu eingeführt; nach 1,6; 2,12.15.19f; 3,9 wird es aber ein weiteres Mal und nun ausführlich (bis vorerst 4,6, dann wieder 4,12–19; 5,8–11) aufgegriffen. Dabei werden kurz mehrere Aspekte des Leidensproblems in Form von Frage, Auskunft oder Aufforderung aufgereiht, die so oder ähnlich auch anderswo im Brief vorkommen: Die Christen sind letztlich unverwundbar (V 13); was sie erleben müssen, ist sogar ihr Glück (V 14); die Hoffnung »in ihnen« darf nicht verschwiegen, sondern muß »verantwortet« werden gegenüber jedem Fragesteller (V 15); durch ihr Verhalten müssen sie die Aggression gegen sich als Unrecht nachweisen (V 16); es gibt ein Leiden, über das man vor Gott nicht unglücklich und verängstigt sein muß (V 17). Das ergibt eine lockere Folge von allerdings zentralen Gedanken. Es ist nicht die Art des Verfassers, sein Thema auch nur annähernd zu disponieren. Statt dessen hält er es mit seinen verschiedenen sprachlichen Mitteln immer neu und eindrucksvoll und von anderer Seite ins Licht.

Erklärung  Hier wird also in gesteigerter Intensität und auch zusammenhängender als bis-
13  lang das Thema Hoffnung im Leiden angegangen, und zwar diesmal zunächst nicht in theologischer Instruktion (sie folgt V 18), sondern mit Zuspruch von Trost. Dazu muß man sich für die Auslegung darüber im klaren sein, daß alles, was im Brief gesagt ist, auf dem Hintergrund von derzeit erfahrenen »Leiden« der Gemeinden zu lesen ist und nicht über künftige, erwartbare oder bloß mögliche Schwierigkeiten spekuliert. Die Frage von V 17 (wahrscheinlich an Jes

---

[493] *Kelly* 139 läßt hier den Hauptteil des Briefes beginnen; *Schelkle* 99: »Von hier aus (sc. 3,13–4,6) erst erhalten auch die anderen Ausführungen des Briefes, die allgemeinen Inhalt haben, ihre rechte Beziehung.«

50,9 τίς κακώσει με angelehnt) hat die Funktion, zu einer ermutigenden Einsicht zu führen. Die erlebten Anfeindungen und Gewalttätigkeiten gegen die Christen können nicht wirklich schädigen und vernichten, solange die Betroffenen »Gutes tun«, wie der Brief oft sagt (2,14.15.20; 3,6.11.17; 4,19)[494]. Weil es längst ihre tägliche Erfahrung ist, daß ihnen »Böses angetan« wird, kann man den Text nicht mit der Frage übersetzen: »Wer sollte euch Böses antun?« Ihnen wird längst Böses angetan. Davon geht der Brief aus und macht nicht den für seine Absicht sinnlosen Versuch, diese Erfahrung durch erbauliche Belehrungen vergessen zu machen. Ps-Petrus nimmt sie im ganzen Brief und auch hier sehr ernst. Sein Trost besteht nicht in Verharmlosung der prekären Erfahrungen, sondern in seiner theologisch-paränetischen Rede von der Möglichkeit und dem Grund der Hoffnung trotz bzw. aufgrund dieser Erfahrungen. Das ist der Sinn auch des V 17. Bosheit kann die Christen letztlich nicht tangieren. Es geht im 1Petr darum, vor der Resignation zu bewahren, indem wirksame Entlastung von der ständig erlebten Bedrückung ermöglicht wird.

Die Entlastung liegt in der Hoffnung, d. h., sie kommt auf dem Weg über die Einsicht, daß die gegenwärtigen, deprimierenden Umstände nicht Grund zur Verzweiflung sind, sondern in ihnen selbst Sinn liegen kann. Dafür gibt es Bedingungen, die der 1Petr wiederholt nennt (s. u.). Daß aber unter diesen Bedingungen dann solches Leben unter Leiden in der Tat sinnvoll ist und zur Hoffnung berechtigt, dafür gibt es allein den paradoxen Beweis, daß »auch Christus einmal gelitten hat (gestorben ist)« (V 18). Hier geht es vorerst wieder (wie z. B. 2,15.20; vgl. 3,17) um die Bedingungen, unter denen Christenleiden mit dem Christus-Leiden zu tun hat. Es muß den Christen mit Eifer[495] um das »Gute« gehen, das man mit 1,22 und 3,8f umschreiben kann. Das bedeutet, daß der Anlaß für Übergriffe und Attacken seitens der Nichtchristen nicht schuldhaft bei den Christen liegen darf. Wenn jemand unter gerechtfertigten Strafmaßnahmen zu leiden hat, ist von ihm hier nicht die Rede (vgl. 2,19f). Dieselbe Bedingung wird mit anderen Worten im V 14 wiederholt: 14 Trost und Hoffnung gibt es nur für das Leiden, das wegen der Bemühung um Gerechtigkeit ertragen werden muß.

Aber das ist hier tatsächlich nur Wiederholung; es geht in diesem Satz primär um eine Verstärkung des Trostes. Und das kann man nun doch einen Höhepunkt des Briefes nennen: In einem Makarismus wird das Christenleiden auf nicht mehr überbietbare Weise qualifiziert. Es macht glücklich (»selig«) (vgl. 4,14). Das ist der Form nach kein Argument, sondern Zuspruch. Das zugehörige »Argument« ist aber bekannt und durchzieht den ganzen Brief: Es ist der »leidende Christus«.

Die grammatische Form signalisiert das Paradox: ἀλλ' εἰ καί . . . und die Ge-

---

[494] Die Wiedergabe bei *Windisch-Preisker* 69: »nur wer böse ist, hat auch Böses zu erwarten«, ist im Sinn des Briefes falsch. Man kann m. E. auch nicht mit *Schrage* 99 nach 2,14 deuten.

[495] Statt ζηλωταί lesen μιμηταί KCP und Spätere.

genüberstellung von πάσχειν und μακάριοι. Da der Optativ aufgrund der Einheitlichkeit des 1Petr und der Identität der vorausgesetzten Situation im ganzen Brief (s. o. A. II) trotz zahlreicher Befürworter des Gegenteils[496] nicht im Sinn einer Eventualität verstanden werden kann (das »Leiden« ist für den Verfasser zweifelsohne längst Realität), ist er eben optativ zu deuten. Er beschreibt, was wünschenswert ist, nämlich eben nicht einfach Leiden, sondern Leiden um der Gerechtigkeit willen (im Gegensatz zur Bestrafung für Vergehen)[497]. Wenn der Optativ aber tatsächlich strenger konditional gemeint ist, dann jedenfalls nicht so, daß Leiden für die Christenheit insgesamt eine erst künftige Möglichkeit darstellt, oder bei guter Lebensführung eventuell noch vermieden werden kann[498], sondern allenfalls deshalb, weil der Brief einen unbestimmten Adressatenkreis hat, von dem er zwar allgemeine »Verfolgungssituation« voraussetzt, ohne aber in dieser Voraussetzung sehr konkret werden zu können. Im 1Petr aus dem Optativ VV 14.17 eine Situation ohne gegenwärtige Leiden abzuleiten, ist außerdem schon darum falsch, weil Leid nicht nur Verfolgung ist, sondern nach 2,13–3,7 auch das tägliche Los sozialer Benachteiligung in Form von Unfreiheit, Mißachtung, Mißhandlung, Minderwertigkeit (bei Sklaven und Frauen), so daß (was der Brief gerade sagen will) Leiden immer gegeben ist.

Wie mit der Leidens-Ethik von V 9, so steht der 1Petr mit der »Seligpreisung« von Leiden in einer Tradition, sie ist nicht seine Formulierung. Makarismen kennt man aus der Jesus-Überlieferung (Mt 5,10.11f par.), aus dem Jak 1,12 (vgl. 5,11) und aus frühjüdischer wie nach-ntl. christlicher Literatur[499]. Man darf bei dieser Streuung davon ausgehen, »daß die frühe christliche Gemeinde die Seligpreisung des Leidenden, des um seines christlichen Bekenntnisses willen Geschmähten und Verfolgten und in Geduld Ausharrenden als festes Traditionsstück überliefert hat«[500]. Im 1Petr ist dieser Tradition ihre praktische Bedeutung neu und aktuell abgewonnen. Sie liest sich hier wie eine unmittelbare adhortatio bzw. praeparatio ad martyrium. Die »Seligpreisung« macht das Leiden annehmbar und – recht verstanden – erträglich. Eine traditionsgeschichtliche Analyse der Makarismen-Tradition hellt diesen ohnehin klaren Sinn nicht weiter auf und kann auch keine diesbezügliche Geschichte der Formel rekonstruieren, innerhalb deren man V 14 (und 4,14) mit Nähe und Differenz zu Mt 5 etc. einordnen könnte[501].

---

[496] Spät hat sich den Vertretern von Teilungshypothesen auch *Michaels*, Eschatology 396.399f, angeschlossen: Die Optative von V 14 und 17 umrahmen eine hypothetische Diskussion über etwaiges christliches Verhalten in eventueller Verfolgungssituation, die ab 4,12 als eingetroffen behandelt wird. So abstrakt ist der 1Petr in keinem einzigen Satz.
[497] So *Danker*, Pericope 100 Anm. 38 (und *Ryan*, Word 52).
[498] So *Schrage* 99.102. Eine differenzierte Stellungnahme zum Problem bei *Kelly* 141. *Zerwick*, Biblical Greek 110f (Nr. 323.324), zeigt die Möglichkeit dieses Modus auch zur Bezeichnung einer schon gegebenen Realität.
[499] Genaueres bei *Millauer*, Leiden 146; *Berger*, Sätze 306–311 (bes. Anm. 19.22); ebd. 317 Anm. 48 zur Tradition von Makarismen im Zusammenhang von Bekehrung.
[500] *Millauer*, Leiden 146.
[501] Mit *Millauer*, Leiden 147–165, der außerdem zutreffend den Unterschied gegenüber der zugehörigen frühjüdischen Überlieferung vom seligen Verfolgten christologisch be-

Das Zitat aus Jes 8,12f, das sich in V 15 fortsetzt, ist, wie meistens im 1Petr, nicht eigens als Bibeltext eingeführt und (etwa argumentativ) ausgewertet, sondern es dient, wie die vielen Passagen aus frühkirchlicher Überlieferung, die sich im Brief identifizieren lassen, ganz einfach zur Fortsetzung der Rede in homiletisch üblichen und einprägsamen Formeln. Die Beschwichtigung der Angst in den Gemeinden vor den Gegnern des Christentums wird mit Worten gesagt, in denen einst Israel in seiner Angst vor den assyrischen Königen beschwichtigt worden war. Furchtlosigkeit und Gelassenheit gegenüber der Furchtbarkeit der Feinde sind zwei Märtyrertugenden, die von der altkirchlichen Martyrienliteratur regelmäßig gelobt und beschrieben werden. Der 1Petr steht ganz deutlich in der Frühphase der Ausbildung solcher Literatur mit ihren typischen Topoi.

Das atl. Ideal, »den Herrn heilig zu halten«, ist hier christologisch bezogen 15 (vgl. 2,3f) und eine Formel für die Ethik des 1Petr geworden. Mit der Nennung des »Herzens« des Menschen gibt Ps-Petrus auch in 1,22 und 3,4 seinem Drängen zum Handeln den Akzent der Aufrichtigkeit und der Intensität, mit welcher der Christ sein Leben leben soll.

An diesem vielbesprochenen Vers ist nicht sicher zu erkennen, auf welche Situation angespielt ist, wenn mit Fragen von Nichtchristen nach der Hoffnung der Christen gerechnet wird und die Art der christlichen Reaktion darauf besprochen wird. Die Identifizierung dieser Situation hat Bedeutung für die historische Szene, aus der der Brief entstanden ist und erklärt werden muß. Es wird z. B. angenommen, die Terminologie beweise hier ganz klar, daß es z. Z. des 1Petr zu Christenprozessen gekommen sei, weil V 15 die Situation des gerichtlichen Verhörs meine[502]. Dagegen spricht (außer der philologisch unzulässig engen Definition von ἀπολογία) der Tatbestand, daß als der Gegenstand von »Rechenschaftsforderung« und »Antwort« eben die Hoffnung der Christen genannt ist[503]; außerdem sprechen dagegen auch die Verallgemeinerungen »jedem (παντί)« und »immer (ἀεί)«. Tatsächlich können die Termini »Rechenschaft« und »Antwort« auch die Bezeichnung für eine begründete Erklärung gegenüber Fragestellern zum Thema Glaube bzw. Hoffnung sein. Vielleicht sind sie hier sogar aus einer ausgesprochenen Dialog-Terminologie zu erklären und bedeuten dann den Vorgang einer Diskussion[504]. Aufgrund der altkirchlichen Missionsvorgänge, die man sich in der nachapostolischen Zeit in Form der Auswirkungen gegebener Kontakte im Zusammenleben von Christen mit Nichtchristen vorzustellen hat, kann man sich solches »Befragen« der

---

stimmt. Nicht zugänglich war mir *Ch. Kähler*, Studien zur Form- und Traditionsgeschichte der biblischen Makarismen, Diss. theol. Jena 1974.

[502] *Ramsay*, Church 294 m. Anm. +: ἀπολογία sei ein streng juristischer Terminus im Sinn der Verteidigung gegen formelle Anklage. Auf staatlich unternommene Verhöre beziehen auch *Reicke*, Spirits 133; *Michaels*, Eschatology 396.

[503] *Kelly* 7: Die erhaltenen Prozeßberichte (allerdings späterer Zeit) vor römischen Beamten zeigen nicht, daß die Prozesse sich mit derartigen (dogmatischen) Fragen befaßten.

[504] Vgl. *Selwyn*, Problem 257.

Christen nach dem Grund (christlich: der Hoffnung) für ihr verändertes, abweichendes Verhalten und »Tun des Guten« als eine relativ regelmäßige Situation durchaus vorstellen. Dies scheint gemeint zu sein. Von der Auffälligkeit der Christen und von möglichen Reaktionen darauf von seiten der Nichtchristen spricht der Brief dauernd: einerseits von einer für sie nachteiligen Auffälligkeit, die zu Aggressionen führt (z. B. 4,4), und andererseits von einer sehr erwünschten, insofern sie als werbendes Zeugnis andere für den Glauben gewinnt (z. B. 1,12; 3,1f). Jedenfalls enthält der V 15 keine Information über das Stattfinden von Christenprozessen und über eine zentral oder regional angeordnete behördliche Verfolgung[505]. Wenn aber wirklich das gerichtliche Verhör gemeint ist, dann ist diese Angabe aus den Vorgängen zu erklären, die in 4,15 durchscheinen, wonach die Christen massiv kriminalisiert wurden und so fallweise als angebliche Verbrecher gerichtlich belangt wurden.

In der Situation von Verleumdung und Diffamierung ist das Leiden-Können und der Verzicht auf Revanche (V 9) also nicht für jeden Fall alles. Außerdem (nicht statt dessen) ist das mit Freimut geäußerte Bekenntnis eine geforderte Reaktion. Das Sichbereithalten für die Antwort über die Hoffnung (= den Glauben) ist ausdrücklich gefordert. Die Rechenschaft über die Hoffnung ist hier jedem Christen zugetraut und keine Sache spezieller amtlicher oder »fachlicher« Kompetenz. Wie sie konkret aussieht, will Ps-Petrus mit diesem Brief selbst vorgeführt haben. Daß mit Fragestellern offenbar dauernd gerechnet wird (andernfalls würde diese Anweisung von V 15 in einem Rundschreiben von allgemeiner Verwendbarkeit gar nicht angebracht sein), bezeugt die sozialen Kontakte, in denen die Christen nach ihrer Taufe verblieben. Anderes ist auch nicht denkbar, aber etliche Auslegungen des 1Petr suggerieren auf 1,1 und 2,11 (»Fremdlinge in der Zerstreuung«) hin eine eigentümliche Isolation der Christen, aus der heraus sie von »Petrus« erst wieder »in die Gesellschaft zurück« hätten geschickt werden müssen, um dort ihre Aufgaben zu übernehmen. Dahinter steht eine merkwürdige Vorstellung von der Soziologie der frühchristlichen Gruppenbildung.

16 Es folgen zusätzliche Direktiven zum »Stil«, in dem die Rechenschaft oder die Antwort auf die Frage »nach der Hoffnung in euch« zu geben ist. Es ist bezeichnend, daß zu einer konzilianten, eben nicht aggressiven Art angehalten wird (wörtlich: »mit Milde und Furcht«). Daß damit nicht Tugend an sich, sondern der Stil des Umgangs mit den »anderen« gemeint ist, zeigt die Absicht von V 16b, die wieder die Wirkung auf die Verleumder anvisiert. Über die Hoffnung ist (werbend) so zu sprechen, wie es dem irenischen Ethos von der Wehrlosigkeit und dem Vergeltungsverzicht im 1Petr (2,23; 3,9) entspricht. Christliche Selbst- und Gegendarstellung hat in ihrer Geschichte den hier verlangten ἀπολογία-Stil nicht immer geübt[506]. Das ἀλλά ist wohl warnend-kor-

---

[505] Auch *Knox*, Pliny 189, denkt dagegen an regelrechte Verfolgungssituation und sieht in V 15 den Rat, alles Erdenkliche für eine Aufklärung der Verfolger zu tun, indem man das Wesentliche des Christentums herausstellt.

[506] Es wirkt peinlich, wenn für Gegenbei-

rektiv zu verstehen. Die Christen sollen ihr Verhalten nicht durch Feindseligkeit anderer bestimmen lassen, sondern (so V 9) die gegenseitige Provokation von Bosheit unterbrechen. Für den 1Petr muß die Rede von der christlichen Hoffnung ihrerseits noch einmal die Signatur des christlichen Ethos an sich tragen[507]. – Außerdem muß die Auskunft über die Hoffnung »mit gutem Gewissen« gegeben werden[508], was nach der Diktion des 1Petr nur heißen kann, daß das Christsein im Tun des Guten verwirklicht wird. Auch das ist eine respektable Kondition, unter die das Reden von der Hoffnung gestellt wird: Ihre ethische Realisation muß vorausgehen und sie rechtfertigen.

Die zweite Hälfte des V 16 nennt wieder den Effekt des christlichen Verhaltens; es bezeugt durch sich die moralische Qualität des Christseins und widerlegt die Unterstellungen. Wenn die christliche Hoffnung von den Christen auf christliche Weise bekannt und erklärt wird, wird dadurch übelwollender Widerspruch dekuvriert. Man kann vielleicht übertragen: Der Stil der (auch verbalen) Selbstdarstellung des Christentums wird zum Argument für oder gegen seine Hoffnung. Die Verantwortung der Hoffnung »in milder und respektvoller Art« hat nach dem 1Petr jedenfalls den Zweck (ἵνα), ungerechte Anwürfe gegen die Christen zu widerlegen, das Christentum also wahrheitsgemäß darzustellen.

Der Anschluß ἐν ᾧ (wörtlich: »damit sie beschämt werden, während – ἐν ᾧ – ihr geschmäht werdet«) ist hier (wie 2,12) nicht relativer Anschluß, sondern temporale Konjunktion[509]. Die ins Auge springende paulinische Formel »in Christus« erfährt keinerlei Entfaltung oder Erklärung im ganzen Brief[510], zeigt aber ein weiteres Mal das paulinische Kolorit des 1Petr. So deutlich war die Verleumdung bisher nicht umschrieben: Die Anschuldigungen der Heiden werden von den Christen als bewußte Fehlbeurteilung ihres »in Christus guten Lebens« empfunden. Sie fühlen sich eklatant, gezielt und wider besseres Wissen mit Unterstellungen oder Vorwänden angegriffen. Sie selbst sehen den Anlaß für die Attacken jedenfalls in dem Verhalten, das sie gerade aufgrund ihres Christseins an den Tag legen. Was ihnen im einzelnen vorgehalten wurde, wird hier nicht gesagt, wohl aber vielleicht in 4,15. Wir wissen um die Kriminalisierungen der Christen seit der Ära Neros[511]. Zum Teil bezog man sich dazu tatsächlich auf typisch christliche Phänomene ihres Lebens, um sie zu dis-

---

spiele zu diesem Stil der Apologetik von *Reicke* 107f auf Griechen und Juden verwiesen wird (in den sog. alexandrinischen Märtyrerakten und in 4Makk); man findet sie leicht in der frühchristlichen Literatur.

[507] *Knox*, Pliny 188f, will »Milde und Furcht« als das Gegenteil der strafbaren »*pertinacia et inflexibilis obstinatio*« im Pliniusbrief (96,3) verstehen. Das stimmt aber nicht einmal bei der Datierung des 1Petr unter Trajan. Plinius hat das Festhalten am Christentum als Widerspenstigkeit bestraft, nicht einen aufsässigen Stil, in dem das geschah.

[508] Der Ausdruck kann nicht mit *Stelzenberger*, Syneidesis 86, auf ἁγιάσατε V 15a bezogen werden. *Brooks*, Clue 293: »the emphasis is on remaining loyal during times of abuse«; man solle hier wie 2,19 und 3,21 mit einem englischen Wort übersetzen, »which conveys the meaning of ›awareness‹«. Das Partizip ἔχοντες ist wie an anderen Stellen als Imperativ zu nehmen (*Meecham*, Participle 208).

[509] *Fink*, Use 34.

[510] *Schlier*, Adhortatio 69: Der Begriff ist »schon etwas formelhaft geworden«.

[511] Vgl. *Brox*, Situation 11f.

kreditieren⁵¹². Das mag auch hinter dieser Beschwerde von V 16b stehen; aus der Optik der Christen sollte genau der gute Lebenswandel, um den sie sich mühten, verleumderisch in schlechten Ruf gebracht werden. Auf seiten der Heiden mischte sich dabei, soweit das noch erkennbar ist, Mißverständnis der für sie neuen und fremden Lebensäußerungen der Christen mit Boshaftigkeit und Abneigung. – Es wäre zu erwägen, das Verb καταισχυνθῶσιν im Sinne eschatologischer »Beschämung« im Gericht zu verstehen, weil V 16 sachlich und terminologisch an 2,12 erinnert, wo die eschatologische Perspektive evident ist; weil aber V 15 eindeutig mit der gegenwärtigen Auseinandersetzung befaßt ist und man aus 2,15 sieht, wie realistisch und augenblicklich Ps-Petrus das »Beschämen« der Denunzianten verstehen kann, bleibt man besser bei der nächstliegenden Deutung⁵¹³. Eine Bekehrung der Verleumder ist hier übrigens so wenig wie in 2,15 erwartet.

17 Das dürfte eine Art Sprichwort sein: besser sei es, für gute Taten zu leiden als für Verbrechen⁵¹⁴; Ps-Petrus schiebt ein: »wenn der Wille Gottes es so will«, nämlich daß gelitten werden muß⁵¹⁵. Auch hier bezeichnet der Optativ (θέλοι)⁵¹⁶ wie in V 14 (vgl. 1,6) eine Realität, nicht eine (künftige) Eventualität, denn anders wäre der unmittelbare und entferntere Kontext nicht zu verstehen, der permanent eine gegenwärtige Leiderfahrung bespricht.

Die sprichwörtliche Fassung verundeutlicht den Gedanken: Es geht nicht um das Bessere⁵¹⁷, sondern um das einzig diskutable Leiden. Wegen guter Taten leiden zu müssen ist nicht »besser«, sondern das einzige, wovon der Brief sprechen will; vom Strafleiden grenzt er sich lediglich ab (2,20; 4,15). Alle seine Aussagen gelten nur vom »ungerechten« Leiden (2,19; 3,18), so daß der Gedanke des V 17 bereits klarer im V 14 und in 2,20b gefaßt war. Es steht auch nicht da, daß es besser sei, in dieser Welt um der Gerechtigkeit willen zu leiden, als am Tag des Gerichts wegen schlechter Taten; die Sentenz gehört zu den Texten des 1Petr, die die Bedingungen »seligen« Leidens (V 14; 4,14) benennen wollen, und dazu unterscheidet sie in dieser vorliegenden Form zwischen den jeweiligen Gründen für jetziges Leiden, und zwar unter der Voraussetzung, daß es ungerechte Leidzufügung und gerechtes Strafleiden gibt (vgl.

---

⁵¹² So wurden z. B. die nächtlichen kultischen Versammlungen als Indiz gewertet, daß Schandtaten zu verbergen waren; die Anrede als »Brüder« und »Schwestern« wurde zur Promiskuitätspraxis verzerrt; einiges wurde erlogen, anderes karikiert. (Vgl. Just Apol II 12; Aristid Apol 17,2; Athenag Suppl 3.32.35 für die populären Vorwürfe, die auch schon für die Zeit des 1Petr denkbar sind.)
⁵¹³ *Michaels*, Eschatology 398, sieht im eschatologischen Wortsinn allerdings eine entscheidende Entdeckung.
⁵¹⁴ *J. B. Bauer* 47: »folgt ein Satz antiker Philosophenethik«; ein Zitat aus Cic Tus 5,56: »*accipere quam facere praestat iniuriam* (lieber Unrecht hinnehmen als tun)«. *Selwyn* 195 nennt Plat Gorg 508b: »Das Unrechttun ist übler (κάκιον) als das Unrechtleiden.«
⁵¹⁵ Zur Ursache des Leidens im Willen Gottes vgl. *Sanders*, Suffering, zur atl. und jüdischen Tradition.
⁵¹⁶ *Danker*, Pericope 100 Anm. 38, macht zum Wechsel zwischen Ind. und Opt. in der Textüberlieferung auf einen parallelen Fall bei Soph Ant 1032 aufmerksam.
⁵¹⁷ *Knopf* 142: »nicht die Bedeutung von besser im sittlichen Sinne«, sondern »einfach das Vorzuziehende, Wünschenswerte, Vorteilhaftere«.

2,20). Daß und warum aber das eine »besser« sei als das andere, muß je nach ideellem bzw. moralischem Kontext erklärt werden. Im 1Petr ist dazu der Hinweis auf das Vorbild des leidenden Christus mehrfach wiederholt und auch die Gerichts-Perspektive bemüht (4,17f). V 17 selbst scheint aber ein Sprichwort zu sein, das von sich aus keine qualifiziert theologische bzw. eschatologische Aussage enthält[518], sondern im Gegenteil eine relativ ungeschickte Formulierung für die Theologie des Leidens im 1Petr anbietet, indem es die beiden konträren Arten von Leiden in einem Komparativ miteinander verbindet. Damit soll allerdings gesagt sein, daß es eine Form des Leidens gibt, über die man nicht deprimiert und unglücklich sein muß. Zum Verständnis dieses Optimismus muß mit V 18 sofort weitergelesen werden.

In diesem Text sind – zumindest sinngemäß – praktisch alle Leitideen bzw. Teilthemen des 1Petr enthalten: die Situationsbeschreibung (die Christen leiden unter Bosheit, Verleumdung); ihr Leben muß für das Gute (»gute Werke«) eifern; ihre Gerechtigkeit wird Anlaß für »Leiden«; trotzdem und gerade darin sind sie »glücklich« im nicht (nur) psychologischen, sondern im soteriologischen Sinn (sie sind auf dem Heilsweg)[519]; die Freiheit von Angst gehört dazu; die Christen tragen Verantwortung für die Hoffnung in dem Sinn, daß die Bezeugung der Hoffnung von ihrem Leben abhängt; ihr »Leiden« muß sie ungerecht treffen, d. h., sie dürfen nicht für Verbrechen belangt werden. In unterschiedlicher Zuordnung kehren diese Teilaussagen ständig wieder, um bedrängten und bedrückten Christengemeinden, die unter dem Dissens mit ihrer Umwelt, unter der Ablehnung und den Aggressionen der anderen leiden, mit der Erinnerung an den leidenden Christus Zuversicht zurückzugeben, indem ihnen Hoffnung und Sinnhaftigkeit in ihrer schwierigen Lage gezeigt wird.

Zusammenfassung

## 14. 3,18–22 Der Grund für die Hoffnung ist Christus

**18 Denn auch Christus hat das eine Mal für die Sünden gelitten, der Gerechte für die Ungerechten, um euch zu Gott zu führen; er wurde im Leib getötet, aber lebendig gemacht im Geist. 19 Dabei ging er auch hin und verkündete den Geistern im Gefängnis, 20 die damals ungehorsam gewesen waren, als Gott in seiner Geduld abwartete und man in den Tagen des Noach die Arche baute, in der nur wenige, genauer acht Menschenleben, durch das Wasser hindurch gerettet wurden. 21 Das (Wasser) rettet auch euch jetzt im Gegenbild als Taufe, die keine Besei-**

---

[518] Gegen *Michaels*, Eschatology (wie schon *Gschwind*, Niederfahrt 102ff), der dazu eine der üblichen pan-eschatologischen Textinterpretationen (hier für die VV 9–17) durchführt; *Manke*, Leiden 145f, schließt sich an. *Best* 134f hält beide Deutungen für gleich gut möglich.

*Reicke* 108 glaubt, es sei gegen den Versuch polemisiert, sich durch gewalttätige Widerspenstigkeit gegen den Staat zum Märtyrer zu machen.

[519] Zurückhaltend diesbezüglich *Knopf* 137.

**tigung von Schmutz am Körper ist, sondern die Zusage fester Bindung gegenüber Gott, durch die Auferstehung Jesu Christi. 22 Er ist zur Rechten Gottes, nachdem er in den Himmel ging und ihm Engel, Mächte und Kräfte unterworfen wurden.**

Analyse  Der Anschluß »ὅτι/denn« ist keine Floskel, sondern schließt eine sachlich notwendige Begründung an: In den VV 13–17 war über die Möglichkeit von Leidbewältigung derart optimistisch geredet, daß diese Rede theologisch ausgewiesen werden muß. Der 1Petr gibt zusammen mit dem gesamten Urchristentum (zumal mit Paulus) als Antwort das christologische Argument: »Denn auch Christus hat gelitten . . .« (V 18). Die Logik dieses Arguments wurde schon 2,21–24 entfaltet, wird in 4,1.13 noch einmal erinnert und bildet das Rückgrat des Briefes und seiner sehr praktischen Pastoral: »Leiden« (es sind im 1Petr primär Verfolgungsleiden, aber – nach 2,18–3,6 – auch die für den 1Petr unvermeidlichen Bedrückungen des Lebens gemeint) sind positiv erklärlich und sind bestehbar. Das ist an dieser Stelle der unmittelbare Beitrag zum Leitthema des Briefes. Ps-Petrus verfügt aber über verschiedene christologische Schemata der frühkirchlichen Überlieferung, und so stimmt das Argument in 2,21 und hier im V 18a zwar überein: ὅτι καὶ Χριστὸς ἔπαθεν (»weil auch Christus gelitten hat«); die Fortsetzung und deren Bezug zum Kontext ist dann aber sehr verschieden, weil jeweils mit einer sehr anderen Tradition von Kurzfassung des Heilsschemas weitergesprochen wird. In 2,21–25 blieb die vorgegebene Fortsetzung von sich aus näher beim Thema des 1Petr als hier in den VV 19–22, wo sie völlig davon abgerät[520]. Dort war eine Leidens-Christologie des Lebens Jesu entfaltet, hier ist es (nach der anfänglichen Leidensaussage) eine Christologie von Triumph und Sieg in Auferstehung und Erhöhung.

Der Beitrag dieser Verse zum leitenden Thema des Briefes erschöpft sich also im V 18. An ihn sind dann in wieder sehr kompakter Folge und in sicherem sprachlichem Stil eine Reihe von soteriologischen Aussagen angehängt, nämlich Auskünfte über die Geschichte des Heils[521]: über Christi postmortale Predigt an die »ungehorsamen Geister« der Noach-Zeit (VV 19f), über die frühe Verbindung von Wasser und Heil in der Sintflutgeschichte (V 20), über die rettende Funktion der Taufe (V 21) und schließlich über die Erhöhung Christi (V 22).

Wie diese Aussagenkette entstand, ist nicht einfach zu erklären und gar nicht mehr völlig sicher aufzuhellen. Sie läßt zwar sachliche Übergänge (von V 20 nach V 21; V 21 nach V 22), dagegen keine durchgängig einheitliche sprachliche Form erkennen. Andererseits kann sie nicht durch den Briefzusammenhang veranlaßt sein, weil ihre Aussagen weder einzeln noch miteinander direkt etwas über Leiden und Leidbewältigung sagen, die hier das Thema sind[522].

---

[520] Zutreffend *Knopf* 147: »Die Reihe läuft mit Berührung verschiedener Themen ab, sie könnte ganz andere Themen bringen, sie könnte überhaupt fehlen.«

[521] *Schlier*, Adhortatio 62: »ein kurzer Midrasch samt einer typologischen Deutung der Sintflutgeschichte auf die Taufe«.

[522] Auch *Beare* 170 qualifiziert die

Darum muß man annehmen, daß der Verfasser hier bei der Rede vom Heilstod Christi pleonastisch und gewohnheitsmäßig eine Reihe von »Lehren« mitbietet, die in der katechetischen Routine in dieser oder anderer Auswahl und Folge sich damit verbunden hatten, und er sagt sie in relativ freier, selbständiger Diktion[523]. Für einige kürzere Teile kann man dabei der Meinung sein, daß er die gebundene, rhythmische Sprache einer Lied- oder Bekenntnisformel nachspricht und glossiert[524]. Dafür kämen m. E. wegen ihres rhythmischen Stils primär folgende Textteile in Frage: Χριστὸς ἅπαξ περὶ ἁμαρτιῶν ἔπαθεν, / δίκαιος ὑπὲρ ἀδίκων ... / θανατωθεὶς μὲν σαρκὶ / ζῳοποιηθεὶς δὲ πνεύματι (V 18: »Christus hat das eine Mal für die Sünden gelitten, / der Gerechte für die Ungerechten ... / im Leib getötet, / lebendig gemacht im Geist«); ferner: πορευθεὶς εἰς οὐρανόν, / ὑποταγέντων αὐτῷ ἀγγέλων καὶ ἐξουσιῶν καὶ δυνάμεων (V 22b: »in den Himmel gelangt, / Engel, Mächte und Kräfte ihm unterworfen«). Über die ursprüngliche Reihenfolge von Zeilen und über Umfang und Struktur der Vorlage soll damit nichts nachdrücklich behauptet sein. Ich sehe keine Handhabe, sie aus dem Text eindeutig zu isolieren. Die Rekonstruktionen beispielsweise von R. Bultmann oder K. Wengst[525] scheinen mir (zumal im Vergleich) jedenfalls keinen Optimismus zu rechtfertigen. Man argumentiert hier in gewissem Umfang beliebig. Statt z. B. zu sagen, die Worte δίκαιος ὑπὲρ ἀδίκων (»der Gerechte für die Ungerechten«) (V 18) seien »wahrscheinlich« Zusatz des Verfassers, weil sie zu gut zum Gedanken des Verfassers vom πάσχειν διὰ δικαιοσύνην (»leiden um der Gerechtigkeit willen«) passen[526] (was inhaltlich übrigens nur bedingt stimmt), kann man eher der Meinung sein, sie gehörten zur Vorlage, die eben wegen der terminologischen und sachlichen Zusammenhänge zitiert wird. Auch der Schluß, zum Zitat müsse der ἵνα-Satz gehören, weil sein Inhalt durch den Textzusammenhang weder gefordert noch motiviert sei[527], ist nicht zwingend: Der Verfasser zeigt sich im Großtext 1Petr durchaus nicht rigide an sein Thema verklammert und sagt vieles, was nicht unmittelbar »gefordert« ist; dasselbe wird für kurze Glossen in einer kleineren Einheit gelten. Daß ferner V 19 sich gut an V 18 anschließt und also zur Vorlage zu rechnen sei, ist auf die Vorliebe des Verfassers für den Anschluß ἐν ᾧ (1,6; 2,12; 3,16; 4,4) hin nicht gerade plausibel und wird durch das Urteil, die VV 20f könnten nicht zur Vorlage gehören, weil sie

VV 19–22 als eine Abschweifung, die vom unmittelbaren Gegenstand ablenkt.
[523] Genauso *Goppelt*, Verantwortung 505f: zwar Tradition, aber selbständige Verarbeitung. Wegen des inhaltlichen Überschusses besteht *Hunzinger*, Struktur 144f, auf einem »zusammenhängenden Traditionsstück«, das er in einer gegenüber Bultmann (s. u.) »modifizierten Rekonstruktion« herstellen will (143f).
[524] *Bultmann*, Liedfragmente 285–297; ebenso *Schelkle* 110–112; *Wengst*, Formeln 161–165, und viele Ausleger. *Deichgräber*, Gotteshymnus 173, bestreitet das eher und findet lediglich »Fragmente eines Christushymnus« identifizierbar.
[525] *Wengst*, Formeln 161–163. *Schille*, Hymnen 38f, grenzt dagegen ähnlich wie oben vorgeschlagen ab.
[526] *Bultmann*, Liedfragmente 286f; *Deichgräber*, Gotteshymnus 171; *Wengst*, Formeln 161.
[527] *Bultmann*, Liedfragmente 287.

»reine Prosa« sind[528], nachträglich noch unsicherer, weil diese Bewertung auf V 19 auch zutrifft[529].

Das sind Beispiele für die Relation zwischen den Indizien am Text und dem jeweiligen Rekonstruktionsergebnis. Keine einzige Rekonstruktion kann ihre Kriterien durchgängig anwenden. Strenggenommen reichen die Analysen regelmäßig zu nicht mehr als zu der begründeten Annahme, daß Traditionen rezipiert sind. Aber bei den stilistischen Fähigkeiten des Verfassers scheint mir die Abgrenzung tradierter Formeln hier im 1Petr unsicherer als in anderen Fällen der frühchristlichen Literatur[530]. Wenn auch die inhaltliche Nähe zu anderen, mit Sicherheit traditionellen Formeln nachweislich ist (in diesem Fall z. B. zu 1Tim 3,16; Phil 2,9–11), so ist für die sprachliche Form im 1Petr mit einem höheren Maß an Originalität auch in rhythmischer Produktion zu rechnen als sonst, zumal sie ja wieder in Anlehnung an ausgebildete Muster entstehen konnte. Jedenfalls langt die nachweisbare Formgebundenheit des Textes hier nicht zur Rekonstruktion etwa eines mehrzeiligen Hymnus aus 1Petr 1,20; 3,18d; 4,6; 3,22b.c, der (nach entsprechenden Eingriffen in den Text) durch Aorist-Partizipien im Passiv zusammengehalten wird[531].

Die Ausdrucksweise des Verfassers in diesem auslegungsgeschichtlich vielgequälten Abschnitt (s. u. den Exkurs) ist im übrigen teils sehr rätselhaft und macht schon der Übersetzung Schwierigkeiten (s. zu V 21). Die Erklärung kann freilich unschwer auch für diese an sich nur mittelbar veranlaßten Aussagen sachlichen Konnex mit dem Hauptthema zeigen.

Für die literarische Beurteilung des ganzen Briefes (s. o. A. I) ist es bei diesem Textteil wichtig, den Stellenwert des Themas Taufe zu beachten. Vom leitenden Interesse des Verfassers, das deutlich genug ist, und vom Briefzusammenhang her ist es ganz unbestreitbar ein sekundäres, bloß »flankierendes« Thema und kann auf gar keinen Fall das ganze Schreiben gegen sein offenkundiges thematisches Gefälle (Zusammenhang von »Leiden« und Hoffnung) als ursprüngliche Taufpredigt oder -liturgie dekuvrieren. Den V 21 zum »Clou« des 1Petr zu stilisieren[532], ist ein merkwürdiges Mißverständnis. Inhalts- und Form-Analysen zeigen, daß auch V 21 in den Fundus »überschüssig« mitzitierter Aussagen gehört, die dem Verfasser nicht zentral thematisch, sondern rein assoziativ zum Motiv »leidender Christus« in die Feder flossen.

---

[528] *Bultmann*, Liedfragmente 287f.
[529] Merkwürdigerweise behauptet ausgerechnet der Hymnen-Forscher *Kroll*, Gott 25 Anm. 1, ohne Nachweis zu V 19: »Der hymnodische Bau wird noch fortgesetzt«, weil es sich für ihn hier ohne Diskussion um eine Hadesfahrt handelt und diese regelmäßig in einem antithetisch formulierten Christushymnus begegne (ebd. 29.33).
[530] Dieselbe Zurückhaltung bei *Kelly* 146f; *Dalton*, Proclamation 87–102. Auch in *Bultmanns* Artikel gibt es etliche Kautelen, die von vielen Auslegern nicht mitgelesen wurden, als sie sich auf ihn bezogen.
[531] So das Ergebnis beispielsweise von *Boismard*, Quatre Hymnes 57–109; Vorgänger sind *Windisch-Preisker* 70 (»vierstrophiges Christuslied ... zugleich ein Taufhymnus«); *Bultmann*, Liedfragmente 285–297; *Cranfield*, Interpretation 369–372; viele schließen sich an, z. B. *Spicq* 133f; *Wengst*, Formeln 163. Stichhaltige Methodenkritik daran bei *Jeremias*, Karfreitag 194–196; *Best* 135f; *Deichgräber*, Gotteshymnus 172f.
[532] *Brooks*, Clue, aber in variierter Form von vielen Auslegern geschehen (vgl. oben A. I).

Die VV 13–17 hatten sehr ermutigend und fast mitreißend (VV 13f) die Erträglichkeit des Leidens und die Möglichkeit glücklicher Hoffnung beteuert; Ps-Petrus gibt ein zweites Mal (nach 2,21–25) den Grund dafür im Namen und Schicksal Christi an. Aus dem Sachzusammenhang ist hier (wie 2,21) das textkritische Problem zu lösen: Zwar liest nur die Minderheit der Hss ἔπαθεν (BKLP etc.), die übrigen ἀπέθανεν. Trotzdem ist die erste Lesart vorzuziehen[533], weil sie mehrere Vorzüge hat, die sie wahrscheinlicher machen: Der Anschluß an V 17 (mit ὅτι) ist unklar, wenn »leiden« durch »sterben« aufgenommen wäre. 4,1 wiederum nimmt deutlich (οὖν) V 18, und zwar eben mit ἔπαθεν, auf. Außerdem folgt im V 18 selbst noch θανατωθείς, so daß sich mit ἀπέθανεν eine Doppelung ergäbe. Schließlich paßt ἅπαξ besser zu ἔπαθεν. Darum kann kein Zweifel bestehen, daß Ps-Petrus von vornherein ἔπαθεν geschrieben hat. Ob er es in der übernommenen Formel[534] vorfand oder erst eintauschte, läßt sich nicht mehr nachprüfen. Übrigens kann ἔπαθεν in der Formel die Bedeutung von Todesleiden, also von Sterben gehabt haben. Im 1Petr, der nirgends das Sterben, aber konstant das Leiden thematisiert, ist es dann durch den Kontext zum Leiden ausschließlich, also zur Passion geworden. Obwohl sich Tradition, Anlehnung des Autors an formulierte Überlieferung und freiformulierte Diktion wieder nicht durchgängig unterscheiden lassen, läßt sich für ἅπαξ (»das eine Mal« bzw. »ein für allemal«) doch sagen, daß es vom Thema her hier nicht motiviert ist (es sagt die endgültige, absolut ausreichende und unvergleichliche Heilswirkung aus) und die Parallele zum andauernden Christenleiden durch die Anzeige singulärer Qualität vielleicht sogar beeinträchtigt; man wird es also dem Überlieferungsbestand zuteilen. Dasselbe wird für den Zusatz gelten »der Gerechte für die Ungerechten«, da das stellvertretende »für« der Sühnevorstellung nur in Traditionsstücken des Briefes vorkommt (2,21.24) (vgl. den Exkurs ›Zum Verständnis der Sühnevorstellung‹ bei U. Wilckens, Der Brief an die Römer, 1978 EKK VI/1, 233–243) und zur Begründung seiner Leidens-Paränese nicht verwertbar ist. Im ersten Teil freilich (»der Gerechte«) ist die ganz wichtige Entsprechung des unschuldigen Leidens enthalten: Der 1Petr macht alle seine Aussagen zum Thema Hoffnung und Herrlichkeit nur für die Situation des unschuldig Leidenden. Christus ist das Beispiel, auf das hin die VV 13–17 mit dem Makarismus (V 14) und der Hoffnungsgewißheit (V 15) ihren Halt haben. Die Hinführung zu Gott bedeutet die

Erklärung 18

---

533 So neben etlichen Editionen auch *Selwyn* und *Beare* in ihren Texten. Vgl. zu den textkritischen Gesichtspunkten in diesem Fall (auch des Zusatzes ὑπὲρ ἡμῶν/ὑμῶν) *Knopf* 143; *Selwyn* 196; *Beare* 7.167; ders., Text 258; *Schelkle* 102 Anm. 2; *Bultmann*, Liedfragmente 286 Anm. 4, die sich alle für ἔπαθεν entscheiden. Anders *Scharlemann*, Hell 86, und entschieden *Wengst*, Formeln 83, der aber seinerseits damit rechnen muß, daß »in späterer Zeit ἔπαθεν in die Sterbensformel eingedrungen ist und neben dem alten Wortlaut bestanden hat«. Wenn man schon vor 1Petr eine ältere und eine jüngere Version unterscheidet, wird die Sache völlig unkontrollierbar.

534 Unter Bezugnahme auf die Analyse sei vermerkt, daß ich zwar von rezipierten Traditionen rede, da ohne die Annahme von Rezeption die Sprache der VV 18–22 nicht verständlich wird; ich verzichte aber aus methodischen Bedenken auf die Herstellung eines Zusammenhanges zwischen den vermutlichen Traditionsstücken in Form der Rekonstruktion eines Hymnus mit Strophen etc.

Eröffnung des bis dahin blockierten »Zugangs« zu Gott durch Christi Leben und Sterben; sie ist nicht etwa (wie es parallel zu 2,21 denkbar wäre) zum Motiv der Nachfolge auf dem Weg zu Gott in den Spuren des hinführenden (leidenden) Christus ausgeweitet. Die Applikation dieses Topos auf die Briefsituation geht nur so weit, daß ein in dem verwendeten christologischen Satz sicher ursprüngliches ἡμᾶς (»uns«), das in der Textüberlieferung ebenfalls exzellent bezeugt ist, in den besseren Zeugen zugunsten des in der obigen Übersetzung vorausgesetzten ὑμᾶς (»euch«) ausgewechselt wurde (wie 2,21.25), um die briefliche Anredeform herzustellen.

Und schließlich ist auch die zweigliedrige Formel »getötet – lebendig gemacht« sicher nicht ad hoc formuliert, denn sie ist ein sprachlich gebundenes Bekenntnis und wirft höchstens mittelbar das weitere Argument für den Zusammenhang (»Hoffnung im Leiden, weil auch Christus gelitten hat«) ab, daß die Hoffnung eben aus der Auferstehung im Geist resultiert. Was im Bereich des »Fleisches« (Leibes) geschieht (Leiden, Tod), ist nicht definitiv; im Bereich des Geistes wird Leben daraus. Von den Bedingungen dafür spricht der Brief. »Fleisch« und »Geist« sind hier nicht eigentlich anthropologische Kategorien, sondern eher soteriologische »Bereiche« von vorläufig Heillosem und endgültiger Heilssphäre[535]. Eigens gemeint, reflektiert und betont sind die angedeuteten Zusammenhänge dieser Formelstücke mit dem Briefthema vom Verfasser her nicht, aber diese Zusammenhänge sind natürlich in allen seinen Ermutigungen und Fingerzeigen auf den »leidenden Christus« die selbstverständliche Basis des Arguments.

Die Aussichtslosigkeit, den rezipierten Text selbst zurückzugewinnen, zeigt sich z. B. an der Überlagerung der verschiedenen Motive von Sühne einerseits, dem Heils-Kontrast von Tod und Erweckung andererseits. Konnten sie in einem Lied so kurz aufeinanderfolgen oder stellt der Verfasser sie zu seinem inhaltlich dichten »Lehrstück« aus seiner Vertrautheit mit dem kirchlichen Formelschatz zusammen? Ebenso führt es in die Aporie, wenn man ein inhaltlich genau disponiertes Lied oder ähnliches als Vorlage annimmt und dann die Wiederholung der Auferstehungsaussage von V 18 im V 21 nicht als Wiederholung erklären darf[536], während sie bei Annahme einer loseren Redeweise in geläufigen Formel-Fragmenten zwanglos eine inhaltliche Wiederholung sein kann[537]. Immerhin also stehen alle Details des V 18 im engeren oder weiteren Umkreis des Themas »unschuldiges Leiden«.

19–22 Im weiteren besteht dieser Zusammenhang nicht mehr[538] (vgl. die Gründe da-

---

[535] In etwa ähnlich *Wengst*, Formeln 162; *E. Schweizer*, ThWNT VI,414; *Kelly* 151 deutet strenger christologisch: »Fleisch« ist Christus in seiner »menschlichen Existenzsphäre«, »Geist« in seiner »himmlischen, geistlichen Existenzsphäre«.

[536] *Windisch-Preisker* 71 und *Schrage* 103 lassen darum Ps-Petrus u. U. zwischen leibloser Lebendigmachung im Geist und leiblicher Auferstehung unterscheiden.

[537] *Schelkle* 102 nimmt Stichworte aus liturgischen Formulierungen an, so daß die »Gedanken und Worte in vorgezeichneten Bahnen verlaufen«; aus ihnen sind dann eben vor allem die VV 19–22 verständlich (die trotz dieser Erklärung schwer verständlich bleiben).

[538] Daher die Interpolationstheorie bei *Cramer*, Exegetica; *Soltau*, Einheitlichkeit; ders.,

*1Petr 3,18–20a* 169

für in der Analyse). Das ist für die Auslegung der VV 19–22 zu beachten. Trotz der vielen exegetischen Beteuerungen zum Text, es handle sich nicht um Parenthese, »Exkurs« oder »Abschweifung«, bleibt es dabei, daß diese Verse nur sehr mittelbar durch den Kontext veranlaßt sind und inhaltlich »überschießen«. Weder können vermeintliche Einzelentsprechungen in diesem Passus zu Teilen der VV 13–17 exegetisch heuristisch ausgewertet noch kann der gesamte Abschnitt aus der genauen Thematik des unmittelbar vorhergehenden Textes oder des 1Petr insgesamt interpretiert werden. Diesbezüglich sind zahllose Mißgriffe getan und Risiken eingegangen worden[539]. Der Grund dafür ist die ausweglose Vielzahl unbeantwortbarer, jedenfalls nicht sicher lösbarer Probleme. Der Verfasser des 1Petr gibt mit ganz knappen Formeln einen Blick auf verschiedene Vorstellungsfelder frühchristlichen Glaubens frei, der aber so schmal und esoterisch ist, daß er beim heutigen Leser mehr Fragen hinterläßt, als er Auskünfte gibt. Es wird nicht einmal deutlich, ob man einige Teile eines einzigen Bildes gezeigt bekommt oder ob diese teils rätselhaften Aussagen verschiedenartigen Vorstellungen zuzuordnen sind.

Wegen dieser Aporie ist über die VV 18–22 samt 4,6 unendlich viel geschrieben worden, zumal in der neueren Exegese[540]. Obwohl die Möglichkeiten, die Texte aufzuhellen, sehr begrenzt sind, waren die Einfälle und Beiträge dazu enorm umfangreich. Es muß eigens betont werden, daß zu diesem Passus eine einigermaßen erschöpfende Diskussion der Forschung in Vergangenheit und Gegenwart hier völlig ausgeschlossen und nicht einmal die Behandlung oder nur Nennung aller anstehenden Probleme möglich ist. Die Erklärung bezieht sich auf eine repräsentative Auswahl aus der Literatur[541]. Für ihren eigenen Teil sucht sie in einem zurückhaltenden Stil zu verbleiben, der die Schwierigkeit einer möglichst abgesicherten Auslegung durch sich dokumentiert, und zwar nicht aus Resignation, sondern weil mit forschen Behauptungen so wenig gewonnen ist wie mit phantasievollen »Sinnergänzungen«, notorischem Übergehen der philologischen und historischen Probleme oder dem endlosen Errichten von kontextualen Sinn-Konstruktionen, aus denen dann jeweils ein einzig plausibles Gesamtverständnis entsteht. Ein Kommentar hat zudem auf seine Proportionen zu achten: Der Abschnitt 3,19–22 (4,6) gehört von Inhalt und theologischem Interesse des Briefes selbst her nicht zu den wichtigeren Texten.

Da m. E. nicht alle (und nicht einmal alle wichtigen) Verständnisfragen an den 19.20a

---

Nochmals die Einheitlichkeit; *Völter*, Petrusbrief 8f.23; ders., Bemerkungen; *P. Schmidt*, Zwei Fragen, die aber nicht akzeptabel ist.

[539] Sie sind musterhaft zu studieren an *Reikke*, Spirits 127–131; *Dalton* Proclamation 190–201, und vor allem *Vogels*, Abstieg 34–38 u. o., der sich mit kritisierbaren Methoden in Textanalyse und -vergleich und mit seinen permanent durchsichtigen Vorurteilen gegenüber dem Text um die Chance bringt, die Diskussion zum Thema Descensus exegetisch wirklich zu fördern.

[540] Auslegungsgeschichte bei *Reicke*, Spirits 7–51; *Dalton*, Proclamation 11–57.

[541] An monographischen Untersuchungen der letzten Jahrzehnte: *Gschwind*, Niederfahrt; *Bieder*, Descensus; *Reicke*, Spirits; *Dalton*, Proclamation; *Vogels*, Abstieg; außerdem *Selwyn* 314–362.

Text beantwortbar sind, kann prinzipiell nicht für eine bestimmte Auslegung absolute Priorität reklamiert werden. Aber eine erste umstrittene Sache läßt sich mit befriedigender Sicherheit klären: Der Anschluß ἐν ᾧ ist nicht auf πνεύματι (V 18) zu beziehen, weil diese Formel im Zusammenhang eines fünfmaligen Gebrauchs in dem kurzen Schreiben (1,6; 2,12; 3,16.19; 4,4) zu deuten ist und dementsprechend (wie 1,6; 4,4) die Funktion einer relativen temporalen Konjunktion hat, die sich auf die voraufgehende Aussage insgesamt, nicht auf ein Einzelwort bezieht und darum mit »dabei« übersetzt wurde[542]. Zudem wäre der Rekurs auf einen von den zwei »adverbialen« Dativen im Schluß von V 18 sehr ungeschickt. Und πνεῦμα in V 18 ist die Sphäre, nicht die Person oder Kraft des Geistes, so daß es als Bezugswort nicht in Frage kommt. Damit fällt die alte (Augustinus, Ep 164, 14–18 ad Evod.) und neuere[543] Auslegung aus, wonach eine Aktivität des vorinkarnatorischen Christus (»durch seinen Geist«) zur Zeit und in der Person Noachs beschrieben wäre und außerdem eine Auskunft darüber gegeben würde, mit welchem »Teil« seines Wesens Christus in der Unterwelt war.

Eine nächste Frage, an der die Auslegung sich lebhaft interessiert zeigt, läßt sich dagegen schon nicht mehr eindeutig beantworten. Wann geschah, was V 19 beschreibt: nach oder zwischen Tod und Auferstehung? Diese und andere Fragen, die der Text aufgrund späterer Descensus-Vorstellungen (Abstieg Christi in die Hölle) provoziert, sind »zu genau« oder »zu früh« angesichts dieser Komposition von Abbreviaturen, die der Passus darstellt. Es heißt eben nur, daß er »dabei« (»beim« Getötet- und Lebendiggemachtwerden) »hinging«, und jede Präzisierung geht über den Text in dieser Form hinaus. Außer dieser Frage der Zeitvorstellung ist auch jedes einzelne Wort des V 19 mehrdeutig und dadurch umstritten. Ich sehe keine Möglichkeit, zunächst durch eine Gesamt-Analyse oder -übersicht ein plausibles Gesamtverständnis zu gewinnen, innerhalb dessen die Details sich erklären. Wenn man sich nicht von den späteren Hadesfahrt- bzw. Höllenabstiegsvorstellungen bestimmen läßt und also noch nicht weiß, wohin, zu wem und zu welchem Zweck Christus nach oder zwischen Tod und Auferstehung »ging«, dann ist vorerst alles unklar: Wer sind die πνεύματα (»Geister«)? Was ist die φυλακή (»Gefängnis«)? Und was bedeutet κηρύσσειν (»verkünden«)? Eindeutig ist allein die mythische Vorstellung, daß der durch seinen Tod aus der Szene dieser Welt entschwundene Christus zu einem Ort »hinging«.

---

[542] So auch *F. Zimmermann,* Verkannte Papyri, APF 11 (1935) 174, aufgrund des Vergleichs mit einem Oxyr. Papyrus (ebd. 170 Z.18); aufgrund des ntl. Gebrauchs *Fink,* Use 35–37 (mit *Reicke,* Spirits 103–115) u. v. a. *Wengst,* Formeln 162, hat »den Eindruck gelehrter Ergänzung«. *A. Grillmeier,* Gottessohn 101–105, übersieht diese naheliegende Auslegung in seiner Exegese; interessant dort die Argumentationen mit einem auf πνεῦμα bezogenen ἐν ᾧ in der christologischen Debatte der alten Kirche um das Verhältnis des Logos zur Menschheit Christi und um die Einheit in Christus (108–171; vgl. unten den Exkurs zur Nachgeschichte von 3,19f/4,6).

[543] *Spitta,* Christi Predigt 34ff: Christus ging, in Henoch inkarniert, zu Noahs Zeit zu den Geistern. Ausführlich ganz ähnlich wieder *Barth,* Taufe 480–497.

Zur Bestimmung der »Geister« gibt es zusätzliche Informationen: Sie sind im »Gefängnis«, weil sie »ungehorsam« gewesen waren »in den Tagen des Noach« (V 20a); außerdem gibt es die »Toten« aus 4,6, denen »das Evangelium gepredigt« worden ist; von ihnen ist aber noch nicht ausgemacht, ob sie mit den »Geistern« identisch sind oder aber eine andere Gruppe darstellen. Die Bezeichnung verstorbener Menschen als »Geister« mutet eigentümlich an; sie kommt aber bisweilen vor (man verweist auf Hebr 12,23; Lk 24,37.39; gr Hen 22,3–13; 103,3f) und kann also auch hier vorliegen und folglich die Menschen der Noach-Zeit meinen[544] (wortgeschichtlich ist diese Annahme allerdings nicht sehr stark zu stützen). Die dann folgende Frage ist, ob die Sintflutgeneration (V 20a) wegen ihres (biblisch) notorischen Ungehorsams als solche oder (nach jüdischem Denken) als Repräsentant aller »Ungehorsamen«, d. h. hier aller Ungläubigen bis auf Christus gemeint ist. Gegen die letzte Möglichkeit spricht m. E. das genaue Eingehen im ganzen V 20 auf die Flutgeschichte als Ereignis. Dann würde also eher von der Flutgeneration allein die Rede sein, worin man aber keinen rechten Sinn erkennt. Warum sollte Christus gerade und nur ihr »verkünden«[545]?

Auf dem Hintergrund dieser Schwierigkeiten bringt ein religionsgeschichtlicher Vergleich, der seit fast 90 Jahren diskutiert wird, in der Tat eine Verständnishilfe. Man hat den dringenden Eindruck, daß die Kurzformeln und Andeutungen der VV 19–22, die den damaligen Lesern in dieser Form ja verständlich gewesen sein müssen, heutzutage deshalb die verschiedenen Schwierigkeiten machen, weil sie sich nur aus bestimmten Vorstellungen erklären lassen, durch die erst ihr Zusammenhang und Sinn erkennbar wird, die aus ihnen selbst aber nicht rekonstruierbar sind. Der Text selbst vermittelt die für sein Verständnis unentbehrlichen Kenntnisse nicht, so daß man sich methodisch richtig nach etwaigen Informationen aus anderen Quellen umsieht. Solche Information ist nun vielleicht tatsächlich richtig im griechisch erhaltenen Teil des äthHen gefunden worden[546]. Sie ist nicht so weit hergeholt, wie sich das zuerst anhören mag. Das frühjüdische Henochbuch spielte in der religiösen Vorstellungswelt der ntl. Zeit eine beträchtliche Rolle, auch bei Christen. Der Jud benutzt (VV 6.13) und zitiert (VV 14f) das Henochbuch zu genau den Themen, die hier interessieren, und der 2Petr (2,4) ebenfalls. Hen wirkt dort mit seinen angelologischen Visionen der Kapitel 6–36 nach. Und die Parallelen sind also

---

[544] Für *Hunzinger*, Struktur, der ein dreistrophiges Christuslied rekonstruiert, steht diese Deutung darum fest, weil in seiner 3. Strophe (etwa V 22b.c) von den Engelmächten die Rede ist, so daß man in seiner 2. Strophe (etwa VV 18d.19) nicht an überirdische Wesen mehr denken könne. Voraussetzung und Konsequenz sind hypothetisch.

[545] Die altkirchliche Exegese (ebenso Calvin) hat alle Gerechten des AT darunter verstanden (s. unten den Exkurs), wovon aber nichts dasteht; vielmehr widerspricht der Text dieser Verallgemeinerung. *Schlier*, Adhortatio 63, denkt (wie bei 4,6) an die verlorenen Menschen einer mythischen Vorzeit, die unrettbare Sünder waren und durch die Flutgeneration repräsentiert sind. *Goppelt*, Verantwortung 508, sieht »die Seelen des Sintflutgeschlechts« gemeint.

[546] Erstmals *Spitta*, Christi Predigt 22ff.

auch im 1Petr auffällig. Es handelt sich in Kürze um folgende Aufschlüsse für VV 19f.

Das Henochbuch ist an den »Gottessöhnen« aus Gen 6,1–6 (LXX ἄγγελοι τοῦ θεοῦ, daher hier »Engel«), an ihrem Vergehen und der Strafe dafür interessiert. Mehrfach heißt es, daß ihre Strafe darin besteht, »gefesselt« und an einem Ort der Gefangenschaft gehalten zu werden (10,4.11; 14,5: δῆσαι; ἐν δεσμοῖς), in einem Gefängnis (18,11–19,1; 10,13; 18,14; 21,10: δεσμωτήριον). Daß die Engel aus Gen 6 mit Gefangenschaft bestraft werden, liest man auch in den frühjüdischen Texten Jub 5,6; sBar 56,13 (vgl. Damask 2,18 und 1QGen.Ap. 2,1.16). Nun erhält im Henochbuch der Patriarch Henoch den Auftrag, zu ihnen, die sich Illusionen über ihre aussichtslose Situation machen (13,4–10), zu »gehen« und zu ihnen zu »sprechen« (12,4: πορεύου καὶ εἰπέ; 13,3: πορευθείς; 15,2: πορεύθητι καὶ εἰπέ). Der Inhalt seiner Verkündigung an sie ist: »Sie werden keinen Frieden noch Vergebung finden« (12,5)[547]. Henochs Rede ist also definitive Unheilspredigt an die gefallenen Engel, die – das ist weiter ein bemerkenswerter Sachverhalt – etliche Male als πνεύματα (»Geister«) bezeichnet werden (10,15; 13,6; 15,4.6–8). Und schließlich: Der Ungehorsam der Engel ist verantwortlich für die Sintflut; die Bestrafung der »Geister« steht in der frühjüdischen Überlieferung des Hen in direktem Zusammenhang mit der Flutgeschichte (10,2.22; 67,4–13; 106,15, auch Weish 14,6; vgl. 2Petr 2,4f), was sicherlich durch die Textfolge in Gen 6–8 bedingt ist. Dieselbe zeitliche Verbindung des Mythos von den bestraften Engeln mit der Flut, aus der »allein Noach« (mit den Seinen) gerettet wird, findet man in Jub 5 und im Test N 3,5. Sie ist in frühjüdischem Denken also wahrscheinlich nicht selten gewesen.

Damit ist in einer frühjüdischen Tradition, die nachweislich auf die christliche Literatur eingewirkt hat, ein Konnex von Vorstellungen gegeben, der im Hinblick auf 1Petr 3,19f überraschend und aufschlußreich ist: Es »geht« jemand zu »Geistern«, die mit »Gefängnis« bestraft werden, und »verkündet«[548] ihnen; und diesem Vorgang wird die Überlieferung von der vernichtenden Flut sachlich-thematisch angeschlossen. In der Forschung hat diese Beobachtung (die erwartbaren) Übertreibungen bei der Auswertung für das Verständnis von 1Petr 3,19f erfahren[549]; aber sie ist doch so evident aufschlußreich bezüglich

---

[547] Übersetzung APAT II, 236–257; Text: H. B. *Swete,* The OT in Greek III, Cambridge 1912, 789–809.

[548] Das εἰπεῖν im Hen ist emphatisch mit »verkünden, ankündigen« zu übersetzen (vgl. APAT II, 243 und *Riessler,* Altjüdisches Schrifttum 362).

[549] Die ärgste ist wohl die von *Harris* (zuletzt: Further Note; Emendation; History), der aber (zunächst ohne es zu wissen) Vorgänger hatte (s. die Berichte *Harris,* History; *Reicke,* Spirits 41f; *Bieder,* Vorstellung 97f; *Dalton,* Proclamation 135f): Infolge einer methodisch riskanten Konjektur (aus ΕΝΩΚΑΙΕΝΩΧ wurde durch Haplographie ΕΝΩΚΑΙ bzw. aus ΕΝΩΧ wurde ΕΝΩΚΑΙ) wird Henoch das Subjekt des Satzes (und damit geht allerdings ein Sinnzusammenhang im Kontext verloren). Auch *Goodspeed,* Enoch, verteidigt Henoch als Subjekt von V 19 (verzichtet aber offenbar u. U. auf die Konjektur). *Morris,* 1 Peter, setzt, um Harris zu verbessern, Noach ein, der als erster unschuldig Leidender seinen Zeitgenossen predigte; ganz ähnlich *Semmelink,* Opmerkingen 345f. Vor allem jedoch: Neuere Untersuchungen kon-

möglicher erklärender Hintergründe zu der für sich allein unverständlich gewordenen Sprache der VV 19f, daß man sie keinesfalls beiseiteschieben kann⁵⁵⁰.

Freilich sieht es nicht nach direkter Abhängigkeit des 1Petr vom Hen aus. Viel wichtiger als die Abhängigkeitsfrage im engen Sinn ist der unleugbare Umstand, daß die VV 19–21 von der mythischen Erzählstruktur des Henochbuches her einen plausiblen Zusammenhang bekommen, der sich anders nicht finden läßt. Immerhin nämlich ist jetzt die Motiv-Folge des gesamten Prosastücks der VV 19–21 erklärbar, und das ist nicht wenig⁵⁵¹: Die frühjüdische Vorstellung von den Geistern im Gefängnis brachte, wie gesagt, von Haus aus die Flutgeschichte mit; die Flutgeschichte ist aber christlich sehr früh schon regelmäßig zur Tauftypologie verlängert gewesen (s. u.). Daß also diese zunächst völlig unerklärbare, weil asyndetische Motiv-Folge »Predigt an die Geister«, »Flut«, »Taufe« plausibel wird, spricht für die Richtigkeit der religionsgeschichtlichen Ableitung. Dem mit ihrer Hilfe eingeschlagenen Interpretationsweg kommt darum m. E. unter allen Erklärungen des nach wie vor schwierigen Textes vorerst die größere Wahrscheinlichkeit zu. Viele Ausleger behandeln die problematische Themenfolge wie eine Selbstverständlichkeit, für die eine Begründung gar nicht gesucht werden muß. Dieser »Verzicht« ist aber völlig unbefriedigend. Die oben aufgewiesene Sinnverbindung der Themen zeigt ein typisches Konstrukt judenchristlicher Theologie: Predigt (Christi) an die Geister in Gefangenschaft ist jüdisch mit der Flutgeschichte verbunden; die Verlängerung der Flutgeschichte zur Tauftypologie ist christlich (wie

---

struieren m. E. eine z. T. zu exakte Entsprechung zwischen VV 19f und Hen, wie sie so nicht gegeben ist (z. B. *Reicke*, Spirits 52–103 u. pass., auch mit seinen dämonologischen Ableitungen und deren vielfach nachgeahmter Übertragung auf die politischen Mächte; *Dalton*, Proclamation 163–176).

⁵⁵⁰ Wie z. B. *G. Friedrich*, ThWNT III,706, und der neueste Beitrag von *Vogels*, Abstieg 45–74.111–115, der tatsächlich meint, Lk 12,58f liege als Rahmen (Gefängnis für Tote) und Joh 5,25–29 als Inhalt (Verkündigung an Tote) dem Text 1Petr 3,19f näher (vgl. 86f). Mit seinem Insistieren auf dem Unterschied, daß »Henoch das Gefängnis, Christus dagegen im Gefängnis verkündete« (74–80), hat er wie auch in anderen Punkten zweifellos zur präziseren Durchführung des Vergleichs genötigt. Wenn er aber sehr streng und bedenkenlos mit Tempora-Differenz argumentiert, ohne einen Gedanken darauf zu verwenden, wie schwierig oder unmöglich es ist, die Funktion von Tempora in apokalyptischer Sprache zu bestimmen, dann überzeugt das nicht. Insgesamt ist seine Kritik (74–86), provoziert zwar durch die überzogenen Parallelisierungen von Reicke und Dalton, methodisch nicht als Überprüfung eines religionsgeschichtlichen Vergleichs anzusprechen. Sie verliert sich in pedantischen, oft unsachgemäßen, manchmal unrichtigen Kritteleien, statt sich über das interpretatorische Verfahren klarzuwerden. Seine Einzel-Exegesen werden keine Schule machen.

⁵⁵¹ Man vergleiche die Umständlichkeit, mit der ein Motiv-Zusammenhang auf anderem Weg erstellt werden muß, bei *Lundberg*, Typologie 108–110, der den Umweg über eine Parallele zwischen Flutgeneration und Heiden nimmt und die Vorstellung von der Taufe als Descensus (der Abstieg ins Taufwasser als Wiederholung o. ä. des Abstiegs Christi zwischen Tod und Auferstehung) bemühen muß. Nach *Bieder*, Vorstellung 120, besteht zwischen dem Descensus oder Ascensus und der Taufe »lediglich der Zusammenhang des paränetischen Interesses« von V 15. Die Zusammenstellung der Motive erklärt sich in der oben vermuteten Weise zwar vordergründiger, aber einleuchtender. Weitere Vorzüge bei *Kelly* 153–157.

bei der »Predigt« schon die christologische Applikation). Daß und warum ein vorgegebener Zusammenhang der Verkündigung (Christi) an »die Geister« mit Noach und Flut überhaupt existierte, ist uns nur durch die Tradition des Hen bekanntgeworden[552].

Wie in allen christologischen Sätzen des 1Petr, genügen dem Verfasser hier einige Stichworte, um einen ganzen christologischen Horizont aufgerissen und kommemoriert zu haben, den er durch seine Abkürzung aber für den heutigen Leser unverständlich gemacht hat. Die Hen-Tradition kann der Schlüssel zur Rekonstruktion sein. Übrigens bedeutet das nicht, daß die (heidenchristlichen) Leser des 1Petr das Buch Henoch im Kopf haben mußten, sondern lediglich, daß Ps-Petrus die Geläufigkeit des christlich rezipierten Mythos auch bei ihnen voraussetzte.

Wenn die eben zusammengestellten Beobachtungen auf den 1Petr angewendet werden, ergibt sich also im einzelnen zunächst, daß die »Geister« wahrscheinlich die Gottessöhne aus Gen 6,2 sind; sie werden auf Grund des atl. Bibeltextes, der unmittelbar darauf die Noach-Geschichten anschließt, als die »Ungehorsamen in den Tagen des Noach« bezeichnet. Die frühjüdische Bibelauslegung und ihre an den Göttersöhnen und den aus deren »Vermischung« mit den Menschenfrauen gezeugten Riesen interessierte Phantasie hatte (aufgrund der Komposition des Buches Genesis) die einschlägigen Ereignisse in Noachs Zeit datiert. Die Einschränkung der Verkündung Christi auf eine Gruppe von Wesen der Noachzeit wird also einleuchtend[553]. Auf der anderen Seite ergibt sich, daß die Toten aus 4,6 nicht mit den Geistern aus V 19 identisch sind. Ich gestehe, daß ich das als Belastung der hier vertretenen Auslegung von V 19 empfinde[554], doch bleiben deren Vorteile überwiegend.

Die φυλακή (»Gefängnis«) ist als Strafort ein hauptsächliches Motiv dieser Geschichte, wenn auch im Hen mit anderen Termini umschrieben (s. o.); der Topos ist jeweils derselbe. Wo dieses Gefängnis, also der Aufenthaltsort der Geister, sich befindet, ist schwierig zu sagen. Wenn der beschriebene religionsgeschichtliche Hintergrund zutreffend identifiziert ist, kann man nicht ohne weiteres an den Hades (und eine Hadesfahrt Christi) denken. Hen spricht von

---

[552] *Schmidt*, Descensus 464, übersieht sie und formuliert die dann entstehende Verständnisschwierigkeit, deren Grund darin liege, »daß der Verfasser die ihm bekannte Idee der Hadesfahrt Christi für seine besondere Paränese benutzt und dabei den genuinen Gedanken ganz alteriert hat. Offensichtlich operiert er mit einem gegebenen Stoff, hat ihn aber in singulärer Weise mit den Noachiten in Verbindung gebracht. Deshalb ist es auch ein vergebliches Unterfangen, den Gedanken des Verfassers klar zu erfassen.« Die frühjüdische Literatur lehrt, daß die Verbindung nicht singulär, sondern selbst »gegebener Stoff« war.

[553] Daß *Reicke*, Spirits 52–59 u. pass., neben den Engeln auch die Toten der Noach-Generation in den »Geistern« findet, ist bei ihm aus verschiedenen Gründen inkonsequent. Sachlich identisch *Schweizer* 79: In frühjüdischen Schriften seien »auch die gefallenen Engel zusammengeschlossen mit ihren Nachkommen, den zur Zeit der Sintflut lebenden Menschen (vgl. z. B. Weish Sal 14,6). Das tut, wie 4,6 zeigt, wohl auch unser Brief.« 4,6 fügt sich dann freilich leicht zu VV 19f, doch ist es m. E. sehr schwierig, mit den »Geistern« zwei so verschiedene Gruppen gleichzeitig bezeichnet zu finden.

[554] Mit *Beare* 173, der sich (172) sehr zurückhaltend äußert.

»Finsternis«, »Wüste« und einem Platz »auf der Erde« oder »unter den Hügeln der Erde« als Ort der Gefangenschaft (10,4.12; 14,5), von einem »grausigen Ort« (21,1–10) und außerdem vom »Ort, wo Himmel und Erde zu Ende sind« (18,14). Es bieten sich verschiedene Kosmographien an. Vielleicht ist im V 19 auch an eine Station auf dem »Wege« der Erhöhung Christi in den Himmel gedacht[555]. Der Text erlaubt keine sichere Auskunft[556].

Von der Henoch-Überlieferung her muß vielleicht die sich als selbstverständlich einstellende Annahme fallengelassen werden, daß Christus den Geistern das Evangelium predigte, ihnen also das Heil noch brachte. Henoch hatte das endgültige Unheil zu melden. Was ist – im Fall der Rezeption tatsächlich dieser Vorstellung – in der christlichen Übernahme daraus geworden? Christus ist und wird nicht Henoch[557]. Man darf es für unwahrscheinlich halten, daß Christus hier der Unheilsprediger (wenn auch nur für die »Geister«) ist; das wäre ein völlig singulärer Vorgang christologischer Interpretation. Dann bleiben zwei Möglichkeiten. Entweder will der Satz im christlichen Kontext eben tatsächlich sagen, daß den gefesselten »Engeln« das Evangelium gepredigt wurde (wobei offenbleibt, ob zur Bekehrung oder zum Gericht); oder Christus proklamierte seinen Sieg selbst an den entlegensten Orten der kosmischen Szene[558], sogar (καί) diesen »Geistern«. Mir scheint die Sache unentscheidbar[559]; der absolute Gebrauch von κηρύσσειν löst sie jedenfalls nicht. Daß diese Frage offenbleiben muß, hängt mit der nicht geringen Aporie zusammen, mit der die hier vertretene Auslegung belastet ist, ohne sie beheben zu können. Sie muß genannt werden: Es ist das Motiv nicht erkennbar, um dessentwillen (wenn zutreffend) die Henoch-Überlieferung von der Verkündigung an die ungehorsamen Geister auf Christus übertragen wurde bzw. es bleibt offen, welche christologische Aussage mit der Übertragung möglicherweise gemacht sein sollte[560]. Aber diese Aporie erledigt nicht durch sich den gesamten Ableitungsversuch[561].

Die Details des V 20a müssen über das Gesagte hinaus nicht besprochen werden, weil sie lediglich den Topos »Flut« und »Noach-Zeit« herstellen, ohne als solche eine Bedeutung zu haben.

---

[555] Vgl. *Gschwind*, Niederfahrt 118ff; H. *Schlier*, Christus und die Kirche im Epheserbrief, Tübingen 1930, 15ff; ders., Untersuchungen 19–23, zur Verschränkung von Ascensus- und Descensus-Motiv.
[556] *Bieder*, Vorstellung 108–110, beteuert, daß die Frage nach dem Ort der Intention des Verfassers überhaupt nicht entspreche; die örtliche Vorstellung gehört aber wohl doch zum Mythologem als solchem.
[557] Über das Verhältnis beider zueinander ist im Text, der nur von Christus und nicht von Henoch handelt, nichts gesagt und in der Forschung folglich nur gerätselt worden (zur Diskussion *Vogels*, Abstieg 74f).
[558] So z. B. *Stibbs* 142 in Kombination mit der Henochschen Strafbesiegelung für die Geister; *Scharlemann*, Hell 93; *Bieder*, Vorstellung 114–117.
[559] Ebenso *Best* 144.
[560] *Jeremias*, Karfreitag 194–201; *Schelkle* 107; *Cranfield*, Interpretation 371, sehen sie im Kontrast zur Henoch-Rolle: Christi universale Erlösermacht erreicht auch und selbst diese Geister.
[561] Jedenfalls nicht in dem Stil unzulänglicher Kritik wie bei *Vogels*, Abstieg 80–83, denn er verrät keinerlei Kenntnis der in solchen Traditionsbildungen wirksamen Assoziationskraft im frühchristlichen Denken und dessen konstruktiver Phantasie.

20b Das Thema der VV 19.20a wird mitten im Satz so plötzlich verlassen, wie es V 19 auftauchte. Zeit Noachs und »Arche« sind jetzt keine Datierungen und keine Details (Strafe) der Erzählung von den gefallenen Engeln mehr, sondern (als Motiv »Flut«) das Thema selbst, und zwar offenbar sofort in dezidiert christlicher Auswertung. Denn die Betonung »gerettet durch das Wasser hindurch« ist vermutlich doch schon auf die Taufe gemünzt (V 21). Die »wenigen«[562], die in einer gigantischen Katastrophe gerettet wurden, sind – zumindest innerhalb des 1Petr – sicherlich in typologischer Applikation auf die kleine Gemeinde innerhalb der heillosen Welt zu verstehen. Die Gemeinde weiß sich in der rettenden Arche, ein ergiebiges Symbol der altkirchlichen Tradition[563]. Die Arche ist im V 20b Ort der Rettung, Wasser dagegen der Bereich des Unheils; so muß auf Gen 7.8 und auf das Bild von Arche und Flut hin jedenfalls zunächst gelesen werden. Aber das δι' ὕδατος (»durch das Wasser hindurch«) scheint schon eine andere Richtung anzugeben, insofern lokale und instrumen-

21 tale Bedeutung des διά ununterscheidbar werden. Jedenfalls geht es im V 21 damit weiter, daß das Wasser Typos und Medium des Heils ist. Das grammatisch Nächstliegende ist, ὅ auf ὕδατος (V 20) zu beziehen[564]. Es darf außerdem als sicher gelten, daß »Wasser« (als Flut) das Stichwort zur Assoziation der Taufe ist.

Die VV 19–21 zeigen zwischen den rhythmisch stilisierten VV 18 und 22 deutlich Prosastil und scheinen, wohl als Paraphrase christologisch-soteriologischer Topoi, zusammenzugehören. Mit ihrer Themenfolge »Predigt Christi an die Geister«, »Sintflut« und »Taufe« lassen sie, wie gesagt, zunächst aber keinen inhaltlichen Konnex erkennen. Zu V 19 wurde die unverhoffte Verbindung zwischen den beiden ersten Motiven aber schon aufgezeigt (und diejenige zwischen den beiden letzteren angedeutet). V 21 stellt jetzt den weiteren Zusammenhang her. Das Wasser aus V 20, das dort nach der Bild-Logik (vernichtende Flut) als Element des Unheils figurierte, löst die Rede von der Taufe als Rettung durch Wasser aus[565]. Man hat das keinen besonders passenden Typos genannt[566] und als merkwürdig empfunden[567], daß die zerstörerische Flut

---

[562] *Bishop*, Oligoi, untersucht das Verhältnis von »wenigen« und der jeweils gemeinten absoluten Anzahl (hier 8) in semitischen Sprachen.

[563] Siehe *H. Rahner*, Symbole der Kirche, Salzburg 1964, 504–547: »Die Arche Noe als Schiff des Heils«; *Boblitz*, Allegorese; vgl. *Lundberg*, Typologie 116–135.

[564] *Knopf* 155: auf die Rettung durch Wasser; ebenso *Beare* 174, der mit *Erasmus* und *Hort* die Lesart ᾧ vorzieht. *Synge*, 1 Peter, hält VV 19f für Parenthese, so daß das Relativpronomen direkt an V 18 anhängt und Tod und Auferstehung meint. Seine gesamte Analyse ist methodisch aber nicht akzeptabel.

[565] *Brooks*, Clue 291.304, interpunktiert so: ». . . wurden durch das Wasser gerettet, das auch für euch ein Modell (pattern) ist. Jetzt rettet die Taufe!« Das verundeutlicht die Relation.

[566] *Cross*, I.Peter 29, aber mit dem sachgemäßen Hinweis auf die »großmaschige« Erstellung von Parallelen in der frühkirchlichen Bibelauslegung.

[567] *Hillyer*, Feast of Tabernacles 57, der darum meint, daß zwischen Flut und Taufe erst dann eine Parallele besteht, wenn Taufe metaphorisch für Leiden und Gericht steht und dann die Wogen der Sintflut mit denen der Verfolgung vergleichbar werden. Das Interesse an dieser Deutung: Die Beziehung von Wasser und Gericht zeigt nach Hillyer Anlehnung an Laubhüttenfestvorstellungen. Ohne dieses Interesse schlägt auch *Nixon*, Meaning, vor,

(statt etwa das »Rote Meer« wie 1Kor 10,1–3) zum Vorbild des rettenden Ereignisses gewählt ist. Aber diese Bedenken sind völlig unbegründet. 1Petr 3,20f ist das erste bekannte Glied in einer langen und reichen altkirchlichen Tradition der Taufdeutung, in der Sintflut und Taufe als Typos und Erfüllung verbunden sind[568]. Und die frühchristliche Logik dieser Typologie liegt darin, daß Wasser zerstörend wirkt und/oder auch schöpferisch. Die Wirkung schon des Flutwassers war ambivalent: Es vernichtete (wie das Taufwasser) das Sündhafte in der Welt und reinigte somit[569].

Wir treffen darin auf eine reflektierte Interpretation von Ereignissen des AT: Sie haben ihre (überbietende) Entsprechung in der Epoche Christi bzw. der Kirche. Darin steckt die Sensibilität der frühen Kirche für die Symbole der Überlieferung, aus denen man den eigenen Glaubensvollzug und seine Zeichen sehr anschaulich zu begreifen lernte. Und es spricht sich der entschiedene Wille darin aus, die gesamte vergangene Geschichte in ihrem Sinn von Christus her bzw. auf ihn hin zu begreifen. Die Ereignisse wiederholen sich nicht, sondern (darum »ἀντίτυπον = gegenbildlich«) erklären und deuten sich gegenseitig in ihrem Sinn[570].

Die Taufe »rettet«, wobei hier gesagt wird, wovon sie rettet. Der 1Petr hat die verschiedensten Begriffe und Bilder für das Unheil der alten Existenz. An dieser Stelle redet er in besonders strengen Abkürzungen. Von der literarischen Struktur und dem Kontext des Abschnitts her (siehe Analyse) ist es ausgeschlossen, im νῦν (»jetzt«) eine aktuelle Anspielung auf den eben vollzogenen Taufritus zu sehen (so daß der Text in der Taufliturgie entstanden und gesprochen wäre und der ganze Brief eine Taufhomilie oder -liturgie darstellte); es geht um das Jetzt der Heilsepoche seit Christus.

Und dann folgt in antithetisch stilisierter Apposition also eine direkte, wenn auch wieder stenogrammartige Umschreibung dessen, was die Taufe nun ist. Diese Bestimmung überrascht doppelt: Einerseits durch ihre negative Abgrenzung, denn ob diese nun von jeder körperlichen Reinigung oder von rituellen (Reinheits-)Waschungen abgrenzt, in keinem der beiden Fälle ist durch diese Negation die Taufe besonders markant abgehoben[571]: Sie ist keine vorder-

---

»Taufe« hier als Verfolgungsleiden in Konsequenz der sakramentalen Taufe zu verstehen. Die Begründung ist arg weit hergeholt.

[568] Weil *Thurston*, Interpreting 178–180, von dieser Tradition nichts weiß, konstruiert er folgende Entsprechung zwischen Flut und Taufe, um die VV 19–22 in den Kontext einpassen zu können: Indem der Text noch einmal vom guten Gewissen redet (V 21), wiederholt er das Thema vom Gehorsam gegen Gott und Menschen, der durch Wohlverhalten vor Verfolgung schützt. So werden im Wasser der Flut wie der Taufe die Ungehorsamen vernichtet, die Gehorsamen aber vor dem Tod gerettet (weil im Fall des Gehorsams der Christ nicht auf seine Taufe hin getötet wird). – Die Intentionen des 1Petr werden grotesk, wenn sie nur geringfügig mißverstanden werden.

[569] Über diese Tradition genauer *Lundberg*, Typologie 98–116, spez. 110–113; *Daniélou*, Sacramentum 55–94; ders., Liturgie und Bibel, München 1963, 80–89; *Adam*, Sintflutgebet 20f.

[570] Darüber *Fritsch*, ΑΝΤΙΤΥΠΟΝ 100f. 106.

[571] Das ist in der antithetischen Redefigur eine ähnliche Abgrenzung wie 2,20a; 3,17; 4,15, über die man nicht viel sinnieren muß. Polemik gegen rituelle Reinigungen kann man nicht unterstellen (gegen *Reicke*, Spirits

gründige, äußerliche Reinigung, heißt es. Andererseits mutet auch die positive Aussage, von ihrer Verständlichkeit noch abgesehen, recht zufällig und relativ bedeutungsarm an. Merkwürdigerweise fährt sie nicht in der Symbolik des Abwaschens fort. Man hat aus dem seltsamen Ausdruck (συνειδήσεως ἀγαθῆς ἐπερώτημα εἰς θεόν) die unterschiedlichsten Übersetzungen und Auslegungen gewonnen. Eine sichere und präzise Deutung vermag ich aus der gesamten Diskussion und vor allem aus dem Text selbst nicht zu gewinnen. Verbreitet ist das Verständnis von ἐπερώτημα als »Bitte bzw. Gebet[572] an Gott um ein gutes Gewissen« oder ähnlich, aber als »Definition« der Taufe kann damit niemand recht glücklich sein[573]. Man sucht auf philologischem, etymologischem Weg weiter. Sachgemäß sind dabei am ehesten diejenigen Deutungen, die den Begriff ἐπερώτημα nicht psychologisierend, sondern im Zusammenhang des Taufgeschehens verstehen wollen, nämlich aus dem Vorgang der Befragung des Täuflings und seiner Antwort, so daß man in der Richtung eines Versprechens und einer moralisch-existentiell verpflichtenden Zusage bzw. eines Versprechens oder Gelöbnisses verstehen wird. Das paßt in der Tat am besten zum paränetischen Interesse des 1Petr, obwohl das εἰς θεόν dabei m. E. philologisch nicht sehr befriedigend erklärbar ist. Dieses Verständnis kann im Sinn der Bekundung »guten Willens« sein[574] oder stärker von einer Diktion des Vertragsschlusses ausgehen[575], in der die Befragung der Parteien für den Kontraktabschluß als ganzen steht.

In der oben vorgeschlagenen Übersetzung ist von der Entsprechung zwischen ἐπερώτημα und *stipulatio* ausgegangen, die recht gut begründet werden kann[576], so daß nicht die Bitte oder Anfrage gemeint sein muß, sondern ebenso gut die Zusage bzw. eine vertragliche Verpflichtung in Frage kommt. Das dürfte hier die bessere Interpretation sein. Die Bedeutung von συνείδησις ist da freilich mitbetroffen[577]. Für das Wort muß in einer Auslegung, die das Gewicht des Kontextes und das Genre der hier aufgereihten Kurzformeln berücksichtigt, eine unerhörte Dichte angenommen werden. Es steht (2,19 eher vergleichbar als 3,16) für die gesamte Verpflichtung zu einem deutlich veränderten Leben, die der 1Petr permanent entwerfen und einüben will. Die bindende Übernahme dieser Verpflichtung (in Form des Taufgelübdes) ist für den Ver-

187–191). Eine Ablehnung der Beschneidung (*Dalton*, Proclamation 215–224; *Best* 147; *Kelly* 161; *Manke*, Leiden 182) wäre wohl deutlicher ausgefallen.
[572] So mit Nachdruck *Barth*, Taufe 497–522.
[573] Anders z. B. *Stelzenberger*, Syneidesis 65–67: »ein Flehen um ein gutes Inneres auf Gott hin« (ebd. ein kleiner Forschungsbericht).
[574] Z. B. *(Windisch-)Preisker* 155; *Leaney*, I Peter and the Passover 250 (»the assurance before God of a loyal attitude of mind«); *Schlier*, Adhortatio 67 (»ein verpflichtendes Bekenntnis vor Gott zu einer guten Gesinnung (im Glauben)«, »ein Gelöbnis des Täuflings«).
[575] Vielfach vertreten im Anschluß an *Reicke*, Spirits 182–186 (dort die philologische Ableitung; vgl. *Richards*, 1Pet. III 21): z. B. *Cross*, I.Peter 32; *Spicq* 141; *Hill*, Suffering 187.
[576] *Reicke*, Spirits 183; *Richards*, 1Pet. III 21.
[577] Eine merkwürdige Deutung bei *Brooks*, Clue 292–294, in der Übersetzung, daß die Taufe rettet »because it is the declaration of the individual's appropriate conscious awareness in reference to God«, und dies wieder wird als eine Gemeinsamkeit oder ein Mitwissen mit Gott und anderen Christen verstanden, daß in der Auferstehung Christi das Heil ist. Die Taufe als »Deklaration« ist die Antwort auf den in der Botschaft fragenden Gott.

fasser offenbar die Taufe⁵⁷⁸. Dies wird und kann zwar nicht alles sein, was er über die Taufe zu sagen weiß (vgl. 1,2.3), aber die eigentümliche Diktion dieses V 21 verschiebt die Interpretation ganz in diese Richtung, allerdings nachdem die Aussage gemacht ist: »σῴζει – die Taufe rettet euch«. Auf diese Zusage hin wurde, wenn diese Auslegung im Prinzip zutrifft, die Verpflichtung durch die Taufe eingeschärft. Es geht um die wirkliche (»innere«) Bindung im Sinn der Emphase von 1,22f, wie der Kontrast von σάρξ und συνείδησις wohl sagen soll⁵⁷⁹. Diese Bindung muß sich nach dem 1Petr immer in sichtbaren, alternativen Verhaltensweisen zeigen. Man sieht ein weiteres Mal, wie stark die Theologie des Briefes pastoral gewendet ist. Ps-Petrus faltet die dogmatische (lehrhafte) Aussage immer geradeso weit auseinander, daß ihre existentielle Verbindlichkeit aufleuchtet. Dadurch sind viele seiner (abgekürzt formulierten) Aussagen schwer verständlich oder unverständlich geworden. In 3,19–22 haben wir diesbezüglich das Musterbeispiel vor uns.
Der Hinweis auf Christi Auferstehung »klappt nach«, ohne eine exakte Sinnverbindung zu erfahren; am besten läßt er sich auf das »Retten« beziehen. Die Auslegung hat hier wie oft nur den Großtext des Briefes als Orientierung für die Erklärung eines Details. Durch die Auferstehung Christi ist die Taufe rettend und verpflichtend: rettend aus den Leiden, die erlebt werden und bewältigt werden sollen (wozu gerade dieser Passus VV 18–22 zitiert wird), und verpflichtend zu dem unterscheidenden Leben, das in immer neuen Paränesen umrissen und auch exemplarisch beschrieben wird. – Man kann die Entstehung des Textes in dieser Form nicht mehr durchschauen, aber es ist möglich, daß der Verfasser die Wendung von der Auferstehung anhängt, um den nun wieder in gebundener Form stilisierten V 22, der vielleicht unmittelbar zum V 18 gehörte, an die Prosasätze der VV 19–21 anschließen zu können. Doch das können nur Vermutungen sein.

Eine letzte christologische Aussage in der Reihe der Sätze und Formeln, die 22 durch den inhaltlich und argumentativ notwendigen Rekurs auf den leidenden Christus in V 18 veranlaßt und (freilich nicht nebenbei) mitgesprochen wurden, spricht von der triumphalen Erhöhung zu Gott. Das »Sein« oder »Sitzen« (in der kanonischen Literatur allein Apg 7,55f: »Stehen«) des Auferstandenen zur Rechten Gottes ist längst Bekenntnisformel der frühen Kirche geworden. Die besondere Nennung des Weges in den Himmel (πορευθείς) ist nicht gleichermaßen geläufig. Sie zeigt m. E., daß auch in V 19 an die »Reise« Christi an

---

⁵⁷⁸ Man mag sich dabei als Fragesteller Gott, die Gemeinde, den Taufspender denken wie *Reicke*, Spirits 185, der für die Übersetzung folgende Vorschläge macht (187): »an agreement«, »a pledge«, »an assurance before God of a loyal attitude of mind« (vgl. 185). *Dalton*, Proclamation 224–228: »A pledge to God to maintain a right attitude«; *Richards*, 1 Pet. III 21: »a pledge to God proceeding from a clear conscience« (= »a promise elicited by a formal question«).

⁵⁷⁹ Um dasselbe zu verdeutlichen, legt *Hill*, Suffering 186, allen Wert auf den Gegensatz von ἀπόθεσις und ἐπερώτημα. Seine Interpretationen der einzelnen Termini führen im übrigen auffälligerweise zu keinem Übersetzungsvorschlag; er müßte etwa lauten: Die Taufe ist »nicht die Beseitigung der fleischlichen Schwächen, sondern die Zusage an Gott für ein rechtschaffenes Leben« (vgl. 189).

einen Ort gedacht ist, wobei dieser Ort nicht zwingend der Hades ist. Der Ort der überirdischen Wesen kann in der »Luft« sein (vgl. Eph 2,2; 6,12), zwischen Himmel und Erde, also »am Weg« des in den Himmel aufsteigenden Christus[580]. Für V 19 ist der Ort durch die verschiedenen Angaben im Henochbuch nicht klar und vor allem infolge der Fraglichkeit der Nähe des 1Petr zu dessen genauen Vorstellungen offen. Eine ebenfalls mythische Version christologischer Prädikation ist das Motiv vom Triumph über die »Engel, Mächte und Kräfte«, das den soteriologischen und kosmischen Triumph des nach Leid und Tod Auferstandenen beschreiben will. Das ὑποτάσσεσθαι ist diesmal aus dem christologischen Zusammenhang, nicht (wie 2,13.18; 3,1.5; 5,5) aus der Ethik des 1Petr zu erklären[581]. Wieder ist eine Frage nicht entscheidbar, weil nur der Kontext sie beantworten könnte, ob nämlich »böse« oder »gute« Engel ihm unterworfen werden[582]; der 1Petr verkürzt für den heutigen Leser immer wieder bis zur Unverständlichkeit. Jedenfalls erkennt man das Bekenntnis zu einer universalen Christologie.

Auch von dieser Vorstellung der Unterwerfung der Wesen sei noch ein Blick zurück auf V 19 geworfen (ohne daß V 19 im engeren Sinn durch V 22 erklärt werden soll, was sich traditionsgeschichtlich verbietet[583]): Die Demonstration der Überlegenheit Christi gegenüber überirdischen Wesen gehört zum Vorstellungsgut der frühen Kirche. Das »Verkünden« an die »Geister« kann in diesen Bereich der Christologie gehören. Das zeitliche Verhältnis vom Weg Christi in den Himmel und der Unterwerfung der Wesen ist dabei nicht bestimmt[584]. – Der Brief kommt mit 4,1 auf sein Thema zurück, um es noch zu steigern und nicht mehr zu verlassen.

*Zusammenfassung* Man muß also auseinanderhalten: Für die Thematik und theologische Argumentation des Briefes ist aus diesem Abschnitt nur der V 18 direkt ergiebig. Die zuversichtlichen Aussagen über die Sinnhaftigkeit unschuldigen Leidens und ihre Erträglichkeit auf Hoffnung hin (VV 13–17) werden durch die Anamnese der unschuldig erlittenen Passion des gerechten Christus und seiner Auferweckung begründet bzw. gerechtfertigt (V 18). In dieser Anamnese fällt auf, daß der Sühne- und Stellvertretungsgedanke durch den Kontext nicht motiviert ist und zu ihm auch nicht in inhaltliche Verbindung gebracht werden kann. Ps-Petrus spricht hier in vorgeformter kirchlicher Sprache. Die Fortset-

---

[580] So für V 22 *Schelkle* 109f; *Schrage* 106.
[581] Gegen *Michl* 139.
[582] Die Entscheidung für die guten Engel bei *Vogels*, Abstieg 139–141, ist zwar maßgeblich durch die Gesamtdeutung der VV 18–22 bestimmt, die er vorschlägt, ist exegetisch auch grundsätzlich möglich, jedoch nicht unbedingt wahrscheinlicher (vgl. *Beare* 176; *Kelly* 164 und besonders *H. Schlier*, Der Brief an die Epheser, Düsseldorf ⁶1968, 102f). Übrigens ist die moralische Klassifizierung eigentlich verfehlt, weil die zeitgenössische Vorstellung die verschiedenen Ränge, Sphären und Gattungen solcher Wesen »durchzählt« (vgl. *Knopf* 159f; *Beare* 176).
[583] *Dalton*, Proclamation 237 u. ö., rückt sie bei Annahme verschiedenen religionsgeschichtlichen Hintergrunds nahe zusammen.
[584] *Schrage* 105f trifft in dieser und anderen formalen wie inhaltlichen Fragen etliche Entscheidungen zum V 22.

zung ab V 19 ist nun vollständig im Sog nicht des Briefzusammenhanges zu sehen, sondern des Christus-Motivs als solchen: Der Verfasser läßt über einige Zeilen zentrale Aussagen des frühen christologischen Bekenntnisses folgen, und zwar aus dem einzigen Grund, weil er auf den leidenden Christus hatte hinzeigen müssen, um Sätze wie VV 13.14 nicht grund- und sinnlos bleiben zu lassen.

Was über den Rekurs auf Passion und Auferstehung Christi (V 18) hinaus folgt (VV 19–22), ist als rhetorisch-kerygmatischer Ausgriff auf das umfassendere Bekenntnis einzuschätzen, wie ihn der Prediger beherrscht. Für den heutigen Leser bedeutet es einen allzu flüchtigen Einblick in frühchristliches Denken, Vorstellen und Glauben. Er kann diese formelhaft abgekürzte Sprache nur noch mühsam, teils sogar nur auf dem Umweg über religionsgeschichtliches Wissen und insgesamt nicht mehr mit Sicherheit entziffern. Es scheint, daß das frühe Christentum vom Judentum der Zeit das mythische Motiv von den gefallenen und bestraften Gottessöhnen (Engeln) aus Gen 6 als Gegenstand der frommen Phantasie übernahm und daß daraus eine christologische Aussage wurde: Christus ging (wie der fromme Urvater Henoch aus Gen 5,18.21–24?) zu diesen »Geistern« in Fesseln anläßlich (vor/nach?) seiner Auferstehung und Erhöhung und »verkündete« ihnen (seinen Sieg? ihr Heil oder ihr endgültiges Unheil?). Nach der jüdischen Legende war nun weiter die Sintflut (Gen 6–8) durch das schwere Vergehen dieser Engel (Verlassen ihres himmlischen Status, sexuelle »Vermischung« mit Menschen) ausgelöst worden, so daß der »Ungehorsam« dieser Wesen in die »Tage des Noach« datiert wurde. Dem schließt die christliche Erzählung sich an (V 20). Man versteht jetzt den Übergang von der Kunde an die Geister zum völlig anderen Thema: der Sintflut. Die hier rezipierte jüdische Überlieferung hatte aus beidem (im Henochbuch belegt) längst ein einziges Thema gemacht. Der christliche Sinn der mythischen Erinnerung war dann der, daß die Demonstration der Überlegenheit Christi oder aber auch die Wirksamkeit seines Heils auch den letzten Ort in Raum und Zeit (antiker Kosmologie) erreicht hat[585].

Die Rede von der Sintflut ihrerseits wurde im frühen Christentum nun mit großer Regelmäßigkeit in die Tauf-Typologie übergeführt. Das Thema Taufe kommt also durch die Nennung der Flut ins Spiel. Die Taufe rettet, wie es in der großen Flut Rettung für die wenigen gab. Wir haben in der Themenfolge der VV 19–21 (Kunde Christi an die Geister, Flut, Taufe) also ein anschauliches Stück juden-christlicher Theologie vor uns. – Ganz kurz wird die Taufe weiter in ihrem Sinn gedeutet: Sie ist mehr als äußere Waschung (der heidnischen und jüdischen Riten?); sie bedeutet die feste, verbindliche Überantwortung des Menschen an Gott. Der Grund für ihre Wirksamkeit ist Christi Auferstehung. Und eine letzte Formel, die den »Exkurs« abschließt, feiert die Erhöhung,

---

[585] *Kroll*, Gott 33, zeigt, daß die Descensus-Aussagen immer »nur Teile von umfassenden Prädikationen über Jesus« sind.

»vervollständigt« also diese triumphale Christologie: Sein Ort ist jetzt in majestätischer Position bei Gott, er ist allen Wesen überlegen.

In diesen christologischen Sätzen kann keine detaillierte Entsprechung zu anderen Briefteilen und keine Anspielung auf Situationen der Adressaten gesucht werden[586]. Nähere Entsprechungen gab es in der Christologie des gerechten Lebens und Leidens Jesu in 2,21–25; aber hier liegt eine Christologie des Triumphes und Sieges vor, die sich nicht in Einzelzügen auf die leidenden Gemeinden übertragen läßt. Man beachte, daß der Verfasser zu diesem Christusbild ab V 19 (anders als zu dem von 2,22f in 2,21) nicht paränetisch zum Nachfolge- und Vorbild-Motiv greift.

Aber natürlich sind auch diese Sätze 3,19–22 nicht bedeutungslos für die leidende Kirche. Sie ermutigen auf ihre Weise, nämlich mit dem Bild des allen bösen Mächten überlegenen Christus, dessen durchschlagenden Sieg sie als Rettung in der Taufe schon erfahren hat. Diesmal kommt die motivierende Kraft nicht aus dem Bild vom leidenden (und darin nahen) Christus, sondern aus dem vom triumphierenden, entrückten Christus, in dem auch das Durchkommen der Christen durchs Leiden zum Leben schon vorweggenommen ist. – Das ist allerdings nicht (jedenfalls nicht erkennbar) explizit so gesagt. Das Motiv zum Leiden bleibt der leidende Christus, wie auch hier V 18 begann und die Fortsetzung des Briefes (4,1) buchstäblich sagt.

*Exkurs: Zur Nachgeschichte von 1Petr 3,19f/4,6 (Der »Höllenabstieg« Christi)*

*Literatur: Jensen, P. J.*, Loeren om Kristi Nedfart til de öde, 1903; *Bauer, W.*, Das Leben Jesu im Zeitalter der ntl. Apokryphen, Tübingen (1909) ND Darmstadt 1967; *Schmidt, C.*, Der Descensus ad inferos in der alten Kirche, in: Gespräche Jesu etc., 1919, 453–576 (TU 43); *Bousset, W.*, Zur Hadesfahrt Christi, ZNW 19 (1919/20) 50–66; *MacCulloch, J. A.*, The Harrowing of Hell, Edinburgh 1930; *Kroll, J.*, Gott und Hölle. Der Mythos vom Descensuskampfe, (Leipzig 1932) ND Darmstadt 1963, bes. 1–182; *Rousseau, O.*, La descente aux enfers dans le cadre des liturgies chrétiennes, MD 43 (1955) 104–123; *Rödding, G.*, Descendit ad inferna, in: Kerygma und Melos (FS Ch. Mahrenholz), hrsg. W. Blankenburg u. a., Kassel 1970, 94–102; *Du Toit, D. A.*, »Neergedaal ter helle«. Uit de geskiedenis van 'n interpretasieprobleem, Kampen 1971; *Langgärtner, G.*, Der Descensus ad inferos in den Osterfestbriefen des Cyrill von Alexandrien, in: Wegzeichen (FS H. M. Biedermann), hrsg. E. Ch. Suttner und C. Patock, Würzburg 1971, 95–100; *Ménard, J.*, Le »Descensus ad inferos«, in: Ex orbe religionum (FS G. Widengren Tom. II), 1972, 296–306 (SHR 22) (zur Religionsge-

---

[586] Ein Beispiel solcher Versuche: Nach *Reicke,* Spirits 126–136, soll die Predigt Christi vor den (bösen) Engeln die Leser im Sinn von 3,15f ermutigen, furchtlos vor die heidnischen Behörden als die Nachkommen und Handlanger dieser Engel hinzutreten (*Bieder,* Vorstellung 112f.116f dto.). *Vogels,* Abstieg 35–40, sieht zwischen denselben Texten die Entsprechung, daß gemäß 3,15 auch die Predigt Christi eine Heilspredigt zur Bekehrung sein muß. Beide sehen (fast allegorisch) Zusammenhänge, die an den Ergebnissen form- und traditionsgeschichtlicher Analyse vorbei konstruiert sind. 3,19f ist für seinen Sinn nicht auf 3,15f angewiesen.

schichte); *Kelly, J. N. D.,* Altchristliche Glaubensbekenntnisse, Göttingen 1972; *Grillmeier, A.,* Der Gottessohn im Totenreich, in: Mit ihm und in ihm, Freiburg 1975, 76–174.
Versuche einer theologischen Aktualisierung des Artikels vom Descensus: *Biser, E.,* Abgestiegen zu der Hölle. Versuch einer aktuellen Sinndeutung, MThZ 9 (1958) 205–212.283–293; *Balthasar, H. U. von,* Theologie der drei Tage, Einsiedeln 1969, 103–131 = MySal III/2 1969, 227–255; *Rödding,* Descendit (s. o.) 101f.

Im Laufe der Kirchengeschichte hat die Anschauung vom Abstieg Christi in die Unterwelt als ein Stück der christlichen Glaubensüberzeugung eine überraschend vielschichtige und teils sehr umstrittene Bedeutung gehabt[587]. Sie ist auch heute jedermann aus dem sog. Apostolischen Glaubensbekenntnis bekannt (»*descendit ad inferna / inferos* – hinabgestiegen in das Reich des Todes«). Als Glaubensartikel, also als Glied in der Aussagenreihe einer kirchlichen Credo-Formel, findet sich diese Vorstellung erstmals in der sog. Vierten Formel von Sirmium aus dem Jahr 359[588]: ». . . daß er starb und in die Unterwelt hinabstieg (εἰς τὰ καταχθόνια κατελθόντα) und über die Dinge dort das Hausrecht antrat (τὰ ἐκεῖσε οἰκονομήσαντα)[589]; die Türhüter des Totenreiches (ᾅδου) erschauderten bei seinem Anblick.« Es folgen, wahrscheinlich in Abhängigkeit davon, mit ähnlichen Formeln die homöischen Bekenntnisse von 359 und 360[590], dann um 400 das von Rufin kommentierte Bekenntnis von Aquileja[591] *(descendit in inferna)* und der Textus receptus (T) des älteren Symbolum Romanum (R)[592]. Diese frühen Formulierungen des Artikels schließen seine Veranlassung durch 1Petr 3,19f/4,6 praktisch aus[593], weil eine ganz andere Begrifflichkeit begegnet als dort; auch der eventuelle Weg des Artikels in das westliche Symbol von Syrien her über östliche Vorformen und ebenfalls die möglichen Motive für seine Rezeption in den Bekenntnissen des Okzidents[594] legen eine maßgebliche Beteiligung des 1Petr an der Formelbildung nicht nahe. Aber die dahinterstehende Anschauung ist beträchtlich älter als ihre Fassung im Glaubensartikel. Für ihre Entstehung, Ausbildung und Interpretation ist also nach der Beteiligung des 1Petr noch einmal zu fragen[595].
Die Anschauung, daß Christus in den »3 Tagen« zwischen seinem Tod und der Auferstehung in der Unterwelt war, geht zunächst einmal als solche aller Wahrscheinlichkeit nach nicht auf christliche Wurzeln zurück. Denn das Abstiegs-Motiv erklärt sich im

---

[587] Das hat für das 2.–5. Jh. *A. Grillmeier,* Gottessohn, sehr anschaulich gezeigt. *A. v. Harnack,* Marcion, Darmstadt 1960, 130: »Was heute in den Kirchen eine vertrocknete Reliquie ist, war damals nicht nur *ein,* sondern nahezu *das* Hauptstück der Verkündigung vom Erlöser« (sc. in der alten Kirche).
[588] Text: *Hahn – Hahn,* Bibliothek 204.
[589] Oder: »die dortigen Dinge (oder: Wesen) in seine Heilsordnung einbezog«. Vgl. Origenes, Comm in Mt 132: *postquam (Christus) dispensavit quae oportebat eum dispensare in tribus illis diebus;* Comm in Joh Frgm. 79: λείπεσθαι οἰκονομίαν τῷ υἱῷ τοῦ θεοῦ τὴν περὶ ψυχῶν, ἣν ἔμελλε ποιεῖν καταβὰς εἰς τὸ χωρίον αὐτῶν ἵνα . . . (Forts. mit 1Petr 3,19).
[590] Texte: *Hahn – Hahn,* Bibliothek 205f. 208f.

[591] *Comm. in symb. apost.* 16 (CChr.SL 20,153).
[592] Vgl. *J. de Ghellinck,* Les recherches sur les origines du Symbole des Apôtres, Bruxelles 1946, 3.95.200; *Kelly,* Glaubensbekenntnisse 372; *Scharlemann,* Hell 81–84.
[593] Wenn auch *Rufin,* der aus dem Abstiegs-Dogma nichts Besonderes heraushörte und es als gleichbedeutend mit dem Begrabensein verstand (c.16), es nachträglich locker mit diesem Bibeltext in Zusammenhang brachte (c.20). Vgl. auch *Rödding,* Descendit 97.
[594] *Kelly,* Glaubensbekenntnisse 372.376.
[595] Zur Auslegungsgeschichte *Holzmeister* 294–354; *Kowalski,* Zstąpienie; ders., De descensu; *Reicke,* Spirits 7–51 (Literatur); *Selwyn* 339–353 (bis Cl Al); *Dalton,* Proclamation 16–41.

frühen Christentum sehr einfach als Konsequenz aus den überkommenen jüdischen Vorstellungen vom Zustand der Seele nach dem Tod: »Zu sagen, Jesus sei gestorben oder sei begraben worden, war gleichbedeutend mit der Aussage, daß er in die Scheol hinübergegangen sei«, so daß dieses Motiv dann auch als Glaubensartikel zunächst nichts anderes als »ein farbiges Gegenstück« zu den Artikeln »gestorben« und »begraben« war (vgl. oben Rufin)[596].

Bei Tertullian ist der Descensus die Verdeutlichung des wahrhaftigen menschlichen Sterbens des »Gottes Christus«, »der, weil er auch Mensch war, nach der Schrift gestorben ist und begraben wurde . . . (und) die Form des menschlichen Todes in der Unterwelt *(apud inferos)* vollzog und nicht zum Himmel aufstieg, bevor er in die Unterwelt *(in inferiora terrarum)* hinabgestiegen war«[597]. Christi Abstieg war die natürliche Folge seines Todes. Nach Irenäus (Haer. V 31,2) hat Christus mit seinem Aufenthalt in der Unterwelt lediglich das »Gesetz der Toten« eingehalten. Christus war, wie alle Toten, im Hades, um ihn als Erster zu verlassen (vgl. Origenes, MtCo Frgm. 560). Von dieser Auffassung her versteht man es, daß in etlichen altkirchlichen Exegesen des Symbolum dieser Artikel vom Descensus gar nicht eigens erläutert wird. Im altkirchlichen wie im mittelalterlichen Verständnis wurde der Artikel »*descendit*« verbreitet als kongruent mit dem »*sepultus*« oder »*mortuus*« behandelt[598].

Daneben muß aber damit gerechnet werden, daß die Vorstellung vom Abstieg Christi als judenchristliche Lehre auch aus dem Interesse an einer Antwort auf die Frage nach dem Heil der verstorbenen Generationen biblischer Gerechter zu erklären ist[599]. Jedenfalls ist es Tatsache, daß das Descensus-Motiv schon früh soteriologisch interpretiert wurde: Durch Christi Sieg über Tod, Teufel und Unterwelt wurde den Menschen das Heil erwirkt[600]. Der Abstieg ist also triumphale Befreiungstat als Vernichtung der Unterweltmächte (z. B. schon Meliton, hom. 102; Hippolyt, Trad.Ap. 4). Seine Heilsfunktion konnte aber auch so ausgelegt werden, daß Christus im Hades zunächst den atl. Gerechten, dann aber (seit Meliton und vor allem seit den Alexandrinern) allen Toten (Juden und Heiden, Gerechten und Sündern) das Heil predigte und sie (konsequenterweise) auch taufte (Ev Pt 41f; Just Dial 72,4; Iren Haer. I 27,3; III 20,4; IV 22,1; 27,2; Epid 78; Ep Apost 27; Od Sal 42,11–20; Herm s IX 16,5–7; Cl Al Strom VI 44,5; 45,4f; 46,2; Origenes, Üb. d. Hexe v. Endor 6; Cels II 43; vgl. Hippolyt, De Christo et anti-Christo 45). Bei dieser zweiten Deutung des Descensus durch das Predigt-Motiv vermutet man spontan eine Herkunft von 1Petr 3,19f. Aber zunächst muß erwähnt werden, daß diese Interpretation aus sachlichen Aporien heraus (die Heiligen des AT brauchten keine Instruktion über das, was sie selbst angesagt hatten; die Annahme einer zweiten, jenseitigen Bekehrungschance für alle Ungläubigen bereitete Unbehagen) historisch ins Hintertreffen geriet zugunsten der erwähnten anderen Auffassung vom Descensus als Befreiung der Menschen durch den Sieg Christi über den Herrscher des Unheils in der Unterwelt. Von diesem Christusbild und dem dramatischen Kampf im

---

[596] *Kelly*, Glaubensbekenntnisse 373.376; vgl. *W. Bauer*, Leben Jesu 250; *Schelkle* 108.
[597] *De anima* 55,2 (CChr.SL II,862f), allerdings mit der soteriologischen Fortsetzung: »um dort die Patriarchen und Propheten mit seiner Person bekanntzumachen« (ganz ähnlich *De anima* 7,3: ebd. 790; vgl. Prax 30,4: ebd. 1204).
[598] Belege bei F. *Kattenbusch*, Das Apostolische Symbol II, Leipzig 1900 (ND Darmstadt 1962) 200f, der aber sachgemäß die soteriologische »Verlängerung« aus dieser Kongruenz anschließt.
[599] *J. Daniélou*, Théologie du Judéo-Christianisme, Tournai 1958, 257–273.
[600] Im Detail *Grillmeier*, Gottessohn 78–100.

Hades war hauptsächlich wohl die fromme Phantasie angetan und sorgte für ihre Ausgestaltung[601]. In allen Variationen, mythologischen Grundmustern und skurrilen Anreicherungen, die das Thema von Christi Hadesfahrt im Lauf seiner Geschichte aufweist, gelang der alten Kirche jedenfalls ein plastischer Ausdruck ihrer Überzeugung von der Universalität des Heils, das auch die vergangenen Generationen noch erreichte, und von der prinzipiellen Unterlegenheit des Bösen überall dort, wo Christus den Fuß hinsetzt. Das Motiv geriet aber dann theologiegeschichtlich in die noch einmal anderen Interessen der christologischen Debatte des 4. und des frühen 5. Jh.s. Der historische Vorgang ist zu subtil, um in wenigen Sätzen noch wirklich verständlich und nachvollziehbar referiert werden zu können[602]. In den komplizierten Konstellationen und aufgrund der hart umstrittenen christologischen Begrifflichkeit und Dogmatik ging es jedenfalls um die für die zeitgenössische Theologie durchaus gravierende Unterscheidung, ob Christus in seiner menschlichen Seele oder als der vom Leib getrennte Logos in die Unterwelt hinabstieg. Die Abstiegschristologie bekam jetzt das Problem der Einheit in Christus zu klären[603]. Die ursprüngliche Idee vom Logos-Descensus wurde unhaltbar, weil sie diese Einheit zu flüchtig konzipierte. Vom 1Petr her ist interessant, daß die einschlägigen Fragen mit dem Wortlaut von 3,18f zu tun bekamen: . . . πνεύματι ἐν ᾧ, der wie folgt verstanden wurde: »(Christus) lebendig gemacht im Geist, in welchem er auch hinging und den Geistern im Gefängnis predigte«, während es sich bei ἐν ᾧ, wie gezeigt, um eine relative temporale Konjunktion (= »dabei«), nicht um ein Relativpronomen handelt[604]. Aber die kritische und polemische exegetische Entscheidung bei Bezug auf πνεῦμα betraf die Wahl zwischen der Deutung von πνεῦμα auf die göttliche oder eben auf die menschliche Qualität Christi (göttlicher Geist oder menschliche Seele)[605]. Diese Wahl wurde natürlich immer nur parteilich getroffen und nicht wirklich am Text entschieden. Für die sog. Logos-Sarx-Christologie (Apollinaris, Arius, Athanasius), die mit ihren Mitteln auf die Unzertrennlichkeit Christi aus war (göttliches Pneuma und irdische Leiblichkeit/Sarx), konnte der Descensus nur vom Logos ausgesagt werden, weil ein anderes Subjekt gar nicht übrigblieb. Gegen diese (»apollinaristische«) Christologie wurde eingewendet, daß die Seele Christi hinabstieg, während der Leib im Grab ruhte, weil nur so die volle Menschheit Christi erhalten bleibt. Die Bedeutung von 1Petr 3,19/4,6 in der Geschichte der Descensus-Vorstellung wird also von dieser Geschichte her (nicht bloß von einem 1Petr-Kommentar her) ein eigenes Thema.

Zuvor ist dreierlei festzuhalten. Das Motiv des Abstiegs selbst ist also mit großer Wahrscheinlichkeit jüdisch-judenchristlicher Herkunft, jedenfalls nicht ein Ergebnis der Exegese-Geschichte zum 1Petr. Die besondere Form dieser verbreiteten Anschauung,

---

[601] Siehe *W. Bauer,* Leben Jesu 249; *Kroll,* Gott 20–125; hierher gehören auch die Osterfestbriefe Kyrills v. A.: *Langgärtner,* Descensus.

[602] Zur Dogmengeschichte *Bieder,* Vorstellung 129–198; *Grillmeier,* Gottessohn 100–174; *Kelly,* Glaubensbekenntnisse 375–377. Vgl. die Darstellung bis einschließlich Origenes bei *C. Schmidt,* Descensus 465–546, mit allerdings überholten Wertungen. Eine breite Darstellung von den frühesten christlichen Quellen bis zum Höllenfahrtsspiel des westlichen Mittelalters mit besonderer Aufmerksamkeit für das in Liturgie und dramatischem Spiel sich äußernde vitale Interesse am Triumph Christi und für die religionsgeschichtliche Frage bei *Kroll,* Gott, bes. 1–182. Ferner *Vogels,* Abstieg 183–235.

[603] Die ersten christologischen Reflexionen dieser Art am Descensus-Motiv sind belegt im syrischen Fragment der Osterhomilie Ps-Hippolyts (siehe *Reicke,* Spirits 23–27; *Grillmeier,* Gottessohn 111–116 und unten Anm. 609).

[604] So übersetzt auch die Peschitta (*Reicke,* Spirits 34).

[605] Vgl. *Grillmeier,* Gottessohn 164, der sich mit seiner eigenen Exegese von 1Petr 3,18f in derselben Aporie der altkirchlichen Diskussion bewegt (101–105); ebenso *Bauer,* Leben Jesu 246.

nach der Christus im *triduum mortis*, also zwischen Tod und Auferstehung, in die Unterwelt hinabstieg, zeigt sich vom 1Petr völlig unabhängig, weil der Brief weder diesen »Zeitpunkt« sicher macht noch von Unterwelt und Abstieg (sondern vom Gefängnis und vom Hingehen) spricht, also auch den »Ort« offenläßt, und als Adressaten der Hadespredigt Christi nur die Sintflutgeneration kennt (womit er in der gesamten altkirchlichen Überlieferung allein dasteht) und damit überdies also Ungehorsame (Ungläubige) zu den Hörern Christi macht, während die altkirchliche Überlieferung zunächst nur an die Gerechten der Vorzeit dachte. Erwähnenswert ist schließlich, daß – wie oben zur Exegese unter Nennung von Augustinus bemerkt wurde und gleich noch einmal zu erläutern ist – die altkirchliche Theologie auch eine andere Auslegung von 1Petr 3,19f kannte (nämlich die auf eine vor-inkarnatorische Tätigkeit Christi unter den Zeitgenossen Noahs) und dabei andererseits (also unabhängig von diesem Bibeltext) den Descensus-Artikel kannte und festhielt. Diese Beobachtungen müssen hohe Erwartungen bezüglich der »Brauchbarkeit« des 1Petr-Textes innerhalb der etablierten Vorstellung vom Descensus dämpfen, und diese Skepsis wird tatsächlich bestätigt.

Trotz allem hatte der 1Petr seine Bedeutung in der Geschichte dieses Theologumenons, die kurz skizziert werden soll. Aber diese Bedeutung betrifft schon grundsätzlich »nur ein Teilgebiet der Problematik um den Abstieg Christi«[606], und sie ist außerdem offenbar nicht sehr groß gewesen. Für die Frühzeit, in der das Descensus-Motiv längst als populäre Idee verbreitet und sogar Außenstehenden geläufig war (Kelsos, Frgm II 43), setzt der Rückgriff auf den 1Petr überraschend spät ein[607]. Tatsache ist nämlich, daß 1Petr 3,19/4,6 im Zusammenhang des »Höllenfahrt«-Motivs nicht vor Clemens v. Alexandria zitiert wird[608] (Strom VI 45,1; vgl. mit εὐαγγελίζεσθαι wie 1Petr 4,6: VI 44,5; Exc Theod 18,2; vgl. Adumbrat. ad 1Petr 3,19 u. 4,6). Es folgt (Ende 2. Jh.?) ein hier interessantes syrisches Fragment der Osterhomilie eines Ps-Hippolyt[609], und zumal Origenes, dem die Idee vom Descensus ein Argument für seine global optimistische Eschatologie war, nach der das Böse im Lauf und am Ende der Weltgeschichte sich völlig erschöpfen wird und alle (auch bösen) Wesen von überall her (auch aus der Unterwelt) sich im Rahmen der Apokatastasis zu Gott bekehren (Princ II 5,3; Cels II 43; Comm in Joh VI 35; Fr 79; Comm in Mt 132). In Fortsetzung des alexandrinischen Heilsuniversalismus zieht auch Kyrill v. Al. zum Descensus-Motiv 1Petr 3,19 heran (Comm in Joh XI 2; Comm in Lk IV 18ff). Vor allem gehört Kyrill natürlich zu denen, die 1Petr 3,19 in den christologischen Streit der Zeit (s. o.) einbeziehen (de recta fide 21.22), wofür vor ihm Ps-Hippolyt (s. o.) sowie Athanasius (Ep ad Epict 5) und Ambrosius (de fide III 4,27ff) Beispiele sind.

Daß die Verbindung des 1Petr mit dem Descensus-Dogma erst so spät belegt ist, scheint

---

[606] *Grillmeier*, Gottessohn 77.
[607] *Allenbach* u. a., Biblia Patristica 528f, erwecken einen völlig unzutreffenden Eindruck, indem sie sämtliche Belege für die Descensus-Vorstellung bis zu Cl Al. in ihr Register aufnehmen (dabei EvPt 41f allerdings vergaßen).
[608] Darüber besteht Konsens: z. B. *F. Loofs*, Descent to Hades (Christ's), ERE IV, 659; *Selwyn* 340.344; *Reicke*, Spirits 14; *Dalton*, Proclamation 16.19; *Vogels*, Abstieg 185. Weil *Vogels* aber Interesse an einer dogmengeschichtlichen Schlüsselstellung von 1Petr 3,19/4,6 hat, glaubt er, mit seinen großzügigen Argumenten (183–226), die den Bibeltext auch dort wirken sehen, wo er nicht vorkommt, nachgewiesen zu haben, daß »Anfang und Ende der dogmengeschichtlichen Entwicklung des ›descendit ad inferos‹ von 1Petr 3,19 entscheidend geprägt sind« (188), was mehr als nur eine erhebliche Übertreibung ist.
[609] Ed. *P. Nautin*, SC 27, Paris 1950. *Reicke*, Spirits 23–27, setzt die Echtheit voraus. Besprechung des Fragments außerdem bei *Grillmeier*, Gottessohn 111–116.

kein Zufalls-Effekt der Quellenlage zu sein. Der Text 3,19 war in seinen spärlichen und singulären Aussagen der altkirchlichen Anschauung vom Abstieg Christi nicht ohne weiteres einzupassen, weil er, anders als diese Anschauung, von den »Ungehorsamen« der Noach-Zeit (nicht von den Gerechten des AT bzw. allen Toten), vom »Gefängnis« (nicht vom Hades) und vom »Hingehen« (nicht vom »Absteigen«) spricht. Und diese singulären Angaben von 3,19 haben auch nicht erkennbar auf die Entwicklung der Descensus-Idee eingewirkt[610], obwohl sie doch fortgesetzt gelesen wurden. Alles spricht für die Annahme, daß 1Petr 3,19 an der Entstehung der christlichen Descensus-Lehre nicht beteiligt war. Es gab andere biblische Texte, die statt dessen für diese Anschauung zitiert wurden oder indirekt eingewirkt haben und also für damalige Ohren näherlagen, nämlich z. B. Ps 15 (16),10; Mt 12,29.40; Apg 12,24.27.31; Röm 10,7; Eph 4,8–10; Kol 2,15. Außerdem muß im 2. Jh. das apokryphe Jeremias-Zitat eine besondere Rolle gespielt haben, das von Justin (Dial 72,4) und (mit Gedächtnis- und Übersetzungsvarianten) mehrfach von Irenäus zitiert wurde (Haer IV 22,1; 33,1.12; V 31,1; Epid 78), dabei einmal als Jes-Wort (III 20,4); es wird aus christlicher Hand kommen[611] und beschreibt den Descensus als Mitteilung der Heilspredigt an alle Toten. Andere Texte waren also deutlich »passender«, und wo altkirchliche Autoren 1Petr 3,19 zitieren, geschieht dies mehr zusätzlich, um eine Abstiegs-Idee zu illustrieren, die anders und umfassender konzipiert ist als die vom Weg zu den »Geistern im Gefängnis«, welche in der Noach-Zeit ungehorsam gewesen waren. Die Idee vom Descensus hat in der alten Kirche ohne 1Petr bestanden. In der Entstehungs- und Frühgeschichte dieser Idee hat der Brief keine notwendige oder wesentliche Rolle gespielt[612].

Damit ist über die Nachgeschichte von 3,19/4,6 aber nicht alles gesagt. Nachdem die Hadesfahrt Christi in der Überlieferung ein verbreitetes und attraktives Stück des Glaubens war (als Heilspredigt oder/und als Höllenstürmung), konnte der Text dann eben doch dafür zitiert werden, um eine Anschauung zu »belegen«, die er nicht ausgelöst hatte. Daß Anschauung und Bibeltext dazu erst ausdrücklich miteinander verträglich gemacht werden mußten (die Ungehorsamen des 1Petr hatten sich schon zu Lebzeiten bekehrt, waren also erlösbare Gerechte), scheint mir beim altkirchlichen Bibelgebrauch nicht notwendig zu sein; die Assoziation markiert den Textsinn. Nachträglich also hat 1Petr 3,19 tatsächlich noch beträchtlich an der Geschichte des Glaubensartikels vom Descensus mitgewirkt und mit seinen für die Ausleger aller Jahrhunderte schwierigen Formulierungen große Probleme geschaffen.

In der griechischen Kirche der nach-patristischen Zeit ist 3,19 offenbar auf den Descensus gedeutet worden, wobei die soteriologische Auslegung in der Form möglich war, daß die dadurch geretteten Toten entweder noch vor ihrem Tod die Entscheidung vollzogen

---

[610] So auch *Bousset*, Kyrios Christos 27 Anm. 6. *C. Schmidt*, Descensus 464, erklärt sich das Faktum, daß dem Text »schon die altchristlichen Schriftsteller nichts Positives ... entlocken konnten«, mit der allerdings unwahrscheinlichen Vermutung, der 1Petr habe die allgemeine Hadesfahrt-Idee für seine Paränese alteriert und mit den Noachiten verbunden.

[611] *Bauer*, Leben Jesu 251; *C. Schmidt*, Descensus 472f; *Bousset*, Kyrios Christos 27. *Reicke*, Spirits 16–19, sucht, m. E. erfolglos, eine enge Verbindung zwischen dem Apokryphon und 1Petr 4,6 nachzuweisen.

[612] Das ist das Ergebnis auch von *Reicke*, Spirits 10. Seiner Darstellung folge ich ab hier überwiegend, weil sie innerhalb der uferlosen Literatur zum Problem, die hier nicht vorgeführt wird, eine gelungene Auswertung der Forschung (bes. von *P. J. Jensen*, Loeren om Kristi Nedfart til de öde, 1903, und *Gschwind*, Niederfahrt) unter der hier interessierenden Perspektive bedeutet (Belege und Details also bei *Reicke*, Spirits 7–51, der in den Hauptlinien mit *Kowalski*, Zstapienie, übereinstimmt).

hatten oder beim Abstieg selbst zum Glauben gekommen waren. Innerhalb des bleibenden Problems, wie denn die in der Unterwelt, der Hölle, einsitzenden Toten doch noch ihre (an sich schon vertane) Heilschance bekommen konnten, war eine wichtige Frage die nach dem Verständnis von ποτέ (»damals«, »einst«). Es wurde nun als »ehedem« oder »vorher« interpretiert und hieß dann eben, daß die »Geister« aus 3,19 die Toten sind, die »ehedem« ungehorsam gewesen waren, sich aber schon vor Christi Abstieg zu ihm bekehrt hatten. Der sicherlich einflußreichste Zeuge dieser Auslegung im Westen war die Vulgata, die im späten 4. Jh. von Hieronymus angefertigte und seit dem 7./8. Jh. sich durchsetzende lateinische Bibelübersetzung, mit ihrer Wiedergabe von 3,20: »(spiritibus) qui increduli fuerant aliquando«. Man verstand das so, daß sie schon vor der Begegnung mit Christus bekehrt waren, da sie sich nach ihm sehnten.

Wegen der Bedenken gegen die nachträgliche Heilsmöglichkeit für alle Insassen der Unterwelt hat es in der Westkirche offenbar schon früh keine großen Sympathien für 3,19 und speziell für dessen alexandrinisch-universalistische Exegese gegeben. Der Text war aber im Zusammenhang des Abstiegs-Dogmas gebräuchlich. Diesen Zusammenhang hat Augustinus (ep ad Evod 164, bes. c. 14–18) auf Anfrage hin nun gegen die Tradition klar abgelehnt und auch damit nachhaltig gewirkt. Für ihn steht, wie schon gesagt, aus anderen Texten und Gründen die Wahrheit der Hadesfahrt Christi fest, aber der 1Petr hat nach ihm damit nichts zu tun. In 3,19 ist von einer Offenbarung Christi vor seiner Menschwerdung (hier zur Zeit Noachs) die Rede, wie es sie »oft (saepe)« (c. 18) gegeben hat, und 4,6 ist auf die geistlich Toten auf der Erde zu deuten. Diese dem Problem ausweichende, strikt allegorische Exegese hat auch Hieronymus (Comm in Jes LIV 9ff) vorgezogen. Mit dem 5. Jh. wurde die ältere patristische Tradition, zumindest im Westen, bedenklich bzw. unterbrochen. – Das lateinische Mittelalter denkt folglich beim Descensus nicht mehr an 1Petr 3,19. Beda Venerabilis und Thomas v. A., der die alte Erklärung kannte, berufen sich ausdrücklich auf Augustinus, und sein Einfluß führte sogar zu Text-Varianten in der mittelalterlichen Bibel[613].

In der Reformation beobachtet man eine gewisse Unsicherheit in der Beurteilung des Textes dort, wo man den Artikel vom Descensus verwarf, und weil der Vers 3,19 bezüglich der Fragen von menschlicher Verantwortlichkeit und Glaube im Hinblick auf die Heilserlangung sehr heikel schien. Auf verschiedenen Wegen legte man spiritualisierend aus, um der Descensus-Lehre als biblischem Datum zu entgehen. Die ausweichende, paraphrasierende, allegorische Exegese ähnelt der Augustins, dessen inhaltliche »Lösung« man in protestantischen Kommentaren bis zu G. Wohlenberg (1915) findet.

– Die römisch-katholische Auslegung ließ in ihrer Reaktion auf die reformatorischen Positionen bezeichnenderweise von ihrer mittelalterlichen Abhängigkeit von Augustinus ab, um ihr aktuelles Interesse wahrzunehmen, die Tatsache von Limbus (»Vorhölle«)[614] und Purgatorium (»Fegfeuer«) gegen die Reformatoren biblisch abzusichern. Die dogmatischen Schwierigkeiten bezüglich des Ausschlags von Glaube und Entscheidung für die Heilsfrage wurden wie in der alten Kirche gelöst, wobei die Vulgata half: Die betreffenden Toten hatten zu Lebzeiten schon vom Ungehorsam abgelassen. So argumentierte z. B. Kardinal Cajetan (1469–1534), und Kardinal Robert Bellarmin (1542–1621) war maßgeblich an der Durchsetzung dieser Exegese beteiligt, die er gegen Augustinus und z. B. Calvin und im Anschluß an die Kirchenväter verfocht. Die Toten waren im Gefängnis (= Unterwelt), aus dem Christus sie herausholte. Also gibt es den

---

[613] *Gschwind*, Niederfahrt 41f.49.  1057–1059.
[614] Näheres: *P. Gumpel*, LThK ²VI, 1961,

Zwischenzustand nach dem Tod und das Purgatorium. Das blieb die Leitlinie der römisch-katholischen Exegese bis hin zu J. Felten (1929), U. Holzmeister (1937), S. Kowalski (1938). Umstritten blieb hier, ob auch in 4,6 vom Descensus die Rede ist. Ab dem 17. Jh. haben allerdings orthodoxe Lutheraner gegen die beschriebene protestantische und gegen die katholische Auffassung den realen Abstieg Christi in die Hölle als den Textsinn vertreten; Christus ging zu den dort befindlichen Toten nicht, um ihnen, den Verdammten, doch das Heil zu bringen, sondern zu ihrer definitiven Verdammung und zur Demonstration seines Sieges. Die Verbindung zum Bibeltext (ἐκήρυξεν) lautete: *praedicatio magis realis quam verbalis*. Dies blieb die vorherrschende Ansicht der lutherischen Orthodoxie auch in der Dogmatik des 17. Jh.s, vereinzelt noch im 19. Jh.; auch einzelne Katholiken und noch P. J. Jensen und K. Gschwind verstehen so. – Vertreter der sog. religionsgeschichtlichen Schule und andere sind dann seit dem späten 18. Jh. doch wieder praktisch auf Origenes zurückgekommen und haben von einer Hadesfahrt Christi zum Heil der im Hades einsitzenden Seelen in 3,19 gesprochen und dabei diesen Text unbedenklich als Hauptzeugen des Dogmas vom Descensus bezeichnet. Es gab (in Nordamerika teils unter dem Etikett »Dornerism«) einen Streit um diese (origeneisch-großzügige) Lehre von allgemeiner Erlösung und einer (genutzten) Chance für alle Toten. – Schließlich suchten um die letzte Jh.-Wende die Vertreter der Interpolationsthese für 3,19/4,6 den Schwierigkeiten des Textes auf ihre Weise aus dem Weg zu gehen.

Überblickt man die Auslegungs- bzw. Nachgeschichte von 1Petr 3,19/4,6 auch nur in dieser flüchtigen Weise, wird man von einer nur sekundären Wirkgeschichte des Bibeltextes bezüglich des Descensus-Dogmas reden können. Und man kommt zu massiven Zweifeln an der ursprünglichen Zugehörigkeit des 1Petr zur christlich ausgebildeten Descensus-Tradition. Die inhaltlich-sachlichen Differenzen des Textes zum kirchlichen Theologumenon von der Höllenfahrt Christi, die der gesamten Auslegungsgeschichte ihre Probleme aufgaben, sprechen sehr stark für eine Sonderherkunft der Idee im Text 1Petr 3,19 von recht speziellem Zuschnitt, wie wir sie in der Erklärung (mit W. J. Dalton u. a.) vermuteten.

## 15. *4,1–6 Christi Leiden, Christenleiden und Bekehrung*

**1 Da also Christus an seinem Leib gelitten hat, so rüstet auch ihr euch mit derselben Gesinnung. Wer nämlich an seinem Leib leidet, der hat von der Sünde gelassen. 2 Dann verbringt ihr eure hiesige Lebenszeit ab jetzt nicht mehr für die menschlichen Leidenschaften, sondern für den Willen Gottes. 3 Denn es reicht, daß ihr die Zeit bisher nach dem Willen der Heiden gelebt habt, als ihr in Hemmungslosigkeiten, Leidenschaften, Trunksucht, Essereien und Trinkereien und in frevelhaftem Götzendienst aufgegangen seid. 4 Darüber wundern sie sich dann, wenn ihr nicht mehr ihre Mitläufer seid in der alten, liederlichen Ausgelassenheit, und sie beschimpfen (euch). 5 Sie werden Rechenschaft geben müssen vor dem, der sich bereit hält, Lebende und Tote zu richten. 6 Denn dazu wurde auch (den) Toten das Evangelium gepredigt, damit sie gerichtet werden wie (alle) Menschen im Fleisch, aber leben wie Gott im Geist.**

Analyse  Der Verfasser greift hinter den »Exkurs« von 3,19–22 auf sein Thema von 3,18 zurück. Die Logik, wonach die Möglichkeit der »Freude im Leiden« (3,13–17) ihren Grund in Christus hat (3,18–22), zeigt ihre ethisch-existentielle Seite: Sie muß, um wirksam zu sein, in den Angesprochenen ihre Entsprechung finden als »dieselbe Gesinnung« (sc. des Christus: V 1). Das ist der innere Zusammenhang dieses Passus mit den Aussagen, die unmittelbar vorausgingen. Dabei verdichtet sich weiter die Häufigkeit und Direktheit, mit der der Brief seine zunächst nur sehr generell, aber gegen Schluß immer offener und nachdrücklicher gestellten Forderungen und Instruktionen vorbringt. Es sind seine bezeichnenden Themen: Leidensbereitschaft (V 1); Veränderung des Lebens nach dem Kriterium des »Willens Gottes« (VV 1f); deutlicher Abschied an den bisherigen Lebensstil, der durch einen Lasterkatalog illustriert ist (V 3); das unterscheidend Christliche dieses veränderten Lebens diesmal wieder (nicht in seinem eventuellen Zeugniswert, sondern) seines isolatorischen Effekts wegen als Anlaß zu Angriffen auf die Christen seitens der Umwelt (V 4); schließlich eine Drohung gegen die »Verfolger«, die aber eher als Entlastung für die Verfolgten formuliert ist: Es wird die gerechte Abrechnung über die jetzige für die Christen ungerechte und nachteilige Rollenverteilung geben (V 5; vgl. VV 17b.18); der Zusammenhang des V 6 (über die Verantwortlichkeit bzw. Zurechnungsfähigkeit auch der Toten infolge der Verkündigung) einerseits mit V 5, andererseits eventuell mit 3,19f ist problematisch und muß in der Auslegung geklärt werden. – Der gemeinsame Inhalt dieser wieder auf engem Raum untergebrachten Themenfolge verdeutlicht die Intention des Briefes und setzt damit die seit 3,13 gesteigerte »Atmosphäre« fort. Zu beachten ist, wie in den VV 3f die ganz konkrete, aktuelle Situation von Bekehrten angesprochen wird, aber auch darin jeder individuelle und singuläre Zug doch wieder fehlt. Es ist die Situation, in der der Verfasser die Christengemeinden »immer« weiß. 1Petr ist ein Rundschreiben, kein Brief im engen Sinn. Seine Anrede an Christen, die aus anderem Lebensstil sich bekehrt haben, ist darum nicht als einmalige oder typische Anrede von Neubekehrten unmittelbar nach deren Taufe auszugeben.

Erklärung  Die Erinnerung an Christi Leiden ist hier eine Wiederholung von 3,18a, die
1  durch die Zwischenaussagen 3,19–22 notwendig geworden ist. Die Passions-Erinnerung ermöglicht den Trost und die anspruchsvollen Hinweise, mit denen der 1Petr die Gemeinden in ihrer prekären Situation stützen will. In 2,21–23 war es das »Beispiel« Christi, in 3,18 das Faktum der Passion als solches, hier im V 1a die »Gesinnung« Christi, über die ein begründender, sinnstiftender Zusammenhang für das Leiden der Christen, also für ihre bedrängte und gefährliche Existenz, gefunden wird (V 13 wird im selben Sinn von der »Gemeinschaft« mit Christi Leiden reden). Wie der Appell, dem »Beispiel« Christi »in seinen Spuren nachzufolgen«, also zu leben und zu leiden, wie er es tat (2,21–23 mit 3,9), so zeigt auch das hier gebrauchte Bild von der »Rüstung« (ὁπλίσασθε) mit der Gesinnung[615] Christi, daß natürlich der Sinn des

menschlichen Leidens sich nicht auf das Kreuz Christi hin selbsttätig ergibt, sondern nur in der existentiellen Bejahung erkennbar und möglich wird. Die Aufforderung, sich mit der Gesinnung Christi zu rüsten, das Leiden also anzunehmen, muß hier mit dem Aufruf des Briefes zur Hoffnung und Freude selbst identifiziert werden; diese Gesinnung ist die Fähigkeit zur »Freude im Leiden«, die Ps-Petrus ständig als die christliche Möglichkeit hiesigen Lebens einüben will. Das Bild von der »Rüstung« oder »Bewaffnung« entspricht außerdem der tatsächlich als kämpferisch erlebten Auseinandersetzung dieser frühen Christengenerationen mit ihrer Umwelt (vergleichbare Metaphern Röm 6,13; 13,12; Eph 6,11–17).
Zweimal steht hier die Qualifikation »im/am Leib« (σαρκί), ein drittes Mal im V 2, wo es nicht wörtlich übersetzt werden muß. Hier im V 1 kann es sinnvoll mit »Leib« wiedergegeben werden, ohne daß der Begriff aus dichotomischer bzw. dualistischer Anthropologie abgeleitet und begriffen wird. Er zeigt den Bereich des »Äußeren«, der Greifbarkeit und vordergründigen Verletzbarkeit des Menschen an, in dem die Passions- und Verfolgungsleiden erfahren werden. Denn die Pointe ist ja gerade, daß die Verletzung, das Leiden in diesem Bereich durch einen »Vorteil«, einen »Erfolg« andererseits bei weitem überboten wird, der Wesentlicheres des Menschen betrifft: Wer am Leib leidet, hat von der Sünde gelassen. Dieser Zusammenhang wird weiter nicht geklärt. Das ὅτι (»denn, nämlich«) hat in der Leidens-Paränese des 1Petr dieselbe Funktion wie das ὅτι von 2,21 und 3,18. Diesen Konnex von Leiden und Freiheit von Sünde muß man darum passionstheologisch bzw. christologisch verstehen. Einen anderen Sinn, der noch mit der Theologie des 1Petr zu tun hat, kann diese Relation nicht haben. Trotzdem ist die nähere Erklärung nicht einfach, weil sie erschlossen werden muß und nicht dasteht. Leiden ist das Ende der Sünde, weil Christus gelitten hat und wenn in seiner Nachfolge gelitten wird. Dieses Argument ist für Ps-Petrus einleuchtend und zwingend. Er hält es nicht für angezeigt, das näherhin theologisch zu reflektieren oder homiletisch zu explizieren. Um die existentielle Wirksamkeit geht es. Wer seinem Argument folgt, »kann« leiden, d. h. kann die gegebene Möglichkeit und Schwierigkeit von Glauben und Hoffen annehmen.
Jedenfalls ist ὁ παθών (»wer leidet«) schwerlich Christus[616], und das Leiden, von dem hier die Rede ist, ist nicht auf V 21 hin eine Metapher für das Sterben,

---

[615] *Millauer*, Leiden 131f, trifft die unglückliche Unterscheidung, es gehe um Verhalten im Leiden, nicht um Leidensverständnis; darum dürfe nicht mit »Gesinnung« oder »Einstellung« übersetzt werden, sondern nur mit »Einsicht«. Was ist diesbezüglich die Differenz zwischen »Einstellung« und »Einsicht«? Der angegebene Inhalt der Einsicht, »daß Leiden am Fleisch Abbau der Sünde ist«, wirkt vor dem Text-Zusammenhang zudem reichlich blaß.

[616] Zutreffend *Millauer*, Leiden 111, gegen *Strobel*, Leiden 419; *Michl* 143 (»Durch sein Leiden hat Christus die Sünden der Menschen abgetan«); zu Unrecht gegen *Selwyn* 209. Starke Sympathien für Strobels Vorschlag bei *Schrage* 107; *Kelly* 167f. Eine größere »Sinngeschlossenheit« (*Strobel*, Leiden 423) sehe ich nicht erreicht; wie soll die Beteuerung: »weil er (Christus), der am Fleische litt, mit der Sünde gebrochen hat«, eine Motivation zu ὁπλίσασθε sein?

das in der Taufe erfahren wurde⁶¹⁷. Vom Sterben der Christen spricht der 1Petr, an den man sich halten muß, solange er aus sich verständlich ist, nirgends. Der gesamte theologische Duktus des Briefes liegt darin, die aporetische Situation, in der die Christen seiner Zeit oder weiteren Umgebung sich finden, konsequent aus dem vergangenen Ereignis der Passion Christi zu erklären, was ganz schlicht für ihn heißt: Die Not der ungerechten Diskriminierung und gefährlichen Bedrückung ist kein Argument gegen Freude und Hoffnung. Freude und Hoffnung sind in der Not dieses Leidens möglich, »weil Christus gelitten hat« (2,21; 3,18). Dieses »weil« (oder »nämlich«) wird hier im V 1 noch einmal explikativ aufgenommen und verlängert: »wer nämlich . . . leidet, hat von der Sünde gelassen«. Das ist eine weitergehende Erklärung des gleichen Arguments, die man aus dem Brief-Kontext nach zwei Seiten verstehen muß: Die sündenfrei gewordenen Christen müssen leiden, weil sie Christen sind⁶¹⁸; und sie sind imstande, wie Christus zu leiden, weil sie schon von der Sünde frei, also zu dieser Existenz »wie Christus« fähig sind.

Der Sinn von V 1b liegt dann darin, daß die Erlösung von ihrem Grund im leidenden Christus her die Befähigung zur Annahme des Leidens als der Form des Christseins unter den gegebenen Bedingungen verleiht. Freilich wurde diese Erlösung in der Taufe empfangen und erfahren, aber trotzdem kann 4,1 nicht exklusiv mit 3,21 verbunden und aus ihm erklärt werden. Darum ist theologischer oder traditionsgeschichtlicher Zusammenhang mit Röm 6,7 ganz unwahrscheinlich⁶¹⁹. Ich glaube auch nicht, daß weitere theologische oder religionsgeschichtliche Motive bemüht werden müssen, etwa »die palästinensische Vorstellung von der Sühnkraft der Leiden und des Todes« und die »übertragene Anwendung dieser Gedanken auf den in der Taufe erfolgten Bruch mit der Sünde«⁶²⁰ oder die zeitgenössische jüdische Vorstellung von der »Sündigkeit des Fleisches« und »vom Gericht über das sündige Fleisch«⁶²¹. Zwar hört sich die Kombination von »Leiden im Fleisch (am Leib)« u. U. so an und könnte übrigens auch asketisch gelesen werden. Aber im 1Petr genügt m. E. das stringente Argument, daß der von der Sünde Erlöste »dieselbe Gesinnung« wie Christus hat oder haben kann bzw. muß, also auch wie Christus leiden kann, nämlich in Hoffnung. Mit diesem Argument bekommen solche Sätze ihren in sich plausiblen Sinn. Jedenfalls kann für den 1Petr nicht eine von der Sünde befreiende Wirkung des Christenleidens angenommen werden, die nicht aus dem Christus-Leiden abzuleiten wäre. Allenfalls kann man mit einer variierten Fassung des Gedankens von der Erprobung der Christen durch das Leiden seitens

---

⁶¹⁷ Z. B. *Moule*, Nature 5; *Lohse*, Paränese 82; *Cross*, I. Peter 20, unter Bezug auf das von ihm angenommene Passa-Motiv; *Kelly* 168f.
⁶¹⁸ Vgl. *Windisch-Preisker* 73: »Die Sentenz 1b . . . meint das unschuldige Leiden, dessen Voraussetzung der vollzogene Bruch mit der Sünde ist.«

⁶¹⁹ Mit einem traditionsgeschichtlichen Konnex rechnet *Knopf* 162, aber ohne jede »innere Beziehung« beider Stellen miteinander.
⁶²⁰ *Lohse*, Paränese 82.
⁶²¹ *Millauer*, Leiden 130 (vgl. 114–129).

Gottes rechnen (1,6; 4,12), so daß V 1b auf eine erzieherische, reinigende Wirkung hinausliefe[622].

Es war ein Imperativ vorausgegangen (»rüstet euch«). Davon ist, in ebenfalls noch imperativischem Sinn, dieser Vers abhängig. Diesmal ist die Paränese wieder so formuliert, daß christliches Verhalten als das Unterscheidende und andere erscheint. Christliche Bekehrung ist in ethischer Hinsicht eine einschneidende Wende. Zu ihrer Illustrierung ist wieder das Schema von Einst und Jetzt gebraucht, das auch noch die Brisanz der VV 3 und 4 ausmacht und hier sehr anschaulich ins Individuell-Biographische gewendet ist: Eine beträchtliche Zeit ihres Lebens haben die Christen in den »Leidenschaften« zugebracht; aber es bleibt ihnen eine »übrige Zeit«, die im Willen Gottes verlebt werden soll. Diese Markierung der Wende ist paränetisch natürlich nicht nur gleich nach der Taufspendung und bloß einmal sinnvoll, sondern dauernd notwendig. Die Bekehrung bleibt aktuell. Das deutlich veränderte und ärgerlich (V 4) andere Leben der Christen ist der Inbegriff des idealen Christseins im 1Petr und zugleich die Ursache für das Leiden. Die verkürzende Sprache vereinfacht dabei den Sachverhalt: Die Moral »der Menschen«, in der ein Christ »nicht mehr« lebt, heißt kurzum »Leidenschaften« (»Begierden«) (vgl. 1,14; 2,11); die Orientierung für den (christlichen) Rest des Lebens ist der »Wille Gottes«. Es gibt andere Passagen im 1Petr, die von der Werbekraft christlichen Lebens sprechen; in ihnen ist nicht die Andersartigkeit groß geschrieben, sondern die für alle Augen anerkennenswerte Erfüllung der allgemeinen Pflichten und Konventionen. – Der Ausdruck ἐν σαρκί (vgl. V 1) steht hier wieder für die Sphäre des Nicht-Definitiven, der leiblichen, hiesigen Existenz.

Das ist hier die Sprache der eindringlichen und argumentierenden Überredung: Zuviel an Lebenszeit ist in der noch heidnischen Vergangenheit schon vertan worden bei der Erfüllung anderer Wünsche, als sie dem Willen Gottes konform sind. Die unausgesprochene (bzw. V 2b vorweggenommene) Schlußfolgerung ist natürlich der Appell, augenblicklich und konsequent anders zu leben. Die »Leidenschaften der Menschen« (V 2) sind hier der »Wille der Heiden«. Es bilden sich in der Predigtsprache bestimmte Klischees, die von den Angesprochenen verstanden werden. Sehr massiv wird das düstere vorchristliche Einst in der Biographie jedes einzelnen unter den Heidenchristen, die hier die Adressaten sind, wieder (vgl. 2,1) in Form eines sog. Lasterkatalogs noch verstärkt ausgemalt. Die Reihe der genannten »Laster« ist ziemlich unspezifisch, zufällig und trivial[623], mit Ausnahme allerdings zumindest des Götzendienstes, der in frühkirchlicher Zeit freilich eine heikle Grenze darstellte. Jedenfalls wird in diesen Zeilen deutlicher, was in den Gemeinden damals an Abgrenzung vom früheren Leben verlangt wurde, worin die Veränderung und

---

[622] *Vogels*, Abstieg 144f. *Beare* 179 vermutet, daß eine ursprünglich martyrologische Sentenz vorliegt, nach der das Martyrium Sühne und Vergebung wirkt. Bei *Best* 151f eine ausführliche Auseinandersetzung mit Text und Thesen.

[623] *Schlier*, Adhortatio 75: »Diese Mahnungen mögen altmodisch und konventionell klingen, aber die Sünden sind auch immer altmodisch und konventionell.«

Andersartigkeit beispielsweise bereits gesehen werden konnte und auch, daß das Alte noch fortlebte: »es reicht, daß ihr die Zeit bisher so gelebt habt«. Man darf diese Mahnungen natürlich nicht erschöpfend verstehen, was die inhaltliche Besonderheit damaliger Forderungen angeht. Der 1Petr (z. B. 3,7–9) schlägt auch viele andere Töne an. Aber eine solche Liste von verbotenen Lastern ist doch repräsentativ für eine verbreitete Moralpredigt im Urchristentum und damit auch für das zugehörige Milieu und Niveau, aus denen die Christen abgeworben und auch immer neu zu bekehren waren. Um die Geläufigkeit dieser Rede im Urchristentum zu dokumentieren, kann eine kleine Konkordanz ihrer Schlagworte in den ntl. Lasterkatalogen dienen[624]:
εἰδωλολατρία (εἰδωλολάτρης) (Götzendienst): 1Kor 5,10f; 6,9f; Gal 5,19–21; Eph 5,3–5; Offb 21,8; 22,15. – ἀσέλγεια (Hemmungslosigkeit): Mk 7,21f; Röm 13,13; 2Kor 12,20f; Gal 5,19–21; Eph 4,19. – ἐπιθυμία (Leidenschaft): Kol 3,5–8; Tit 3,3. – κῶμος (Esserei): Röm 13,13; Gal 5,19–21. – πότος/οἰνοφλυγία (Trinkerei): statt dessen μέθη (μέθυσος): Röm 13,13; 1Kor 5,10f; 6,9f; Gal 5,21.

4 Der Einblick in die Atmosphäre und Umgebung der Kirche des 1Petr wird noch genauer. Die kausale Relativkonjunktion ἐν ᾧ[625] ist aufschlußreich: Wegen ihrer Bekehrung zum Christentum und auf das gerade entworfene veränderte Leben hin treffen die Christen bei ihren Zeitgenossen auf Unverständnis, Verwunderung, feindselige Abneigung. Neben dem Thema von der Werbewirksamkeit christlichen Verhaltens, das seine eigene Rolle im 1Petr spielt, kommt immer wieder diese Erfahrung der Ablehnung der Christen wegen ihres nicht mehr konformen Lebens zu Wort. Sie haben viele Gemeinsamkeiten aufgekündigt, besonders im Bereich von Kult und Ethos. Dadurch sind sie Außenseiter, die als solche störend wirken. Die Isolation und der Separatismus, in die die Gemeinden und die einzelnen Christen als unangenehm auffällige Minderheitengruppe gerieten, haben der vorkonstantinischen Kirche als Konflikt mit der Gesellschaft permanent zu schaffen gemacht. Hier im 1Petr (also gegen Ende des 1. Jh.s) ist dieser schwierige Zustand bereits deutlich dokumentiert: Die Gemeinden suchen in der Realisation des Christlichen mit sich selbst identisch und von der Umgebung abgehoben zu sein und unterscheiden sich dadurch auffällig von ihren Zeitgenossen und den althergebrachten Lebensformen. Gleichzeitig wollen sie ihre Hoffnung aber an die Nichtchristen vermitteln (3,15) und sich aus den Verpflichtungen des sozialen Miteinanders nicht davonstehlen (vgl. 2,13–3,12).
Diese doppelte Bemühung um Identität (bzw. Realisation) und Mission hatte neben den erwarteten, erhofften positiven Erfolgen aber immer auch die negative Wirkung der Selbst-Isolation. Es stößt auf Ablehnung, daß sie nicht mehr die »Mitläufer« sind wie ehedem (μὴ συντρεχόντων ὑμῶν). Die Reaktion war Ressentiment, Beschimpfung und Verleumdung, wie man aus Quellen wenig

---

[624] Vgl. die Aufstellung bei *Wibbing*, Tugend- und Lasterkataloge 87f; *A. Vögtle*, Die Tugend- und Lasterkataloge im NT, Münster 1936, 37.44.

[625] *Reicke*, Spirits 111.203; *Fink*, Use 34f.

späterer Zeit detaillierter weiß, durch die die Pauschalangaben des 1Petr (2,12; 3,16; 4,14) bestätigt werden. Bemerkenswert ist, daß es nach Ps-Petrus nicht etwa die »Schlechten« bei den Heiden waren, die auf die christliche Andersartigkeit aggressiv reagierten, während von den Guten unter ihnen erwartet werden konnte, daß sie für das christliche Zeugnis »ohne Worte« (vgl. 3,1) aufgeschlossen waren. So wird nie unterschieden. Sondern abwechselnd sind »die Heiden« einmal diejenigen, die sich in für die Christen bedrohlicher Weise »wundern« bzw. ihr Tun befremdlich finden (ξενίζονται), und ein anderes Mal sind sie potentielle Konvertiten. Zweierlei frühchristliche Erfahrung spiegelt sich hier; sie ist weniger folgerichtig reflektiert als paränetisch schematisiert. Dies ist eine der Stellen im 1Petr, in denen die Heiden als Gegner, Feinde und »Verfolger« des Christentums figurieren. Denn es fällt hier kein Wort 5 über ihre mögliche »Gewinnung« (3,1), sondern sie werden kurzerhand dem göttlichen Gericht überstellt. Schon früh hat also die Kirche (wie noch bis in die konstantinische Ära hinein) die Verfolgungen (auch in Form der sozialen Diskriminierung wie im 1Petr) für sich selbst mit dem Hinweis auf das Gericht beantwortet. Diese Möglichkeit hatte sicherlich eine spürbar entlastende Funktion für die verfolgten Gemeinden: Trotz der eklatanten Ungerechtigkeiten, als die sie die erlebten Schikanen empfinden mußten, war für sie ihr »Weltbild« nicht tangiert. Nach einer Phase der Herrschaft des Bösen wird Gott im Gericht Ausgleich schaffen und die Verfolger zur Rechenschaft ziehen.
Die Ereignisse sind also im Ablauf und Ausgang überschaubar. D. h., daß die Sinngebung des Verfolgungsleidens, die aus dem Schicksal Jesu gewonnen wird (welches seinerseits noch einmal in diesem Zusammenhang ruht), nicht widerlegt wird durch den Augenschein, wonach die Verfolger triumphieren und die Verfolgten die törichten Fanatiker sind, die sich ihre nachteilige Isolation selbst zuzuschreiben haben. Um die christologische und soteriologische Leidens-Paränese bauen sich begreiflicherweise eine Reihe von (auch emotional) entlastenden apologetischen Argumenten auf, mit denen das immer aufreizende Mißverhältnis zwischen dem Schicksal der Frommen und dem Erfolg ihrer Feinde bewältigt werden kann (vgl. 2,8). Die Frommen dürfen und müssen sich ausschließlich mit ihrer eigenen Bewährung befassen, denn den Ausgleich von unschuldigem Leiden und frecher Verleumdung können sie Gott überlassen, der ihn im Gericht besorgen wird. Darin tun sie es Christus gleich (2,23). Wo die Gerichtsdrohung wie hier vor Unbetroffenen ausgesprochen wird, hat sie für diese indirekte Bedeutung. Bald (nämlich V 17) werden allerdings die Christen ins Gericht einbezogen. Hier dagegen ist die Rede nur von der Rechenschaftspflicht der Heiden.
Allerdings ist das Gericht als solches ausdrücklich universal. Gott wird »Lebende und Tote«, also alle, die je lebten und jetzt leben, richten. Man spricht mit Recht von einer »gebräuchlichen Formel«[626] (vgl. nämlich Apg 10,42;

---

[626] *Schelkle* 116; *Dalton,* Proclamation 264: »stereotyped expression«.

Röm 14,9; 2Tim 4,1; Barn 7,2; 2Cl 1,1; Pol 2,1), die ja dann ins sog. »apostolische (oder altrömische) Glaubensbekenntnis« der alten Kirche einging[627].

6 Durch diese Formel (und nicht sachlich bedingt durch die Thematik des größeren Kontextes) scheint mir der äußerst schwierige Satz von V 6 veranlaßt zu sein. Er gehört m. E. zu den nicht mehr sicher erklärbaren Texten des 1Petr und ist diesbezüglich noch dunkler als 3,19–22. Weil von einer Predigt an Tote die Rede ist, wird er seit je in einen Zusammenhang mit 3,19 gebracht und muß oft genug zu dessen Verständnis aushelfen und das Dogma von der Hadesfahrt Christi belegen. Von der oben begründeterweise bevorzugten Interpretation von 3,19–22 her stellt sich die Sache aber ganz klar so dar, daß beide Sätze (3,19 und 4,6) nicht von vornherein als inhaltlich deckungsgleich behandelt werden können. Hier im V 6 ist von toten Menschen die Rede, denen gepredigt wird, was für 3,19 (πνεύματα) nicht sicher behauptet werden kann und sogar unwahrscheinlich ist; hier ist eindeutig die Predigt des Evangeliums gemeint (εὐηγγελίσθη), während in 3,19 das κηρύσσειν durch den Kontext noch bestimmt werden muß und (wenigstens möglicherweise) für eine Proklamation, nicht für die Heilspredigt steht. Von der Diktion beider Sätze her empfiehlt sich die Durchführung einer gegenseitigen Interpretation also nicht, solange nicht durch den Kontext eine Identität der Aussage naheliegt. Nun denkt nach den VV 1–5 aber wohl kein Leser daran, es sei noch die Rede von den Ungehorsamen der Noach-Zeit. Im Gegenteil besteht das Interesse hier am Gericht über die gegenwärtige Generation.

Zwar darf vom Zusammenhang her ohne Umstände behauptet werden, daß unter den Toten nicht allegorisch die Ungläubigen als geistlich Tote verstanden werden können[628], denn es geht um alle Menschen als Lebende und Tote (V 5), und der Aorist (εὐηγγελίσθη) würde schlecht verständlich sein. Auch die Deutung auf die »jetzt Toten«, die zu ihren Lebzeiten das Evangelium noch hörten (dann »Verfolger« oder Märtyrer wurden) und in Form ihres leiblichen Todes gerichtet wurden[629], ist schwierig, weil sie bei identischer Begrifflichkeit (νεκροί) eine beträchtliche Bedeutungsverschiebung gegenüber V 5 voraussetzt, die durch nichts angezeigt ist[630]. Beide Deutungen schließen übrigens jeden Zusammenhang mit 3,19 aus. Sie sind, wie gesagt, vom Kontext her jedoch auszuschließen. Generell haben die vielen Rekurse auf einen kleineren oder größeren Zusammenhang des Briefes nicht viel Sicherheit in die schwierige Auslegung gebracht. In sich sind sie vielfältig, diffizil und aufwendig. Aber ein

---

[627] Vgl. *Kelly*, Glaubensbekenntnisse 152.
[628] So *Gschwind*, Niederfahrt 24–40, und noch einmal anders begründet *Bieder*, Vorstellung 121–126. Zur Geschichte und Kritik dieser Position *Dalton*, Proclamation 47–49. Patristische Auslegungen bei *Schelkle* 117.
[629] Frühere Vertreter dieser Meinung bei *Bieder*, Vorstellung 122 Anm. 541. Außerdem *Spitta*, Christi Predigt 63–66; *Selwyn* 214.337–339; *Frings*, Zu 1Petr; *Stibbs* 151f; *Scharlemann*, Hell 93 (mit Bezug nur auf die erste Christengeneration in Kleinasien). Partielle Kritik durch *Dalton*, Proclamation 51 mit Anm. 65, der sich dieser These dann selbst anschließt (257–277); *Kelly* 174–176.
[630] Vgl. die Kritik bei *Reicke*, Spirits 204–206.

eindeutiger Ertrag aus dem Kontext oder auch aus der Religionsgeschichte zum Verständnis von V 6 scheint mir nicht erzielt worden zu sein.

Man steht zunächst recht ratlos vor der Aussage über die Predigt an die Toten und noch viel ratloser also vor den vielen Erklärungen, die sie gefunden hat. Die Erklärungen leiten sich teils aus dogmatischen Interessen am Descensus Christi und seiner besonderen Bedeutung her, teils sind sie mit viel Akribie aus (re)konstruierten Zusammenhängen des 1Petr selbst deduziert[631]. Läßt man zunächst beides beiseite, die doktrinären Erwartungen an das alte Dokument und auch die minutiösen (und oft voreingenommenen) Analysen von Diktion und angeblichem Aufbau des Briefes sowie religionsgeschichtlicher Parallelen, dann bekommt man Platz für die in der Exegese merkwürdigerweise längst nicht regelmäßig gestellte Frage, welcher Art Aussage vom unmittelbaren Kontext her im V 6 erwartet werden kann, damit sich überhaupt eine sinnvolle Sequenz der Sätze in den VV 1–6 angeben läßt, die vorausgesetzt werden darf.

Die VV 1–5 kontrastierten, wie gesehen, christliches und heidnisches Verhalten und damit auch Christen und Heiden. Für die Heiden wurde im V 4 die Verweigerung gegenüber Christsein, Evangelium und damit Gott beschrieben. V 5 lenkt von der jetzigen Konfrontation auf den eschatologischen Ausgleich: Die Christenfeinde werden Rechenschaft ablegen müssen vor Gott (oder Christus?), der alle richten wird. Der V 5 enthält für sich schon den Gedanken, daß alle und darum auch die »Verfolger« zur Rechenschaft gezogen werden, wobei der Ton auf diesem »auch die ›Verfolger‹« liegt. Und genau dieser Gedanke scheint nun doch im V 6 verstärkt werden zu sollen, denn es geht ja an mit dem εἰς τοῦτο γάρ (»denn dazu«). Und die Absicht (ἵνα) wird noch einmal wiederholt: »damit sie gerichtet werden..., aber leben...« Zwar kann man diese Formulierung nun nicht ganz entsprechend finden, aber m. E. muß zunächst davon ausgegangen werden, daß die Allgemeinheit des Gerichts unterstrichen werden soll, weil nur das die Konjunktion εἰς τοῦτο γάρ nach rückwärts sinnvoll macht[632]. Wenn die Aussage selbst und ihre Diktion sich dabei nicht restlos einfügt und in etlichem schwer erklärbar bleibt, so scheint mir der Grund dafür zu sein, daß, wie oft genug im 1Petr, in einem vorgegebenen Gedankengang und dessen traditioneller Formulierung gesprochen wird.

Für diese Annahme spricht der Topos von der Evangeliums-Predigt an die Toten als solcher, weil er ja lediglich verwendet wird und nicht das Thema ist. Es geht nicht um ihn, sondern um die durch ihn ermöglichte Interpretation des

---

[631] Beide Interessen verbinden sich bei *Vogels*, Abstieg 142–169, der anhand von 4,6 seine These verlängert, nach der es in 3,19 um die Heilspredigt an Tote ging. 4,5f trägt ihm zufolge bei, daß diese Predigt das Gericht und endlich die Erlösung auch für die Toten brachte, was in 4,5f auf die lästernden Heiden als Drohung Eindruck machen soll. Aber wie zu 3,19 sind auch hier die exegetischen Einzelschritte und Folgerungen in sehr vielem wirklich nicht akzeptabel. – *Cranfield*, Interpretation 371, hält 4,6 für eine Verallgemeinerung von 3,19; die Predigt ist jeweils die gleiche.

[632] *Schrage* 107 kommt von V 5 her allerdings zu der anders gelagerten Frage: »Aber darf das Gericht alle Toten treffen?« und sieht sie im V 6 beantwortet.

Gerichts. Also ist er schon »vorhanden«, vorgegeben, und mit ihm die in sich noch einmal rätselhafte Ausformulierung vom »Gericht im Fleisch (Leib)« und dem »Leben im Geist«. Die Aussageabsicht scheint mir völlig deutlich: Alle Menschen (auch die »Verfolger«) haben das Gericht zu gewärtigen. Zur Unterstreichung dieser Aussage (V 5) nimmt Ps-Petrus im V 6 eine Vorstellung her[633], die sich für unser (aufgrund mangelnder Kenntnis) sicherlich unzureichendes Verständnis gar nicht exakt einpaßt. Fast alles bleibt an ihr unklar bis auf den Punkt, daß eine Predigt an Tote gemeint ist, die nicht vor, sondern nach deren Tod stattfand. Wer wann gepredigt hat, wo gepredigt wurde etc., bleibt ungesagt. Wir kennen, im Unterschied zu Ps-Petrus und seinen Lesern, nicht die zugehörigen frühchristlichen Vorstellungen. Auf die (erst aus nach-ntl. Schriften sicher bekannte) Hadesfahrt Christi daraus zu schließen ist eine naheliegende Möglichkeit[634], mehr jedoch nicht; das unpersönliche Passiv εὐηγγελίσθη (im Gegensatz zur persönlichen Konstruktion mit dem Subjekt Christus in 3,19) spricht eher gegen die Leichtigkeit, mit der oft die Verbindung zu 3,19 vorgenommen wird[635], dessen Differenz zu 4,6 dann nicht einmal notiert wird. Aber von Mythologemen wie dem aus 3,19 läßt sich jedenfalls ein Eindruck gewinnen von den Möglichkeiten religiös-mythischer Vorstellungskraft, die zur Lösung entsprechender Fragen investiert wurde und aus naheliegenden Traditionen gespeist war. Wir kennen aus 1Thess 4,13–18 die Not der Frage nach dem Schicksal der vor Christi Zeit verstorbenen Toten. Sie hat unter dem Aspekt der Gerichtserwartung, die die Gleichstellung aller notwendig machte, offenbar auch die Antwort erfahren, daß die Toten ebenfalls das Evangelium verkündet bekamen (und so unter gleichen Bedingungen gerichtet werden)[636]. Aber nichts ist darüber gesagt, wer es ihnen brachte, wann und wo das war. Jedenfalls hat der Verfasser den Tatbestand, daß alle Lebenden und Toten gerichtet werden (V 5), dahin kommentiert, daß die Toten, die vom Evangelium noch nichts wußten, es (nachträglich) zu hören bekamen. Daß er dabei dogmatische Bedenken haben mußte[637], kann nicht unterstellt werden.
Aus dieser Herkunft wäre auch die konkrete Formulierung verständlich, die ja ausschließlich vom Gericht zum Heil spricht (was zu dem »Verfolger«-Schicksal von V 5 nicht paßt)[638]. Das christliche Interesse an den Toten vor Christus war das Interesse an ihrer Heilsmöglichkeit. Die hier durchscheinende Antwort

---

[633] V 6 ist insofern keine reine Assoziationsanknüpfung (*Knopf* 170), obwohl diese Qualifikation auch nicht ganz unzutreffend ist: Der Satz wäre entbehrlich und ist offenbar durch das Stichwort νεκρούς (V 5) veranlaßt, hat aber trotzdem im Zusammenhang des Briefes die bezeichnete Funktion.
[634] Z. B. *Knopf* 168; *Reicke*, Spirits 204–210; *Schrage* 108; *Schweizer*, 1. Petrus 4,6, nehmen sie fest an. *Schelkle* 116 denkt wegen der unterschiedlichen »Beschreibung« in 3,19 und 4,6 an verschiedene Orte, an denen Christus im Hades predigte.

[635] Z. B. *Spicq* 146f; *Beare* 182.
[636] So erklärt auch *Reicke*, Spirits 208f.
[637] *Schelkle* 116 Anm. 1: »Der Brief kann nicht lehren wollen, es gebe noch für die Toten eine Möglichkeit der Entscheidung etc.« *Best* 156f entkräftet diesen Einwand.
[638] *Vogels*, Abstieg 147.114 Anm. 401 (dort Vorgänger), versteht das Gericht in V 6 (allerdings nur vorübergehend) als Strafe im Sinn einer »Verurteilung des Bösen an ihnen« (sc. den Lästerern aus 4,4). Wegen der Fortsetzung ist es aber nicht möglich, V 6 separat auf die Lästerer zu beziehen.

lautete: Auch sie hörten das Evangelium, um durch das Gericht hindurch zum Leben zu gelangen⁶³⁹.
Für einen katechetisch-traditionellen Charakter des Satzes spricht auch das σάρξ-πνεῦμα-Schema (Fleisch-Geist), das hier (wie christologisch in 3,18b) verwendet ist. Es markiert (wie σάρξ schon dreimal in VV 1f) wieder den Kontrast der Vorläufigkeit hiesiger Existenz zum Heil Gottes. Eine detaillierte Erklärung scheint mir nicht möglich (z. B. der Bedeutung der σάρξ im Zusammenhang eines Gerichts an den Toten). Und ob diese Gedanken im Zusammenhang einer Vorstellung von Christi Höllenfahrt standen, kann m. E. also nicht entschieden werden. Im Briefzusammenhang wird nur das eine sichtbar, daß auch die Toten durch Predigt vor die Entscheidung gestellt wurden und also wie alle gerichtet werden können, so daß es ein universales Gericht für alle Menschen ohne Ausnahme gibt. Darum ist das κατά mit einem vergleichenden »wie« zu übersetzen⁶⁴⁰, wobei man mit dem Urtext eine erklärungsbedürftige Äquivokation in Kauf nimmt: »wie Menschen« ist natürlich anders zu verstehen als das »wie Gott«; die gleiche Ausdrucksweise ist zulässig, weil beide Male und korrespondierend zum σάρξ-πνεῦμα-Schema die »Sphäre«, der »Bereich« bezeichnet wird, aber gerade in der Entsprechung liegt die Differenz⁶⁴¹. Für Menschen ist das Gericht entsprechend, für Gott die pneumatische Existenz, in die er Menschen überführt.
Wir haben, falls diese Auslegung zutrifft, den für 1Petr typischen Fall vor uns, daß die Traditions-»Masse«, die der Verfasser für seinen Zusammenhang argumentativ verwendet, einen inhaltlichen Überhang aufweist, der infolge der Kurzformulierung nicht mehr (oder nicht mehr sicher) erklärt werden kann. Aber die an sich nicht sehr zentrale Aussage ist klar: Das Gericht ist unter Einbezug der Toten allgemein (V 6) und trifft darum auch die Verfolger (V 5).

Die besprochenen Verse verschränken miteinander die drei wichtigen Themen des 1Petr: Christenleiden, Christi Leiden und Bekehrung. Da hier nicht abstrakte Spekulation betrieben wird, sondern Trost gegeben und Hoffnung möglich gemacht werden soll, ist der Ausgangspunkt des Denkens immer die belastende Erfahrung der Christen, nämlich das »Leiden«. Und hier wird deutlicher als bisher, wieso der Verfasser das Leiden der Christen nicht als bloß der-

Zusammenfassung

---

⁶³⁹ Das ἵνα kann bzw. muß darum seine volle finale Bedeutung behalten. Anders *Schweizer*, 1. Petrus 4,6: Er nimmt einen teils kausalen Sinn an (zur Bezeichnung einer in der Vergangenheit liegenden Ursache) und subordiniert in komplizierter Weise ein kausales κριθῶσι (»weil sie ... gerichtet wurden«) einem finalen ζῶσι (»aber ... leben sollen«).
⁶⁴⁰ Das κατά m.acc., welches Ähnlichkeit und Übereinstimmung besagt, kann zur Person hinzutreten, »nach deren ... Art etwas geschieht« (*Pr-Bauer* 804f; vgl. W. Pape, Griechisch-deutsches Handwörterbuch I, Graz

³1954, 1337, mit Beispielen wie Agathias 899: »λέγω κατ' ἄνδρα, μὴ θεὸν σέβειν ἐμέ, wie einen Menschen, nicht wie einen Gott«. *Knopf* 169: »Das Leben ist . . . nach Gottes Art, von der Art, wie es Gott selber hat und denen verleiht . . .«
⁶⁴¹ *Cranfield*, Interpretation 371, und *Beare* 182 sehen ähnlich die beiden Hälften der Formel grammatisch gleichgeordnet, gedanklich allerdings die erste der zweiten in der Form einer Konzession untergeordnet (»obwohl sie ... gerichtet sind, mögen sie trotzdem leben ...«)

zeitige Kalamität ansieht, sondern für einen Dauerzustand hält. Es ergibt sich nämlich aus der Bekehrung, d. h. aus der deutlichen Realisation des Christseins selbst. Christsein ist Abkehr vom verbreiteten, überkommenen Lebensstil und auch von der anerkannten, von allen geübten Religiosität. Dieser Nonkonformismus erzeugt durch sich die Ressentiments gegen die Christen, unter denen die Kirche des 1Petr offenbar schwer zu leiden hat und die sich zum gefährlichen Konflikt steigern können. Die Erfahrung des Leidens in diesem Sinn, das Sicheinstellen auf das Leiden und die Bemühung um eine Leidbewältigung ist ein bezeichnendes Symptom der frühen Kirche im Römischen Reich und in hellenistischer Umwelt, insofern das Christentum damals faktisch in die Separation der fremdartigen und dadurch unsympathischen Minderheit geriet und grundsätzlich sich aus der damaligen Perspektive auch keine Alternative zu diesem Status abzeichnete. Der 1Petr repräsentiert aufgrund entsprechender Erfahrungen das an Konfrontation und Konflikt mit der Umwelt orientierte Selbstverständnis früher Gemeinden, die aus dem heillosen Heidentum, das ihre eigene düstere Vergangenheit ist, durch Predigt und Lebensweise andere zu retten suchen. Die Erwartung dauernden Leidens im 1Petr, d. h. permanenter und notwendiger Konfrontation, hat natürlich auch mit dem einseitigen Bild vom Heidentum zu tun: Alles Nichtchristliche ist im Bereich der Moral »Leidenschaft«, hinsichtlich der Religion »Götzendienst«. Der Zwang zur Abgrenzung und die üblen Erfahrungen mit einer Gesellschaft, die zwar religiös an sich tolerant war, aber doch nicht jede Andersartigkeit und Verweigerung ertrug und namentlich auf die Kompromißlosigkeit des Christentums in religiösen und moralischen Hinsichten besonders allergisch reagierte, haben miteinander die Selbstverteidigung der Christen hier zweifellos zu simplifizierender Polemik und zu Klischees genötigt. Das Bild, das die Christen – wie hier im 1Petr – von ihrer nichtchristlichen Umwelt zeichnen, ist zwar sicher nicht aus der Luft gegriffen, aber es ist auf jeden Fall sehr parteilich. Man kennt und übertreibt bzw. vereinseitigt den moralischen Unwert und den religiösen Irrtum der Vergangenheit, von der man sich losgesagt hat und von deren Vertretern man deshalb angegriffen wird. In diesem Punkt kann man von den frühen Gemeinden keine souveräne Objektivität erwarten, zumal sie ihre Bekehrung und christliche Existenz im Zuge des Neuheitserlebnisses durchgängig als Teil eines dramatischen Kampfes zwischen Gott und dem großen Feind, dem Teufel (5,8), sahen, so daß der Sprachschatz der Kontrastierung von Schwarz und Weiß gerade angemessen war.

Dieser mythische Hintergrund erklärt ihnen die täglichen Vorkommnisse, die der 1Petr anspricht: Verleumdung, Beschimpfung, Isolation und Ärgeres. Zur Bewältigung dessen wird immer wieder vom leidenden Christus gesprochen. Er hat ebenso gelitten. In seiner Gesinnung genauso zu leben (zu leiden) bedeutet, schon ganz auf der Seite des Heils, ohne Sünde zu sein. In dieser Form wird der Zusammenhang von Heil und Hoffnung mit Christus im hier besprochenen Text auseinandergelegt. Anderswo im selben Brief ist das variiert. Und komplementär dazu wird für die »Verfolger« das Gericht in Aussicht gestellt.

Sie werden ihm nicht entgehen, denn es ereilt alle, sogar die Toten, die eigens dazu mit dem Evangelium konfrontiert wurden (dieser Vorgang ist hier vielleicht, aber nicht mehr erkennbar, mit Hilfe der Vorstellung von einer Hadesfahrt und -predigt Christi als möglich gedacht worden). Diese Idee von der Bestrafung der Feinde gehört zur gleichen, eben skizzierten Orientierung der damaligen Christen in ihrer historischen Situation.

### 16. 4,7–11 Besinnung auf das Wesentliche

**7 Das Ende von allem ist aber jetzt nahe. Seid also besonnen und lebt nüchtern zum Gebet. 8 Haltet vor allem an eurer Liebe zueinander mit Ausdauer fest, weil die Liebe eine Menge Sünden zudeckt. 9 Seid gastfrei zueinander, ohne dabei zu murren. 10 Dient euch gegenseitig mit dem Charisma, das jeder bekam, als gute Sachwalter der vielfältigen Gnade Gottes. 11 Wenn einer redet, dann sollen es Worte Gottes sein; wenn einer dient, dann aus der Kraft, die Gott gibt, damit in allem Gott verherrlicht wird durch Jesus Christus; ihm ist die Herrlichkeit und Macht in alle Ewigkeit. Amen.**

Hier setzt der Brief seine kettenartigen Paränesen fort, diesmal unter dem Vorzeichen der apokalyptischen Dringlichkeit: Es bleibt kaum noch Zeit bis zum Weltende, man muß unverzüglich das Wesentliche ins Auge fassen (der Blick auf das »Ende« bleibt ab jetzt präsent: 4,13.17f; 5,1.4.6.10; vgl. 4,5). Imperative, imperativische Partizipien und Adjektive kennzeichnen wieder den prägnanten Stil. Inhaltlich fällt der Passus allerdings ganz in die generelle Redensart zurück: Das seit 3,13 forcierte Leidens-Thema kommt hier vorübergehend nicht vor. Aber wie alle nicht dezidiert auf dieses Thema abgehobenen Briefteile ist auch dieser Text ihm trotzdem direkt zuzuordnen, insofern ja das christliche Leben (»besonnen und nüchtern sein«, »Liebe«, »Gastfreundschaft« etc.) das »Leiden« als Verfolgung verursacht und der Christ sich durch das »Leiden« eben nicht von diesem »guten Leben« abbringen lassen darf: Leiden macht nur dann »glücklich« (3,14; 4,14), wenn es unverdient, ungerechterweise zugefügt ist (2,19f; 3,14.16f; 4,15f).

Analyse

Der Rekurs auf das nahe Ende (V 7a) macht hier stark den Eindruck einer abgegriffenen Motivationsformel; jedenfalls sind Zeit, Ende und Eschatologie kein gärendes Thema des Schreibens. Die ersten beiden Imperative (V 7b) passen allerdings noch sehr genau zur Endzeitatmosphäre. Es fällt auf, daß die weiteren Paränesen (VV 8–11a) ausschließlich aus der Gemeinde-Ethik stammen, sich also auf das Verhalten der Christen untereinander beziehen. Das war bislang im Brief in dieser Weise nicht der Fall, paßt aber sehr gut, und zwar nicht nur traditionell zur Besinnung der endzeitlichen Gemeinde (V 7a), sondern grundsätzlich zur Minderheitensituation des frühen Christentums, das sich hier äußert: Der 1Petr, der besonderen Wert auf die sozialen Verhaltensmuster legt und immer wieder von der Öffentlichkeitswirkung realisierter christlicher Ethik spricht, um zu verteidigen und zu werben, reduziert hier seine Rede vorübergehend auf das Gruppenleben: Innerhalb der Gemeinde gibt es noch einmal qualitativ engere Kommunikation, Verbundenheit und Verbindlichkeit (vgl. 1,22; 3,8). Diese Bande werden hier verstärkt, um in der schwierigen Situation der Verfolgung durch noch näheres »Zusammenrücken« Mut zu machen und Durchhaltevermögen zu erzeugen.

Die stilistisch und formal recht atomisierte Paränese des Briefes ist der Sache nach doch sehr konsequent auf das Hauptthema ausgerichtet. Die Logik des 1Petr arbeitet weniger mit klarer thematischer Diposition als suggestiv durch eindrucksvolle Themen-Katenen. Jedes Thema trifft auf seine Weise die Situation der Adressaten, und jeder Wechsel in Genre, Sprache und Symbol bleibt beim Thema, ohne die Querverbindungen explizit zu machen[642].

Die Doxologie (V 11b) schließt diesen Passus auffällig deutlich und feierlich ab. Trotzdem ist ihr nicht zu entnehmen, daß hier ursprünglich mehr als dieser Passus, nämlich eine ganze (von 1,3 bis 4,11 reichende) Taufpredigt oder Taufliturgie abgeschlossen wurde, auf die ursprünglich kein weiterer Text mehr folgte (an die im 1Petr aber dann als anderer, ursprünglich ebenfalls selbständiger Text 4,12–5,11 angehängt wurde). Die Doxologie als solche und für sich allein kann nicht Grund genug sein und die Beweislast dafür tragen, die sekundäre Entstehung des Briefes aus ursprünglich selbständigen Teilen anzunehmen, in denen noch dazu ganz verschiedene Situationen der Adressaten markiert wären[643]. Wenn schon literarkritisch analysiert wird, muß bedacht werden, daß die Doxologie als Abschluß einer Texteinheit steht, die zunächst nicht größer angesetzt werden kann als 4,7–11. Daß die Doxologie als »Schluß« für die ganze Masse von 1,3 bis 4,11 gilt, müßte durch einen Nachweis der formgeschichtlichen Einheitlichkeit dieses, und zwar nur dieses Textes (als Predigt oder liturgisches Formular o. ä.) ohne 4,12–5,11 eigens gezeigt werden, der aber nie wirklich geliefert wurde. Zwischen 4,6 und 4,7 gibt es keinen verbindenden Übergang, so daß man zunächst nur die Einheit 4,7–11 vor sich hat und die Doxologie mit diesem selbständigen Abschnitt 4,7–11 verbinden muß; ihm jedenfalls hängt der Verfasser sie an. Und wenn man von der literarischen Einheit des Schreibens ausgeht und denselben Brief also mit 4,12 fortfahren sieht, so hat man einen völlig geläufigen Tatbestand vor sich: Eine Doxologie schließt

---

[642] *Beares* (183) Beobachtung, in 4,7–11 werde ordentliches und ruhiges Gemeindeleben in Gottesdienst und gegenseitigem Dienst besprochen, unbehelligt vom »Feuer« (V 12), das sein »finsteres Glühen« über die folgenden Verse werfe (so daß mit 4,12 ein neues Schreiben anfängt), beruht auf einem Übersehen dieser Zuordnung der Teilthemen im Brief.

[643] Die Fragen der Entstehung, der Adressaten-Situation und der literarischen Einheit sind in der Einleitung ausführlich diskutiert (s. o. A.I–III). Die »Nahtstelle« 4,11 spielt seit *Perdelwitz*, Mysterienreligion, dabei eine besondere Rolle. Es wurde gezeigt, daß alle Teilungshypothesen von der Richtigkeit etlicher Gattungsbestimmungen am Text abhängen, die ihrerseits nicht akzeptabel sind. Vgl. auch *Wikenhauser-Schmid*, Einleitung 597; *Guthrie*, Introduction 797.

durchaus nicht immer ein ganzes Schreiben ab, sondern kann auch Teilthemen und Sinnabschnitte bloß voneinander absetzen. Das ist der Fall in Röm 11,36; Gal 1,5; Eph 3,21; Offb 1,6 und oft im 1Cl[644] und ist also im 1Petr keine Besonderheit; umgekehrt wird im NT nur dreimal (Röm 16,27; 2Petr 3,18; Jud 25) eine Doxologie als Briefschluß eingesetzt[645]. Wir haben mit V 11 einen besonders markierten Einschnitt im Brief vor uns[646], und tatsächlich setzt der Verfasser in V 12 neu ein: zwar nicht mit einem neuen Thema, aber wohl mit gehobener Stimme und mit gesteigerter Deutlichkeit. Nach all dem erübrigt sich sogar die Annahme, der Verfasser habe zwischen 4,11 und 12 eine Pause im Diktat eingelegt[647].

In der Analyse wurde schon gesagt, daß diese Erinnerung an das apokalyptisch nahegekommene Weltende vom Verfasser als Mittel der Motivation zum Handeln eingesetzt ist[648]. Man kann für den 1Petr nicht sagen, daß er tatsächlich unter dem akuten Eindruck der Naherwartung stehe oder daß seine Theologie konsequent eschatologisch orientiert sei. Enderwartung ist für Ps-Petrus entweder (wie hier) der Grund zur ethischen Konsequenz oder (wie z. B. VV 13.17) das Interpretament, mit dessen Hilfe die gegenwärtige Aporie der Gemeinde sich auflöst. Der Hinweis auf das nahe »Ende von allem« gehört zum Formelschatz der frühchristlichen Predigt, in dessen Sprache der 1Petr oft genug spricht. Wenn der Brief diesen Satz von V 7 enthält, so ist dadurch seine Ethik noch keine »Endzeit-Ethik«[649]. Der Gesamtcharakter des Briefes läßt diese Bezeichnung nicht zu. Die politische und ständische Ethik von 2,13–3,7 etwa läßt sich darin nicht einordnen, genau so wenig die durchgängige Leidens-Ethik des Briefes. Und tatsächlich ist ja auch das, was hier unmittelbar in einem kurzen Abriß einer Gemeinde-Ethik folgt (VV 8–11), nicht speziell unter endzeitlicher Perspektive konzipiert. Die apokalyptische Tonart, die hier angeschlagen ist, gehört also zu den verschiedenartigen Mitteln und Motiven, die der Verfasser zwar in schon routinierter Art, aber doch in originellem Zusammenhang aus der kirchlichen Tradition rezipiert. Denn die Verhaltensweisen, zu denen er in diesen Zeilen motivieren will, stehen mit seinem Thema vom Leiden in direktem Konnex. Der V 7 ist als neuer homiletischer Impuls zu verstehen. Die Kürze, mit welcher der Topos vom nahen Ende ausgesprochen wird, ist wieder bezeichnend für den Stil des Verfassers, der die Verständlich-

Erklärung 7

---

[644] 1 Cl 20,12; 32,4; 38,4; 43,6; 45,7f; 50,7; 58,2; 61,3; 64. Auch *Lohse*, Paränese 81, für 1Petr 4,11: Einschnitt, nicht Abschluß.
[645] Eine Doxologie kann also gar nicht ein wahrscheinlicher Schluß genannt werden, und nichts kennzeichnet daher die VV 7–11 als einen »regelrechten Predigt- oder Briefschluß« (*Windisch-Preisker* 76; ebenso *Beare* 183).
[646] Vielleicht handelt es sich aber auch bloß um eine Ehrfurchtsformel nach dem Verherrlichungswunsch: *Kelly* 182.

[647] *Windisch-Preisker* 76; *Spicq* 153f; *Michl* 147; vgl. zu dieser Erklärungsmöglichkeit E. *Stange*, Diktierpausen in den Paulusbriefen, ZNW 18 (1917–18) 109–117.
[648] Auch nach *Schrage* 108 »dient die Enderwartung (wie in Kap. 2 und 3 die Christologie) ... zur Motivierung der Ethik«.
[649] So wird zu schnell geschlossen bei *Kline*, Ethics 113f; *Sisti*, Vita cristiana 124f; *Goldstein*, Paulinische Gemeinde 12f.

keit seiner Themen bei den Lesern durchweg voraussetzt und darum auf Erläuterungen verzichtet (vgl. z. B. 3,19f)[650].

Besonnenheit und Nüchternheit entsprechen als disziplinierte Lebensweise sehr gut der drängenden Situation der Adressaten-Kirchen, die hier (wie V 17) als Endzeit beschrieben ist. Mit der Enderwartung gehört frühchristlich die Ermahnung zur Nüchternheit zusammen. Ps-Petrus hat schon 1,13 die geforderte existentielle Bereitschaft der Christen als Nüchternheit bezeichnet und sie in Zusammenhang mit der Hoffnung auf die Parusie gesetzt. Später (5,8) stehen Nüchternheit und Wachsamkeit zusammen. Nüchternheit ist für den 1Petr die christliche Lebensform in der prekären, über Heil und Unheil entscheidenden Gegenwart. – Es ist wert zu beachten, daß hier ein zweites Mal (nach 3,7) das verlangte christliche Verhalten dadurch gekennzeichnet wird, daß es das Beten möglich macht. In 3,7 ging es in negativer Version darum, das Beten nicht durch Fehlverhalten um seinen Sinn und Erfolg zu bringen; hier V 7 ist Besonnenheit und Nüchternheit offensichtlich die Voraussetzung zum Gebet. Ps-Petrus legt bei seiner Entfaltung und Einübung christlicher Existenz deutlich Wert auf das Thema Gebet.

8 Der eschatologische Bezug von V 7 ist in den VV 8–11 nicht weiter betont. Die Paränesen verstehen sich hier auch ohne diesen direkt endzeitlichen Rahmen. Es wird nun im wieder typisch kurzen und prägnanten Stil eine Gemeinde-Ethik im Abriß gegeben. Sie hat an dieser Stelle, d. h. in diesem Brief, den Sinn, den Zusammenhalt der Gemeinden zu verstärken, um sie und die einzelnen in ihnen widerstandsfähig bzw. ausdauernd und leidensfähig zu machen. Das begegnete schon in 1,22 (s. dort die Erklärung), wo auch bis ins Wort hinein (»dauerhafte gegenseitige Liebe«) dasselbe Thema wie hier im V 8 wichtig war. »Vor allem« anderen ist die Liebe kennzeichnend für die christliche Gemeinde. Sehr realistisch wird die Notwendigkeit der Ausdauer und Intensität (ἐκτενῆ) der Liebe herausgestellt. Liebe bewährt sich in Situationen wie denen der Kirche des 1Petr nur, wenn sie mehr als die Begeisterung des Anfangs und momentane Emphase ist.

Vom Großtext des Briefes her ist also die interne Stärkung der christlichen Gemeinden gegenüber dem Druck von außen das deutliche Ziel solcher Ermahnungen[651]. Dagegen spricht nicht, daß die Begründung der primären Bedeutung der Liebe hier im V 8b anders lautet, indem sie nämlich mit der sündentilgenden Kraft der Liebe angegeben wird. Das ist als eine traditionelle, zweifellos besonders anreizende Motivation anzusehen, sich um die Liebe zu bemühen. Daß es eine traditionelle Idee ist, zeigt ihre relativ starke Verbreitung, die noch nachweislich ist (s. u.). Aus dieser Tradition müßte auch der Sinn der Sentenz sich klären lassen: »deckt« der Liebende seine eigenen oder

---

[650] *Renner*, Einheit 157 mit Anm. 37, mißversteht »die Tonlosigkeit dieses Sätzchens«, wenn er V 7a ohne jeden theologischen Sinn als »technischen Hinweis« darauf deutet, daß der Brief jetzt (sc. mit den VV 7–11) abgeschlossen wird: »Das Ende (= der Schluß) des Ganzen ist gekommen.«

[651] Zum imperativischen Sinn des Partizips ἔχοντες siehe *Meecham*, Participle 207f.

fremde Sünden »zu«? Ob der Gedanke im christlichen Gebrauch als ursprüngliches Schriftzitat aus Spr 10,12 (»Liebe deckt alle Vergehen zu«) anzusprechen ist, läßt sich m. E. nicht mehr ausmachen, doch liegt das nicht sehr nahe (weil die »Menge – πλῆθος« nicht im Bibeltext steht und der Sinn hier und dort ein anderer sein dürfte). Die LXX-Version (πάντας δὲ τοὺς μὴ φιλονεικοῦντας καλύπτει φιλία) kann jedenfalls nicht die Vorlage gewesen sein; man müßte eine andere, wörtlichere Übersetzung voraussetzen[652]. Relativ früh jedenfalls steht der Satz in variierter Form auch in Jak 5,20 und wörtlich identisch mit 1Petr 4,8 in 1Cl 49,5 und 2Cl 16,4. Wegen der Konstanz im Wortlaut wird man doch eine zusammenhängende Tradition annehmen[653] und trotz der Schwierigkeit einer eindeutigen Interpretation für Jak 5,20 und 1Cl 49,5 in 1Petr 4,8 (wie in 2Cl 16,4) auf die Sünden des Liebenden selbst schließen, die »zugedeckt«, d. h. verziehen werden[654]. Denn in verbal anderer Form ist dieser Gedanke biblisch und frühchristlich ja nicht selten (vgl. Ps 32,1; 85,3; Dan 4,24; Tob 4,10; 12,9; 14,10f; Sir 3,30; Mt 5,7; Lk 7,47; 1Cl 50,5; Did 4,6; Barn 19,10; Pol 10,2).

Das ist eine tiefgründige Deutung der Liebe, die in der alten Kirche oft erinnert und aufgegriffen worden ist[655]: Die Liebe kann geschehene Schuld kompensieren und Gott dazu bewegen (was er nach den genannten Psalmen-Texten auch von sich aus tut), Sünden »zugedeckt«, d. h. »ungeschehen« sein zu lassen. »Wer liebt, dem wird viel vergeben«[656]. Schon Origenes hat V 8b inhaltsgleich neben Lk 7,47 gestellt[657]. Ob man diese Aussage für ein Bibelzitat oder ein geläufiges christliches Sprichwort hält, ist sachlich gleichgültig. Eine ältere Erklärung[658], nach der so zu verstehen ist, daß der Liebende imstande ist, die Sün-

---

[652] So *Resch*, Agrapha 311 für Didask II,3. *Beare* 184f hält sie für unwahrscheinlich. *Schelkle* 118, *Kelly* 178 und *Best* 159 glauben (weil 1Petr immer die LXX zitiert), daß Spr 10,12 als Sprichwort (nicht als Bibelwort) in christlichem Gebrauch war.

[653] Auch *Donfried*, Second Clement 91f. D. H. *Schmidt*, The Peter Writings 63, glaubt an ein selbständiges Logion christlicher Tradition (statt Zitat aus Spr 10,12), weil Didask II,3 (bzw. IV) (2. Hälfte 3. Jh.) den Satz einleitet mit: »Der Herr sagt« (R. H. *Connolly*, Didascalia Apostolorum, Oxford 1929, ND 1969, 32). Dieser Schluß ist irrig, weil durch die zweimalige Einführung eines Spr-Zitats (sc. Spr 15,1; 12,10) in Didask II,3 (IV) mit der Formel »Der Herr sagt« nicht (wie auch von anderen behauptet wird) die Tradition des Textes als Jesus-Logion erwiesen ist; es handelt sich um eine bloße Zitationsformel vor einem atl. Text (vgl. auch *Resch*, Agrapha 310f).

[654] *Donfried*, Second Clement 91f; *Kline*, Ethics 116f; *Kelly* 178; *Schelkle* 118. Die Beziehung auf die Sünden aus vorchristlicher Zeit (so *Windisch-Preisker* 75) ist nach der Taufe wohl ausgeschlossen.

[655] Mit allerdings verschiedener Interpretation: *Tertullian*, Scorpiace 6,11 (mit Deutung der Liebe auf das Martyrium als die einzig mögliche Form einer zweiten Buße nach der Taufe); Cl Al. Paed. III 91,3; Quis div. salv. 38,2; Strom I 173,6; II 65,3; IV 111,3; *Origenes*, Hom in Lev II,4. Anders Ep.ad Diogn. 9,3: »τί γὰρ ἄλλο τὰς ἁμαρτίας ἡμῶν ἠδυνήθη καλύψαι ἢ ἐκείνου (sc. Χριστοῦ) δικαιοσύνῃ;«

[656] *Knopf* 173 in seiner sorgfältigen Auslegung von V 8b. J. B. *Bauer* 53: »Liebesübung wirkt sündentilgend«.

[657] Hom in Lev II,4 (GCS 29, 1920, 296 Z. 14–17: »Sündenvergebung geschieht (u. a.) durch sehr große Liebe, wie der Herr selbst sagt: ›Amen, ich sage dir, ihre vielen Sünden werden ihr vergeben, weil sie viel geliebt hat‹ (Lk 7,47), und der Apostel sagt: ›weil die Liebe eine Menge Sünden zudeckt‹ (1Petr 4,8).«

[658] Erneuert von *Schrage* 109; *Stibbs* 154, erwogen von *Beare* 185.

den anderer verzeihend zu übersehen (so Spr 10,12 und Test Jos 17,2), ist wenig wahrscheinlich.

9 Man mag sich darüber wundern, daß in diesem Abschnitt, der lauter zentrale Paränesen aneinanderreiht, auf die Gastfreundschaft verpflichtet wird. Gastfreundschaft wurde aber in der Frühzeit der Kirche in einem inzwischen unbekannt gewordenen Stil als etwas typisch Christliches, als spezifisch christliche Form mitmenschlichen Umgangs angesehen und praktiziert. Sie war eben nicht weniger als eine Konkretion der im V 8 verlangten gegenseitigen Liebe. Gastfreundschaft, also die offene Tür für jeden, der sie sucht, stand in der einen oder anderen Form in der spätantiken Gesellschaft generell hoch im Kurs. Aber für die Christen wurde daraus eine spezifisch christliche Äußerung der Gemeinsamkeit im Glauben. Es sind also nicht nur die besonderen antiken Reiseverhältnisse, die diese allgemeine Tugend der Gastlichkeit für die Christen naheliegend machten, da es aus privaten, beruflichen und missionarischen Gründen immer viele durchreisende Christen gab, sondern der im Bedarf an Fremdenunterkünften gegebene Anlaß wurde von der frühen Kirche eigens aufgegriffen, um das Postulat der Liebe nicht bloß verbal bleiben, sondern unter anderem in dieser Form konkret realisierbar und verbindlich werden zu lassen[659]. Die Past verlangen vom Bischof, daß er gastfrei (φιλόξενος) ist (1Tim 3,2; Tit 1,8; vgl. Herm s IX 27,2), worin sich sowohl die Allgemeingültigkeit dieses Ideals als auch seine christliche Adaption spiegeln. In den Stand der Witwen darf eine Frau nur aufgenommen werden, wenn sie neben anderen Bedingungen »Fremde in ihr Haus aufgenommen« hat (εἰ ἐξενοδόχησεν: 1Tim 5,10). Mt 25,35 sowie Röm 12,13 und Hebr 13,2 nennen die Gastfreundschaft als christliches Verhalten. Der 1Cl rühmt die altbekannte Gastlichkeit der korinthischen Gemeinde (1,2) und scheint sie aus dem Grund wiederholt in ihrer biblischen Vorbildlichkeit zu demonstrieren (10,7; 11,1; 12,1.3), weil sie in Korinth nicht mehr geübt wird und zu den Defiziten an christlichem Verhalten gehört, die getadelt werden (35,5)[660]. In der gewohnten Kürze erinnert also auch der 1Petr an diese Pflicht und schließt dabei das »Murren«, also den inneren Vorbehalt oder den Geiz, durch den die Gastlichkeit korrumpiert wird, und auch die Verdrossenheit über den Mißbrauch der Gastlichkeit (offenbar eine verbreitete Realität: Did 11f) nachdrücklich aus. Als Form der christlichen Liebe ist Gastfreundschaft ungeteilt und bloßes Geben, das in Enttäuschung nicht endet.

10 Die Aufforderungen[661] aus V 10 und 11 erlauben einen bestimmten, allerdings begrenzten Einblick in das Leben und in die Verfaßtheit der Gemeinden, die der

---

[659] Zum hohen Rang der Gastfreundschaft im frühen Christentum *D. Gorce*, RAC VIII, 1972, 1103–1120; außerdem *G. Stählin*, ThWNT V, 19–24; *Kline*, Ethics 117–120, von denen dieses Ideal zu den Charismen von V 10 gezählt wird (ebenso *Windisch-Preisker* 76; *Goldstein*, Paulinische Gemeinde 15), was im Text jedenfalls nicht explizit geschieht.

[660] Falls die Lesart ἀφιλοξενίαν richtig ist (vgl. *Fischer*, Die Apostolischen Väter, 68f).

[661] Das Partizip διακονοῦντες ist wieder imperativisch zu verstehen (vgl. *Meecham*, Participle 208).

1Petr kennt. Indem nämlich weitere Anweisungen einer Gemeinde-Ethik gegeben werden, die das Zusammenleben intensivieren sollen, kommen etliche aufschlußgebende Details über die Verhältnisse in den Gemeinden zur Sprache. Weil zum gegenseitigen Füreinander ermuntert wird, das typisch frühchristlich »Dienst – Diakonie« (διακονοῦντες) heißt, wird die Begabung, die den einzelnen dazu befähigt, Charisma (χάρισμα) genannt, das er »bekommen« hat. Man darf also von einem charismatischen Gemeindeverständnis reden, denn es scheint ja so geläufig wie wichtig zu sein, daß jeder (sc. als Getaufter) Geistbegabungen hat, die er zum Aufbau und Zusammenhalt der Gemeinde im gegenseitigen Dienst zu investieren hat. Es wird eigens von der Vielfalt, also Differenziertheit der gnadenhaften Begabung gesprochen, die die Gemeinde als ganze besitzt und die sich auf die einzelnen Christen verteilt: »Jeder« (ἕκαστος) hat Charisma (vgl. 1Kor 7,7). Miteinander ist ihnen von Gott ein Begabungsreichtum geschenkt, zu dessen kluger, erfolgreicher Anwendung Ps-Petrus hier animiert. Die Pointe liegt dabei in der Sozialpflichtigkeit der Charismen.

Tatsächlich führt der Brief kein anderes Reglement für das Gemeindeleben an als das Zusammenspiel der investierten Einzelbegabungen. Und man wird hierdurch, wie das oft betont wurde, an das Bild erinnert, das Paulus (bes. Röm 12,6–8; 1Kor 12; 14) von der Gemeinde und ihrer Verwirklichung hatte. Allerdings ist kein programmatisches Kirchenkonzept darin zu sehen, sondern die Äußerung des selbstverständlichen Bewußtseins von der Ausstattung aller Getauften mit verschiedenen Geistesgaben, wie im etwa gleichzeitigen und gleichinhaltlichen Satz 1Cl 38,1: »Jeder soll sich seinem Nächsten unterordnen, wie es der Stellung in seinem Charisma entspricht.« Der paulinische Charakter ethischer Elemente des 1Petr ist an dieser Stelle aber immerhin besonders deutlich. Die Parallelität oder Identität setzt sich darin fort, daß im V 11 11a als zwei hauptsächliche Beispiele für die Charismen das »Reden« (nämlich zur Predigt in der liturgischen Versammlung) und das »Dienen« (nämlich in einem der für die Gemeinde wichtigen Dienste[662]) genannt werden. Dem Verfasser genügt wieder die bloße Erwähnung, er führt nichts aus. Aber Vermutungen, wonach er beim »Reden« an Apostel oder Evangelisten (vgl. 1,12) und Propheten denkt[663] und mit dem charismatischen Dienst die Tätigkeit der Vorsteher aus 5,1 meint oder aber karitativen Eifer und generell den »guten Wandel unter den Heiden« (2,12), der ein permanentes Brief-Thema ist[664], haben viel für sich; denn natürlich hat Ps-Petrus detaillierte Vorstellungen, wenn er nur die beiden Chiffren »Sprechen« und »Dienen« als Äußerungen von Charisma nennt, während bei Paulus ganze Reihen ausformuliert sind (Röm 12,6–8; 1Kor 12,4–10.28–30).

---

[662] *Knopf* 176 insistiert mit Recht darauf, daß das Dienen von V 11a prägnanter definiert werden muß als das von V 10; ebenso *Schelkle* 119f; *Selwyn* 219, anders *Beare* 187.
[663] Anders *(Windisch-)Preisker* 155: nicht zwei Ämter sind gemeint, sondern Geistgaben von der Taufe her.
[664] *Knopf* 176; *Best* 160f; *Schrage* 110; *Goldstein*, Paulinische Gemeinde 14f.

Für die Paränese des Briefes kommt es darauf an, daß das Reden die »Worte Gottes« zur Sprache bringt und nichts anderes und daß das Dienen aus der Kraft Gottes geleistet wird, d. h. nicht an Fremdinteressen ausgerichtet ist. Dem Verfasser liegt an intakten, vitalen Gemeinden, die unter den Bedingungen einer gesellschaftlich mißliebigen Minderheit Bestand haben. Für das Verständnis von Kirche und Gemeinde springt also die Forcierung der Mannigfaltigkeit von Diensten und Gnadenbegabungen ins Auge, aus denen das Leben der Einzelkirchen bestehen soll. Dieses charismatische Gemeindeverständnis, wonach »jeder« seine Gnadenbegabung hat, ist von Ps-Petrus in den paränetischen Duktus seines Schreibens eingesetzt. Für die »Verfolgungs«-Paränese ergibt sich der Vorteil, daß jeder einzelne für die Gemeinde engagiert wird, die ein Recht auf sein Charisma hat. Es heißt in der Notsituation beachtenswerterweise nicht, die Gemeinde solle sich um jeden einzelnen kümmern, sondern jeder einzelne solle sich um die Gemeinde kümmern durch den Dienst, den er in das Miteinander des kirchlichen Zusammenlebens einbringt. Der einzelne wird nur in einer lebensfähigen Gemeinde, die er selbst mitträgt, mit seiner Hoffnung überleben.

Das Gemeindeverständnis, das sich also hier abzeichnet, ist paulinischer Art und Herkunft. Man kann die paulinische Konzeption im Detail erweisen, und man kann auch einen Unterschied des 1Petr gegenüber Paulus zeigen, der in der großen Kürze und sogar Dürftigkeit der Aussagen liegt[665]. Man sollte aber aus diesem Vergleich zwischen Paulus und Ps-Petrus kein kirchenverfassungsgeschichtliches Fazit über Mehr oder Weniger an Charismen, über größere oder geringe Tiefe bzw. Reichtum in der Auffassung ziehen, ehe man sich bemüht hat, den besonderen Stil des Ps-Petrus in seinen Rekursen auf Tradition und in seinen Anspielungen auf Situationen richtig einschätzen zu lernen. Aus den Abbreviaturen des Briefes werden immer wieder gewagte Schlüsse gezogen, so hier der, daß Ps-Petrus ärmer sei in der Charismenlehre als Paulus, weil er nur andeutet und nicht expliziert[666]. Wäre Ps-Petrus so gesprächig wie etwa gleichzeitig der Verfasser des 1Cl, könnte man vielleicht auch bei ihm auf einen Charismen-Katalog treffen, wie er sich 1Cl 38,2; 48,5f findet. Es muß zu diesem Passus erwähnt werden, daß weitere Einzelheiten über die Gemeindeverfassung des 1Petr aus 5,1–5 zu erfahren sind; im Augenblick ist also ein endgültiges Urteil über das Kirchenbild des Ps-Petrus noch nicht möglich. Das Thema ist bei 5,1–5 wieder aufzunehmen.

11b Es heißt, daß die Betätigung der Charismen aller Christen in der Gemeinde zur Verherrlichung Gottes durch Christus geschieht. Eine lebendige Gemeinde

---

[665] Beides tut *Goldstein*, Paulinische Gemeinde 12–17, mit dem Ergebnis (16): »Der ›petrinische‹ Verfasser bewegt sich in den Spuren paulinischer Charismenlehre, ohne sie in ihrer ganzen Fülle zu erreichen« (unter Absetzung von *Spörri*, Gemeindegedanke 300, der die Kluft weit tiefer sieht).
[666] So z. B. *Goldstein*, Paulinische Gemeinde 16f; *Schröger*, Verfassung 242f, die in der Sache recht haben mögen (was niemand mehr kontrollieren kann), methodisch aber ganz ungeschützt operieren. *Beare* 186 bemängelt ähnlich den geringen Gebrauch der paulinischen Pneumatologie im 1Petr, während man die Erwähnung in 4,10f relativ beachtlich nennen kann.

und die vielfältigen Äußerungen ihres Lebens werden Gott verdankt, der diesen Raum des Heils durch Jesus Christus geschaffen hat. Aus der Perspektive des 1Petr mag die Verherrlichung Gottes auch forensischen Charakter haben, d. h. also vor der Öffentlichkeit der Welt gesehen sein. Dann wäre in diesem Gedanken der Zeichencharakter der Gemeinde bzw. ihre Zeugnisfunktion noch einmal betont, die vom Verhalten der Christen erbracht wird. – Über die den Passus abschließende Doxologie (die sich, wie 5,11, auf Gott, nicht auf Christus, beziehen wird)[667] und über ihren literarischen Stellenwert wurde in der Analyse das Notwendige gesagt. Sie schließt diesen kleinen Passus 4,7–11 ab, ohne eine Fortsetzung des Schreibens im selben Augenblick und von gleicher Hand auszuschließen.

Der besprochene Abschnitt läßt für sich genommen das leitende Thema des Briefes (Leiden in Hoffnung) nicht erkennen. Aus der Erinnerung an das zeitlich nahe gedachte Weltende heraus wird ganz generell die Bemühung um ein konsequent christliches Leben sehr dringlich gemacht. Die veränderte, konsequente Lebensweise war allerdings schon wiederholt verlangt worden. Hier wird sie in besonderer Dichte ausgemalt als ein Leben in Selbstdisziplin und Konzentration, und zwar nach der Seite des innerkirchlichen Zusammenlebens. Es wird eine klare Priorität in der Liebe gesetzt und dann die Praxis der Liebe in Beispielen gefordert: Die Gastfreundschaft ist eine ihrer Formen, und auch der nach persönlicher Begabung je verschiedene lebendige Beitrag (als Dienst), den jeder für die Gemeinde zu bringen hat. Damit scheinen alle möglichen Aktivitäten in Leitung, Kult, Caritas und täglichem Leben der Gemeinde bezeichnet zu sein. Was an Fähigkeiten und Leistungen eingebracht wird, ist Charisma, also von Gott geschenkt. Der Dienst, den die Prediger tun, und auch die Tätigkeit der verantwortlichen Gemeindeleiter scheint eigens genannt zu sein. Das Kirchenbild ist in diesen Versen also charismatisch geprägt, wie bei Paulus. Dabei sind als Charismen nicht außerordentliche und ekstatische Phänomene (wie »Zungenrede«, Prophetie o. ä.) bezeichnet, sondern die allgemeinen und besonderen Befähigungen aller und einzelner, wie sie in jeder Gemeinde antreffbar sind. Die Sozialpflichtigkeit dieser Begabungen bzw. Charismen ist ein wichtiges Thema. Miteinander laufen diese Weisungen also auf eine Intensivierung des Gemeindelebens hinaus. Und für diese Bemühung des Verfassers besteht in der Situation seiner Kirche und in dem von ihm verfaßten Brief nun der Zusammenhang, daß dies im Zug einer Einübung in die Verfolgten-Situation und einer Befestigung in der Hoffnung gesagt ist. Die Gemeinde-Ethik trägt zu diesem eigentlichen Briefthema bei, daß der einzelne Christ angesichts seiner Gefährdung durch die Isolation, in die er aufgrund seines Glaubens familiär und gesellschaftlich geriet, in starke, lebendige, zusammenhal-

Zusammenfassung

---

[667] Dazu sowie zur Form der Doxologie überzeugend *Kelly* 181f; *Schelkle* 120f.

tende Gemeinden eingegliedert wird. Dies ist eine der zahlreichen theologischen und moralischen Hilfen, die Ps-Petrus den bedrängten und bedrückten Kirchen leistet.

*17. 4,12–19 Leiden in Freude und Hoffnung*

**12 Geliebte, ihr braucht euch über die Feuersbrunst bei euch, die zu eurer Erprobung gekommen ist, nicht zu wundern, als sei euch etwas Unerwartbares zugestoßen; 13 sondern freut euch, weil ihr an den Leiden Christi teilhabt, damit ihr euch auch bei der Offenbarung seiner Herrlichkeit überschwenglich freuen könnt. 14 Wenn ihr wegen des Namens Christi beschimpft werdet, dann seid ihr glücklich, weil sich dann »der Geist«ᵃ der Herrlichkeit und »Gottes«ᵃ auf euch »niederläßt«ᵃ. 15 Keiner von euch darf leiden müssen als Mörder, Dieb oder Verbrecher oder als einer, der unterschlägt und veruntreut. 16 Wenn er aber als Christ leidet, dann soll er sich nicht schämen, sondern soll Gott in diesem Namen verherrlichen. 17 Denn es ist der Zeitpunkt, daß das Gericht »beim«ᵇ Haus Gottes »beginnt«ᵇ. Wenn es aber zuerst bei uns stattfindet, wie wird dann das Ende für die aussehen, die dem Evangelium Gottes nicht gehorchen! 18 Und »wenn der Gerechte kaum gerettet wird, wo wird dann der Gottlose und Sünder sich wiederfinden?«ᶜ 19 Darum sollen die, die nach Gottes Willen zu leiden haben, tun, was recht ist, und dem getreuen Schöpfer ihr Leben anheimstellen.**

**a** Jes 11,2. – **b** Vgl. Ez 9,6; Jer 25,29. – **c** Spr 11,31 (LXX).

Analyse  Von diesem Passus wird verbreitet angenommen, daß er den Beginn eines neuen Schreibens und die Beschreibung einer anderen kirchengeschichtlichen Situation als die hinter 1,3–4,11 sichtbare darstellt (vgl. oben A. I–III). Hier in der Analyse ist über die formale Seite des Problems zu sprechen. Zu V 11b wurde gezeigt, daß die Doxologie dort durchaus nicht zur Annahme eines formalen Schlusses zwingt, so daß V 12 ganz neu einsetzen würde (siehe auch die Analyse zu VV 7–11). Die Anrede »Geliebte« im V 12 ihrerseits ist dieselbe wie in 2,11 und stellt keine Eröffnungsformel für einen Brief dar, der hier angehängt wäre. Die Annahme der Einheit des Briefes gerät vor keine nennenswerten Schwierigkeiten, weder in formaler noch inhaltlicher Hinsicht. Angesichts des Stils des gesamten 1Petr mit seinen wiederholten Einschnitten, Themenwechseln und unvermittelten Übergängen ist es methodisch indiskutabel, auf diese eine (zwar besonders deutliche) Nahtstelle zwischen zwei Aussagen-»Blöcken« des Briefes solche Annahmen zu bauen wie die von der Komposition des Schreibens aus ehemals selbständigen Stücken oder die eines Nachtrags zum 1Petr vom selben Autor nach hereingebrochener Verfolgung.

Die terminologische und inhaltliche Verzahnung aller Briefteile und die Identität der vorausgesetzten Situation in allen Teilen (sc. tatsächliche, nicht nur mögliche »Leiden« in Verfolgungslage) ist gesichert (s. A. I–III). Der Passus 4,12–19 setzt den Brief also völlig stil- und themengerecht fort. Ohne überleitende Partikel, Konjunktion oder andere Anbindung beginnt ein neuer Abschnitt, wie beispielsweise in 1,22; 2,11.13.18. Thematisch geht es wieder um das Verfolgungsleiden, um dessen Christus-Bezug, um die Möglichkeit der Freude im Leiden, sofern dieses aus ungerechter Verfolgung resultiert, und um die Endzeit-Perspektive.

Wenn man diese Sätze Wiederholung und Nachtrag nennt und sie so charakterisiert, daß dieser Briefteil fast überflüssig erscheint, weil man aus den vorherigen Kapiteln letztlich das schon wissen könne, was er bringt, dann ist die verändernde Steigerung sowie die stilistische Eigentümlichkeit des Briefes generell verkannt. Kein Thema wird vom Verfasser definitiv abgeschlossen; man muß mit ständig neuer Variation des schon Gesagten rechnen. Und durch Kombination mit veränderten Argumenten oder infolge jeweils neuer Sprachspiele und semantischer Felder wird jedesmal mehr als bloße Wiederholung daraus. Denn im Grund hat der Verfasser ja nicht ein abstraktes Thema vor Augen, das er abhandeln will, sondern eine gegebene Situation, deren enorme Schwierigkeiten für christliches Glauben er überwinden lehren will. Darum seine immer neuen Anläufe, in denen er die Zusammenhänge und »Kausalitäten«, die der Glaube sieht, einzuschärfen und einleuchtend zu machen sucht, die Konsequenzen daraus zu demonstrieren und wieder und wieder (teils sehr situationsbezogen) die unausweichlichen und zugleich heilbringenden Verhaltensmuster zu zeigen bemüht ist: leiden, hoffen, Gutes tun, sich freuen. In diese »Eskalation« seiner werbenden, ermutigenden Sprache gehört die fast stufenweise Steigerung zu 3,13 und zu 4,1 hin und dann noch einmal zu 4,12 hin. Die neuerliche Anrede (»Geliebte« V 12 wie in 2,11) erzeugt eine gesteigerte Direktheit; das Bild von der »Feuersbrunst« (V 12) intensiviert den Ernst und die Bedrängnis der Jetztzeit; die Reaktion der Christen (ξενίζεσθαι – »befremdet bzw. verwundert sein« V 12) illustriert ihre Trostbedürftigkeit; die Andeutung von Gerichtsverfahren verschärft die Gefährlichkeit der wiederholt besprochenen üblen Nachrede (VV 15f).

Und alle inhaltlich schon bekannte Rede über das Leiden fällt in diesem Abschnitt eben deutlicher, konkreter aus: Das Verhältnis zur Passion Jesu ist jetzt als Teilhabe (κοινωνεῖν) gedeutet (V 13); die Rede von der gegenwärtig schon möglichen (χαίρετε), eigentlich sogar notwendigen (»damit ihr ...« V 13b) Freude ist gesteigert; die Gegenwart Gottes bzw. der Gnade bzw. hier des Geistes Gottes im Leiden ist direkter ausgesprochen (V 14); die Angeklagtensituation der Christen wird in deutlicheren Worten als bisher von beschämender Kriminalität abgesetzt (VV 15f), und die bedrängende Situation ist erst hier als das bei den Christen einsetzende Gericht Gottes interpretiert (V 17). Das ist zusammengenommen eine deutliche Steigerung. Dabei bleibt die vorausgesetzte Situation übrigens weiterhin unscharf und immer denkbar bzw. immer gegeben, wie sie im ganzen Schreiben bislang aussah. Sie ist nicht eine andere, neue geworden. Neu ist die »Temperatur« der katechetisch-tröstenden Sprache[668], die ermutigen will, damit Scham (V 16) vor Spott und Anklage abgelegt wird und die Irritation (V 12) überwunden wird, in die man durch die Isolation in der sozialen Umwelt aufgrund des anderen, unterscheidenden Lebensstils gerät: Alle deprimierenden Erfahrungen sind als »Probe« zu sehen, in der man schon auf dem Weg ist, der durch das Gericht zur vollen Freude führt.

Man muß am Schluß dieses Abschnitts den Eindruck haben, das Thema »Leiden und Hoffnung« sei in der beschriebenen Steigerung nun zum Ziel gebracht, zumal es mit 5,1 recht abrupt durch ein anderes abgelöst wird. Aber das trifft nicht zu: In einer noch einmal dramatischeren Form geht es 5,8–11 weiter, oder besser: wird es dort neuerdings entfaltet, und zwar so, wie das noch nicht der Fall war. Dazwischen steht ein paränetisches Stück (5,1–7), von dem man weder sagen kann, daß es nach logischen Ordnungsvorstellungen an dieser Stelle günstig dasteht, noch daß es hier einen Zusammenhang unterbricht. Denn 4,12–19 und 5,8–11 sind »unabhängig« voneinander und genügen sich jeweils selbst. So sind Stil und Disposition dieses Schreibens.

Erklärung 12

Mit der ntl. nicht seltenen Anrede »Geliebte« (vgl. 2,11) ist die nächste Einheit oder »Kette« von katechetischen Anweisungen und Erklärungen eingeleitet. Dieser Vokativ leitet im NT wiederholt Texte ein, in denen der Briefschreiber seine Aussage durch eine Verbindung mit Gedanken einleuchtend macht, die den Lesern schon vertraut sind[669]. Genau das ist auch hier der Fall. Der erste Appell (»wundert euch doch nicht!«) zeigt, daß bei den Lesern einer bestimmten Reaktion vorzubeugen war bzw. deren Folgen aufgefangen werden mußten, nämlich Resignation oder auch eine tiefgreifende Irritation im Glauben wegen der schwierigen Lebensverhältnisse, in die man infolge des Christseins geriet (vgl. 1Joh 3,13). Das ist der Briefanlaß selbst. Die folgenden Zeilen spiegeln die Bemühungen des Ps-Petrus um die so verunsicherte Kirche in verdichteter und gesteigerter Form. Die Situation wird trotz aller Erklärung nicht verharmlost, sondern eine »Feuersbrunst« genannt. Damit sind die Nachteile, Gefährlichkeiten und deprimierenden Erfahrungen der Christen gemeint, die der Brief bislang in generellen und konkreten Anspielungen immer schon angesprochen hatte, um Trost und Hilfe zu geben. Die dramatische Metapher vom »Feuer« hat dabei einen realistisch beschreibenden Sinn, denn der ganze Brief zeigt (was man auch aus anderen Quellen der frühchristlichen Szene weiß), welches Problem die bedrohliche Isolation und die gesellschaftliche Diskriminierung für die Geschichte und Pastoral der frühen Kirche bedeutete.

Die kirchliche Predigt reagierte mit Trostzuspruch, und zwar vor allem in Form

---

[668] Ganz ähnlich *Kelly* 183f.
[669] Vgl. *Selwyn* 388, der das einen resumptiven Vokativ nennt. Nach *Kelly* 184 hat die Anrede »Geliebte« einen solidarisierenden Effekt (dann wie 1,22; 4,8).

katechetischer Erklärungen über die »Notwendigkeit«, den Sinn und die Vorläufigkeit (bzw. Begrenztheit) des Leidens. An dieser Arbeit sieht man Ps-Petrus in den VV 12-19 mit teils neuen, teils bloß variierten Belehrungen für seine leidgeprüften Leser tätig: »wundert euch nicht, sondern . . .« Eine ganze Liste von Argumenten folgt[670]. Sie müssen einleuchten und werden dann erleichtern. Für die Haltung, die falsch wäre und korrigiert werden muß, ist dasselbe Verb gebraucht (ξενίζεσθαι) wie für die verständnislose Reaktion der Nichtchristen auf das veränderte Leben der Christen (4,4); »sich wundern« oder »befremdet sein« können die Christen nur, solange sie noch nicht hinreichend verstehen. Darum die Folge von belehrenden Sätzen in diesem Abschnitt.

Eine erste wichtige Einsicht ist: Was da an Verfolgung und Unrecht den Christen angetan wird, muß als »Erprobung« angesehen werden. Dann geht es also auf Gottes Willen (oder Zulassung) zurück, ist nur vordergründig beängstigend und feindlich, muß als Probe angenommen und bestanden werden. Damit eröffnet sich also die Möglichkeit für die Gemeinden und den einzelnen, die bösen Erfahrungen positiv einzuordnen in ihr Bild einer Welt und Geschichte mit Gott. Mit derselben Erklärung hatte schon 1,6f gleich zu Beginn des Briefes den Anstoß des Verfolgungsleidens weggenommen. Und auf die dort verwendete Metapher vom im Feuer geläuterten Edelmetall hin liegt die Annahme nahe, daß auch hier im V 12 das Bild vom Feuer durch das Stichwort »Erprobung« bedingt ist, weil aus 1,7 zu erkennen ist, daß es sich geradezu sprichwörtlich mit dem Bewährungs- und Läuterungsgedanken verband[671]. Dann würde das Wort πύρωσις (»Feuersbrunst«) also doch keine dramatische Situationsbeschreibung, sondern als reines Bildwort theologische Situationsdeutung sein. Damit ist zu rechnen, und in diesem Fall wäre erst recht kein Signal für eine gegenüber 1,3-4,11 veränderte, verschärfte Situation der Kirche darin zu sehen. Es würde sich zusammen mit πειρασμός (»Erprobung«) um einen Pleonasmus statt um eine Situationsanspielung handeln[672].

Und eine weitere Einsicht, die den frühen Gemeinden mit großer Regelmäßigkeit und in verschiedener Form abverlangt wurde, ist die: Was ihnen zustößt, ist nichts Unerwartetes, sondern geradezu das Folgerichtige. Das findet man in ähnlicher Deutlichkeit 1Thess 3,3[673]. Leiden ist das zu Erwartende[674]. Die

---

[670] Windisch-Preisker 77: »Ein schlagendes Argument nach dem anderen löst diese Befremdung auf.«
[671] Nauck, Freude 77f, hat schon darauf hingewiesen.
[672] So sieht es auch Dalton, Proclamation 67 Anm. 30. Dagegen hält Sander, ΠΥΡΩΣΙΣ, das »Feuer« eher für die Situationsbeschreibung, während »Erprobung« diesen bestimmten Zug an der Situation herausstellt.
[673] Nach Selwyn 441.450 gab es von früher Zeit an ein Formular (pattern) der Lehre von der Unvermeidlichkeit unverdienter Feindschaft und Verfolgung im Christentum. Der Vergleich zwischen Röm 8,12-22 und 1Petr 4,12f, den Berger, Exegese 55-57, vornimmt, um ein verbreitetes frühchristliches Schema einer zugleich christologisch und apokalyptisch motivierten Ethik aus gemeinsamer Formtradition auszumachen, muß m. E. auf Röm 8,17f und 1Petr 4,13 reduziert werden; die Sätze Röm 8,12 und 1Petr 4,12 haben außer der Negation nichts (nicht einmal eine imperativische Funktion, wie B. auch für Röm 8,12 will) gemeinsam.
[674] Die Aufforderung, die durch die Bekeh-

Begründung ist, gerade im 1Petr, vielfältig. Sie liegt demnach vor allem im unterscheidenden Leben sowie im passionstheologischen Zusammenhang der Christen mit dem leidenden Christus, aber auch im Gericht, das Gott an den Christen vollzieht (V 17). Die Christuspredigt mutet den Glaubenden hier unumwunden die Logik einer generellen Notwendigkeit, jedenfalls Erwartbarkeit, des Christenleidens zu, aus der die gegenwärtige Zeit der Verfolgung als der Regelfall zu verstehen und durchzustehen ist.

13 Das gewichtigste Argument bzw. die aufschlußreichste Möglichkeit, über die das Leiden-Müssen »eingesehen« und ihm ein Sinn abgewonnen werden kann und der die Anstößigkeit der Diskrepanz zwischen Verheißung des Glaubens und der Realität der jetzigen verfolgten Existenz überwindet, ist im Urchristentum der Hinweis auf den leidenden Christus. In einer für den 1Petr ungewöhnlichen Ausführlichkeit war dieses christologische oder passionstheologische Argument in 2,21–25 unter der Chiffre von Beispiel und Nachfolge und sogar Berufung zum Leiden (wonach also Leiden die christliche Existenz-Form ist) entfaltet worden. Auch in den Sätzen 3,18 und 4,1 war Christus der Grund für das Leiden-Müssen und das Motiv für Leidensbereitschaft. Zwar läßt sich für VV 13f die Zugehörigkeit zur nachweislich gemeinsamen jüdisch-christlichen Verfolgungstradition zeigen[675]; aber hier liegt gleichzeitig eine Differenz vor. Alle jüdisch-traditionellen und weiteren Motivationen der Verfolgungs- und Leidens-Paränesen beziehen innerhalb der urchristlichen Predigt ihre Bedeutung aus dem Proprium des urchristlichen Leidensverständnisses, das in der Gemeinschaft mit dem leidenden Christus liegt. Die »Logik« des passionstheologischen Arguments[676] ist originell christlich. Sie liegt – darin nicht aus jüdischem Leidverständnis ableitbar – im Bekenntnis zur Heilsbedeutung, zur unbedingten Sinnhaftigkeit des Leidens Christi.

Wegen der Heilshaftigkeit dieser einen Passion, des Lebens und Sterbens Christi, ist Christenleiden nichts befremdend (V 12) Negatives, anstößig und widersprüchlich Sinnloses, sondern eben, wie es hier im Imperativ heißt, Grund zur Freude der vom Leiden Betroffenen[677]. Die sinnstiftende Verbindung mit Christus ist diesmal als Gemeinschaft mit dessen Leiden bzw. als Teilhabe daran erklärt, worunter die tatsächliche Schicksalsgemeinschaft mit Christus in der Erfahrung real erlittener Verleumdung und Verletzung verstanden ist. Darin kommt eine Gemeinsamkeit und Identität mit Christus im Schicksal des Leidens zu Wort, die sich nachhaltig auf den Martyriums-Mut und die Bereitschaft zum Durchhalten auswirken mußte. Sie verändert so wirksam die Situation der leidenden Christen, daß die »Trauer« (1,6), zu der die Umstände an sich allen Grund geben, in Freude verändert wird und also Hoffnung die Grundhaltung ist.

Man sieht hier typisch urchristliche Denk- oder besser Glaubensschritte: Die

---

rung erschwerte Situation »nicht befremdlich zu finden«, ist nach *Unnik*, Verlossing 84f, ein Topos der jüdischen Proselyten-Instruktion.

675 *Nauck*, Freude 69–77.
676 Siehe dazu die Auslegung von 2,21–25.
677 Darüber *Millauer*, Leiden 184f.

apostrophierte Gemeinsamkeit mit Christus stellt Freude (als Heil) nicht nur in Aussicht, sondern ermöglicht sie schon jetzt unter unverändert schlechten, deprimierenden Bedingungen (V 13a: »freut euch«); gleichzeitig wird diese Freude entgrenzt zur eschatologischen Freude, die die Konsequenz der jetzigen Freude ist (V 13b: »damit ihr euch bei der Offenbarung ... freuen könnt«). Diese doppelte Freude, die nur eine einzige ist, illustriert die Vitalität urchristlicher eschatologischer Hoffnung, die nicht darauf verzichtet, das Heil schon gegenwärtig als Freude und Glück zu kennen, wenn die Verhältnisse auch dagegenstehen. Christi Herrlichkeit wird offenbar werden, nachdem man bislang nur sein Leiden sah (vgl. 1,11); folgerichtig werden die Christen, die jetzt leiden, an der Herrlichkeit partizipieren (vgl. 5,1). Das ist jetzt und künftigeschatologisch Grund zur Freude. Das urchristliche Credo, die urchristliche Existenz leben aus der für sie einleuchtenden Konsequenz dieser Zusammenhänge zwischen Christus und Christen, durch die nämlich die Maßstäbe verändert und die Erfahrungen relativiert werden. Diese Zusammenhänge sind bekenntnismäßig, homiletisch, paränetisch in festen Mustern zur verbreiteten Überlieferung der frühen Kirche geworden. In einer dem V 13 verwandten Form trägt Paulus in Röm 8,17f (vgl. Phil 3,10) dasselbe vor. Und in Mt 5,11 14 findet sich eine erstaunlich parallele Form zum Makarismus (der »Selig«- oder »Glücklichpreisung«) von V 14. Die relative Identität und Stabilität der Bedingungen, unter denen der Glaube gelebt und gepredigt wurde, brachten die Entwicklung nicht minder stabiler Traditionsmuster mit sich, die regelmäßig anwendbar waren.

Eine solche Glücklichpreisung, ebenfalls mit einem Konditionalsatz verbunden, brachte Ps-Petrus schon in 3,14. An beiden Stellen ist dasselbe gemeint: Jetzt leiden müssen, weil man an Christus glaubt (bzw. auch: sich nach ihm benennt), heißt im Heil stehen. Also auch hier (wie bei der gegenwärtigen Freude von V 13a) die Rede vom Heil, das in der Verwirklichung christlicher Existenz schon Wirklichkeit ist. Hier folgt ein eigener Begründungssatz, der einen neuen Gedanken bringt und eine der wenigen Aussagen des Briefes (1,2.11f, aber nicht 4,10f) über den Geist enthält: Das »Glück« oder »Heil« besteht darin, daß Gottes Geist sich auf die leidenden Gläubigen niederläßt[678]. Diese Formel scheint dabei aus Jes 11,2 entlehnt zu sein, und Ps-Petrus interpretiert sie durch Ergänzung für den Zusammenhang. Es ist der Geist der »Herrlichkeit«[679], in der Christus erscheinen wird und in der auch die Zukunft der Christen liegt (V 13b). Diese Zukunft bricht also dort schon an, wo es gar nicht da-

---

[678] *Holzmeister*, Spiritus 129.131, versteht das als Zusage des tröstenden Beistandes des Geistes für die Christen. Diese Zusage gehört tatsächlich zur altchristlichen Martyriums-Interpretation sehr fest hinzu (z. B. Mt 10,19f; Apg 7,55; Mart Pol 2,2; MartLugd = Eus Hist Eccl V 1,29.34; Martyrium der Perpetua und Felizitas 1,2–4; 3,3).

[679] Alt, aber kaum ursprünglich ist der Zusatz καὶ δυνάμεως (»und der Macht«) (SAP Min u. a.). Der überlieferte Text ist mit und ohne diesen Zusatz sicherlich nicht korrekt.

nach aussieht: im Leiden⁶⁸⁰. Dieses Muster der Paradoxie gehört zur beständigen Logik urchristlicher Katechese, deren Argument die Passion und das Kreuz Jesu sind. Die »Glücklichpreisung« des Leidens als solche enthält dieses Paradox, und der ganze Brief übt – wie alle urchristliche Unterweisung – in ihre Realisation ein. Der V 14 macht also wieder (im Hinblick auf V 13) das »Glück« des Leidens einleuchtend, das wegen des Glaubens erlitten wird.

Bei der Verleumdung und Beschimpfung (vgl. 2,12; 4,4) »wegen des Namens Christi« ist Vorsicht angebracht bezüglich ihrer Erklärung auf damalige Vorkommnisse. Zusammen mit den weiteren Daten aus VV 15f wird dieses Detail als Indiz für eine Entstehung des 1Petr in Trajans Zeit (sc. ca. 116/117 n.Chr.) gewertet (vgl. A. II)⁶⁸¹, weil man damals zur juristischen Regelung der Christenfrage staatlicherseits verfahrensmäßige Überlegungen anstellte, ob man die Christen auf ihren bloßen Namen hin oder lediglich bei erwiesenen kriminellen Handlungen aburteilen solle. Daß Ps-Petrus sich hier diese Unterscheidung zu eigen mache, ist m. E. sehr unwahrscheinlich. Im V 14 redet er nicht entsprechend vom Namen der Christen, sondern vom Namen Christi, und die Wendung entspricht dem »um meinetwillen« in Mt 5,11⁶⁸². Dabei muß man wissen, daß die frühe Kirche alle Übergriffe und Feindseligkeiten, die sie erlebt hat, als Verfolgung um ihres Glaubens willen, also »wegen des Namens Christi«, aufgefaßt hat, auch wo und wenn die Gründe ganz anderer als religiöser Art waren⁶⁸³. Aus der christlichen Selbstangabe, daß die Diskreditierung seitens der Umwelt »wegen des Namens Christi« und gegen den einzelnen Christen »als Christen« (V 16) erfolge, kann also wirklich noch nicht zuverlässig geschlossen werden, daß die »Verfolger« erklärtermaßen die Christen als Christen (wegen ihres Glaubens als solchen) treffen wollten. Das ist in einer christlichen Quelle zunächst eine Sache der Perspektive der Verfolgten. Für die historische Datierung ist daraus kein Anhaltspunkt zu gewinnen⁶⁸⁴. – In einer alten Glosse (PKMin.) hieß es an dieser Stelle noch: »Bei ihnen (sc. den Ungläubigen) wird er (der Geist oder Christus) geschmäht, bei euch aber verherrlicht.«

15 Der Gedanke des V 15 war von Ps-Petrus schon wiederholt klargestellt worden. Alle positiven Aussagen zum Thema Leiden, die er in seinem Brief macht, gelten nur für unverdient und ungerecht Erlittenes, auf keinen Fall für gerechte, voraussehbare Strafe, die man für begangene Straftaten abbüßt (2,19f; 3,17). An der katalogartigen Aufzählung⁶⁸⁵ von massiven Straftatbeständen

---

⁶⁸⁰ *Selwyn* 222–224 bringt die Präsenz des »Geistes der Herrlichkeit« in der verfolgten Kirche mit der Gegenwart der Schekina in Israel, Bundeszelt und Tempel zusammen (auch *Stibbs* 161).
⁶⁸¹ *Knox*, *Pliny*; *Beare* 190.193 u. a.
⁶⁸² *Kelly* 186 hält das für einen bereits technischen Ausdruck (Verweis auf Mt 10,22; Mk 13,13; Lk 21,17; Joh 15,21; Apg 9,16; 15,26; 21,13; Offb 2,3; 3,8), der also ohne aktuellen Situationsbezug ist.
⁶⁸³ Genauso *Knopf* 183 für V 16 ὡς Χριστιανός ; *Best* 163.
⁶⁸⁴ Derselben Meinung ist *Best* 37f.
⁶⁸⁵ *Wibbing*, Tugend- und Lasterkataloge 87f, stellt die Parallelen zu den ersten drei aufgezählten »Lastern« in anderen ntl. Lasterkatalogen zusammen.

wird nun deutlich, was diese Abgrenzung soll. Sie bezeugt nicht etwa, daß es tatsächlich unter den Christen das groteske Mißverständnis gegeben hätte, alles Leiden, gleichgültig warum es zugefügt und erlitten wird, mache »glücklich« im Sinn von 3,14 und 4,14 und stehe als Nachahmung (2,21) oder Teilhabe (4,13) in Relation zur Passion Christi. Sondern diese Belehrung will offenbar zweierlei erreichen: Einerseits läuft sie auf die Warnung hinaus, daß Christen sich um jeden Preis davor hüten müssen, als Kriminelle einer öffentlichen Strafe unterzogen (und wohl auch: begründeter übler Nachrede in der Gesellschaft ausgesetzt) zu werden (vgl. 2,14). An Christen dürfen »Mißhandlungen für Verfehlungen« (2,20), »Leiden für schlechte Taten« (3,17) grundsätzlich nicht vorkommen. Denn Christen sollen erstens nicht sündigen und zweitens keinen Anlaß für berechtigte Vorwürfe in der Umwelt geben. Alle Anklagen gegen Christen müssen sein, was sie im Brief immer sind: Verleumdungen und Unterstellungen. Die verfolgte Kirche hatte diesbezüglich ihre Probleme mit den moralisch unsicheren Kantonisten, durch die die sehr wichtige Optik nach außen verdorben wurde (vgl. 1Tim 5,14; Tit 2,5; 2Petr 2,2). – Andererseits soll aber diese Belehrung deutlich etwas ganz anderes noch erreichen. Sie soll grundsätzlich klarmachen, daß es zweierlei Leiden gibt: eines, das anrüchig und beschämend ist, und ein anderes, dessen man sich nicht zu schämen braucht. Diese sehr selbstverständlich anmutende Unterscheidung scheint damals so problemlos nicht vollzogen worden zu sein (s. zu V 16).
V 15 hat also zweifellos paränetische Funktion, und es sieht danach aus, daß seine Diktion der katalogischen Paränese-Tradition entstammt. Darum scheint mir auch hier die Ausmünzung der Begriffe auf historische Umstände ein ungeschütztes Unternehmen. Daß diese Begriffe mehr als konventionelle Laster der üblichen Sündenkataloge sind, nämlich die fraglichen Begleitumstände bei Plinius/Trajan (s. A. II), die eine strafrechtliche Verfolgung der Christen auslösen sollten[686], läßt sich schwer absichern. Freilich ist es wohl gut denkbar, daß Ps-Petrus hier als Reizworte einige derjenigen Stichworte aufgreift, mit denen den Christen in Form von übler Nachrede und verleumderischen Anklagen das Leben schwer gemacht wurde. Wenn es so ist, enthält V 15 damit gleichzeitig die Information, daß die Christen mit solchen Beschuldigungen auch vor Gericht gebracht wurden und den Prozeß gemacht bekamen[687], denn bei derartigen Anklagen konnten die Behörden nicht untätig bleiben. Dann wären auch 2,14 und vielleicht 3,15 in diesem Zusammenhang von gerichtlichen Verfahren gegen Christen zu lesen. Aber mir scheint, daß darüber keine Gewißheit zu erreichen ist. Was sicher dasteht, ist die Warnung des Verfassers an seine Leser, nur ja niemals solche Straftatbestände wie die aufgezählten zu er-

---

[686] *Knox*, Pliny, nach dem Ps-Petrus erreichen will, daß die moralisch untadeligen Christen das Ende der Verfolgung herbeizwingen werden, weil die Behörden sich scheuen werden, allein wegen *superstitio* (Aberglauben) zu bestrafen, wenn kriminelle Anlässe fehlen. Der 1Petr macht nicht den Eindruck, daß er mit dem Ende der »Leiden« rechnet.
[687] So z. B. *Knopf* 181.

füllen. Das darf nie der Grund für das »Leiden« von Christen sein. Damit gehört allerdings (wenn man so konsequent folgern darf) auch alles das zum »Leidens«-Begriff des 1Petr, was an Straffolgen für solche Verbrechen zu erwarten war, also Kerkerhaft und Ärgeres. Haben die Christen des 1Petr also behördlich verhängte Sanktionen zu ertragen gehabt? Gut denkbar ist das, aber sicher ist es nicht, weil die Reichweite der Diktion nicht bestimmbar ist und weil vor allem das Interesse im Text nicht die Beschreibung von Vorgängen, sondern die Beeinflussung der Leser ist. Sie sollen sorgen, daß sie nie »als Mörder, Dieb, Verbrecher«[688] »leiden« müssen, sondern nur »im Namen Christi« (V 14) bzw. »als Christ« (V 16), was heißt: weil sie als Christen Strafbares fälschlich unterstellt bekommen haben. Nachdem man nicht auf dieses Dokument allein angewiesen ist, sondern von Übergriffen und Prozessen gegen Christen und von Strafen für sie zur fraglichen Zeit oder wenig später aus anderen Quellen sicher weiß, wird man wegen der Nachdrücklichkeit, mit der im 1Petr vom »Leiden« die Rede ist, hier denselben Zustand zumindest als bedrohliche Möglichkeit und gelegentliche Realität für wahrscheinlich halten. Nur ist der 1Petr für sich kein selbständiger Zeuge für tatsächliche gerichtliche Verfolgung und behördliche Bestrafung von Christen, die als Christen verklagt bzw. verleumdet waren. Auch die Zeilen VV 14–16, die diesbezüglich die konkretesten sind, geben keine wirkliche Klarheit (vgl. auch die Erklärung von V 16).

Ein Einzelproblem liegt in der Bestimmung des vierten Verbrechens der Reihe von V 15, dessen Bezeichnung nicht zur katalogischen Tradition gehört, was auch in der verstärkten Konjunktion ἢ ὡς bemerkbar wird[689]. Das Wort ἀλλοτριεπίσκοπος ist in der Geschichte der griechischen Literatur hier erstmals belegt. Weil sein Sinn völlig undeutlich ist, sind die verschiedensten Erklärungen bzw. Übersetzungen vorgenommen worden, z. B. mit »Angeber«, »Spitzel«, »Denunziant«, »Intrigant«, »Aufrührer«[690]. Beliebt und verbreitet wurde die Wiedergabe: »einer, der sich in fremde Angelegenheiten einmischt« bzw. »einer, der sich um Dinge kümmert, die ihn nichts angehen«[691]. Für diesen Sinn

---

[688] J. B. Bauer, 56f und ders., maleficus 109f, versteht κακοποιός als den geeigneten unbestimmten Terminus zur Bezeichnung dessen, der durch Zauberei unsichtbar Schaden stiftet. Die Reihe heißt dann: »Mörder, Dieb, Zauberer« (so auch The New English Bible; Windisch-Preisker 77; Knopf 181 und Selwyn 225 hielten diese Deutung bereits für möglich). Ich kann mich nicht anschließen, weil der Stamm κακοποιε- im 1Petr ausdrücklich (3,17) und regelmäßig (2,12–15.20) in einem allgemein-ethischen bzw. auch strafrechtlichen Sinn mit ἀγαθοποιε- kontrastiert wird. Dieser im Brief wichtige Bezugsrahmen scheint mir ausschlaggebender als das von Bauer beigebrachte, doch relativ entfernte Belegmaterial und auch die lateinischen Äquivalente (dieselbe Skepsis bei Beare 193; Schelkle 124; Kelly 188). Auch Bischoff, ZNW 7, 272, hat eine spezielle Bedeutung postuliert, aber bloß im Sinn von »Schelm, Schurke«.

[689] Auch Selwyn 225 und Kelly 188 sehen im wiederholten ὡς das Ende des »Katalogs« markiert.

[690] Eine Auflistung üblicher Übersetzungen bei J. B. Bauer, maleficus 111. Eine Synopse der Deutungsmöglichkeiten bei Knopf 181f; H. W. Beyer, ThWNT II, 617–619.

[691] Vgl. auch G. W. H. Lampe, A Patristic Greek Lexicon, Oxford 1961, 77: »busybody in other men's affairs«. Dafür bezieht er sich berechtigterweise auf Epiphanius, anc. 12,5 (GCS 25, 1915, 20 Z.22), wo der Terminus ohne jede Anspielung auf 1Petr 4,15 in der Aussage verwendet wird, daß sich der Geist

wurde ein Zusammenhang entdeckt, der ihn besonders zu empfehlen scheint: Den Kynikern machte man nach Epiktet den Vorwurf, sie würden sich als ungebetene, selbsternannte Sittenprediger um Angelegenheiten anderer Menschen kümmern, die sie nichts angehen. Die Verteidigung Epiktets gibt vielleicht die originale Formulierung des Vorwurfs wieder und kommt terminologisch in auffällige Nähe zum fraglichen Terminus aus V 15: »οὐ γὰρ τὰ ἀλλότρια πολυπραγμονεῖ ὅταν τὰ ἀνθρώπινα ἐπισκοπῇ ἀλλὰ τὰ ἴδια (Ench III 22,97)[692]. Diese Konstellation paßt nun tatsächlich nicht schlecht in die frühchristliche Missionssituation. Aus antichristlicher Polemik des 2. und 3. Jh.s (Kelsos, Porphyrios, Apologeten) ist bekannt, daß die Aktivitäten, die die Christen in ihrer Verhaltenskritik an der Umwelt, in ihren moralischen Appellen, vor allem in der Kontrolle, Korrektur und Beeinflussung ihrer Mitglieder durch die Gemeinde-Disziplin bis in die Familien hinein entwickelten, von Nichtchristen (zumal Verwandten und Ehegatten der Neubekehrten) als penetrant und geradezu verbotswürdig empfunden wurden. Es gab eine Allergie gegen den Einfluß, den die Christen auf die Neuzugänge bekamen, die sie gleichzeitig den anerkannten religiös-gesellschaftlichen Normen entzogen.
Diese Art von Vorwürfen hat es also gegeben. Das exegetische Problem bei der Annahme dieser Bedeutung für den vorliegenden Text ist aber, daß der Zusammenhang des 1Petr bzw. der VV 14–16 Schwierigkeiten macht. Es läßt sich ja nicht sagen, daß diese den Heiden oft zwar verhaßte christliche Aktivität auch gerichtlich strafbar gewesen wäre, und vor allem, daß sie auch in den Augen des Ps-Petrus ein Vergehen darstellte. Es würde hier praktisch von der Mission abgeraten, was nicht zutreffen kann. Nimmt man an, Ps-Petrus warne nur vor Übereifer und Zuständigkeitsüberschreitung, vor Aufdringlichkeit, Ungeschicklichkeit und ungebetener Einmischung[693], also vor mißlichen Praktiken innerhalb der Missionsarbeit, durch die die Christen der Umwelt lästig fallen mußten, dann ist das zu harmlos. Denn einerseits bleibt es, solange überhaupt christliche Mission betrieben wird, beim Anlaß für die Anklage: daß nämlich Unstimmigkeit in die Familien, Ungehorsam unter die Sklaven[694], kurz Unfriede gebracht wird; die Warnung wäre gegenstandslos. Andererseits und vor allem aber muß der Terminus ἀλλοτριεπίσκοπος unbedingt im Sinn eines kriminellen Tatbestandes gedeutet werden, den auch der Verfasser des 1Petr als solchen beurteilt, denn der Begriff beschließt die Reihe von »Mörder, Dieb, Verbrecher«[695]. Der Begriff ist jedenfalls also Glied einer Verbrechensaufzählung. Ein einschlägiger, hinreichend gravierender Wortsinn kann für

---

Gottes nicht als ἀλλοτριεπίσκοπος (unerlaubt) um Fremdes kümmert, wenn er nach 1Kor 2,11 die Tiefen Gottes erforscht. Der zweite, von Lampe ebenfalls genannte Beleg bei Epiphanius gehört aber nicht hierher (siehe Anm. 696).
[692] Vgl. *E. Zeller*, Berührung 129–132; es schließen sich an z. B. *Ramsay*, Church in the Roman Empire 293; ders., First Epistle 289–294; *Balch*, Wives 218–220.
[693] *E. Zeller*, Berührung 132; *Kelly* 189.
[694] *Ramsay*, Church in the Roman Empire 293.
[695] Konsequent *J. B. Bauer*, maleficus 111 (mit der oben referierten Erklärung): »Wir haben uns also nach einer echten Deliktsklasse umzusehen.« Anders *Erbes*, Was bedeutet 39; *Kelly* 189; *Stibbs* 162.

ihn aber nur vermutungsweise angegeben werden. Aus lateinischem Wort- und Anschauungsmaterial und speziell aus den altlateinischen Bibelübersetzungen ist jetzt die These abgeleitet worden, daß ἀλλοτριεπίσκοπος die Berufsgruppe etwa der Makler und Depositare bezeichnet[696], »die die Geschäfte anderer abwickelt« und immer in der Versuchung steht, »sich unrechtmäßig zu bereichern«[697]. Ihre bloße Nennung würde zeigen, daß sie regelmäßig mit dem Odium des Unrechttuns belastet war. Und im V 15 steht dann diese Nennung für das Delikt der Veruntreuung und Unterschlagung[698]. Man muß dann folgendermaßen lesen: ». . . oder als Treuhänder (sc. der sich Unterschlagung und Veruntreuung zuschulden kommen läßt).« Diese Interpretation hat den Vorteil, daß sie etymologisch plausibel ist und inhaltlich dem Brief-Kontext wirklich genügt, insofern sie ein gesetzeswidriges Delikt benennt. Darum verdient sie den Vorzug.

16 Die hauptsächliche Aussage ist leicht auszumachen: Wenn das Christsein (und nicht ein kriminelles Vergehen) der Grund ist, warum jemand schikaniert und vielleicht auch gerichtlich verfolgt wird, dann ist das die Art von »Leiden«, von dem 1Petr tröstend und hoffnungsvoll spricht (im Gegensatz zum Fall selbstverschuldeter Strafen nach V 15). Schwierig ist aber (wie VV 14f) wieder das Urteil darüber, ob die Diktion des Textes außerdem genauere Informationen über die historischen Verhältnisse zuläßt. Bedeutet die Wendung »wenn aber als Christ«, daß der Brief in Trajans Epoche gehört, als man Christen wegen des *nomen ipsum*, wegen des Namens »Christ« als solchen, abgeurteilt hat, wie vielfach angenommen wird (vgl. A. II)? Oder heißt sie, ohne Aufschlüsse bezüglich der Datierung, jedenfalls generell, daß zur Zeit des 1Petr das Christsein als solches ein Straftatbestand war[699]? Abgesehen von der rechtsgeschichtlichen Unwahrscheinlichkeit dieser Situation (mit Sicherheit kannte das römische Recht unter Trajan und Hadrian und noch viel länger kein Christengesetz) und unbeschadet der Tatsache, daß trotzdem in vielen Fällen Christen als Christen verfolgt worden sind[700], ist daran zu erinnern, daß der ganze Brief die Annahme ausschließt, die Kirche des 1Petr befinde sich in einer staatlich inszenierten Verfolgung. Es handelt sich statt dessen um gesellschaftliche Diskriminierung und Isolation, freilich mit deren durchaus nicht harmlosen Folgeer-

---

[696] Dafür läßt sich Epiphanius, haer. 66,85,6 (GCS 37, 1933, 128 Z.7) nennen, wo der Begriff jemanden bezeichnet, der sich käuflich die Rechte erworben hat, (als ἐκλήπτωρ) die Geschäfte anderer zu erledigen.
[697] *J. B. Bauer,* maleficus 112. Vgl. die Arbeiten von *Erbes,* der das Vergehen allerdings auf christliche Amtsträger bezieht und den Terminus für das Produkt eines christlichen Volkswitzes hält.
[698] *Erbes,* Was bedeutet 44; *J. B. Bauer,* maleficus 115, der außerdem vermutet, daß die den Christen angedichteten Verbrechen mit der bei Gericht üblichen Verleumdungs-Kampagne in Zusammenhang stehen, die den Angeklagten unabhängig von der genauen, eigentlichen Hauptanklage pauschal diffamierte. Dann war aber die eigentliche Anklage gegen Christen zur Zeit des 1Petr bereits das *nomen ipsum.*
[699] So z. B. *Schelkle* 125.
[700] Gerade die Plinius/Trajan-Korrespondenz beweist aber, daß dazu die Suggestion benötigt wurde, das Christsein sei regelmäßig mit Straffälligkeit im kriminellen Sinn verbunden. Vgl. *Freudenberger,* Verhalten 17–201.

scheinungen⁷⁰¹. Wenn in den VV 15f trotzdem von gerichtlich und behördlich relevanten Delikten und Vorgängen die Rede ist, dann im Sinn einer Eskalation der Verleumdungen von Christen bis zu ihrer Verstrickung in ungerechte Prozesse. Und in diesem Zusammenhang ist die Formulierung »als Christ« (zu der im übrigen dasselbe zu sagen ist wie zu der Wendung »im Namen Christi« V 14) aller Wahrscheinlichkeit nach gleichbedeutend mit der Formel vom »Tun des Guten«, wie der Grund für unschuldiges, genuines Christenleiden auch heißen kann (3,17). Das ὡς vor χριστιανός ist also, so naheliegend das zu sein scheint, nicht im gleichen direkten Sinn wie das zweimalige ὡς von V 15 zu nehmen. Die Aussage der VV 15f scheint mir mit der von 3,17 und sinngemäß auch mit V 19 (ἀγαθοποιΐα) in diesem gleichen Abschnitt (s. u.) identisch zu sein. »Als Christ« leiden heißt, auf die tadellose, dem Glauben entsprechende Lebensweise hin in die bekannten vom 1Petr dauernd angesprochenen Schikanen und Konflikte verwickelt zu werden⁷⁰².
Außerdem wird der Anlaß für diese sonst etwas arg selbstverständlich aussehende Unterscheidung von Kriminalität und Christsein als Grund von »Leiden« hier deutlich. Mit der Unterscheidung der prinzipiell verschiedenen Gründe, aus denen »gelitten« wird, will Ps-Petrus bei seinen Lesern die Einsicht in die prinzipielle Verschiedenheit des jeweiligen Leidens erreichen. Der Grund für diese Belehrung ist eine unter den Christen vorhandene »Scham«. Alles, was ihnen angetan wird, ist nach der Darstellung des 1Petr ja Teil und Folge einer Kampagne, in der praktisch Rufmord an den Christen betrieben wird: Schlechtigkeit, Minderwertigkeit und sogar krimineller Charakter ist angeblich kennzeichnend für sie. Diese Optik der dubiosen Gruppe, von deren Einzelgliedern man alles mögliche Schlechte zu erwarten hat, ist nicht von allen Christen leichthin ertragen worden. Man »schämte sich« dieses Rufes, wenn er auch evident verleumderisch und boshaft oder vulgär war. Vor Gericht gezerrt und dort belangt zu werden wurde als blamabel empfunden, auch wenn alles ein Unrechts-Komplott war. Als Kriminelle behandelt zu werden, von den Leuten in der Umgebung und von den örtlichen Behörden, war peinlich. Pogromartigen Übergriffen ausgesetzt zu sein erzeugte Angst. Mit den Gesetzen in Konflikt gebracht zu werden war für einen bislang Unbescholtenen eine Schande. Darum diese Belehrung: Wer »als Christ« leidet, braucht sich nicht zu »schämen«⁷⁰³. Die christliche Trostrede nimmt dem täglichen Schicksal der gesellschaftlich mißliebigen Christen die Schande. Diese Instruktion steht of-

---

701 Vgl. die Kritik an den entsprechenden gegenteiligen Thesen auch bei *Kelly* 191f.
702 Ähnlich *C. F. D. Moule*, The Birth of the NT, London 1962, 113f; ders., Nature 8: »all that the Greek says is, If you have to suffer, suffer as a Christian, not as a criminal«. Vgl. auch *Kögel*, Gedankeneinheit 192.
703 Der Terminus Χριστιανός ist hier also im Kontrast zu kriminellen Prädikaten wie V 15 gebraucht. Darum ist seine Kombination mit »sich schämen« gerade nicht als Beleg dafür zu bewerten, daß die Christen selbst mit dieser ihrer ursprünglichen Fremdbezeichnung (Apg 11,26) als »Christen« ihre Schwierigkeiten hatten, insofern sie den Namen für unehrenhaft halten mußten (so *D. van Damme*, ΜΑΡΤΥΣ-ΧΡΙΣΤΙΑΝΟΣ, FZPhTh 23, 1976, 296; auch *Stibbs* 162). Wenn das je so war, ist es hier längst überstanden.

fensichtlich in einer stereotyp gewordenen homiletischen Tradition vom
»Sich-nicht-schämen-Dürfen« in der Verfolgungssituation, wobei die
»Scham« praktisch gleichbedeutend wurde mit Glaubensverleugnung (vgl. Mk
8,38 par; 2Tim 1,8.12.16; 2,15; vgl. Röm 1,16).
Die ganz andere Qualität des Christenleidens soll also begriffen werden, um es
bestehen zu können: Es bedeutet nicht Schande, sondern Verherrlichung Gottes. In einem mit Sicherheit sehr schwierigen Lernprozeß mußte jeder neuen
Christengeneration, die die feindselige Ablehnung durch die Umwelt erfuhr,
die paradoxe Logik einleuchtend gemacht werden, daß ihre Situation, die zunächst ja auf jeden Fall nicht wünschenswert war, sondern als ausgesprochene
Not empfunden wurde, die deutliche, »ideale« Form des Christseins selbst sei,
sofern sie »ohne Scham« und in Hoffnung und Ausdauer angenommen wurde.
Diese »Logik« war freilich nur über den Hinweis auf die Leiden Christi (V 13)
begreiflich und akzeptabel. – Daß die Verherrlichung Gottes »in diesem Namen« (sc. »Christ«)[704] geschieht (instrumentales ἐν), heißt dann, daß sie in der
beschriebenen Realisation des Christseins liegt[705].

17 Eine weitere, sehr andersartige Erklärung zum Thema des Christenleidens, mit
der die Reihe fortgesetzt wird[706]: Leiden ist Gottes Gericht, für das jetzt die
Zeit gekommen ist. Auch auf diesem Weg also wird einsichtig, daß das erfahrene, bedrückende Leiden sein muß, ja daß es letztlich sogar selbstverständlich
ist, allerdings auch, daß es befristet ist. Man braucht sich nicht verlegen zu
wundern (V 12). Das Gericht ist notwendiger Teil des weltgeschichtlichen Gesamtdramas; damit sind die Geschichte und das Schicksal der christlichen Gemeinde ein weiteres Mal (wie 1,10–12.20) in einen Erklärungszusammenhang
von solcher Größenordnung gerückt, daß sich alle Fragen beantworten und die
Kirche (gerade mit ihrer schwierigen Situation) ihren Ort im Gesamtplan Gottes erkennt. Daß aber Gericht als Leiden kommen muß und daß es »›beim‹
Haus Gottes ›beginnt‹« (offenbar eine Anspielung auf Ez 9,6 oder Jer 25,29),
wird als zwingend und einleuchtend oder besser: als bekannt vorausgesetzt.
Denn das ist wieder einer der vielen nachweislichen Topoi aus der Überlieferung, die Ps-Petrus kennt und verwendet; der Gedanke, daß das Gericht zuerst
das Haus Gottes trifft und daß der Herr zuerst Israel züchtigen wird, ist »überliefertes jüdisches und christliches Gedankengut«[707], wobei es christlich natürlich auf die Kirche appliziert wird.

---

[704] *Fischer*, Petrusbrief 204, übersetzt: »in diesem Fall« und erklärt ohne philologischen Kommentar (ebd. 215 Anm. 9): »ἐν τῷ ὀνόματι τούτῳ ist hier als juristischer terminus technicus anzusehen; ὄνομα = Anklagepunkt«. *Stibbs* 163 entscheidet sich für das relativ schwach bezeugte μέρει (KPMin) statt ὀνόματι: »aus diesem Grund«.
[705] Nach *Kelly* 190f liegt ein bestimmter idiomatischer Gebrauch von ὄνομα in kausaler Bedeutung vor, etwa in dem Sinn: »in eurer Stellung als Christen«.
[706] Vom Höhepunkt des Abschnitts (*Selwyn* 226) kann nicht die Rede sein. Der Vergleich der VV 17–19 mit 2Thess 1,4–12 (*Selwyn* 445.450–452) zeigt in der partiellen Überschneidung wieder die Übereinstimmung des 1Petr mit traditionellen Feldern katechetischer Rede.
[707] *Lohse*, Paränese 82f, mit Belegen und Hinweisen. Auch *Millauer*, Leiden 106–110. Zum biblischen Umfeld *Selwyn* 299–303.

Die Adressaten kennen offenbar diese Version des »Muß«, sollen einwilligen können und sogar einen Vorteil darin erkennen: Sie sind vergleichsweise am besten daran, nämlich gegenüber den Ungläubigen, wobei sich zwei Steigerungen miteinander zu verschränken scheinen. Einmal ist es besser, »zuerst« getroffen zu werden, weil sich das Gericht mit seinen dramatischen Folgen an sich schon gegen sein Ende zu (wenn es die Ungläubigen trifft) noch steigert und furchtbarer wird (dies muß der Sinn des πρῶτον und τέλος sein); außerdem wird das »Ende« der Ungläubigen wegen ihres Ungehorsams gegen das Evangelium Gottes (vgl. 2,8) unbedingt viel schlimmer sein als das Schicksal der Gläubigen. Allerdings besteht bezeichnenderweise kein Interesse daran, die künftigen Leiden der Ungläubigen auszumalen, sondern es geht einzig darum, Möglichkeiten der Ermutigung für die Christen zu finden[708]. Eine Möglichkeit ist der Blick auf das schlimmere Schicksal der anderen.

Dieses Schicksal wird durch eine eschatologische Verwendung von Spr 11,31(LXX)[709] bedrohlich veranschaulicht. Sogar für die »Gerechten« besteht Gefahr des Abfalls in den Nöten (vgl. Mk 13,19f). Aber durch dieses Zitat (darum geht es hier) erfährt die prekäre Situation der Christen eine Relativierung durch den Vergleich mit dem ungleich schlimmeren Schicksal, das auf die »anderen« wartet, und zweifellos eben dadurch auch eine Entlastung, weil es nämlich die »Feinde« noch härter treffen wird (vergleichbar 2,7f; 3,12). Daß beider Schicksal letztlich von Gott kommt, hat seine Richtigkeit als Gericht, das alle verdienen. – Da der Gerichtsgedanke hier nichts weiter als ein Glied in einer Argumentenreihe zum Thema Leiden ist, kann nicht seinetwegen von hinten her der ganze Passus ab V 12 als eschatologisch orientiert aufgefaßt werden[710]. 18

Man kann diesen Satz als Zusammenfassung oder Schlußfolgerung verstehen. 19 Er scheint aber eine zusätzliche, letzte Motivation zum Leiden in dieser Reihe der Leiderklärungen zu bieten. Die Christen werden auf die Möglichkeit großer Gelassenheit verwiesen. Wer »tut, was recht ist«, und »sein Leben dem getreuen Schöpfer anheimstellt«, wird in der Unbeirrbarkeit und friedlichen Unangefochtenheit, die diese Formulierungen ausstrahlen, die schwierige Situation meistern. Es wird (wie V 17; 3,17; vgl. 1,6) als Wille Gottes beschrieben, was sich ereignet. Protest und Klage gegen das Schicksal sind damit abgewiesen; aber auch »Trauer« (1,6) und Resignation verbieten sich dann. Ganz undramatisch (vgl. dagegen 5,8f) schließt die Verfolgungs-Paränese mit dem Hinweis auf die »simple« Möglichkeit der Leidbewältigung: im Vertrauen auf Gott das Gute zu leben, wie der Brief es vielfach umschrieben hat. Diese Motivation ist doch sehr anders als die der VV 13–16. Man verweist wahrscheinlich

---

[708] So auch *Best* 165.
[709] *Barr*, JSSt 20 (1975) 149–164, sucht die sachlich gravierenden Abweichungen der LXX gegenüber dem MT, die erst die Brauchbarkeit des Spruches im 1Petr ausmachen, text- und übersetzungsgeschichtlich zu erklären, was auf das Verständnis von V 18 keinen Einfluß hat.

[710] *Berger*, Exegese 55, zu Röm 8,12–18 und 1Petr 4,12f: »In beiden Fällen handelt es sich um Begründung von Ethik durch Eschatologie.« 4,12f hat mit 4,17f das Thema Leidbegründung und Leidbewältigung gemeinsam, sonst nichts.

mit Recht auf außerchristliche Herkunft der hier leitenden Ideen von Vorsehung, Schöpfung und Ethik[711].

Zusammenfassung  Dieser Abschnitt gehört zu den Passagen im Brief, die das Thema von Verfolgung und Leiden und von deren christlicher Deutung explizit behandeln. Er ist dabei in seiner Konkretheit noch einmal hervorstechend. Insgesamt hat er den Charakter einer Sammlung: Ps-Petrus stellt eine ganze Reihe von (übrigens sachlich nicht sehr homogenen) Erklärungen, Motiven und Impulsen zusammen, mit denen er seinen Lesern ihre leidvollen Erfahrungen zu verstehen und anzunehmen helfen will. Die Tendenz ist dabei eine Beschwichtigung durch Erklärung. Dabei spiegelt der Text sehr genau die Situation, die in der Frühzeit des Christentums verbreitet gegeben war: Die Gemeinden geraten in Verlegenheit (»befremdet«: V 12) durch die üblen Erfahrungen mit der »Welt« und durch die minimale Greifbarkeit des zugesagten Heils (1,8). Der Prediger reagiert darauf mit einem ganzen Arsenal von Erklärungen, das ihm die christliche Tradition schon bereitstellt: Das Leiden war zu erwarten; wer sich wundert, war nicht informiert. Denn eine wirkliche Erprobung der Gerechten muß sein (V 12); außerdem ist die Mühseligkeit der Situation doch die Gemeinschaft mit Christus in seiner Passion, so daß die Freude über die Bekehrung schon jetzt möglich ist (V 13) als Wirklichkeit gewordenes »Glück« oder »Heil« (V 14). Es ist weder Schande noch peinlich, wenn einem Christen Übles nachgesagt und ungerechte Gewalt angetan wird wegen des Glaubens; denn zwar sehen alle »Leiden« (nämlich Strafverfolgung, gesellschaftliche Ächtung und jede Diskriminierung) immer gleich aus, aber ihre Qualität unterscheidet sich ganz ausschlaggebend je nach der Ursache. Die Christen haben also keine Blamage zu fürchten und müssen sich nicht schämen, wenn sie die Rolle von Geächteten und Kriminellen spielen müssen (VV 15f). Und schließlich ist das Leiden insofern erwartbar und überhaupt nicht verwunderlich, als in ihm das Gericht Gottes vollstreckt wird, von dem jeder weiß, daß es kommen muß, um das Ende (auch des Leidens) zu bringen. Wenn die Christen schon jetzt das Gericht zu spüren bekommen, während die Ungläubigen (noch) unbehelligt sind, bestätigt sich für sie, daß sie zum Haus Gottes gehören, an dem das Gericht bekanntlich beginnt; und sie können sicher sein, daß ihnen mit Abstand der bessere Teil zufällt, da die übrigen Menschen am Ende und wegen ihres Unglaubens ungleich entsetzlicher vom Gericht ereilt werden (VV 17f). Beruhigend wird ihnen gesagt, daß sie sich in der Gewißheit des besseren Schicksals gelassen dem Tun des Guten in Gottvertrauen hingeben sollen; so werden sie das Leiden nach Gottes Willen durchstehen.

Das ist also ein ganzer Fächer pastoraler Möglichkeiten, eine bedrängte Kirche in der entmutigenden Konfliktsituation mit ihrer Umwelt immun zu machen

---

[711] Z. B. *Windisch-Preisker* 78; *Knopf* 186. *Fischer*, Petrusbrief 210f, denkt bei der Ergebung in Gottes Willen und beim »Schöpfergott« (κτίστης ntl. nur hier) an Übernahme aus der Stoa.

gegen Resignation oder Ärgernis, und ihr zu helfen in der Leidbewältigung, indem entsprechende theologische Erklärungen der Situation nacheinander und nebeneinander angeboten werden.

## 18. 5,1-7 Christliches Zusammenleben

**1 Die Presbyter unter euch ermahne ich, der ich Presbyter mit ihnen bin und ein Zeuge der Leiden Christi und auch Teilhaber an der künftigen Herrlichkeit, die offenbar werden wird: 2 Weidet die Herde Gottes bei euch und tut diese Aufgabe nicht gezwungen, sondern freiwillig nach Gottes Auftrag, und nicht aus Profitsucht, sondern aus Bereitschaft, 3 und nicht wie solche, die in ihrem Bereich sich als Herren aufführen, sondern als Vorbilder der Herde. 4 Und wenn der oberste Hirt erscheint, werdet ihr den unverwelklichen Kranz der Herrlichkeit bekommen.**
5 Genauso ihr jungen Männer, ordnet euch den Presbytern unter. Und verkehrt alle in bescheidener Selbsteinschätzung miteinander, denn
 »Gott stellt sich gegen die Hochmütigen,
 aber den Demütigen gibt er Gnade.«ᵃ
6 Beugt euch also demütig unter die starke Hand Gottes, damit er euch im entscheidenden Augenblick erhöht. 7 »Werft eure«ᵇ ganze »Sorge«ᵇ auf ihn, denn ihr liegt ihm am Herzen.

**a** Spr 3,34(LXX). – **b** Ps 55,23.

Daß mit der Anrede der kirchlichen Amtsträger in 5,1 ein weiterer Sinnabschnitt beginnt, ist evident (das οὖν ist hier ein höchst lockerer Anschluß). Unsicher bleibt aber, wo man ihn abgeschlossen und das nächste Thema einsetzen sehen soll. Die hier vorgenommene Zäsur hinter V 7 scheint mir aus folgenden Gründen die plausibelste. Die Ermahnung an die jungen Männer (V 5a) gehört in der vorliegenden Komposition jedenfalls mit den VV 1–4 zusammen. Den Aufruf an »alle« in V 5b kann man wegen seiner thematischen Zugehörigkeit zu V 3 und V 5a von diesen nicht gut abtrennen, sondern wird ihn als deren Ausdehnung auf alle Christen verstehen (s. u.). Dann sind aber V 5c und V 6 auch nicht von dieser Einheit abzuhängen, weil sie sich mit dem Wortstamm ταπειν- gegenseitig veranlaßt haben und zusammengehören. Und den V 7 muß man dann ebenfalls hinzunehmen, nicht weil er eine besondere Verbindung zu V 6 aufweisen würde, sondern weil mit V 8 eine deutlich andere Tonart der Paränese einsetzt (s. die Analyse zu VV 8–11), die man im V 7 noch nicht vernimmt. Dann liegt ein gleitender Übergang vor von einer Stände-Paränese (bzw. einer kirchlichen »Haustafel«) zur wieder allgemeinen Ermahnung. Auf 3,8 hin steht fest, daß der Wechsel der Adressaten von den Amtsträgern zu allen Christen schon im V 5b (»alle«), nicht erst (durch das Bibelzitat

Analyse

V 5c veranlaßt) im V 6 vollzogen wird. Weitere Beobachtungen zur Form des Abschnitts müssen im Zusammenhang der Erklärung von V 5 nachgetragen werden.

Insgesamt handelt es sich also wieder um einen paränetischen Abschnitt, in dem aber das zuvor gesteigert angesetzte Zentralthema »Leiden und Hoffnung« vorübergehend wieder zurücktritt (abgesehen vom »Zeugen der Leiden Christi« V 1), um nachher noch einmal kräftig zum Zuge zu kommen (VV 8–11). Die Anweisungen selbst sind neu, weil die Adressaten (die Ältesten bzw. Presbyter und die Jungen) hier erstmals vorkommen. Noch in der Phase, in der der Brief seine Rede vom Hauptthema in einer Art steigert, daß sich zugleich darin der Abschluß ankündigt, führt der Verfasser also ein weiteres »Neben-Thema« ein[712]; man würde es hinter 3,7, jedenfalls an einer früheren Stelle des Briefes passender plaziert finden, aber es ist, wie mehrfach bemerkt, völlig unangebracht, bei dem originellen Schreibstil des Verfassers Kritik an der Anordnung der Themen und Sinneinheiten zu üben. Ein inhaltlicher Bezug zum Hauptthema des Briefes ist übrigens sehr wohl gegeben, da die Gemeindeleiter zugunsten der verfolgten, in ihrer Not hilfsbedürftigen Gemeinden zum tadellosen Dienst angehalten werden. Die Amts-Paränese nennt erwartungsgemäß sehr einschlägige Verhaltensnormen und apostrophiert dabei Christus, der für alle Christen das Vorbild im Leiden ist (2,21; 3,18; 4,1.13), hier insbesondere als Typos des kirchlichen »Hirten«-Amts (»oberster Hirt« V 4). Geradliniges Gefälle und Zusammenhang hat dieser Abschnitt, wie angedeutet, in seinem Interesse an der Einübung gegenseitiger »Bescheidenheit«: die Presbyter sollen sich nicht wie die Herren aufführen (V 3), die Jungen nicht aufsässig sein (V 5a) und alle Christen miteinander nicht gegenseitig auftrumpfen wollen (V 5b). Mit dem Hinweis auf Lohn wird geworben (VV 4.6) und eine an dieser Stelle nicht speziell motivierte tröstliche Direktive (V 7) angefügt.

Erklärung 1

Die Paränese für kirchliche Amtsträger folgt an dieser Stelle völlig unvorbereitet; der abrupte Wechsel zu diesem neuen Thema war vom bisherigen Themenfächer des 1Petr her nicht gerade erwartbar. Aber Anweisungen an die Verantwortlichen in den Gemeinden gehören zu den verbreiteten Themen der (brieflichen) Instruktionen in ntl. Zeit. Sie sind einer der Wege, Einfluß auf die Gemeinden selbst zu nehmen. Der Verfasser betreibt auch hier die Konsolidierung der Kirchen auf dem Hintergrund der Belastungsproben, denen sie ausgesetzt sind. Die Erklärung wird es verdeutlichen.

Man erfährt also, daß in der Kirche des 1Petr Presbyter die Leitungsfunktion ausüben (nicht »Bischöfe« – ἐπίσκοποι), eine aus dem Judentum mitgebrachte frühchristliche Verfassungsform. Das ist insofern verwunderlich, als der Brief

---

[712] Daß der Passus 5,1–4 seinerseits »– auf der Ebene der Komposition – den Abschluß des Schreibens einleitet« (so *Goldstein*, Paulinische Gemeinde 17), läßt sich nicht sagen, nachdem die VV 8–11 ohne Zusammenhang mit ihm noch folgen.

formell an paulinische Missionsregionen gerichtet ist, in denen man die paulinische Kirchenverfassung mit Bischöfen und Diakonen erwartet hätte (Phil 1,1). Da sich aber der fiktive Charakter des 1Petr nicht völlig durchschauen läßt, ist beispielsweise auch die Frage nach dem Verhältnis des Autors und auch des Briefes selbst zu Kleinasien und die Absicht bei dieser Adressenangabe (bzw. -wahl) nicht sicher beantwortbar. Der Text läßt sie offen, wie er auch keine Auskunft darüber gibt, ob jeweils ein einziger Presbyter oder ein Kollegium von Presbytern (so in den Past) der Gemeinde vorsteht.

Rückblickend von den VV 1–4 fällt nun auf, daß in 4,10f, wo indirekt auch die Kirchenordnung zur Sprache kam und wo sie ihre Eigentümlichkeit im Zusammenwirken der Charismen aller Christen hatte, was stark an Paulus erinnerte, von den Presbytern keine Rede war. Umgekehrt fällt hier in den VV 1–4 kein Wort über die Charismen. Die Vielschichtigkeit der Traditionen, aus denen der 1Petr herkommt (und auf die für die Wortüberlieferung oft aufmerksam gemacht wurde), setzt sich also auch auf dem Feld der kirchlichen Verfassungsgeschichte fort. Was die heutige historische Forschung glaubt, in jedem Fall scharf trennen zu müssen, nämlich paulinisch-charismatische und jüdisch-presbyteriale Kirchenverfassung, ist in diesem Brief nicht alternativ. Die Geschichte der Kirche hat Gemeindeformen und Traditionen hervorgebracht, die sich mit den rigiden Kategorien nachträglicher wissenschaftlicher Typisierungen der kirchlichen Verfassungsgeschichte nicht decken. Ps-Petrus konnte von Charismen aller reden (4,10) und dazu die reguläre Tätigkeit der Amtsträger, von denen er erst hier in 5,1–4 ausdrücklich redet, als charismatische Dienste beschreiben (4,11), als die er deren Vorstehen, Ordnen und Verwalten und auch karitative Aktivitäten dort wahrscheinlich verstanden hat[713]. Mit dieser Überschneidung von 4,10f mit 5,1–4 ist jedenfalls dringend zu rechnen[714].

»Ermahnung« (παρακαλεῖν) ist die Briefabsicht generell (V 12). Sie gilt hier den Gemeindeleitern. Und der sie erteilt, hat sich 1,1 als den Apostel Petrus

---

[713] So auch *Knopf* 176.187.

[714] *Goldstein*, Paulinische Gemeinde 11–24, drückt sich so aus, daß im 1Petr »die unterschiedlichen Komponenten der Geistbegabung eines jeden Glaubenden und der Leitungsgewalt der Presbyter« »zu einer eigenständigen ekklesiologischen Konzeption« zusammengefügt sind (22), wobei allerdings der letzten der beiden Komponenten die »größere Gewichtigkeit« zugestanden sei, indem 5,1–4 »gegen Ende . . ., das heißt an hervorgehobener Stelle« des Briefes stehe (was bei der Kompositionstechnik des 1Petr so nicht stimmt und auch keine Begründung wäre). – Gegen diese Auffassung, daß für Ps-Petrus ein einziges Kirchenkonzept mit den beiden »Komponenten« vorliegt, protestiert *Schröger*, Verfassung, völlig überflüssigerweise und vertritt die These, im Abschnitt 5,1–5 des (zweigeteilten) 1Petr werde die »presbyteriale Kirchenverfassung« gegen die Charismatiker von 4,10f bewußt favorisiert (249), den »ehemals paulinischen Gemeinden in Kleinasien« (249) »dringend nahegelegt« (241.245), und dies sogar unter einem »gewissen Druck«, »in Zukunft nichts gegen eine presbyteriale Struktur der Gemeinden einzuwenden« (251), weil nur bei dieser Organisation ein Überleben in der Verfolgungssituation möglich sei (245). Von einer Tendenz dieser Art (Verdrängung einer Organisation durch eine andere) ist am Text rein nichts nachweisbar. – *Fischer*, Petrusbrief 212, beschreibt im Vergleich von 2,5 mit 5,1–5 den »Übergang vom allgemeinen Priestertum aller Gläubigen zu einer Trennung von Priestern und Laien«. Auch davon kann keine Rede sein, weil 2,5 den ersten Topos gar nicht enthält (s. z. St.).

vorgestellt. Diese Verfasserangabe ist fingiert (s. Brox, Tendenz). V 1 ist die einzige Stelle im gesamten Brief-Corpus (also außerhalb des Rahmens 1,1; 5,12–14), die dem Leser den Verfasser (allerdings ohne Namensnennung) persönlich in Erinnerung bringt und ihn in der 1. Person reden läßt. Die Frage ist, was seine kollegiale Neben- oder Gleichordnung mit den Amtsträgern (»Presbyter mit ihnen« – συμπρεσβύτερος: vgl. συνδοῦλος Ign Eph 2,1; Mg 2; Phld 4; Sm 12,1) zu bedeuten hat. Die Meinungen darüber gehen weit auseinander. Zum Teil wird die Äußerung gar nicht als wirkliche Gleichordnung anerkannt, sondern als werbende Demutsgeste[715] von einem Verfasser verstanden, der seine Autorität in 1,1 hinreichend befestigt hatte, so daß er sich diese Attitüde jetzt leisten kann[716]. Wenn der Verfasser den Terminus συμπρεσβύτερος ganz bewußt auf den Apostel Petrus bezogen hat, wird man so oder ähnlich auslegen müssen, wobei man dem Ps-Petrus eine inkonsequente Position nachsagt, weil er einmal als Petrus und dann als kirchlicher Presbyter spricht, der sich aber wieder mit übergeordneter Autorität und Kompetenz ausstattet. Denn so sehr die frühkirchlichen Amtsträger sich in der Fortsetzung der Arbeit der Apostel verstanden, so ist mir doch nicht bekannt, daß sie einen Petrus oder Johannes direkt als einen der ihren ansehen konnten[717]. Die Apostel waren in der Tradition zwar alle bald »(erste) Bischöfe«, aber die Amtsträger waren es in einem qualifizierten Sinn »nach« ihnen.

Darum scheint die Erklärung für diese Gemeinsamkeit, in die sich der Verfasser mit allen kirchlichen Presbytern stellt, darin zu liegen, daß der fingierende Autor an dieser Stelle aus seiner eigenen historischen Rolle heraus, nämlich als Presbyter, der er war[718], spricht. Damit gibt er zwar seine petrinische (sc. apostolische) Fiktion partiell auf[719], aber nur sie kann wieder die Kompetenz erklären, mit der er (doch als Vorrangiger) anderen Presbytern Ermahnungen erteilt. Jedenfalls macht συμπρεσβύτερος als Attribut für den Apostel Petrus Schwierigkeiten[720], und sie dürften sich am ehesten über eine bestimmte Tendenz des Verfassers (siehe zu V 3) oder über Inkonsequenzen in der Durchführung der literarischen Fiktion, die der 1Petr ist, erklären, wohl kaum dagegen als Spiegelung kirchlicher Amtsgeschichte (die Presbyter übernehmen die

---

[715] *Windisch-Preisker* 78f; *Knopf* 188; *Kelly* 198; *v. Campenhausen*, Amt 90. *Berger* zählt diese Geste einmal zu den »Elementen der Rhetorik, speziell der Diatribe, in frühchristlichen Briefen« (Apostelbrief 226), erkennt aber später (Exegese 103) daran eine Gemeinsamkeit von Briefen und Offenbarungsschriften, wenn Ps-Petrus alle Autorität allein für Gott reklamiert, von dem er die Botschaft hat (Parallelen: Barn 1,8; 4,6; Offb 19,10; 22,9; AscJes 8,4; Ps-Mt 3,3).
[716] *R. E. Brown* u. a., Petrus 132.
[717] Die Papias-Notiz Eus Hist Eccl III 39,4 besagt das jedenfalls nicht; πρεσβύτεροι sind dort die Früheren, darum speziell die Apostel.
[718] So auch *Meyer*, Rätsel 74; *Harnack*, Chronologie I,452.455 (der Verfasser war Konfessor); *D. H. Schmidt*, The Peter Writings 68f.
[719] *Seufert*, Titus Silvanus 358: Durch die Selbstbezeichnungen als »Mitpresbyter und Zeuge« hat sich dem Ps-Petrus (= Silvanus) »die Maske der Pseudonymität etwas verschoben«.
[720] *Bornemann*, Petrusbrief 145, beseitigt sie, indem er (mit der Harnackschen These: s. o. A.I) annimmt, daß dieses Attribut zu einer Ansprache ohne petrinische Rahmung gehört, also mit Petrus erst sekundär zu tun bekam. – *Best* 60f bringt den Terminus wohl unzutreffend mit Lehrer-Schüler-Verhältnissen im frühen Christentum in Zusammenhang.

Aufgabe der Apostel, beide Ämter werden identisch[721]). Und über die Bedeutung gibt es keinen Zweifel: Der Sprechende will seine Zuständigkeit, diese Ermahnungen zu erteilen, und gleichzeitig seine Verbundenheit mit den Angesprochenen versichern. Schon früh ist alles, was mit der Ordnung und Verfassung der Kirche zu tun hatte, mit demselben Nachdruck auf die (oder einen) Apostel zurückgeführt worden wie die Lehre.

Auch die zweite Qualität, mit der sich der Verfasser hier ausweist, nämlich »Zeuge der Leiden Christi«[722] zu sein, ist entsprechend auf seine Kompetenz zu deuten. Die im 1Petr gemeinte Kompetenz, die die Rede vom Leiden (auch von der Passion Christi) betrifft, kann nun nach der gesamten Theologie der Leiderfahrung im Brief keinesfalls aus einer Augenzeugenschaft abgeleitet werden. Ob unter Voraussetzung der Echtheit des 1Petr oder seiner Pseudonymität, aus dem Zusammenhang gibt der Hinweis, Petrus sei bei der Passion Jesu dabei gewesen[723], keinen befriedigenden Sinn. Dasselbe gilt für die Ansicht, daß die Predigt vom Kreuz gemeint sei[724]. Denn es geht um die Teilhabe (κοινωνεῖν: 4,13) an Christi Passion in Form selbst erlittener Leiden, wie die Fortsetzung vom Teilhaben (κοινωνός: V 1b) an der »Herrlichkeit«, der dritten Qualität des Verfassers, klar zeigt. Daher kann der Sinn von μάρτυς hier weder der Wort- noch der Augenzeuge sein, sondern nur der »Tatzeuge«. Denn nur so bleibt die deutlich gemeinte soteriologische Entsprechung von Leiden und Herrlichkeit erhalten (vgl. 4,13f), und außerdem ist der Verfasser nur in diesem Fall als befugt erwiesen, in der Verfolgungssituation seine »Ermahnungen« zu geben, weil er kein Außenstehender, sondern ein »Teilhaber« an der Not des Leidens selbst ist[725].

Anders ist auch die Funktion des V 1 innerhalb des Textes verkannt. Der apostolische Verfasser wird hier nämlich als Gestalt präsentiert, die alle Ideale, die der Brief für den Christen (und in den VV 1–4 für den kirchlichen Amtsträger) ausmalt, verwirklicht. Er ist der Typ des Christen, wie er der kirchengeschichtlichen Situation des 1Petr entspricht: erfahren und bewährt im »Lei-

---

[721] So *Michl*, Presbyter 60–62.
[722] P72 liest (im späten 3. Jh.) aus fortgeschrittenem christologischem Interesse θεοῦ statt Χριστοῦ, »Gott« statt »Christus« (*King*, Notes 57).
[723] Z. B. *Knopf* 13.188; *R. Reitzenstein*, Bemerkungen zur Martyrienliteratur I, NGWG.PH 1916, 436; *Streeter*, Primitive Church 121.131; *Gundry*, Verba Christi 347; *Spicq* 39; *Michl* 149; differenziert *Wrede*, Bemerkungen 76f. Bei *Selwyn* 30f.228f; *Stibbs* 33f; *Reicke* 129 wird sogar V 1b einbezogen und auf eine Augenzeugenschaft der Verklärung Jesu (vgl. 2Petr 1,16–18) gedeutet, während *Beare* 198; *Best* 168 und *Schelkle* 128 Anm. 1 den Hinweis auf Augenzeugenschaft als Konstruktionselement der Pseudepigraphie verstehen.

[724] Vgl. *D. H. Schmidt*, The Peter Writings 69.
[725] Vgl. *N. Brox*, Zeuge und Märtyrer, München 1961, 36–39; ders., Rahmung 80f; *Riggenbach*, Poimenik 186; *H. v. Campenhausen*, Die Idee des Martyriums in der alten Kirche, Göttingen ²1964, 63–65; *H. Strathmann*, ThWNT IV, 1942, 498f; *W. Michaelis*, ThWNT V, 1954, 934. *Schlier*, Adhortatio 71; *Schrage* 113; *Kelly* 198f. *Beare* 198 verlängert das auf die Teilhabe an der Herrlichkeit, in deren Besitz sich Petrus schon befindet, so daß der pseudonyme Schreiber darauf anspielen kann (vgl. *Windisch-Preisker* 79). – Der martyrologische Wortsinn von μάρτυς kann für die Zeit des 1Petr noch nicht angenommen werden (gegen *Knopf* 188; *Beare* 198; *R. E. Brown* u. a., Petrus 133).

den« (»Zeuge«) und daraufhin völlig unangefochten in der Hoffnung auf die den »Leiden« mit Sicherheit folgende »Herrlichkeit« (»Teilhaber«). Außerdem ist er der Typ des Amtsträgers, wie ihn diese Situation verlangt: nach Ausweis der Bemühungen im ganzen Brief und auch dieser Presbyter-Paränese eifrig in der Rolle des sorgenden Hirten (vgl. V 2); Mitbruder und Vorbild der Vorsteher; in seiner belehrenden Rolle durch Leiderfahrung und Hoffnung als idealer Christ ausgewiesen; und schließlich einer, der trotz seines übergeordneten Ranges bei der Erteilung der Ermahnungen nicht seine Überlegenheit und Position hervorkehrt (darüber zu V 3). Der anonyme Verfasser konzipiert dieses Petrusbild zur Autorisierung und zur Standardisierung der folgenden Direktiven.

2 Die Standes-Paränese für die Presbyter hat nun deutlich einen sehr generellen, konventionellen Charakter. Sie nimmt in ihren Inhalten zunächst keinen Bezug auf die spezielle Thematik des 1Petr. Der Verfasser greift auf vorliegende Pflichtentafeln (vgl. 1Tim 3,2–7) und allgemeine Klischees zurück. Aber der Situationsbezug für die VV 2–4 war im V 1 vorweggenommen. »Petrus« erteilt seine Ermahnungen als »Zeuge der Leiden Christi«, denn sie gehen an Vorsteher von Gemeinden in der Krise der »Verfolgung«. Die Amts-Paränese ist indirekte Einflußnahme auf die Gemeinde. In 1,22 und 4,8a war an die Christen insgesamt appelliert worden, in der schwierigen Situation den Zusammenhalt zu intensivieren. Hier wird dasselbe über die Sorge und Führung der Leitenden angezielt.

Ihre Tätigkeit wird mit der biblischen[726], für orientalische Ohren nicht idyllisch klingenden Metapher von Hirt und Herde bezeichnet[727], aus der man die strikte Verantwortlichkeit heraushören muß, vielleicht auch die Angewiesenheit der Gemeinden auf gute Presbyter und ihre Hilflosigkeit unter schlechten, zumal in der Verfolgung. – ἐπισκοποῦντες (Übersetzung: »tut diese Aufgabe«) ist wahrscheinlich nicht ursprünglich (im Sinaiticus, Vaticanus u. a. und den patristischen Zitaten fehlt es)[728], aber auch nicht unpassend. Da der Briefschreiber offenbar nur die Presbyter-Verfassung kennt, ist das Verb nicht in einem amtlich-technischen Sinn (»Episkop/Bischof sein«) zu verstehen, sondern dem Wortsinn nach als Ausdruck für jedes Aufseher- oder Leitungsamt. Ungesichert ist auch κατὰ θεόν (»nach Gottes Auftrag«). Beide Lesarten sind grammatikalisch entbehrlich und ändern nichts am Textsinn. Für hohes Alter des Partizips ἐπισκοποῦντες spricht die »traditionelle Verbindung der Stämme ποιμαν- und ἐπισκοπ-« in der frühchristlichen Literatur, die Ps-Petrus ebenfalls kennt (2,25)[729].

---

[726] Darüber *Riggenbach*, Poimenik 188–190.
[727] Aus der Tatsache, daß hier und Joh 21 die Hirten-Metapher mit Petrus zu tun hat, zu mutmaßen, daß »in manchen Schriften«, die mit Kleinasien in Verbindung zu bringen sind, »Petrus die Gestalt des obersten Presbyter-Hirten angenommen hatte« (so *R. E. Brown* u. a., Petrus 133), ist wohl doch leichtfertig, zumal Apg 20,28f dieselbe Diktion Paulus in den Mund legt.
[728] Neuerdings immerhin gestützt durch den P⁷² (*Beare* 202; *Best* 170).
[729] *Nauck*, Probleme 200–203 (mit den Belegen für diese Verbindung), hält das Partizip unbedingt für einen Einschub (allerdings vielleicht schon des Verfassers), weil es die

Die Anweisungen selbst sind in eine dreifache Antithese (»nicht, sondern«) gefaßt, die kaum ad hoc formuliert wurde. Die erste: »nicht gezwungen, sondern freiwillig«, bleibt in einer gewissen Undeutlichkeit, was ihren genaueren Sinn betrifft. Parallelen aus jüdischer, popular-ethischer oder frühchristlicher Paränese, die den Zwang, unter dem der Presbyter möglicherweise sein Amt verrichtet, erkennen lassen würden, sind nicht bekannt. So mag es ganz allgemein um eine Forcierung des Amtseifers gehen, wie etwa Hebr 13,7. Vielleicht ist aber mit ἀναγκαστῶς (»gezwungen«) tatsächlich auf die Amtseinsetzung angespielt[730], die auf die Dauer als einziges Motiv ohne wirkliche Bejahung der Aufgabe nicht ausreicht.

Bekannter auch aus der übrigen frühchristlichen Literatur ist schon die Warnung, die in der zweiten Antithese steckt: »nicht aus Profitsucht, sondern aus Bereitschaft«. Die Bereicherung durch eine kirchenamtliche Tätigkeit (bzw. auch bloß das vordringliche Interesse an der Bezahlung dafür) scheint frühkirchlich nicht selten gewesen zu sein und ist immer als besonders schnöder Zug einer schlechten Amtsführung empfunden worden. Allerdings bedeutet dieser Tadel nicht, daß die Amtsträger überwiegend mit wirtschaftlichen, finanziellen Aufgaben betraut waren. Die scharfe Kritik an der Profitsucht findet sich noch in den Kirchenordnungen des 3. und 4. Jh.s[731] und, parallel zum 1Petr, in deren Vorläufern: 1Tim 3,3.8; Tit 1,7; Did 15,1 (vgl. Apg 20,34; Pol 5,2; 6,1). Das Amt verlangt die Bereitschaft um der Sache willen.

Von dieser dritten Antithese läßt sich, im Unterschied zu den ersten beiden, 3 behaupten, daß sie eine typisch christliche Abgrenzung enthält. Den Vorgesetzten wird eingeschärft, sich nicht wie Herren zu gebärden. Das Kirchenamt wird frühchristlich ernsthaft (nicht nur verbal) als Dienst (διακονία) statt Herrschaft gegenüber der Gemeinde bezeichnet (Mk 9,35; Röm 12,7; vgl. 2Kor 1,24 und 1Petr 4,11). Dieses Verständnis von Überordnung und Hierarchie, wie sie durch Vorsteher-Funktion und Leitungsaufgaben sich in der alten Kirche entfalteten, führte sich auf Jesus zurück (Mk 10,42-45)[732], so daß die Begründung von dorther kommt. Im 1Petr kam für einen anderen Fall schon etwas Vergleichbares vor: Der (nach damaligem kulturgeschichtlichem Konsens) an sich sozial und naturgemäß über der Frau (dem »schwächeren Geschlecht«) stehende Mann soll sich ihr gleich- und nebenordnen, statt seine Überlegenheit spüren zu lassen (3,7). In allen Bereichen sind also die Maßstäbe neu, auch in der Kirchengemeinde. Die Vorgesetzten sind hier Diener. Der 1Petr stellt sich für sein Amtsverständnis auf den Boden dieser frühen Überlie-

---

»stilistische Gleichförmigkeit« der folgenden drei antithetisch formulierten Ermahnungen stört. Dem kann man sich anschließen. Zum Bedeutungsfeld dieser Terminologie auch R. Schnackenburg, Episkopos und Hirtenamt, in: FS M. v. Faulhaber, Regensburg 1949, 66-88.
[730] Windisch-Preisker 79; Knopf 189;

Nauck, Probleme 208; Schelkle 129.
[731] Einige Angaben bei Nauck, Probleme 209 Anm. 63-66.
[732] In Mk 10,42 κατακυριεύειν wie hier V 3. Zum Verhältnis der VV 1-5 zu dieser synoptischen Überlieferung Elliott, Ministry 374f, der eine gemeinsame Amts- und Kirchenordnungs-Tradition vermutet.

ferung. – Umstritten ist der Wortsinn von κλῆρος (Übers.: »Bereich«)[733]. Von Haus aus mit der Bedeutung »Los« und »Anteil« (auch »Erbteil«) heißt es hier kontextgemäß sicher soviel wie der zugewiesene Sprengel, die Teil- oder Gebietskirche, über die die Presbyter jeweils gesetzt sind[734].

Das verlangte Verhalten der Presbyter läßt sich also mit dem der Männer in 3,7 und auch mit dem Verhalten der Christen gegenüber den Nichtchristen in 3,16a vergleichen bzw. sogar identifizieren. Denn es ist jeweils das typisch christliche Verhalten, und die Presbyter sollen ja gerade auch durch ihren Verzicht auf die Herrenrolle die »Vorbilder« (τύποι) ihrer Gemeinden sein: »nicht Herren ... sondern Vorbilder ...« – So gravierend die gestellten Forderungen sind, sie sind durch den Kontext hier (sc. VV 1.5) ausgesprochen konziliant und »solidarisch« gemeint. Der Verfasser schließt sich mit denen zusammen, denen er selbst das beste Vorbild ist, damit sie es wieder für ihre Gemeinden sind. Man kann folglich sagen, daß er in diesem Stil seiner Paränese, die sowohl an alle Christen wie an die Presbyter nicht »von oben herab« erteilt wird, das realisiert, was er an christlichem Verhaltensstil seinerseits an Stellen wie 3,7.16a; 5,2f von anderen verlangt. Der V 1 zeigt von hier aus vielleicht seine zutreffende Pointe, indem er nicht allgemeine Bescheidenheit und Demut übt, sondern speziell den Verzicht auf die Herrenrolle darstellt[735].

4 Für die Erfüllung solcher Amtsführung wird Lohn und Heil zugesagt. Die Metaphern überschneiden sich: »Kranz der Herrlichkeit«. »Herrlichkeit« (δόξα: 1,11.21; 4,13f; 5,1.10) ist das eschatologische Heil. Der Kranz symbolisiert Sieg und Lohn[736] und ist »aus unverwelklichen Blättern geflochten«[737]. Der Fluchtpunkt aller frühchristlichen Erwartung und Geduld ist auch im 1Petr mehrmals genannt, hier kontextbezogen als die Parusie des »Oberhirten« Christus. Dadurch ist eindrucksvoll bewußt gemacht, daß die Presbyter der Kirche, deren Funktion in VV 2f als ein »Hüten der Herde« umschrieben war, unmittelbar am Heilswerk Christi wirken. Er ist der Oberhirte (vgl. 2,25), sie die Hirten. Zwar liegt dieser Zusammenschluß der Presbyter mit Christus ganz auf der Ebene der Metapher (»Hirt«); er rückt aber die kirchenamtlichen Tätigkeiten jedenfalls in die hohe Bedeutung einer Teilhabe an der Sorge und Bemühung Christi um die Menschen[738]. Die Presbyter werden hier in euphemisti-

---

[733] Die ungeahnt vielen »Möglichkeiten« sind referiert bei *Nauck*, Probleme 210. Die Etymologie des heutigen Wortes Klerus ist nach H. *Flatten*, LThK ²VI 1961, 337: »Anteil am geistl. Dienst«. Zur Bedeutungsgeschichte *Nauck*, Probleme 211–220.
[734] So auch *Riggenbach*, Poimenik 192; *Knopf* 190; *Windisch-Preisker* 79. *Schlier*, Adhortatio 72: »die ihnen zugeteilten Gemeindebezirke oder Gemeinden« (gegen *Nauck*, Probleme 209–211: Ämter und Ränge in der Gemeinde, wobei vor Mißbrauch der Amtsgewalt bei deren Verteilung gewarnt wäre; *Kelly* 202f schließt sich an).
[735] So auch *Stibbs* 166. Vgl. *Schrage* 113: »Schon die Selbstaussagen des Verfassers (sc. in V 1) implizieren eine Mahnung« (allerdings auf das Leiden bezogen).
[736] *J. B. Bauer* 61: »wie heute Siegespokale«.
[737] W. *Grundmann*, ThWNT VII, 630. *Riggenbach*, Poimenik 193 mit Ableitung aus einem »Terminus technikus der Botanik«: »Immortellenkranz«. *Knopf* 191: »Amarantstrahlenkranz«.
[738] Ähnlich *v. Campenhausen*, Amt 90; *Michl*, Presbyter 58 mit Anm. 55.

schem Ton sehr bestimmt auf die fällige Rechenschaftsablage vor demjenigen aufmerksam gemacht, der sie beauftragt hat.
Der Anschluß »genauso« (ὁμοίως) ist aus 3,1.7 bekannt, wo er die einzelnen »Stände-Kapitel« der Haustafel aneinanderschloß[739]. Das hat für V 5 seine Bedeutung. An die Haustafel erinnert auch die Aufforderung zur Unterordnung (ὑποτάγητε), die dort eine zentrale Rolle spielte (2,18; 3,1.5 und 2,13). Bei der Behandlung der Unterwerfungs-Ethik von 2,13–3,6 wurde V 5a darum oben schon wiederholt einbezogen. Es sieht hier ganz nach der Wiederholung des Schemas aus Kap 2 und 3 aus: Dort wurden Sklaven und »genauso Frauen« und »die Männer genauso« in den konventionellen Formen der Haustafel jeweils »standesgemäß« ermahnt (2,18–3,7); danach wurden »alle« zusammengeschlossen unter die gemeinsame Pflicht eines einheitlichen christlichen Verhaltens (3,8f). Nicht anders hier: Presbyter und »genauso« junge Männer werden jeweils »standesmäßig« ermahnt (VV 1–5a); und wieder werden danach »alle« auf das für alle gleiche Ideal verpflichtet (V 5b). An beiden Stellen folgt auf mehrzeilige Ermahnungen (2,13–25; 3,1–6; 5,1–4) eine Sammelmahnung in bloß einem kurzen Satz (3,7; 5,5a).
Von dieser Beobachtung an der Form her löst sich vermutlich das Bedeutungsproblem für νεώτεροι (die »jungen Männer«), das man bisher rein etymologisch lösen wollte. Weil man keinen Sinn darin erkannte, daß hier nur die jungen Männer (statt der ganzen Gemeinde) zur Unterordnung unter die Presbyter angehalten werden, hat man es mit verschiedenen Wortbedeutungen für νεώτεροι und πρεσβύτερος versucht. Entweder nahm man an, daß der Terminus πρεσβύτερος von V 1 zu V 5a seine Bedeutung wechselte[740], nämlich zuerst das kirchliche Ältestenamt und dann die Alten in der Gemeinde meint, so daß eine befriedigende Entsprechung zu νεώτεροι gefunden ist (die Jungen sollen die Alten ehren); dazu unten eine modifizierende Stellungnahme. Oder man hält auf der anderen Seite νεώτεροι (»die Jüngeren«) nicht für eine Altersangabe, sondern für eine weitere Amtsbezeichnung (Diakone, Gemeindehelfer), was allerdings nur vereinzelt geschah[741] und methodisch nicht zulässig ist, weil nichts im Brief diese Annahme rechtfertigt und die vermeintliche Amtsbezeichnung sonst nirgends bezeugt ist. Schließlich hat man aus der Not den Terminus νεώτερος als Bezeichnung aller Christen aufgefaßt[742] oder nur der Neugetauften[743], wobei man den Vorteil sah, daß πρεσβύτεροι beide Male (V 1 und V 5a) die Presbyter als Amtsträger bedeuten kann, die eben der Gemeinde (oder einem Teil) gegenübergestellt sind; doch ist auch das mißlich, weil die Bedeutung von »Jüngere« für »alle« unverständlich bleibt bzw. weil

---

[739] Die Gebräuchlichkeit der Konjunktion in dieser Funktion ist auch durch Ign Tr 3,1 und Pol 5,2.3 erwiesen. Sie bedeutet keine Identität der so verkoppelten Paränesen, sondern markiert nur den Wechsel zur nächsten Adressaten-Gruppe (deutlich 3,7; 5,5).

[740] *Selwyn* 227.233.436f; *Boismard*, Liturgie 179.

[741] Noch von *Beare* 201; abgeschwächt bzw. variiert von *Spicq* 170f.

[742] *Windisch-Preisker* 79; *Schlier*, Adhortatio 72; *Reicke* 130; *Andresen*, Kirchen 59: Phänomen eines von patriarchalischer Autorität reguliertem Gemeindelebens.

[743] *Elliott*, Ministry 379–386.390. Zur biblischen Bedeutung von νεώτερος: 375–379.

man nicht einsehen kann, wieso gerade die Neugetauften zur Unterordnung angehalten werden. Die Verständnisproblematik löst sich nicht allein über die tatsächlich gegebene Doppelbedeutung von πρεσβύτερος als Alters- und als Amts- bzw. Würdebezeichnung, die für V 5a anzunehmen wäre[744], und sie löst sich auch nicht über eine vermeintliche Sonderbedeutung von νεώτεροι. Vielmehr sind Form und Komposition des Abschnitts zusammen mit der Etymologie die Erklärung, wie im folgenden zu zeigen ist.

Der 1Petr ist nie daran interessiert, seine Vorlagen bzw. geformten Traditionen wortgetreu und ungekürzt zu zitieren. Außer anderen Beispielen (bes. Hymnen) war auch die Haustafel von 2,18–3,7 als Torso erkennbar, weil der Verfasser aus dem vorgegebenen Schema lediglich das herausnahm, was im momentanen Zusammenhang geeignet und exemplarisch hinreichend war. Durch die auffällige Ähnlichkeit von V 5a (ὁμοίως, ὑποτάσσεσθαι) mit den Materialien von 2,18–3,7 ist man berechtigt, diesen Halbvers form- und traditionsgeschichtlich der Haustafel-Tradition zuzurechnen, jedenfalls aber einer paränetischen Überlieferung unmittelbar verwandter Art. Die Anrede des speziellen »Standes«, der »Zielgruppe« νεώτεροι (»junge Männer«), spricht dafür. Man muß wissen, daß in der Antike die gesellschaftliche Schichtung zwischen Jungen und Alten in etwa vergleichbare Unterschiede aufriß wie die zwischen Frauen und Männern, Sklaven und Freien[745]. Der traditionelle, formel- bzw. »tafel-«artige Charakter der Ermahnung an die Jungen in der christlichen Gemeinde ist überdies durch 1Cl 1,3; 3,3; 21,6 und Pol 4,2–5,3 bezeugt, wo in unmittelbarer Umgebung auch die Frauen, Witwen, Jungfrauen, Diakone und Kinder vorkommen und sämtliche Mahnungen formelhaft sind. Eine Kombination der Pflichtenformel für die »Jungen« (νέοι) mit dem Topos der Unterordnung (ὑποτασσόμενοι) unter die kirchlichen Vorgesetzten (allerdings hier für alle Christen) findet man in 1Cl 1,3, übrigens auch die Unterordnung (ὑποταγή) der Frauen (wie 1Petr 3,1–6). Man muß dabei nicht annehmen, daß in 2,18–3,7 und 5,5 dieselbe Pflichtentafel zitiert ist[746]. Sicher ist nur, daß V 5a nicht ad hoc formuliert ist und den ziemlich ärgerlichen Bedeutungswechsel von πρεσβύτερος einzuführen scheint; eine Einpassung des Verses innerhalb oder am Ende von 2,13–3,7 kann dagegen nicht überzeugend gelingen. Daß V 5a eine selbständige Vorgeschichte und eine typische Form hat, ist unabweisbar. Dann hat der Verfasser hier also eine Mahnung an die Jungen in der Gemeinde in einem Kontext herangezogen, der eine Mahnung an die Presbyter enthält. Das gleiche Stichwort πρεσβύτεροι dürfte ihn zum Anschluß des vorgeformten V 5a an dieser Stelle veranlaßt haben. Von Haus aus ging es in diesem Mahnspruch um die Versuchung der Jungen, sich gegen die Alten aufzu-

---

[744] G. Bornkamm, ThWNT VI, 654; Stibbs 169; Beare 201.
[745] Kelly 205.
[746] Kelly 204; Goldstein, Paulinische Gemeinde 17. Boismard, Liturgie 179f, glaubte bereits, daß sogar der ganze Abschnitt 5,5–9 von 2,13–3,7 abgerissen wurde, so daß ursprünglich eine mit Tit 2,1–10 (vgl. 2,6) vergleichbare Ständereihe vorlag; aber dann wird 3,8f nach 5,5b unmöglich. Elliott, Ministry 389, hält den ganzen Text 5,1–5 für einen abgelösten Teil der Einheit 2,13–3,7.

lehnen (vgl. 1Cl 3,3)⁷⁴⁷. Wenn dies eine notorische Gefahr der Frühzeit war, mußte vor allem die Position der Presbyter (als Amtsträger) in regelmäßiger, auch vorbeugender Ermahnung geschützt werden, und die Kombination von 1Petr 5,1–5a ergibt einen guten Sinn⁷⁴⁸, der sich mit Pol 5,3 trifft. Die πρεσ-βύτεροι sind dann auch hier (wie V 1) die (immer hochbetagten) Presbyter der Gemeinden (nicht die Alten generell), was sich allerdings erst durch Einfügung des Satzes in diesen Kontext ergab.

Die Paränese wendet sich, nach den Presbytern und den jungen Leuten, abschließend und im qualifizierten Sinn zusammenfassend (wie 3,8f) an »alle«. Wie in 3,8f wird die Ethik einmal des Herrschaftsverzichts, einmal der Unterordnung, wie die Haustafel sie für jeweils verschiedene Stände propagiert, jetzt so gewendet, daß die einzelnen Gruppen von Christen letztlich im Verhaltensstil aller untereinander und gegenseitig zusammenkommen. Die Rede von der Unterordnung trifft nämlich, für sich allein genommen, nicht genau die Tendenz des 1Petr. Er will nicht die hierarchische Ordnung in Gesellschaft (2,13f), Familie (3,1.7) und Kirche (5,5a) als solche bestärken, sondern das christliche Leben als friedliches Miteinander (freilich nicht ohne Oben und Unten) lehren⁷⁴⁹. Und der Beitrag der einzelnen Gruppen dazu ist verschieden; er heißt (mit der Sprache der Haustafel) für die einen (Staatsbürger: 2,13; Sklaven: 2,18; Frauen: 3,1.5; junge Männer: 5,5a) Unterordnung, für die anderen (Männer: 3,7; kirchliche Amtsinhaber: 5,3) Verzicht auf das Ausspielen der Position (vgl. zu 2,18–25; 3,1–6). Im 1Cl scheint mir die gleiche Tendenz deutlicher formuliert zu sein: Neben den Anweisungen zur Unterordnung unter die kirchlichen Vorgesetzten (1Cl 1,3; 57,1; 61,1) heißt es generell (als Kurzformel dieser Unterordnungs-Ethik): »lieber unter- als übergeordnet« (bzw. »lieber Untergebene als Gebieter«, oder drastischer: »lieber untertan sein als andere unterwerfen«) (2,1)⁷⁵⁰; und noch näher bei 1Petr 3,8; 5,5b: »Jeder soll sich seinem Nächsten unterordnen« (38,1)⁷⁵¹. Diese Einstellung, die den Lebensstil unter Christen markieren will, heißt 1Petr 5,5b »bescheidene Selbsteinschätzung« (ταπεινοφροσύνη). Auffälligerweise gehört auch der Stamm dieses Wortes, der schon 3,8 für dasselbe Thema verwendet wurde (»demütig«), zu den »Schlüssel-« oder »Vorzugswörtern« des 1Cl⁷⁵². Diese Ethik bewegt sich auf dem schmalen Grat zwischen dem wirklichen Gelingen der Gegenseitigkeit von V 5b und der Dekadenz zur trivialen Ordnungs-Moral.

---

⁷⁴⁷ *Spicq*, La place 518–521, sieht in den νεώτεροι junge Christen, die sich in den damals verbreiteten, sehr autonomen Jugend-Clubs organisiert hatten und wegen ihrer faktischen Einflußlosigkeit (die politische Verantwortung lag bei den Alten) auch in der kirchlichen Gemeinde leicht aufsässig wurden. Die Aufsässigkeit konnte aber wahrscheinlich auch ohne das Vereinsleben entstehen.
⁷⁴⁸ Die wörtliche Übereinstimmung von 1Petr 5,5a mit 1Cl 57,1 ist freilich zufällig.

⁷⁴⁹ Auch *Kelly* 203 spricht unter Hinweis auf den Kontext von der Forderung gegenseitiger Demut (»mutual humility«).
⁷⁵⁰ ὑποτασσόμενοι μᾶλλον ἢ ὑποτάσσοντες (*Fischer*, Die Apostolischen Väter 26).
⁷⁵¹ ὑποτασσέσθω ἕκαστος τῷ πλησίον αὐτοῦ (*Fischer*, Die Apostolischen Väter 72).
⁷⁵² G. *Brunner*, Die theologische Mitte des Ersten Klemensbriefes, Frankfurt/M. 1972, 64.71.128–134.

Das Verbum des Satzes (ἐγκομβοῦσθαι) enthält eine Metapher, die oben in der Übersetzung nicht nachgeahmt wurde, weil sie im Deutschen nicht (mehr) üblich ist. Es bedeutet »sich etwas einbinden, umbinden, anknoten«, also etwa auch »etwas anziehen« im Sinn von »sich etwas zu eigen machen«. Objekt ist die besagte »bescheidene Selbsteinschätzung«[753]. Von der Etymologie her (κόμβος = Band, Schleife) ist eventuell mit einer konkreteren Bezugnahme auf bestimmte symbolisch getragene Kleidungsstücke zu rechnen[754]. Für die Erklärung des V 5 kann dies auf sich beruhen.

Das Stichwort »bescheiden« oder »demütig« (ταπειν-) findet sich auch in einem passenden Bibeltext (Spr 3,34 LXX), mit dem der Verfasser im V 5c sein Werben für diese Haltung darum unterstreicht und verstärkt: Es sind die Maßstäbe Gottes selbst, an denen die Leser hier orientiert werden. Derselbe Bibeltext ist Jak 4,6 in ganz ähnlichem Kontext zitiert. Die enge Parallelität erstreckt sich noch breiter auf die Texte 1Petr 5,5–9 und Jak 4,6–10, und sie beweist den gemeinkirchlichen, formelhaften Charakter der betreffenden Zeilen[755]. Ein ganzes Ensemble von Details zu einem semantisch einheitlichen Bedeutungsfeld kehrt in variabler Gruppierung und Thematisierung verschiedentlich wieder (vgl. auch 1Cl 30,1–3; Ign Eph 5,3).

6 Das Stichwort »bescheiden« (ταπειν-) wird auch der Grund dafür sein, daß die folgende fromme Sentenz hier angefügt ist. Sie wirbt noch einmal (wie V 4) mit dem Lohn Gottes am Ende, der dieser demütigen, unprätentiösen, selbstlosen Grundhaltung des Christen mit Sicherheit zuteil wird als »Erhöhung« aus der Selbsterniedrigung. Für die Fortsetzung, die teils mit Ps 55,23 spricht, wird

7 man annehmen, daß sie zum Appell von V 6 dazugehört. Innerhalb des 1Petr und unmittelbar vor V 8 muß aber sicherlich ein besonderer Situationsbezug angenommen werden: In ihrer schweren Belastung durch die Bedingungen von Hetze und Verfolgung ist die Möglichkeit, alle Ängste vor Gott zu bringen (sie auf ihn zu »werfen«[756]), und die Vergewisserung, daß ihm ihr Schicksal »am Herzen liegt«, für die Adressaten ein starker Trost.

Zusammenfassung  Hier sind die Verantwortlichen der angeschriebenen Kirchen eigens und in direkter Anrede in die Ermahnungen einbezogen, um über sie wieder die entsprechende paränetische und tröstende Wirkung auf die Gemeinden zu erreichen. Dazu bringt sich der Verfasser als einer von ihnen, als ihr apostolisches

---

[753] Daher die neueren Übersetzungen: »bekleidet (bzw. umkleidet) euch im Verkehr miteinander mit Demut« (*Schelkle* 127 bzw. *Schrage* 113).
[754] *Harris*, Religious Meaning, hält die alte Ableitung von »Knoten« als »Schürze« (so z. B. *Riggenbach*, Poimenik 194: »Arbeitsschurz soll die Demut sein«; *Knopf* 192) für unzulänglich und kommt etymologisch zum »Gürtelstrick«, den er kulturgeschichtlich als orientalisches Zeichen der Dienstbereitschaft bei Sklaven und Chargen glaubt nachweisen zu können. Das Verbum bedeutet dann von sich aus die Gesinnung der Dienstbarkeit.
[755] Aus der Literatur dazu M. *Dibelius*, Der Brief des Jakobus, hrsg. u. ergänzt von H. *Greeven*, Göttingen [11]1964, 48.269f; *Boismard*, Liturgie 161–183.
[756] P72 schreibt als einziger Zeuge ἀπορίψαντες (*King*, Notes 57: »a comment by this or some preceding scribe«).

Vorbild und als ihr Kollege zugleich, ins Spiel. Die Details der Anweisung für einen tadellosen Stil der Amtsführung sind zunächst sehr generell moralisch gehalten (Eifer, Bereitschaft, Uneigennützigkeit), werden aber dann speziell und unterscheidend, wo sie nämlich jede Demonstration positionsmäßiger Unterschiede bzw. Vorteile zwischen den Christen verbieten. Von »oben« her wird den Presbytern verboten, daß sie die Herren spielen. Von »unten« her wird den jungen Leuten in der Kirche befohlen, sich den Presbytern unterzuordnen. Und mit diesen verschieden gerichteten Mahnungen ist letztlich das gemeint, was in der Devise für alle formuliert ist: bescheidene Selbsteinschätzung voreinander. Darin äußern sich wieder die Ethik und das Gemeinde-Modell von 1,22; 3,8f und 4,10f. Der 1Petr bezieht diese Ethik des friedlichen, ehrgeizfreien Miteinanders auf das Leben der Christen in der Gemeinde und auch auf ihr Verhältnis zu Gott. Sie gewinnen so Gottes Aufmerksamkeit und Sorge für ihre eigenen gegenwärtigen Ängste.

## 19. 5,8–11 Gefahr und Zuversicht

**8 Lebt nüchtern, seid wach! Euer Feind, der Teufel, treibt um »wie ein brüllender Löwe«[a] und sucht, wen er verschlingen kann. 9 Widersteht ihm fest im Glauben. Denkt daran, daß dieselben Leiden von den Brüdern auf der ganzen Welt ertragen werden müssen. 10 Der Gott aller Gnade, der euch in seine ewige Herrlichkeit in Christus berufen hat, nachdem ihr kurze Zeit habt leiden müssen, er wird euch rüsten, festigen, stärken und fest gründen. 11 Ihm sei die Macht in Ewigkeit. Amen.**

a Ps 22,14.

Die VV 8–11 können (im Unterschied zu den VV 1–5) wirklich dem Briefende zugerechnet werden, weil der Verfasser offenkundig mit gesteigerten Tönen abschließen will. In diesem Appell tut sich plötzlich noch einmal die universale Dimension auf, die schon durch 4,7 eröffnet war: Das Ende ist nicht mehr weit und kürzt die Leiden ab (V 10b). Zu dieser Endzeitstimmung, die hier erklärend und motivierend wachgerufen wird, passen die beiden ersten Imperative (V 8a) exakt (vgl. 4,7b), was von der Paränese in VV 6f nicht gesagt werden kann, so daß zwischen V 7 und V 8 ein Einschnitt zu sehen ist. Dafür spricht auch, daß die beiden Imperative »lebt nüchtern, seid wach!« in der urchristlichen Predigt thematisch und traditionell mit den Motiven der VV 8–10 verquickt sind, nämlich mit aufziehender Gefahr und Kampfsituation, mit dem Aufruf zum Widerstand gegen den Feind, zur Standhaftigkeit im Glauben und schließlich mit der Endzeit-Perspektive[757]. Durch das mythische Bild vom

Analyse

---

[757] Darüber E. Lövestam, Spiritual Wakefulness in the NT, Lund 1963, 60–64.

Teufel als Löwen kommt die neue Note von Härte und Widerstand (V 9a) in den Text, während bislang immer zu Unterwerfung, Milde u. ä. angeraten wurde. Bisher war eben die Rede von Konflikten der Christen mit Menschen, die immer auch unter missionarischem Aspekt gesehen wurden; hier ist dagegen die Rede vom Feind schlechthin. Im übrigen ist – in der noch einmal gesteigerten sprachlichen Emphase – das Ensemble der Aussagen das bekannte: die Unausweichlichkeit des Leidens, die Notwendigkeit für die Christen, sich darauf einzustellen, das Leiden als Schicksal aller Christen jeder Zeit, die Trost- und Hoffnungsperspektive des Glaubens. Und auch bei diesem letzten Mal einer Anspielung auf die prekäre Situation wird die Situation selbst nicht deutlicher; über die Szenerie, wo und wie sich der »Löwe« zeigt, wird ebensowenig gesprochen wie über Erfolg und Mißerfolg seiner Jagd. Der Situationsbezug bleibt so stilisiert, daß er der jederzeitigen Verwendbarkeit des 1Petr kaum jemals im Weg steht. Mit einer doxologischen Formel (vgl. 4,11) endet der thematische Hauptteil des Briefes.

**Erklärung 8** Mit den beiden Imperativen zu Beginn ist die Krise der Kirche ein weiteres Mal als endzeitliche Phase markiert. Nüchternheit und Wachsamkeit sind die entsprechenden Reaktionen derer, die diese Phase erleben (vgl. 1,13; 4,7; 1Thess 5,6). Aber diesmal ist der Ausblick auf das Ende und die noch kurze Zeit davor wesentlich dramatischer als bisher, nämlich geradezu apokalyptisch gestaltet. Die bedrückende Szene des täglichen Lebens der Christen, also ihre Unsicherheiten und die heiklen Erfahrungen mit der feindseligen, teils gewalttätigen Umwelt wird in das mythische Bild vom reißenden, mordenden Tier gestellt, das den Teufel symbolisiert[758]. Dem Verfasser genügt hier wie fast immer das Stichwort und der eine Satz dazu. Diese apokalyptische Vision wird nicht ausgedeutet auf die Zeitumstände, auf die historischen »Feinde« und ihre Opfer. Darum kann auch die Auslegung keinen sinnvollen Versuch in dieser Richtung machen. Alles bleibt unscharf und läßt sich darum, wie gesagt, jederzeit und überall vorlesen und auf die Situation applizieren. Denn allgegenwärtig ist für die frühe Kirche von Anfang an die Realität des Bösen, dessen Inkarnation dieses Tier ist. Es spielt sich die große endzeitliche Auseinandersetzung ab. Was den Christen augenblicklich angetan wird, ist der weltweit (V 9b) einsetzende Übergriff des Bösen, der die definitive Scheidung mit sich bringen muß (so daß die Verschiedenheit von der Gerichtsvorstellung in 4,17 im Effekt nicht so groß ist). Hinter den »Feinden« der Christen steht der eine große Feind. Das Bild chiffriert also eine Personalität des Gegenspielers Gottes, der auch der Feind der Christen ist. Ohne daß zwischen den verschiedenen im Brief gebotenen Erklärungen der Krisenzeit vermittelt würde, ist diesmal nicht Gott (so 3,17; 4,17–19), sondern der Teufel der Initiator der endzeitlichen Leiden. Das ist die verbreitete frühkirchliche Anschauung[759].

---

[758] Der Löwenrachen als Bild des Bösen: Ps 22,14.22; Ez 22,25; Dan 6,21.28; 1Makk 2,60; 2Tim 4,17. Der Vergleich Teufel/Löwe ist im 1Petr biblisch singulär.

[759] *Knopf* 194 mit Belegen.

Eine derartig scharfe Konfrontation wie im V 9a⁷⁶⁰ (vgl. Jak 4,7) war bisher im  9
Brief noch nicht gezeichnet worden. Den konkreten Widersachern, den Nichtchristen nämlich, sollten die Christen nach allen brieflichen Anweisungen mit der »Waffe« (4,1) eines überzeugend guten Lebens und der Leidensbereitschaft begegnen. Hier ist dagegen von Widerstand und Härte die Rede. Das kommt durch die neue, kosmische und apokalyptische Dimension der VV 8f. Das Schicksal der Christen ist das entscheidende Drama der Geschichte selbst. Hier sind langfristig praktizierbare Anweisungen nicht mehr am Platz, sondern nur noch die Bewußtmachung des Vorgangs selbst und der Appell zum harten Durchhalten. Die verfolgte Kirche tröstete und festigte sich mit sehr unterschiedlichen Parolen, wie man am 1Petr und allein am Nebeneinander der VV 6f und VV 8f sieht. Hier liegt die Hilfe im Ausblick auf die große Perspektive des Weltendes, der nur noch kurzen Frist (V 10; vgl. 1,6) und der Solidarität der überall leidenden Kirche. »Auf der ganzen Welt« geht es den Glaubensbrüdern nicht anders als den Adressaten des Briefes, weil der Teufel natürlich nicht nur regional zuschlägt. Aber alle zusammen sind stärker als einzelne versprengte Gruppen. Man verkennt das Genre des Textes, wenn man daraus auf eine reichsweite römische Christenverfolgung schließt, was aufgrund anderer historischer Quellen ohnedies anachronistisch ist. Ps-Petrus zeigt die großen Zusammenhänge auf, in denen die kleine Gemeinde ihr Schicksal, das sie ungern trägt, begreift und annehmen kann. Der Verweis auf die ebenfalls leidenden Bruderkirchen ist übrigens ein typisches Element der altchristlichen Märtyrer-Atmosphäre und der gegenseitigen Bestärkung unter Verfolgungsbedingungen⁷⁶¹. Die Märtyrerberichte zeigen ab dem 2. Jh. den verständlichen Drang zur Kommunikation in der Leidenserfahrung. Man teilte sich gegenseitig mit, was örtlich, regional vorgefallen war, um zu informieren, zu ermutigen und um den einzelnen in die Standhaftigkeit der Gemeinden einzubinden. Das Sich-Klammern an die Allgemeinheit (damit wieder an die »Notwendigkeit« und Plausibilität) des Leidens und die Nachricht vom gelungenen Durchhalten anderswo ist für die kleine Gemeinde tragend und hilfreich⁷⁶².

Nach der tragenden Solidarität der gesamten Kirche im Leiden wird auf die  10
Hilfe Gottes selbst hingewiesen und ihm das ganze Drama in die Hand gelegt: Er hat die Christen berufen, so daß schon alles zu ihren Gunsten entschieden ist; da läßt sich sicherer durchhalten. Das Ziel als Heil ist Gottes »Herrlichkeit in Christus«, was man von 4,13f her verstehen muß. Dieser Zusammenhang des Heils der Christen mit der »Verherrlichung« Christi ist, wie hier das ἐν

---

⁷⁶⁰ Der V 9 ist grammatikalisch äußerst spröde in Wortgebrauch und Stil. Textgeschichtlich ernsthafte Korrekturen gibt es aber nicht, und der Sinn ist hinreichend klar (Quinn, Notes 246–249, behandelt die Abweichungen im P⁷² und deren mögliche Genese).

⁷⁶¹ Zur Leistung der *praeparatio ad martyrium* und des »social control« in der Märtyrerkirche vgl. Brox, Situation 9 mit Anm. 12.

⁷⁶² Vgl. auch C. *Andresen*, Formular 243: »Ohne falsch zu übertreiben, kann der Autor eines Diasporaschreibens aus dem Selbstverständnis der Diaspora heraus die örtlich verfaßte Gemeinde mit dem Hinweis auf die ›Leiden‹ der anderen Gemeinden trösten.« »Gemeinden ›in der Fremde‹ leben immer in der Leidensgemeinschaft« (243 vgl. 259).

Χριστῷ, eines der vielen paulinischen Elemente im 1Petr. In der kleinen Frist, die wegen des Gesamtablaufs (das Ende ist nahe, aber noch nicht da: 4,7) noch durchlitten werden muß, wird Gott außerdem alle Kraft und Hilfe und danach ewige Herrlichkeit geben. Der ermutigende Kontrast von kurzem Leiden und ewigem Heil spielt schon 1,6f; 4,13 seine Rolle. Das sind starke Trostworte, die in ihrer Suche nach Motiven und in der Bemühung um Einsicht die Not erkennbar machen, die in den Gemeinden zu bewältigen war, und die Verunsicherung, die durch die gesellschaftliche Diskriminierung des Christentums den Glauben der einzelnen permanent auf die Probe stellte.

11 Zur Emphase dieser Zeilen und zu ihrem Charakter eines abschließenden Höhepunktes, den sie zweifelsfrei darstellen, paßt gut ihr Abschluß durch die Doxologie (das Lob Gottes), die (anders als 4,11) sich mit der Nennung der Allmacht Gotes begnügt.

Zusammen-  Die Thematik vom Leiden-Müssen und trotzdem Hoffen-Können hat im Lauf
fassung     des nicht langen Schreibens verschiedene Facetten bekommen. In diesem Text, der sie ein letztes Mal aufgegriffen hat, ist in präziser Kürze die krisenhafte Gegenwart der Kirche noch einmal auf beträchtlich variierte und gesteigerte Weise in ihrer Bedeutung beleuchtet worden: Der Teufel selbst hat es in einer dramatisch gefährlichen Jagd auf die Menschen abgesehen. Der Glaube ist das Mittel, dem Löwenrachen zu entkommen. Ohne mythisches Bild: Wie die Gemeinden anderswo, so sollen auch die Adressaten-Kirchen aushalten und vom Glauben nicht abfallen. Sie leiden nicht einsam und nicht sinnlos. Ps-Petrus zeigt ihnen in seinen Appellen Zusammenhang und Größenordnung ihres Tuns bzw. Leidens: Sie stehen mit allen Kirchen auf der ganzen Welt im Widerstand gegen den Feind (ἀντίδικος), während die Geschichte auf ihr nahes Ende zutreibt. Gott, der sie durch seine Berufung auf diesen Weg gebracht hat, gibt verläßliche Hilfe.


20. *5,12–14 Zusammenfassung und Grüße*

**12 Durch den Bruder Silvanus, der in meinen Augen ein zuverlässiger Mann ist, habe ich euch recht kurz geschrieben, um zu mahnen und zu bezeugen, daß das (die) wahre Gnade Gottes ist. In ihr müßt ihr stehen. 13 Es grüßt euch die mit euch erwählte (Gemeinde) in Babylon und Markos, mein Sohn. 14 Grüßt einander mit dem Liebeskuß. Friede euch allen, die ihr in Christus seid.**

Analyse  Zusammen mit 1,1f bilden diese Verse den Rahmen zum Brief, der kein wirklicher Brief, sondern ein Sendschreiben von »zeitloser« Bedeutung ist. Unter diesem Aspekt sind die VV 12–14 zu lesen, vor allem ihre konkreten Personen- und Ortsangaben. Die Einzelerklärung hat sie als Elemente der pseudepigraphischen Briefschreibung zu entschlüsseln, was wegen der relativ schmalen

Basis an fiktiven Details im 1Petr nicht einfach ist[763]. Wichtig ist zu beachten, daß dieser kleine Schlußtext bei aller Kürze eine präzise Zusammenfassung des ganzen Schreibens enthält. Sie ist (allerdings nur bei flüchtigem oder bezüglich der Sprache des Briefes ahnungslosem Hinsehen) so unspezifisch formuliert, daß sie in der Auslegung fast regelmäßig übersehen oder unterschätzt wird. Die nachgetragene Absichtserklärung in V 12b, zu welchem Zweck der 1Petr geschrieben sei, bezieht sich, wie die Erklärung zeigt, exakt auf den thematischen und paränetischen Duktus des ganzen Schreibens. Der zum christlichen Allerweltswort gewordene Begriff »Gnade« (χάρις) ist im 1Petr auf besondere Weise ausgelegt worden: Er meint die Erfahrbarkeit der Gnade unter bestimmten schwierigen Umständen[764]. Darauf spielt der Verfasser hier abschließend gezielt an. Das zu erkennen ist für das Gesamtverständnis nicht nebensächlich. Gerade auch durch diese Tatsache ist die ursprüngliche Zugehörigkeit des brieflichen Rahmens (1,1f; 5,12–14) zum Hauptteil des Schreibens gesichert[765]. – Die abschließenden Grüße und der Wunsch sind als briefliche Formalitäten wie 1,1f (wieder in gut paulinischem Briefstil) mit christlichen Aussagen ausgefüllt.

**Erklärung 12**

In einem fingierten Brief ist es so gut wie sicher, daß mit den im Rahmen genannten Namen führende Gestalten des Urchristentums gemeint sind, die den (bzw. allen potentiellen) Lesern bekannt sein mußten, und nicht bloß oft vorkommende Namen eingesetzt wurden[766]. Silvanus ist also der Begleiter des Paulus (2Kor 1,19; 1Thess 1,1; vgl. 2Thess 1,1), den die Apg regelmäßig Silas nennt (Apg 15–18).

Diese Auskunft, daß der Brief »durch Silvanus geschrieben« sei, ist für die unterschiedlichsten Thesen bezüglich der Verfasserschaft, des Charakters und der historischen Umstände des 1Petr reklamiert worden. Je nach verändertem Gesamtbild, das vom Brief als ganzem entworfen wird, ergibt sich ein anderer Sinn dieser Notiz[767]. Wo der Brief für echt gehalten wird, muß die Nennung des Silvanus bis heute sehr oft dazu herhalten, die Schwierigkeiten an dieser These aus dem Weg zu räumen: Was sprachlich und sachlich nicht zum Verfasser Petrus paßt, ist durch seinen Sekretär Silvanus erklärbar[768]. Allerdings ist es so (Brox, Tendenz), daß die Echtheit des 1Petr dabei letztlich mit der These beteuert wird, daß Petrus den Brief nicht geschrieben hat. In der Antike sind Briefe zwar oft genug diktiert worden, aber für den V 5,12a des 1Petr ist das keine Erklärung, weil Silvanus als Sekretär des Petrus die Probleme nicht löst, die mit der Annahme der Echtheit verbunden sind. Umgekehrt ist die Notiz auch unter Voraussetzung der Pseudonymität des 1Petr als Angabe des Sekre-

---

763 Vgl. *Brox*, Rahmung und ders., Tendenz.
764 Vgl. die Analyse und Erklärung zu 2,13–17.
765 Das Problem der literarischen Einheit ist in der Einleitung A. I und III diskutiert worden.

766 Gegen *Radermacher*, Petrusbrief 295; *Best* 55.
767 Zum folgenden *Brox*, Rahmung 83–89.
768 Z. B. *Zahn*, Einleitung II, 16f; *Elert*, Religiosität 74; *Radermacher*, Petrusbrief 293.

tärs oder Schreibers aufgefaßt worden[769]. Der pseudonyme Verfasser gab diesen Namen fiktiv an. Das bringt zwar keine den Brief betreffenden sachlichen Probleme mit sich, ist aber trotzdem sehr unsicher und wird in dem Augenblick völlig unwahrscheinlich, da man Silvanus für den tatsächlichen Autor hält (s. Brox, Tendenz). Denn dann wäre dem Silvanus die Bemerkung über die Zuverlässigkeit dieses Bruders als massives Selbstlob und peinliche Selbstempfehlung anzulasten[770]; vor allem wäre aber der seltsame Umstand gegeben, daß ein frühchristlicher Lehrer, der seinem eigenen Namen nicht genügend Renommee zutraute und darum unter dem eines anderen, berühmten Mannes das schrieb, was er für richtig und nötig hielt, sich dann trotzdem indirekt durch Nennung seines Namens an untergeordneter Briefstelle als tatsächlichen Verfasser zu erkennen geben wollte. Dieser Vorgang ist nirgends in der pseudepigraphischen Literatur der Antike nachgewiesen und äußerst unwahrscheinlich. Etliche Ausleger bemühen sich nicht weiter um den präzisen Sinn der Angabe und begnügen sich mit dem Hinweis, daß es sich eben um ein konstruiertes Detail der Gesamt-Fiktion eines Petrusbriefes handelt[771], teils vermuten sie eine kirchenpolitische Tendenz, weil Silvanus als historischer Paulus-Begleiter in einem Ps-Petrusbrief nur mit gezielter Absicht genannt sein könne[772].

Man muß darin zustimmen, daß innerhalb eines fingierten Briefes solche Personenangaben auf der Ebene der literarischen Erstellung der Fiktion zu verstehen sind. Nur handelt es sich dabei jedenfalls um Nachahmungen von Details echter Briefschreibung. Deshalb muß neu gefragt werden, welcher Art Angabe der pseudonyme Verfasser (fiktiv) machen wollte. Und aufgrund seiner Diktion verdient eine bestimmte Deutung eindeutig den Vorzug, wenn sie wahrscheinlich auch nicht die allein mögliche ist. Der Ausdruck γράφειν διά τινος (»durch jemanden schreiben«) ist in der frühchristlichen Literatur mehrfach belegt, und zwar überwiegend zur Benennung des Briefüberbringers, nicht des Sekretärs. Die Belege dafür gehören chronologisch in die nahe Nachbarschaft des 1Petr, nämlich: Ign R 10,1; Phld 11,2; Sm 12,1; Pol 14,1 (nicht Mart Pol 20,1 und anders, sc. bez. des Schreibers, Dionys v. Korinth an die Römer: Eus Hist Eccl IV 23,11)[773]. Ähnliches liegt schon Apg 15,23 vor, wo die Wendung

---

[769] Z. B. *Seufert*, Titus Silvanus 352–354; *Wendland*, Literaturformen 367.

[770] *Seufert*, Titus Silvanus 357f, nimmt allerdings im Gegenteil das ὡς λογίζομαι (Übersetzung: »in meinen Augen«) in dem Sinn als Einschränkung, daß es ein Ausdruck der Bescheidenheit ist, weil der Beurteilte zugleich der Urteilende ist. Indem Silvanus als Verfasser das abgegebene Urteil so als subjektives ausgeben will, unterbricht er die Fiktion und fällt aus der Rolle des Ps-Petrus. Das ist nicht gerade eine historische Wahrscheinlichkeit in der Geschichte der literarischen Fälschung.

[771] Z. B. *M. S. Enslin*, JQR NS 37 (1946/7) 295–299; *Wrede*, Bemerkungen 78; *Beare* 208f.226; ders., Teaching 295; *D. H. Schmidt*, The Peter Writings 70.

[772] *Barnikol*, Personen-Probleme 18 Anm. 3: »Silvanus als Verbindungsperson der unionistischen Paulus-Petruslegende«; *Trilling*, Petrusamt 122f: »Silvanus soll als Bindeglied zwischen ›Petrus‹ und den kleinasiatischen Gemeinden dienen.«

[773] Vgl. zu den Texten *Bauer*, Die Apostolischen Väter II, 254, mit derselben Deutung. Unentschieden und trotzdem mit einem neuen Indiz für diese Annahme *G. Jouassard*, Les épîtres expédiées de Troas par saint Ignace

»schreiben durch jemandes Hand« Personen als Überbringer, nicht als Verfasser des Schreibens benennt (und wo übrigens Silvanus/Silas einer der Überbringer ist). Es spricht alles dafür, diese Bedeutung auch für den 1Petr anzunehmen[774]. Mit der Angabe des Überbringers hat der Verfasser dann ganz simpel den Briefrahmen eines Sendschreibens in der gehörigen Weise vervollständigt. Es liegt keine heimliche Verfasserschafts- oder fiktive Sekretärsangabe vor. Die genannten Parallelen zeigen die Gebräuchlichkeit der Überbringerangabe[775], und sie zeigen darüber hinaus die Regelmäßigkeit, in der eine besondere Empfehlung des Überbringers wie in 1Petr 5,12 damit verbunden war (siehe Ign R 10,1; Sm 12,1; Pol 14,1). Die fragliche Notiz zeigt also eine fast klischeemäßige Form und macht eine nahezu obligate Angabe, für die Ps-Petrus nicht viel Phantasie benötigte: Sein Brief soll von Silvanus überbracht worden sein[776]. Dieser Name freilich bleibt in petrinischer Umgebung schwierig, aber es gab möglicherweise eine Überlieferung, die Silvanus/Silas mit Petrus verbunden hatte[777].

Das Lob der Zuverlässigkeit des Silvanus ist seine Empfehlung vor den Adressaten, von der schon gesagt wurde, daß sie in christlichen Briefen anscheinend zur Form der Überbringerangabe gehörte. Daß sie die verläßliche Niederschrift des Diktats versichern will, kommt nicht in Frage, wenn der Name nicht den Schreiber nennt. Ob sie auf die sichere Beförderung des Briefes und damit auf die Authentizitätsgarantie für die Empfänger bezüglich des Briefes zu beziehen ist (beides ist vermutet worden), muß offenbleiben. Am ehesten wird eine grundsätzliche Belobigung und Empfehlung ohne konkreten Bezug gemeint sein. Die Floskel ὡς λογίζομαι (Übersetzung: »in meinen Augen«) ist nicht als diskrete Relativierung eines subjektiven Urteils zu verstehen, sondern als Verstärkung der apostolischen Bestätigung eines (jeden) bewährten kirchlichen Mitarbeiters.

Daß das Schreiben »kurz« ausgefallen ist (vgl. Hebr 13,22)[778], muß jeder Leser

---

d'Antioche ont-elles été dictées le même jour en une série continue?, in: Mémorial J. Chaîne, Lyon 1950, 216f mit Anm. 17: Philad, Smyrn und Polyk sind von Troas geschickt. Polyk enthält die Erwähnung des Bourrhos im Gegensatz zu den beiden anderen nicht. Wenn Bourrhos der Überbringer war, dann erwähnt ihn Polyk nicht mehr, weil Bourrhos mit den beiden anderen Briefen schon unterwegs war (vgl. 218f).
[774] So auch *Felten* 19.135; *Kümmel*, Einleitung 374; vgl. *Selwyn* 241. Anders *Windisch-Preisker* 80; *Radermacher*, Petrusbrief 293; *Knopf* 197f (der aber weder den Überbringer noch den Schreiber, sondern den angeblichen Übersetzer des Petrusbriefes bezeichnet findet); *Spicq* 177f; *Beare* 209 (dessen Argumente allerdings durch das Faktum der Fiktion gegenstandslos werden); *Kelly* 215; *Schelkle* 134.

[775] Die von *Radermacher*, Petrusbrief 292f, aufgeführten Texte aus griechischen Urkunden und Privatbriefen dokumentieren dasselbe.
[776] So verstehen unter Voraussetzung der Echtheit z. B. *J. Brown*, Discourses II, 624; *Felten* 19; *Schlatter*, Petrus und Paulus 174f; *Stegmann*, Silvanus 21–32; bei Annahme der Unechtheit: *Meyer*, Rätsel 73; *Knox*, Theol. 49, 343; *Smothers*, Babylon 419. Die Angabe, daß der Brief kurz sei (δι' ὀλίγων), spricht in keiner Weise gegen diese Exegese (gegen *Radermacher*, Petrusbrief 293).
[777] Vgl. *Brox*, Rahmung 89f.
[778] *Spicq* 179: eine bloße Stilklausel und Höflichkeitsfloskel. *Beare* 209: kurz nicht im Hinblick auf den (für einen Brief respektablen) Umfang, sondern auf das Thema. Vgl. *Kelly* 216: von einem Brief wurde Kürze erwartet (mit Belegen). *Schelkle* 134 sicher nicht zutreffend: Der Verfasser bekundet, »daß er seinem

bestätigen, der es Vers um Vers zu verstehen versucht hat. Nicht nur, daß sich der Umfang in Grenzen hält, sondern vor allem empfindet man viele Einzelaussagen als sehr gedrängt und bis zur Schwer- oder sogar Unverständlichkeit verkürzt. Dies war an vielen Stellen das Hauptproblem der Exegese des Briefes. Und es macht auf die für den Stil des Ps-Petrus ganz typische Weise hier in derselben Zeile noch einmal diese Schwierigkeit. In einer kurzen Bemerkung wird die Absicht des ganzen Briefes zusammengefaßt. Das geschieht noch dazu fast wie nebenbei, so daß die Auslegung oft praktisch keine Notiz davon nimmt: »zu mahnen und zu bezeugen, daß das (die) wahre Gnade Gottes ist«.
Diese Formulierung ist auf den ersten Blick so blaß und pauschal, daß sie tatsächlich dazu verleitet, sich gründlich über das Gewicht der vermeintlich »nichtssagenden Bemerkung«[779] zu täuschen. Tatsächlich gibt sie aber exakt wieder, was die Einzelauslegung ständig als Eigentümlichkeit des Schreibens entdeckte, freilich in einer fast extremen Abstraktion. Ermahnung, Aufmunterung und Appell sollte der Brief sein und außerdem Zeugnis geben durch die Instruktionen, die er den Empfängern über ihre Situation und deren Chance gab. So weit gibt es keine Schwierigkeiten. Aber für das wirkliche Verständnis kommt es nun auf den Inhalt dieses Zeugnisses an. Er ist eben nicht so blaß-global belassen, wie es zuerst und ohne Erinnerung an den genauen Duktus des Briefes anmutet. Da ist nicht einfach generell von »Gnade« gesprochen worden, sondern sehr genau und konkret: »daß *das* (die) wahre Gnade Gottes ist – ταύτην εἶναι ἀληθῆ χάριν τοῦ θεοῦ«. Zu dieser Demonstration ist an zwei frühere Texte im Brief zu erinnern, die man hier parallel lesen muß; sie bestimmen ebenfalls mit einem Demonstrativ-Pronomen näherhin, was die Gnade ist: »denn *das* ist Gnade – τοῦτο γὰρ χάρις« (2,19), und »*das* ist Gnade von Gott – τοῦτο χάρις παρὰ θεῷ« (2,20). Der 1Petr spricht oft von Gnade (1,2.10; 3,7; 4,10; 5,10). Die zuerst genannten drei Stellen (2,19.20; 5,12) unterscheiden sich von den übrigen durch die (im Demonstrativ-Pronomen signalisierte) Absicht, den geläufigen Begriff – besser: die allbekannte Realität der Gnade prägnant auszulegen. Das ist durch sich bereits eine der Eigentümlichkeiten des 1Petr, der nicht eine originelle, »neue« Theologie entwirft, sondern die Elemente einer sehr traditionellen Theologie auf die notvolle Situation seiner Adressaten hin wendet und akzentuiert. Im Zuge dessen wird auch die allgemeinchristliche, schon reichlich abgeschliffene Rede von der Gnade aufgegriffen und neu pointiert: »*das* ist Gnade«.
Die Auslegung muß das zu beachten und wiederzugeben suchen und kann sich für den V 12b nicht mit bloßer Paraphrase eines Satzes über die Gnade begnü-

---

Brief keine allzu große Bedeutung zugemessen wissen will«.
[779] So *Bornemann*, Petrusbrief 144. Eklatant das fehlende Verständnis auch bei *Harnack*, Chronologie I, 459: »ungeschickter kann man den Inhalt des Schriftstücks kaum angeben ... was der Verf. mit ihm (sc. dem Stichwort χάρις τ.θ.) hier will, um den Inhalt des Ganzen zusammenzufassen, trifft die Hauptsache gar nicht und ist außerdem inhaltslos«.

gen⁷⁸⁰. Was gemeint ist und worin die Pointe der Demonstration liegt, muß dem Text entnommen werden, der diese Demonstration entfaltet hatte und aus dem die beiden eben genannten Vergleichsformeln »*das ist Gnade*« genommen waren: 2,19f. Es wurde in der Erklärung dazu ausführlich gezeigt, wie im Rahmen und aus Anlaß der Sklaven-Paränese ganz fundamental die »Logik« der Gnade erklärt wurde, die in der Wirklichkeit christlicher Hoffnung unter den Bedingungen des (unverschuldeten) Leidens liegt. Theologisch stellt die Argumentation von 2,18–25 einen der Höhepunkte des Briefes dar. Der Zusammenhang von Christenleiden, Passion Christi und Heil ist kein zweites Mal so ausführlich und konsequent erklärt wie in jenem Abschnitt. Und in seinem theologischen Zusammenhang hieß es: »*Das ist nämlich Gnade, wenn jemand in der Bindung an Gott Schweres hinnimmt und ungerecht leidet . . . wenn ihr Gutes tut und deshalb Leiden ertragen müßt, das ist Gnade von Gott*« (2,19f). Der Brief beschreibt dort exemplarisch das Leiden bzw. die Existenz, für die es zutrifft, daß sie gemäß der Berufung durch Gott dem leidenden Christus, der das Vorbild ist, in seinen Spuren nachfolgt (2,21) und folglich im Heil steht (2,24f). Das Demonstrativpronomen τοῦτο (2,19.20) bzw. ταύτην (5,12b) zeigt dabei nicht auf Sklavenlos bzw. Verfolgung als solche, sondern – in der Sprache des 1Petr – auf angenommenes (unverschuldetes) Leiden.
Darüber wollte der Brief in allen seinen Teilen belehren und dadurch trösten und zur Hoffnung animieren: Ungerecht leiden müssen ist wegen der Verbindung zur Passion Christi die Gnade. Dieses Resümee verweist nicht auf die Wahrheit und Wirklichkeit der Gnade *trotz* des »Leidens«, sondern *im* oder *als* »Leiden«. Das Demonstrativum verweist auf das, was im ganzen Brief erklärt worden war. Die Leser sollen die Gnade gerade als diese »Logik« von Glauben, »Leidens«-Existenz und Soteriologie begreifen. Das ist kein anderer Begriff von Gnade als in den übrigen χάρις-Stellen des Briefes, aber dort ist der Begriff konventionell und ohne oder »vor« seiner konkreten Vermittlung durch die Situation des 1Petr (ungerechtes Leiden) gebraucht. Gnade hat – so zeigte Ps-Petrus in 2,18–25 – diese »Gestalt«; sie wird in der Form der Hoffnung (oder Freude) im Leiden Wirklichkeit. Das war die Aussage des Schlüsseltextes 2,18–25. Auf sie kommt V 12b deutlich zurück, indem er die dortige Pointe als Kürzel für die gesamte »Logik« oder »Struktur« von Gnade und christlicher Existenz wiederholt. Die Rede von der Gnade ist schon grammatikalisch hier und dort dieselbe. Ps-Petrus benennt im V 12b sein Thema rückblickend in der Tat zutreffend, was bei einem Schriftsteller seines Formats zu bemerken überhaupt nur deshalb angebracht ist, weil er oft und leicht mißverstanden wird. Gnade ist die befreiende Möglichkeit, von der der Brief permanent reden bzw. in die er einüben wollte: unter den prekären jetzigen Bedingungen hoffen zu

---

[780] Z. B. *Windisch-Preisker* 81: »Der Zweck seines Schreibens: Befestigung der Leser in ihrem Gnadenstand«; ähnlich *Stibbs* 176; *Kelly* 216; *Schrage* 117; *Schelkle* 134. Zu wenig spezifisch auch *Schlier*, Adhortatio 60 (vgl. 65):
»Die Gnade, die hier gemeint ist, ist das Gnadenereignis der Geschichte und Person Jesu Christi.« Zutreffender *Reicke* 133: Der Verfasser will versichern, »that their present difficulty constitutes a true grace of God«.

können[781]. Das ταύτην ist noch einmal der Hinweis auf das Beschriebene (wie das zweimalige τοῦτο in 2,19f) und hängt dann durchaus nicht »in der Luft«[782]. Das Attribut »wahr« zu »Gnade« verstärkt die Prägnanz und grenzt das richtige Verständnis aus, indem es »einer Unsicherheit begegnet, wie sie in den Lesern durch ihre Lage entstehen mußte. Der Verfasser will sagen, daß sie . . . an dem Besitze der Gnade Gottes . . . nicht zweifeln dürfen, trotzdem ihre Erlebnisse in der Leidenszeit mit diesem Besitze sich schlecht reimen wollen.«[783] Wir lesen in V 12b eine optimale Zusammenfassung des 1Petr.

Der kleine nachgeschobene Satz: »In ihr (sc. der Gnade) müßt ihr stehen« (vgl. Röm 5,2), enthält trotz seiner Unscheinbarkeit ebenfalls einen umfassenden Rückblick. Der Sache nach bietet er die Zusammenfassung aller »Mahnung« (παρακαλῶν); entsprechend war die eben erklärte Bemerkung über die Gnade vorher als Zusammenfassung des »Zeugnisses« (ἐπιμαρτυρῶν) zu lesen. Wenn »in der Gnade stehen« zum Gegenstand eines Appells gemacht ist, liegt eine prägnantere Fassung des Gnadenbegriffs vor als dort, wo Gnade als geschenkte Realität gesehen wird (vgl. 1,10; 3,7; 4,10; 5,10) oder Gegenstand des Segenswunsches ist (1,2). Die besondere Interpretation der Gnade in 2,18–25, die hier wieder gemeint und das Thema des Briefes ist, begreift die Antwort, das Sicheinlassen des Menschen auf die Gnade als Geschenk ein: Gnade als Hoffnung im Leiden ist nicht einfach vorhandene Gegebenheit, sondern geschenkte Möglichkeit, die vom Menschen im Glauben angenommen wird. Diesen Anteil des Menschen am Zustandekommen von Hoffnung und Freude im Leiden, also von Heilserfahrung unter den Krisenbedingungen der Geschichte, will der Brief paränetisch forcieren, indem er die von Gott eröffnete Möglichkeit als geschenkte Gnade wieder und wieder predigt.

In der hier mit den meisten Hss und Editionen angenommenen Lesart στῆτε (Konj. od. Imp.Aor.) statt ἐστήκατε (= »seid ihr zu stehen gekommen, steht ihr«) macht das Sätzchen zwar die größeren Schwierigkeiten, aber diese Lesart ist trotzdem vorzuziehen[784]. Dann liegt hier das einzige ntl. Beispiel eines εἰς für ἐν vor, worin ein Element der Vulgärsprache zu sehen ist[785]. Wegen dieser eher ungeschickten Wendung sehen sich manche Ausleger in der Annahme bestärkt, daß die VV 12–14 von anderer Hand als der Brief geschrieben sind, z. B. in der Version, daß Petrus das Schreiben eigenhändig abgeschlossen hat, »vielleicht in Lettern, die ebenso plump waren wie dieser Ausdruck«[786]. Diese Annahme ist in keiner der vorgeschlagenen Formen zwingend.

13 Mit dem obligaten Schlußgruß im Briefformular wird die pseudepigraphische

---

[781] Das ist etwas anderes als *Berger*, Apostelbrief 192f, meint: »In 1Petr 5,12 bezeichnet daher χάρις sehr wahrscheinlich auch den Inhalt des Briefes selbst«, und zwar in dem Sinn, daß χάρις (wie in der »späteren jüdischen Offenbarungsliteratur«) Heil bedeutet, insofern es als Offenbarung, Botschaft, in Wortverkündigung mitgeteilt wurde. 5,12b ist weniger formal, sondern prägnant auf die inhaltliche Aussage des Briefes zu beziehen.

[782] Gegen *Kelly* 217.

[783] *Wrede*, Bemerkungen 82.

[784] Besonders nachdrücklich *Unnik*, Verlossing 97f; anders z. B. *Knopf* 199.

[785] *Wifstrand*, Stylistic Problems 175; *Kelly* 217.

[786] *Zerwick*, Biblical Greek 37.

Stilisierung dieses Rundschreibens als Brief fortgesetzt bzw. abgerundet. Die Gemeinde des Abfassungsortes grüßt die Adressaten im Stil der Paulusbriefe, mit besonderer Namensnennung einzelner dort anwesender Christen. Über die Ortsangabe »Babylon« ist das Wichtigste in der Einleitung (A. IV mit genaueren Angaben und Literatur) gesagt. Entweder ist ein Kryptogramm darin zu sehen, d. h. eine chiffrierte Auskunft, die aus der Sprache der frühjüdischen Apokalyptik nach dem Jahre 70 n.Chr. stammt und zweifellos Rom meint[787]. Dabei bleibt dann offen, ob der Brief tatsächlich aus Rom kommt oder fiktiv nur (aus welchen Gründen immer) dort abgefaßt sein will. In beiden Fällen ist dieses Kryptogramm wohl kaum in seiner apokalyptischen Dramatik ernst gemeint, weil das schlecht zu 2,13f passen würde und der 1Petr an keiner Stelle einen Vorbehalt gegen den Staat erkennen läßt und der Staat nirgends als derjenige vorkommt, der die »Leiden« (= Verfolgung) verursacht. Oder – die weniger wahrscheinliche Möglichkeit – im Namen Babylon ist eine Metapher für Diaspora und Exil zu sehen, in dem die Christen leben (1,1; 2,11)[788]. Das paßt im Schlußgruß allzu schlecht, weil dann die Gesamtkirche den Adressatengemeinden gegenüber aufträte, was keinen Sinn ergibt. Außerdem spricht die historische Verbindung des Petrus mit Rom weit eher für die Verschlüsselung der Angabe Rom.

Das feminine Partizip συνεκλεκτή (die »Miterwählte«) ist unbedingt auf die Gemeinde, nicht auf eine Frau (z. B. die Ehefrau des Petrus) zu deuten. Das συν- (»Mit-«) ist typisch für die ekklesiologisch orientierte Sprache des 1Petr (vgl. »Miterben« 3,7 gegenüber »Erben« 1,4; 3,9 und »Mitpresbyter« gegenüber »Presbyter« 5,1; so hier »Miterwählte« gegenüber »Erwählten« 1,1; 2,9). Und schließlich ist der Name Markos als Name eines mitgrüßenden Christen genannt. Diese Angabe ist konsequenterweise als weiteres Konstruktionselement der pseudepigraphischen Briefform zu verstehen. Wie fällt in einem Ps-Petrusbrief aber die Wahl auf Markos, der ebenfalls sicher kein Unbekannter, sondern der aus anderen urchristlichen Traditionen Bekannte ist und (wie Silvanus V 12) nach unseren Informationen auffälligerweise historisch weit eher in die Umgebung des Paulus als des Petrus gehört (Phlm 24; 2Tim 4,11; Kol 4,10; Apg 12,25; 13,5.13; 15,37–39)? Zwar verbindet ihn schon Apg 12,12 (allerdings recht indirekt) mit Petrus. Aber insgesamt bleibt uns die Herkunft der Überschneidungen paulinischer Traditionen mit der petrinischen Verfasserangabe im 1Petr dunkel[789], wie übrigens auch die Entstehung der späteren Petrus-Markus-Tradition (Papias bei Euseb Hist Eccl III 39,15.17)[790]. Man kann freilich bestreiten, daß es sich überhaupt um den anderweitig bekannten Mar-

---

[787] *Hunzinger*, Babylon.
[788] So z. B. *J. Speigl*, Der römische Staat und die Christen, Amsterdam 1970, 46f. Nach *Andresen*, Formular 243, legt der syrische Baruchbrief es nahe, im 1Petr »das Kryptogramm nicht aus der apokalytischen Vorstellungswelt abzuleiten, sondern ihm das Selbstverständnis der spätjüdischen Diaspora unterzulegen, die immer und überall ›in Babylon‹ d. h. ›in der Welt‹ ist«.
[789] *Brox*, Rahmung 90f.
[790] *Meyer*, Rätsel 73, glaubt auf jene Papias-Notiz bei Euseb hin, daß Markos hier im V 13 den Brief (wie dort das Evangelium) des Petrus ins Griechische verdolmetscht haben soll. *D. H. Schmidt*, The Peter Writings 70,

kos handelt, da der Name nicht selten ist[791], aber in pseudepigraphischer Briefschreibung des frühen Christentums ist m. E. eher mit der Verwendung von prominenten Traditionen und Namen zu rechnen.

Die Bezeichnung des Markos als »Sohn« des Petrus wird (wie sonst »τέκνον-Kind«: 1Kor 4,17; Phlm 10; 1Tim 1,2.18; 2Tim 1,2; 2,1; Tit 1,4) seine Bekehrung durch Petrus und wohl auch seinen Dienst bei Petrus bezeichnen sollen[792].

14 Die Aufmunterung, sich gegenseitig durch Kuß zu begrüßen, muß wohl auf die Verlesung des Briefes in der Gemeindeversammlung anspielen (Bezeugung des Kusses bei der Eucharistiefeier wenige Jahrzehnte später durch Just Apol I 65,2). Mit zentralen Begriffen, die die enge Kommunikation der Christen miteinander im Glauben anzeigen wollen (»Liebe«, »Friede«), werden der letzte Appell zur intensiven Gemeinschaft (»grüßt einander«) und der Segenswunsch am Schluß (»Friede euch allen«)[793] formuliert. Form und Inhalt von V 14a verstärken noch einmal den paulinischen Charakter des Briefes (vgl. Röm 16,16; 1Kor 16,20; 2Kor 13,12; 1Thess 5,26). Für V 14b läßt sich das nur bezüglich der Formel ἐν Χριστῷ sagen; im übrigen ist er (mit »Friede« statt »Gnade«) weder paulinisch noch deuteropaulinisch[794]. »Die in Christus« ist eine Umschreibung für die (nach 4,16 dem 1Petr bekannte) Bezeichnung als »Christen«; es ist die Interpretation des Christennamens mit sehr konkretem Bezug: Sie sind Christen, insofern sie »in (der Gemeinschaft oder Nachfolge gegenüber) Christus« stehen, und zwar durch ihr Leiden und ihre Hoffnung und die künftige Teilhabe an der Herrlichkeit. Die Auslegung des »in Christus« hat im 1Petr diese eine Version, was immer in der paulinischen und gemeinchristlichen Tradition der Formel gemeint war.

*Zusammenfassung* Diese letzten Verse sind durch ihren Inhalt deutlich vom Brief-Corpus als solchem abgelöst und komplettieren die Rahmung bzw. Stilisierung der gesamten Homilie, die der 1Petr darstellt, als briefliches Schreiben. Über die persönlichen Notizen, die sie enthalten, läßt sich nichts Sicheres ausmachen, weil Herkunft und Absicht der spärlichen Daten über ihre pseudepigraphische Funktion als solche hinaus nicht durchschaubar sind. Soviel darf angenommen werden, daß Ps-Petrus den Eindruck eines wirklichen Briefes verstärken wollte, indem er den Briefüberbringer und einen mitgrüßenden Christen aus seiner, des angeblichen Verfassers, Umgebung namentlich nannte. Wichtig ist aber noch die äußerst konzentrierte Zusammenfassung von Briefinhalt und -absicht im V 12b. In ihrer Verkürzung und Abstraktion läuft sie Gefahr, überlesen zu

---

schließt aus V 13 darauf, daß die Petrus-Markos-Legende des Papias in Rom schon vorhanden war (vgl. Eus Hist Eccl II 14,5–15,2).

[791] *Barnikol*, Personen-Probleme 9.

[792] *Haslehurst*, Mark, hält allerdings die buchstäbliche Erklärung für einzig richtig und sucht sie als möglich nachzuweisen: Markus war der leibliche Sohn des Petrus (die Maria aus Apg 12,12 folglich die Frau des Petrus).

[793] Nach *J. B. Bauer* 63, nicht Wunsch, sondern Feststellung: »Frieden besitzt ihr alle, die ihr eure Existenz in Christus habt.«

[794] Vgl. *Beare* 210. *Quinn*, Notes 244–246, ist der Meinung, daß der ganze V 14b, der im P72 fehlt, ein Zusatz (aus dem 1. Jh.) für den liturgischen Gebrauch des Schreibens ist.

werden, sobald man das »Zeugnis« samt seiner Diktion in 2,18–25 und die »Mahnung« des ganzen Briefes nicht lebhaft im Gedächtnis hat. Der 1Petr endet mit seinem zentralen Thema selbst.

# C Ausblick

1. *Zur Geschichte der Resonanz*

Für den 1Petr ist in der Geschichte des Christentums bis herauf in die Neuzeit keine besonders profilierte Nachgeschichte in der Form zu registrieren, daß er als solcher die Theologie bestimmter Epochen stimuliert hätte und in zentralen dogmengeschichtlichen Problemstellungen ausschlaggebend zur Argumentations-Hilfe gerufen worden wäre. Der Brief gehört in Altertum und Mittelalter auch nicht zu denjenigen ntl. Schriften, die bevorzugt ausgelegt worden sind[795]. Einzelne Texte aus ihm haben zwar in der Geschichte einzelner theologischer Anschauungen ihre Rolle gespielt (vgl. die Exkurse zu 2,5.9 (oben S. 108–110) und zu 3,19/4,6 (oben S. 182–189), aber als Dokument insgesamt mit seiner originellen theologischen Predigt über das Christenleiden hat das Schreiben keine individuellen, gesonderten Spuren von erkennbarer Deutlichkeit hinterlassen. Das ist begreiflich und bezeichnend. Der Brief wurde für ein Schreiben des Petrus gehalten, von dem man aufgrund des früh etablierten Petrusbildes *die* allgemeine christliche Predigt erwartete. Der 1Petr erfüllte in der üblichen Auslegung diese Erwartung, indem er eine Fülle zentraler Begriffe und Themen der christlichen Glaubensüberlieferung enthält, dabei sehr generell bleibt und keinerlei konkrete Frontstellung oder einseitige Pointierung in seiner Theologie betreibt. Er ist ein relativ »unauffälliges« Schreiben innerhalb des ntl. Kanons geblieben, das noch den stärksten Eindruck durch seine sprachliche Dichte hinterläßt, die allerdings auch als Formelhaftigkeit empfunden und übersehen werden kann. Der Brief hat (bei aller Wertschätzung, die er als petrinisches Schreiben erfuhr) in der Geschichte des christlichen Selbstverständnisses also nie großes Aufsehen von sich gemacht und besondere Aufmerksamkeit auf sich gezogen, obwohl er einen so prominenten Verfassernamen trug. Das wäre vermutlich anders gewesen, wenn er über seinen (angeblichen) Verfasser, den Apostel Petrus, eine Reihe von (fiktiven) Auskünften eingeflochten (wie die Past über Paulus) und nicht nur allgemeinste Belehrungen mit dessen Autorität ausgestattet hätte.

Für die moderne Exegese veränderte sich dann das Interesse am 1Petr sehr einschneidend, weil sich wissenschaftlich das Interesse an der Bibel überhaupt zur

---

[795] Schelkle Xf verzeichnet die nicht sehr zahlreichen patristischen Kommentare, *Felten* 38f die des Mittelalters und der Neuzeit.

historisch-kritischen Frage verschob. Im gleichen Augenblick war an einem Petrusbrief alles fraglich bzw. interessant, weil jedes Detail an ihm als Datum der Urchristentumsgeschichte zu registrieren war, die nicht mehr als bekannt vorausgesetzt wurde, sondern rekonstruiert werden mußte. Die Verfasserschaft, die besondere Theologie, die Datierung und die traditionsgeschichtliche Relation des 1Petr zu anderen Schriften spielt eine Rolle für diese Rekonstruktion. Alle diese Daten sind dadurch als neu interessant bzw. als frag-würdig entdeckt worden.

Und nun stellt man bis in die heutige Forschung hinein eine merkwürdig doppelläufige Beschäftigung mit dem 1Petr in der Bibelwissenschaft fest. Einerseits glaubt man seit dem frühen 19. Jh. (F. Chr. Baur 1831), daß dieser Brief mit seiner Kombination von petrinischer Verfasserschaft (ob als Tatsache oder als Fiktion genommen) und paulinisch gefärbter Theologie als ein höchst aufschlußreiches Zeugnis für die früheste Kirchengeschichte zu werten sei. Und zwar meint man, Informationen über die verschiedenen urchristlichen Gruppierungen (verstanden als Parteilichkeiten), über Richtungskämpfe bzw. Versöhnungsversuche zu gewinnen. Es wird dabei fest angenommen, daß der 1Petr gerade dazu abgefaßt wurde, um in die Entwicklung der urkirchlichen Szene einzugreifen und sie in bestimmter Richtung zu beeinflussen[796]. Wir können davon absehen, daß die Rekonstruktionsversuche, die von dieser Annahme aus unternommen wurden, sehr unterschiedlich ausfielen und sich z. T. widersprechen. Bemerkenswerter ist die Tatsache, daß alle diese Versuche für ihre Einordnung des 1Petr in die Geschichte des Urchristentums mit der Ausgangs-These operieren, daß die Verbindung des Namens Petrus mit (teils) paulinischer Theologie in einer ganz bewußten Absicht und Strategie geschah (nämlich zur Versöhnung des petrinischen mit dem paulinischen Christentum – so die vorausgesetzte Polarisierung). Aber auffälligerweise finden sich solche Ansichten nur im Forschungsfeld Urchristentumsgeschichte, wo der 1Petr als eine unter allen verfügbaren Quellen einbezogen wird, nicht innerhalb der direkten Auslegungsarbeit am 1Petr. Das ist die erwähnte Doppelläufigkeit. In der Vers-um-Vers-Exegese der zahlreichen neueren und neuesten Kommentare kommt kein Ausleger auf den Gedanken, solche Thesen wie die angezeigten am Text des Briefes zu gewinnen oder zu verifizieren oder als erwiesene Ergebnisse zu melden. Die weittragenden Vermutungen über eine recht dramatische kirchenpolitische Vermittlungsfunktion des »paulinischen (Ps-)Petrusbriefs« bestätigen sich, so bestechend sie sind, vom Briefinhalt her in keiner Weise, weil der Text die angenommenen Tendenzen nicht einmal ahnen läßt, sondern im Gegenteil ein völlig anderes Interesse als das einer innerkirchlichen Harmonisierung von Parteiungen hat, und zwar ein Interesse von solchem Eigengewicht und solcher Originalität, daß man auf keinen Fall annehmen kann, das Briefthema diene nur als Vorwand für die im Briefrahmen und in der Rezeption paulinischer Gedanken durchgeführte Absicht einer Versöhnung des

---

[796] Vgl. *Brox*, Tendenz; ders., Situation 1f.

Petrus mit Paulus. Hier ist bislang noch nicht vermittelt worden. Wie zwei Säulen stehen sich die entsprechenden Thesen auf der einen und die Ergebnisse der Kommentarliteratur zum 1Petr auf der anderen Seite unverbunden gegenüber. Der Brief erlebt insofern eine geteilte Bewertung. Nach der Kommentierung des Textes in allen Einzelheiten und in seiner Gesamt-Tendenz kann m. E. aber kein Zweifel sein, daß nicht die vermeintliche kirchenpolitische Absicht der Zweck dieses Briefes ist, sondern – aus gegebenem krisenhaftem Anlaß – das pastoral akzentuierte Thema von der Hoffnung im Leiden und von deren passionstheologischer Begründung. Ein Kompromiß, daß der Brief beides wolle, ist nicht denkbar. Freilich bleibt dabei die Erklärung des Namens Petrus über einem in vielen Punkten paulinischen Brief offen. Aber das ist kein Dilemma. Viele Beispiele antiker und frühchristlicher literarischer Fälschungen sind nach Details und Absicht ihrer Fiktion nicht voll durchschaubar. Und so merkwürdig ist es nicht, daß ein urchristliches Schreiben mit der Autorität des Petrus auf den Weg geschickt wurde und dabei – zusammen mit einer Reihe anderer Traditionen – auch paulinische Theologumena kannte und verwendete.

2. *Das Urchristentum im Spiegel des 1Petr*

Aus diesem Schreiben ist Interessantes über das Urchristentum zu erfahren, allerdings in einer anderen Richtung, als es die oben apostrophierten Ansichten vermuten[797], und insgesamt handelt es sich freilich um einen bestimmten (allerdings bezeichnenden) Ausschnitt aus der historischen Realität. Der Verfasser will ganz deutlich in einer Krisensituation der Kirche Hilfe bieten. Damit dokumentiert er die Krise selbst, die sich darstellt als eine Krise nicht der Glaubenslehre, sondern des Glaubensvollzugs oder der gläubigen Existenz. Das Christentum der Zeit (Ende 1. Jh.) hatte unter den schwierigen Bedingungen einer schon öffentlich auffällig gewordenen und von der Öffentlichkeit bereits negativ registrierten Minderheitengruppe zu leben. In diesem Brief spiegeln sich die Erfahrungen, die das junge Christentum in der prekären Lage gesellschaftlicher Isolation und Diffamierung machte, und auch die Reaktionen, in denen es sich darauf einstellte. Vieles sprach gegen die Glaubensmöglichkeit und -gewißheit und löste Resignation aus. Ps-Petrus bezeugt durch die Art und Weise seiner Rede, daß man sich damals auf diese Bedingungen als den Dauerzustand der Kirche eingerichtet oder jedenfalls gefaßt gemacht hatte. So würde es bleiben bis zum nicht fernen, schon sich ankündigenden Ende.
Und diese an sich ja deprimierende Aussicht war nur zu bewältigen von der Hoffnungs-Perspektive aus. Und so macht sich die kleine Gemeinde, die angefeindete Minderheit, ihr Bild von sich selbst und von der Bedeutung des eigenen Schicksals in Welt und Geschichte. Vom neuen Glauben her, durch den

---

[797] Zum folgenden ausführlicher *Brox*, Situation 4–13.

man in die prekäre Lage geriet, tun sich auch die Möglichkeiten auf, Sinn zu finden in der deprimierenden Rolle der ständig Beschuldigten, der Angegriffenen und Verklagten. Der 1Petr bietet einen breiten Einblick in den großen Vorrat an hilfreichen Argumenten des christlichen Glaubens, mit denen die kirchlichen Amtsträger der Frühzeit (von denen der Verfasser sicher einer war) die Gemeinden und die einzelnen widerstandsfähig zum Leiden und zum Ertragen machten durch Einsicht. Die vielen Christen brauchten in der schwierigen Situation Orientierung, um mit ihren ganz durchschnittlichen Kräften überdauern zu können. Der 1Petr enthält einen repräsentativen Schatz an traditionellen und originellen Gedanken der frühchristlichen Theologie, die immer wieder in ganz einfache, einleuchtende und eingängige Formulierungen der Predigt ausmünden, die dann wirklich helfen konnten: »Das Heil liegt bereit ... Darüber seid ihr glücklich, wenn ihr auch für kurze Zeit jetzt traurig sein müßt in einer Reihe von Versuchungen« (1,5f).

Mit ganz einfachen Erinnerungen an das Bekenntnis werden die Aussagen des Glaubens gegen die unmittelbare Erfahrung gestellt. Die jetzt erlebten Schwierigkeiten, die natürlich hart empfunden wurden, fallen – so wird gesagt – vergleichsweise nicht ins Gewicht, sie haben sogar ihren Sinn als Bewährung (1,7). Oder es wird an den hohen Preis erinnert (das kostbare Blut Christi), um den die Christen freigekauft wurden – ein Motiv gegen leichtsinnige Abkehr und Resignation (1,18f). Oder die erlebten Verfolgungsleiden sind als Endgericht, d. h. als notwendige Phase des Geschichtsablaufs, erklärt (4,17) und sind, gemessen am Gesamtgeschehen des Heilsdramas, bloße Episode. Das wichtigste Argument ist freilich das christologische oder passionstheologische. Es macht auf ganz direkte Weise das Christenleiden plausibel: »weil auch Christus für euch gelitten hat und euch ein Vorbild hinterließ, damit ihr seinen Spuren folgt« (2,21; vgl. 4,1f.13). Da ist nichts Überraschendes, Unerwartbares, Skandalöses dabei (4,12), wenn Verfolgung und Unrecht über die Christen kommen. Der Name Christus, das Schicksal Christi machen als solche die prekären Vorgänge verständlich, die gefährlich und entmutigend waren und sinnlos aussahen. Man geht in den Spuren Christi, wenn man leidet, und kommt also dort an, wohin er ging. – Es lohnt sich, die zugehörigen Denkformen noch genauer zusammenzufassen.

a) Der Brief zeigt, wie man in der christlichen Frühzeit die augenblickliche Situation für die bleibende und normale Bedingung des Christseins hielt. Er hat die Form eines permanent verwendbaren Rundschreibens, dessen leitendes Thema (Leiden) immer aktuell bleibt. Die vielen Anspielungen auf Bedrängnis und Verfolgung sind für den Verfasser die Beschreibung des Dauerzustandes und nicht einer vorübergehenden schlechten Phase, auf die bessere Zeiten für das Christentum folgen werden. Er spricht nicht von einer bestimmten spektakulären (staatlichen) Christenverfolgung, sondern er beschreibt die Situation der Gemeinde, die als neue skurrile Kleingruppe mit ihrem unterstellten Aberglauben und dessen Praktiken bzw. Konsequenzen unter den Zeitgenossen unbeliebt war. Die Gemeinde hatte fertig zu werden mit dem Klischee einer Ansammlung von verächtlichen, dümmlichen, bigotten, kriminellen »Typen«. Argwohn und Gemeinheit von außen waren ihr ständig gefährlich. Und innerhalb dieser Szene reagierte die Minderheit der Christen nach dem Zeugnis des 1Petr aufschlußreicherweise nun nicht damit, daß sie mögliche Alternativen, also ein besseres Verhältnis zur Umwelt, beschwor, sondern sie stellte sich darauf ein, sich mit den schlechten Bedingungen als dem (kurzen) Dauerzustand abzufinden, weil sie die eine große Alternative abwarten konnte.

Und dies ist eine Möglichkeit zu überleben: statt Protest und Widerruf die Einwilligung, daß es sinnvoll ist so. Diese Einwilligung war aufgrund des Glaubens möglich. Nichts vom Anspruch des Glaubens wurde revoziert, sondern die durch ihn ausgelöste Provokation (4,4) weiterhin von den Christen gefordert (1,14f; 4,4). Christus war anders (2,22–24), darum sollen die Christen anders sein (2,21; 3,8f). Folglich wird die Konfrontation als das Nicht-Fremde (4,12) für den Christen hier geradezu als Form des Christseins eingeübt. Wo Zustimmung geleistet wird, weil in der Negation und im Ertragen des Gegebenen ein Sinn gesehen wird, dürfen die jetzigen Bedingungen bleiben.

Das ist das dominierende Argument im 1Petr. Neben ihm steht, nicht ohne weiteres vereinbar damit, das andere, wonach die Christen durch konsequentes Christsein auf ihre familiäre und gesellschaftliche Umgebung einen positiven, überzeugenden, überführenden Eindruck machen und folglich doch in den ethischen Grundvorstellungen ein Konsens (statt Widerspruch und Provokation) mit den Nichtchristen vorausgesetzt wird. Ps-Petrus setzt die Argumente unterschiedlicher Überlieferungen ein, die ihm geläufig waren.

b) Eine andere Version derselben Perspektive ist die Polarisierung, in der die Gemeinde sich scharf abgrenzte. Die beiden Bezirke von Glaube und Unglaube, Gehorsam und »Leidenschaft« wurden strikt geschieden (2,11f.15.25; 4,3). Der negative Bereich war das »sinnlose Leben« (1,18), aus dem die Christen kamen und in dem die anderen noch lebten. Die Gemeinden wurden als die Oasen des Heils gesehen, von denen man sich nicht wieder lossagt. Die Christen gehen »zu dem lebendigen Stein (Christus), der von den (ungläubigen) Menschen zwar verworfen wurde, aber bei Gott erwählt und wertvoll ist« (2,4). Was Wunder, daß sie selbst eine verworfene, mißachtete Existenz haben? Diese Polarisierung zwischen Gemeinde und Nichtchristen konnte in scharfe Töne umschlagen und schon proleptisch Heil und Unheil verteilen: »Für euch, die Gläubigen, gilt sein Wert. Den Ungläubigen dagegen ist der Stein . . . zum Eckstein geworden, . . . über den man zu Fall kommt . . . Ihr aber seid ein erwähltes Geschlecht . . .« (2,6–9; vgl. 4,17f). Solche Selbstbestätigung gehörte zur Paränese. Und nicht um sie zu relativieren, sondern der Vollständigkeit wegen ist wieder eine Ergänzung notwendig: Dieselbe Gemeinde verhielt sich nicht esoterisch und narzißtisch, sondern suchte Brücken, um durch Wort und Verhalten andere hinzuzugewinnen.

c) Aber nachdem das Heil und die positive Zukunft ganz für die christliche Gemeinde reklamiert wurden, zentrierte sich aus deren Perspektive alle Geschichte eben um sie selbst. Hier in der (kleinen) Gemeinde spielt sich das Eigentliche des Weltgeschehens ab. Was Gott zum Heil der Menschen tat, war für die Christen, nicht für die anderen (2,6–9; vgl. 1,12). Hier äußert sich ein erstaunliches Selbstbewußtsein der kleinen Christengruppe am Ende des 1. Jh.s. Während die Umwelt sich ihr vorläufiges Bild von ihr gemacht hatte, das wenig günstig und schmeichelhaft war, hat die frühe Kirche selbst – völlig unangefochten davon – ihre eigene Vorstellung darüber gehabt, was sie darstellte. Für die Heiden war das Christentum an sich der Beachtung nicht wert. Man zählte diese Minderheit zusammen mit vielen anderen Zeiterscheinungen zum überflüssigen oder sogar gefährlichen Abschaum der Zeitgeschichte, der gelegentlich zu beseitigen war. Die Christen sahen sich völlig anders, nämlich am Drehpunkt der Geschichte selbst. Weltgeschichtlich ist mit ihnen die entscheidende Zeit angebrochen, eben das »Ende« (4,7). Sie, die Gemeinde, spielt darin die eminente Rolle, da an ihr das Gericht Gottes seinen Ablauf beginnt (4,17).

Die kleine, verachtete Gruppe spielt die Schlüsselrolle im universalen Drama, als deren Schluß-Phase die eigene Geschichte begriffen wurde. Darin war die Bedeutung der Gemeinde gesichert. Gleichzeitig war darin die Verknüpfung mit ihrer konkreten Not erreicht: Die Leiden sind Gericht. Nun weiß die Gemeinde und der einzelne, warum das Leiden ist und in welchem bergenden Zusammenhang die aporetischen Erfahrungen stehen. Mit dem großen Zusammenhang gewann die kleine Gemeinde in der Winkel-Existenz ebenfalls ihre Größe. Dazu wurde deutlich überdimensioniert: Das Geschehen ist ein weltweites Ereignis (5,9b); und die Attacken der Heiden innerhalb eines Gesamtklimas, von dem auch der 1Petr immerhin doch bezeugt, daß es nicht nur aus repressiver Aversion bestand, sondern auch viel Kommunikation zwischen Christen und Nichtchristen und sogar Missionschancen bot, wurden zur weltgeschichtlichen Auseinandersetzung mit dem Feind, dem Teufel, stilisiert (5,8f). Das sind Wertungen und Größenordnungen gegen den Augenschein. Die kleine Gemeinde bezog aus ihnen ihre Kraft, Selbstsicherheit und Hoffnung. Schon vor der Gründung der Welt und bis zum Ende der Zeiten handelt Gott zu ihren Gunsten (1,18–20). Sie darf die gesamte »Planung« Gottes für sich beanspruchen. Das entscheidende Geschehen aller menschlichen Geschichte mündet in die Geschichte der Gemeinde und realisiert sich dort. Alles ist Vorgeschichte der Generation der Christen. Sie sind das Ziel der Geschichte; ihre Situation ist singulär, ihr Heilsbesitz die Erfüllung aller Sehnsucht, und zwar nicht nur der Menschen: »Die Engel sehnen sich danach, einen Blick darauf werfen zu dürfen« (1,12b).

d) Man muß den 1Petr im Rahmen der *praeparatio ad martyrium* lesen, die von der frühen Kirche zu leisten war. In diesem Zusammenhang bekommen alle Details mehr oder weniger direkt ihren Stellenwert. Natürlich war der Zusammenhalt der Gemeinden besonders wichtig. Der Brief wirbt in der prekären Außensituation intensiv darum (1,22; 2,17; 4,8–10). Auch die ekklesiologischen Belehrungen wie 2,10 sind hier einzuordnen: In den überlieferten (biblischen) Bildern von der Volkwerdung Israels erkennt sich die Gemeinde wieder.

Im Glauben hat sie die Erfahrung einer früher nicht gekannten Geborgenheit in der Gemeinschaft des neuen »Volkes Gottes« gemacht. Außerdem verwirklicht sich in dieser kleinen Gruppe als ausgegrenztem, eigenem Volk der Plan Gottes mit der Welt. Aus solcher Gewißheit und Selbstschätzung wächst der Zusammenhalt und die Zuversicht in ein gutes Ende. Das alles hat die Form von Belehrung und Mahnung, weil eben die Gemeinden noch nicht dort standen, wo ein Ps-Petrus und die anderen Verantwortlichen der frühen Kirche sie zu sehen wünschten und wohin sie sie nachziehen wollten. Dazu wurde das Klima der Solidarität und gegenseitigen Verstärkung über den Raum der Lokalgemeinde und Gebietskirche ausgeweitet auf die »Weltkirche« (5,9b). Eine »weltweite« Kommunikation in der Verfolgungserfahrung stellte den einzelnen bedrängten Christen in einen Zusammenhalt, der ihn tragen konnte.

e) Das zentrale Argument, mit dem die angesprochene urkirchliche Situation bewältigt wurde, war das passionstheologische. Das Vorbild des Christus-Leidens machte das Christenleiden erwartungsgemäß, verständlich, insofern »erträglich«. Mit dem Christus der Passion ist eine Antwort vorgegeben. In entmutigender Situation wird der Blick auf ein an sich entmutigendes Bild gelenkt: auf den, der als »lebendiger Stein von den Menschen weggeworfen wurde« (2,4), der »beschimpft wurde ..., leiden mußte ..., unsere Sünden an seinem Leib aufs Holz hinauftrug«, »Striemen« davongetragen hat (2,23f), der »für die Sünden gelitten« hat und »im Leib umgebracht« wurde (3,18). Von da aus soll niemand überrascht sein, wenn die Christen dasselbe erleben wie Christus (4,12f). Wie sollte eine verschüchterte Gemeinde aber Mut und Hoffnung aus dem Bild des gefolterten Christus gewinnen? Darauf antwortet die frühchristliche Predigt (auch im 1Petr) mit dem »einfachen« Grund, daß der Christus, der dieselben »Spuren« durch Unrecht, Anfeindung und Gewalttätigkeit gegangen ist, auf denen die Adressaten sich jetzt finden, den Durchbruch zur »Herrlichkeit«, also die Jenseite von all dem, ebenfalls repräsentiert. Er ist von Gott angenommen und lebendig gemacht, nachdem er zum Heil der Menschen (als Befreiung von Sünde zur Gerechtigkeit) gelitten hatte (2,4.23f; 3,18). Das entmutigende Bild wird Grund zum Mut. Dieser Christus hat das Schicksal der Verfolgten vorgelebt. So wird ihnen jedenfalls gesagt: »ihr habt teil an den Leiden Christi« (4,13). Mit ihm können sie sich identifizieren. Diese Wirksamkeit des Christusglaubens in aktueller bedrängender Not erklärt entscheidend die Lebensfähigkeit und die Werbekraft der Kleingruppen, als welche das Christentum zunächst und recht lange existierte.

Wo eine Gemeinde, ein einzelner, sich im Glauben mit diesem Begründungszusammenhang identifizieren konnte, wußte er das einzuordnen, was ihn anders bedrückte und irritierte und ihn möglicherweise motivierte, sich (zu seinem Unheil) von der verfolgten Gruppe zu trennen. Der 1Petr ist ein Beispiel dafür, wie die urchristliche Predigt darum diese im Grund sehr einfachen Argumente ständig wiederholte und variierte, um ihre Kraft und Wirksamkeit einzusetzen. Durch die Fülle von Argumenten, Bildern und Bibeltexten, die man hier liest, wurde für die angesprochene Generation, für die es darin noch keine selbstverständliche und erbauliche frömmigkeitsgeschichtliche Tradition gab, die Möglichkeit einer positiven Einstellung zu den Verhältnissen sichtbar, unter denen die Gemeinden reichlich beschwerlich und gefährlich lebten. Und um diese pastorale Hilfestellung für die bedrängte Kirche seiner Epoche möglichst wirksam zu leisten, hat Ps-Petrus sein Schreiben konsequent so verfaßt, daß es sehr generell gehalten und situationsunabhängig ist, wobei er allerdings davon ausging, daß *eine* Situation *die* Situation des christlichen Glaubens schlechthin ist, nämlich die »Versuchung« oder »Probe« im Sinn von Bedrängnis und Verfolgung, also wirklicher Lebensnot aufgrund von Angriffen auf die provozierende Andersartigkeit des Christseins. Der 1Petr ist eine der Quellen, an denen man besonders gut beobachten kann, in welchem Ausmaß das Christentum sich unter den epochalen Bedingungen seiner Geschichte versteht und auslegt. Für die frühe Zeit gibt ganz prononciert die Perspektive einer Minderheit den Ausschlag, die von Umwelt und Gesellschaft überwiegend oder ausschließlich Ablehnung erfuhr, welche sich jederzeit zur offenen Aggression steigern konnte. Christsein ist da in seinem Vollzug primär als »Leiden« (als Erleiden auch der sozialen Gegebenheiten: 2,18–3,6) begriffen, das aber als solches eben Freude und Hoffnung möglich macht, statt sie auszuschließen; denn das Leiden in der Welt steht in Zusammenhängen, die nicht trotz des Leidens, sondern gerade aufgrund des Leidens begründeten Trost bedeuten[798]. Der 1Petr sucht die Empfänglichkeit für diesen Trost unermüdlich zu wecken und einzuüben.

---

[798] Instruktiv zum frühchristlichen Weg der Leidbewältigung ist ein Vergleich mit zeitgenössischer Trostliteratur und ihren Wegen der Leiderwägung als Therapie (darüber *H.-Th. Johann*, Trauer und Trost. Eine quellen- und strukturanalytische Untersuchung der philosophischen Trostschriften über den Tod, München 1968).

# Sachregister

(A + Ziffer = Anmerkung)

Abstieg Christi zur Unterwelt → Descensus
Älteste → Amt (kirchliches)
Amt (kirchliches)   49.207.226–237
Anthropologie   191 (→ auch Seele, Fleisch)
apokalyptisch   68ff.201.203f.238f
Apologie   159ff
Apostel, apostolisch   55f.227ff.243
Askese   75.141.145.192
Auferstehung   49.61.84.168.179f

Babylon   41ff.55.247.A135
Bekehrung   76ff.90.92.97.102.108.139.162.175.178f.184.189ff.200.A499
Bekenntnis(-formel)   160.165.168.180f.183.195f.254
Berufung   77.134.140.153f.239
Bewährung   64f.67.101f.118f.124.132.151.195.213.254
Bischof → Amt (kirchliches)
Blut (Christi)   57f.81f.254
Brüderlichkeit   86f.A512
Bund   57f.A197

Charisma   49.207ff.227.A659
Christenprozesse   159f.217f.221
Christologie   83f.96f.100f.108.136ff.164ff.181f.184.191.254.A535.A585
Christsein   16f.28.32.57.59.61.66.69.73ff.76ff.124.128ff.137.140. 152ff.161.191f. 200.204.206.220.222.230ff.244f.253ff

Dank   59ff.110
Descensus   170ff.182ff.196.198f.201
Diaspora-Situation   31.56f.59.102.107.112.176.200.201f.209f.212.239.253ff.258
Dienst → Amt (kirchliches); Charisma

Ehe   140ff
Einheit   153.155
Ekklesiologie → Kirche
Endzeit   68ff.74f.83.201.203f.237ff
Erwählung   50.56f.94.99.103ff
Ethik   86.113ff.116ff.125ff.137.139f.143.148ff.152f.154.159.190f.201ff.219.224.235

Familie 140ff
feindliche Umwelt 29ff.95.107f.113.121.127.153ff.157.160ff.190.194f.212.217.221f.
   238.254f
Fleisch 168.192.198
Frauen 31.127.141ff.148ff.158.231.233.235
Freiheit 50.80f.122.124.138.163.184.191f
Fremde, Fremdling 43.56f.59.76.80.111f.160.206
Freude 17.60.63.66f.191f.214f.224.245.258.A210
Friede 58.131.144.150.152f.155.248
Furcht 80.130f.143f

Gastfreundschaft 206.209
Gebet 204
Gehorsam 57f.75f.86.255
Geist 168.170.198 (→ Pneumatologie)
Gemeinde → Kirche
Gerechtigkeit, Gerechter, gerecht 51.131.133.136ff.155.157f.163.167.184.186.223
Gericht 79f.101f.114f.163.175.195.197ff.222ff
Geschichte 68ff.81.83f.177.195.213.222.239.246.255f
Gesellschaft und Christentum 17f.56f.116ff.126f.131f.139.142.144.160.194f.200.
   217.219.253ff
Gesetz 51
Gewissen 161
Glaube 17.49.51.66.84.132f.159f.253ff
Gnade 16.50.58.114f.128f.132ff.150.241.244ff
Gnosis 147f
Gott, Gottesbild 58.77.79.84

Häresie 34
Haustafel 116f.125ff.141f.145.151f.233f
Heiden 50.76.80f.184.193.195.200.223.239
Heidenchristentum 25.49.76.145.193
Heil 58.66f.69.90.154.163.184ff.200.215.224.232
Heiligkeit 72ff.76f.86.94.103ff.109
Höllenfahrt Christi → Descensus
Hoffnung 16f.49.57.60ff.75.84f.130.132f.137.155ff.191f.200.208f.245.258
Hymnus(-fragmente) 79.83f.134f.138f.165f.234.A333.A534

Israel → Judentum
Judenchristentum, judenchristlich 25.173.184
Judentum, Jüdisches 49.51.57f.62.64f.74.81.89.94.106.109.145.
   158.172ff.181.184.222.226f.A9.A373.A674

Kirche 50.57.86f.90.99.102ff.110.201f.204f.206ff.226–237.239

Lasterkatalog 90.190.193f.217
Leben Jesu 128.130.137.164
Leiden 16.20.24f.28.31f.49.63ff.70.128.130ff.153f.155ff.167.180ff.189ff.217f.221f.
   224.238.245.258.A210

*Sachregister* 261

Liebe   66.85ff.89.118.123.131.148.150.153.155.204ff.209.248
Liturgie   19ff.82.177
Lohn   65.120.134.155.232.236

Männer   142f.147ff.231ff.235.238
Martyrium, Märtyrer   159.214.239.256f.A518.A622.A678.A725
Mensch   → Anthropologie
Minderheit   → Diaspora-Situation
Mission   71f.143.159.194.219 (→ auch Zeugnis)

Nachahmung (Gottes)   77
Nachfolge (Christi)   131ff.140.153ff.163.168.182.191.254
Nichtchristen   → Heiden
Nüchternheit   75.204.238

Opfer   81f.99.109f

Parusie   → Endzeit
Passion Christi   49.63.69.82.129ff.153f.157.167ff.180.189ff.200.211.214.216.245.
   254.257
Paulus, paulinisch   26.36.45f.47ff.55.58.70f.74f.77.120f.122.134.140.161.
   207f.227.239f.247.252f.A228
Petrus, petrinisch   45f.55f.58f.137.227f.240ff.247.251ff.A319
Pneumatologie   49.57f.69f.71.211.216.A666
Predigt   207f
Presbyter   → Amt
Priester, Priestertum   99.104ff.108ff
Propheten, Prophetie   69f.88.101
Pseudepigraphie   55f.58f.70.227ff.240ff.246f.253

Seele   67.86.112f
Seligpreisung   158.215f
Sklaven   31.127.130ff.139f.144.148.150.158.233.235
Sozialgeschichte   → Frauen, Männer, Sklaven, Staat
Staat   49f.116ff.144.150.247
Stellvertretung   82.134f.167.180
Sühne   138.167f.180.192
Sünde   191.204f

Taufe   19ff.57.61f.104ff.109.166.173.176ff.181.184
Teilhabe (an Passion und Herrlichkeit)   214.224.229
Tradition (im 1Petr)   18ff.36.45.48.50f.94.154.158.166.177.215.254
Trauer   → Leiden
Trinität   58.61.A198
Trost   17.66.89.101.155.157.212f.221.236.258.A798
Tugendkatalog   151

Ungerechtigkeit   17.118
Ungläubige   → Heiden

Unterordnung   17.116ff.126.130f.141ff.147.149f.152f.233.235
Unterschied des Christlichen   29ff.32.56f.76.79ff.90.95.111ff.142.151ff.178f.190.
    193f.200.253ff
Urchristentum(-sgeschichte)   50.252

Verfassung, kirchliche   → Amt (kirchliches); Kirche
Verfolgung   16.24f.27ff.38f.51.65.70.108.121.158ff.195.216.218ff.224.239.A489
Vergeltungsverzicht   137.152.153ff.160f
Versuchung   63ff.212f.224.258

Wachheit   75.78.204.238f
Wahrheit   85f.89
Welt   111.213
Wiedergeburt   61f.87f.91

Zeugnis   76.90.110.113f.121.126.130.141ff.151.160f.195.209.229f.244.255
Zeugung (neue)   → Wiedergeburt
Zukunft   62f.255

# Register der Querverweise

auf Texte des 1. Petrusbriefes

| | | | |
|---|---|---|---|
| 1,1 | 47.228 | 3,13 | 211 |
| 1,6f | 213.240 | 3,14 | 215 |
| 1,12 | 160.207.256 | 3,15 | 217 |
| 1,12f | A78 | 3,16 | 232 |
| 1,13 | 238 | 3,17 | 157.221 |
| 1,14f | 255 | 3,18 | 156f.162.180.190.192.199. |
| 1,18f | 254f | | 214.257 |
| 1,22 | 150.153.159.204.256 | 3,18f | 185 |
| | | 3,19 | 180.196.198 |
| 2,4 | 255.257 | 3,19f | 182ff |
| 2,6–9 | 255f | 3,21 | 153 |
| 2,7f | 233 | | |
| 2,8 | 195 | 4,1 | 164.211.214.254 |
| 2,10f | 256.A78 | 4,3 | 255 |
| 2,11f | 255 | 4,4 | 160.213.255 |
| 2,12 | 207 | 4,6 | 169.171.174.182ff |
| 2,13 | 153.233.235 | 4,7 | 237f.256 |
| 2,13–17 | 152 | 4,8–10 | 256 |
| 2,13–25 | 150 | 4,10f | 227 |
| 2,14 | 217 | 4,11 | 33f.238.A78 |
| 2,15 | 157.255 | 4,12 | 31.33f.203.254f.257 |
| 2,17 | 153.256 | 4,13 | 164.190.239f.254.257 |
| 2,18 | 153.223 | 4,14 | 158 |
| 2,19f | 153.157.162.244f | 4,14f | 153 |
| 2,20 | 157.162 | 4,15 | 160ff |
| 2,21 | 153.155.164.192.245.254 | 4,16 | A129 |
| 2,21–25 | 153.164.190.214.255 | 4,17 | 33.238.254 |
| 2,22 | 155 | 4,17f | 163.255f |
| 2,23 | 77.154.160.195.257 | 4,19 | 221 |
| 2,25 | 255 | 5,1 | 55.207 |
| 3,1 | 153.233.235 | 5,5 | 150.153.235 |
| 3,1f | 160 | 5,6 | 153 |
| 3,4 | 159 | 5,8 | 33.200.204 |
| 3,5 | 153.233 | 5,8f | 223.256 |
| 3,7 | 204.231.233.235 | 5,8–11 | 212 |
| 3,8 | 150 | 5,9 | 31.33.256 |
| 3,8f | 233.235.255 | 5,12 | 16.18.129.132.241 |
| 3,9 | 160 | 5,13 | 41f |
| 3,12 | 233 | | |